■ 王正志 主编

中国知识产权指数报告2017

——全面分析知识产权各类指标、数据，揭示知识产权发展状况与经济增长模式及竞争力水平的关系

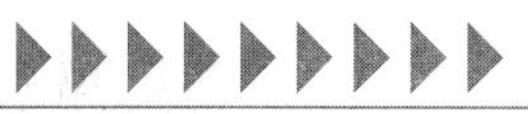

中国财经出版传媒集团
中国财政经济出版社

图书在版编目（CIP）数据

中国知识产权指数报告. 2017/王正志主编. —北京：中国财政经济出版社，2017.10

ISBN 978-7-5095-7789-9

Ⅰ.①中… Ⅱ.①王… Ⅲ.①知识产权—指数—研究报告—中国—2017 Ⅳ.①D923.404

中国版本图书馆CIP数据核字（2017）第252937号

责任编辑：卢关平　　责任印制：张　健

封面设计：楠竹文化　　版式设计：楠竹文化

中国财政经济出版社出版

URL：http：//www.cfeph.cn.

E-mail：cfeph@cfeph.cn

社址：北京市海淀区阜成路甲28号　邮政编码：100142

营销中心电话：88190406　北京财经书店电话：64033436　84041336

北京中兴印刷有限公司印刷　各地新华书店经销

787×1092毫米　16开　21.75印张　526 000字

2017年11月第1版　2017年11月北京第1次印刷

定价：50.00元

ISBN 978-7-5095-7789-9

（图书出现印装问题，本社负责调换）

本社质量投诉电话：010-88190744

中国知识产权指数报告课题组

主　　编： 王正志

副 主 编： 綦宁宁　程义贵　高　悦　高　梅　管　健
黄　涛　刘　蓉　刘　卓　茆　宇　商家泉
孙茂成　王加莹　杨守义　杨希光　姚李英
张亚梅　朱　磊　庄　严

主编助理： 姜金姬

核心成员： 安远华　曹小勤　陈洪军　程小玲　戴至上
董付雁　樊君华　郭　晶　郭　军　关升田
贺伟勤　何　伟　刘典武　刘　娟　李笑丹
李　元　柳全新　马志刚　牟　楠　史宝隆
苏　莩　孙　晨　孙红新　孙建纬　孙如岐
苏军梅　唐　军　田美玉　王　冬　王　珊
王思文　王　伟　王希文　王　瑜　王云芳
吴　帆　温宇洋　许国明　许登甲　徐建国
徐江华　叶来生　姚之年　于永琴　袁祥飞
张　超　张宝光　张清格　赵　锐　赵艳杰
张子江　周亚楠　Andrew　Naylor　Patrick
Allen　Dittmer

前　言

2008 年金融危机以来，世界经济社会格局仍在重塑。全球经济仍然充满复杂因素和不确定性。发达国家受困于债务问题，导致新兴市场国家生产、发达国家消费的全球经济增长模式已经不可持续，发达国家开始了深度去杠杆过程。中国提出了“创新、协调、绿色、开放、共享”的发展理念，在平稳发展中开始着力提升经济增长质量和效益，激发增长动力和市场活力。创新是中国经济转型、再发展以及实现可持续发展的关键。知识产权是经济生产过程的重要生产要素，又是知识生产的重要结果指标。知识产权是创新的推动力，知识产权发展水平也是创新水平的直接表现。当前知识产权发展同样面临转型问题。中国知识产权需要从只重视数量，转向质量并重，更好地促进“创新驱动发展”战略实施，推动中国经济转型，实现中国经济可持续发展，进而为人类发展作出更大贡献。

在此大背景下，中国区域知识产权发展指数报告（以下简称知识产权指数报告）首次推出中国区域专利质量指数报告。并希望此报告提出推动社会各界对专利质量的关注。《中国知识产权指数报告 2017》共由十章组成，分别评价和研究了中国区域知识产权指数、知识产权分项指数（知识产权产出水平指数、知识产权流动水平指数、知识产权综合绩效指数以及知识产权创造潜力指数）、知识产权综合实力进步指数、专利指数、商标指数以及专利质量指数。

一、总体排名

中国区域知识产权指数 2017 排名前 10 位的省份依次是：北京、江苏、广东、上海、浙江、山东、天津、重庆、安徽、湖北。

排名中间 11 位的省份依次是：福建、湖南、四川、陕西、辽宁、广西、河南、黑龙江、河北、江西、山西。

排名末尾 10 位的省份依次是：吉林、贵州、宁夏、云南、海南、甘肃、内蒙古、西藏、新疆、青海。

二、主要发现

通过研究本报告以及历史报告，我们发现了以下重要结论：

1. 排名前 10 强的省份长期稳定，北京连续 8 年稳居第一

2. 中国各地区知识产权发展总体状况持续分化，但排名前 10 强省份之间差距不断缩小

3. 知识产权区域分布呈现“总体集聚，梯田扩散”的特征

4. 安徽、广西、陕西三省知识产权进步最为显著
5. 京津冀协同战略下，华北地区知识产权表现有起色
6. 广东专利质量最高，东部专利质量好于中西部
7. 部分省份知识产权产出水平与专利质量差异很大
8. 各省份专利质量差距大于知识产权综合实力差距

三、分项指数排名

在四个分项指数中，知识产权产出水平指数排名前10位的省份是：北京、江苏、上海、浙江、广东、安徽、重庆、广西、山东和陕西。其中，山东取代了2016年报告中的四川，跻身前10名。

知识产权流动水平排名前10位的省份是：北京、广东、江苏、上海、山东、浙江、湖南、辽宁、湖北和重庆。其中，湖南取代了2016年报告中的福建位置，进入前10名。

知识产权综合绩效排名前10位的省份是：北京、上海、广东、天津、浙江、江苏、重庆、福建、湖北和湖南。湖南取代了海南跻身前10名，其余仅在排名上有微小变化，北京蝉联第一。

知识产权创造潜力排名前10位的省份是：江苏、北京、广东、浙江、山东、上海、天津、湖南、湖北和陕西。与2016年报告相比，福建跌出前10位，陕西进入前10位。

四、专利指数排名

专利指数排名前10位的省份是：北京、江苏、浙江、广东、上海、重庆、山东、天津、广西、安徽。排名后10位的省份是：贵州、新疆、辽宁、海南、内蒙古、甘肃、黑龙江、吉林、西藏和山西。

五、商标指数排名

商标规模指数排名前10位的省份是：北京、上海、广东、浙江、福建、江苏、天津、重庆、山东和陕西。和2016年报告基本一致，仅仅在排名上出现了微小变化。排名后10位的省份是：河北、吉林、江西、内蒙古、黑龙江、青海、贵州、山西、广西和甘肃。

六、专利质量指数排名

专利质量指数排名前10位的省份是：广东、北京、浙江、江苏、上海、山东、福建、天津、湖北和湖南。排名后10位的省份是云南、吉林、黑龙江、内蒙古、海南、甘肃、西藏、青海、宁夏和广西。东部省份专利质量指数较高，而东北地区及中西部地区专利质量指数较低。

更多详细内容敬请阅读报告正文。

目　录

第一章 中国区域知识产权指数报告2017总体排名、研究发现与深度解析

2008年金融危机以来，世界经济社会格局仍在重塑。全球经济仍然充满复杂因素和不确定性。发达国家受困于债务问题，导致新兴市场国家生产、发达国家消费的全球经济增长模式已经不可持续，发达国家开始了深度去杠杆过程。中国经济长期依赖的外需发展动力已经逐步衰减。从整体发展态势来看，具体表现为一是经济增速的新常态，即从高速增长转向中高速增长；二是经济发展方式的新常态，即从规模速度型粗放增长转向质量效率型集约增长；三是经济结构的新常态，即从增量扩能为主转向调整存量、做优增量并存的深度调整；四是经济发展动力的新常态，即从传统增长点转向新的增长点。

与此同时，从国际环境来看，新一轮科技革命正在孕育之中，重大颠覆性创新时有发生，对国际政治、经济、军事和安全等产生深刻影响，科技创新成为重塑世界经济结构和竞争格局的关键。全球产业竞争格局正在发生重大调整，我国在新一轮发展中面临巨大挑战。为此，中国提出了“创新、协调、绿色、开放、共享”的发展理念，在平稳发展中开始着力提升经济增长质量和效益，激发增长动力和市场活力。近期，习近平指出，产权保护特别是知识产权保护是塑造良好营商环境的重要方面。要完善知识产权保护相关法律法规，提高知识产权审查质量和审查效率。要加快新兴领域和业态知识产权保护制度建设。要加大知识产权侵权违法行为惩治力度，让侵权者付出沉重代价。要调动拥有知识产权的自然人和法人的积极性和主动性，提升产权意识，自觉运用法律武器依法维权。

创新是中国经济转型、再发展以及实现可持续发展的关键。知识产权是经济生产过程的重要生产要素，又是知识生产的重要结果指标。知识产权是创新的推动力，知识产权发展水平也是创新水平的直接表现。当前知识产权发展同样面临转型问题。中国知识产权需要从只重视数量，转向质量并重，更好地促进“创新驱动发展”战略实施，推动中国经济转型，实现中国经济可持续发展，进而为人类发展作出更大贡献。在此大背景下，中国区域知识产权发展指数报告（以下简称知识产权指数报告）首次推出中国区域专利质量指数报告，并希望此报告提出推动社会各界对专利质量的关注。

一、中国区域知识产权指数2017：总体排名

中国区域知识产权指数2017[1]排名前10位的省（自治区、直辖市，以下简称为省份）依次是：北京、江苏、广东、上海、浙江、山东、天津、重庆、安徽、湖北。

排名中间11位的省份依次是：福建、湖南、四川、陕西、辽宁、广西、河南、黑龙江、河北、江西、山西。

---

[1] 本报告正文阐述使用之年份均为报告发布年份，数据年份具体见指标下方说明。

排名末尾10位的省份依次是：吉林、贵州、宁夏、云南、海南、甘肃、内蒙古、西藏、新疆、青海（见表1－1）。

表1－1　　中国区域知识产权指数2016总体排名

省份	综合实力		产出水平		流动水平		综合绩效		创造潜力	
	指数	排名	指数	排名	指数	排名	指数	排名	指数	排名
北京	0.632	1	0.669	1	0.633	1	0.695	1	0.529	2
江苏	0.535	2	0.510	2	0.484	3	0.505	6	0.639	1
广东	0.482	3	0.357	5	0.525	2	0.552	3	0.493	3
上海	0.481	4	0.429	3	0.456	4	0.651	2	0.387	6
浙江	0.424	5	0.398	4	0.265	6	0.539	5	0.492	4
山东	0.320	6	0.244	9	0.307	5	0.333	13	0.396	5
天津	0.298	7	0.216	12	0.148	15	0.548	4	0.281	7
重庆	0.276	8	0.289	7	0.182	10	0.444	7	0.187	15
安徽	0.259	9	0.339	6	0.163	11	0.312	18	0.220	12
湖北	0.247	10	0.175	16	0.185	9	0.374	9	0.256	9
福建	0.245	11	0.177	15	0.151	13	0.425	8	0.225	11
湖南	0.242	12	0.153	18	0.195	7	0.360	10	0.258	8
四川	0.231	13	0.236	11	0.152	12	0.317	16	0.218	13
陕西	0.231	14	0.239	10	0.150	14	0.306	21	0.228	10
辽宁	0.216	15	0.149	19	0.185	8	0.345	11	0.183	16
广西	0.200	16	0.281	8	0.081	23	0.321	15	0.116	25
河南	0.196	17	0.130	21	0.128	16	0.312	19	0.216	14
黑龙江	0.165	18	0.205	13	0.096	19	0.230	27	0.126	21
河北	0.158	19	0.082	26	0.122	17	0.259	25	0.170	17
江西	0.158	20	0.116	22	0.082	22	0.294	23	0.141	18
山西	0.153	21	0.073	729	0.083	21	0.331	14	0.126	22
吉林	0.149	22	0.077	28	0.096	20	0.308	20	0.114	26
贵州	0.145	23	0.186	14	0.051	27	0.238	26	0.106	27
宁夏	0.142	24	0.155	17	0.055	26	0.266	24	0.093	29
云南	0.138	25	0.130	20	0.065	24	0.219	28	0.136	20
海南	0.135	26	0.095	23	0.012	30	0.314	17	0.118	24
甘肃	0.133	27	0.079	27	0.105	18	0.208	29	0.140	19
内蒙古	0.122	28	0.031	31	0.055	25	0.300	22	0.102	28
西藏	0.117	29	0.069	30	0.010	31	0.336	12	0.050	31

续表 1－1

省份	综合实力		产出水平		流动水平		综合绩效		创造潜力	
	指数	排名	指数	排名	指数	排名	指数	排名	指数	排名
新　疆	0.109	30	0.087	25	0.047	28	0.182	30	0.121	23
青　海	0.096	31	0.087	24	0.045	29	0.177	31	0.076	30

二、中国区域知识产权指数报告2017：研究发现

中国区域知识产权指数报告肇始于2009年，涵盖除港澳台之外的全国31个省份。持续多年的数据积累，使我们具备了一个分析中国各地区知识产权状况的翔实的数据库❶。经过基于时间的纵向分析和基于地域空间的横向对比，课题组发现：

（一）排名前10强的省份长期稳定，北京连续8年稳居第一

自2010年以来，知识产权指数排名前10强的省份均十分稳定。北京、江苏、上海、广东、浙江、天津、山东等7个省份每年都在前10强中，其中，北京更是连续8年稳居全国第一。福建、重庆分别有一年跌出前10强（重庆在指数报告2011中位列第12位，福建在指数报告2017中列第11位），辽宁自2015年后一直未能进入前10位。安徽自2015年开始一直位于前10位，湖南和湖北分别有一年进入前10强。具体变化见图1－1。

仔细分析知识产权指数2017前10强，不难发现绝大多数都是经济发达省份。从地域上看，7个省份位于东部沿海地区，安徽和湖北属于中部地区，重庆属于西部地区。从区域上看，渤海湾经济圈有北京、天津、山东等3个省份，长江三角洲经济圈有江苏、上海、浙江、安徽等4个省份，珠江三角洲经济圈有广东一个省份。

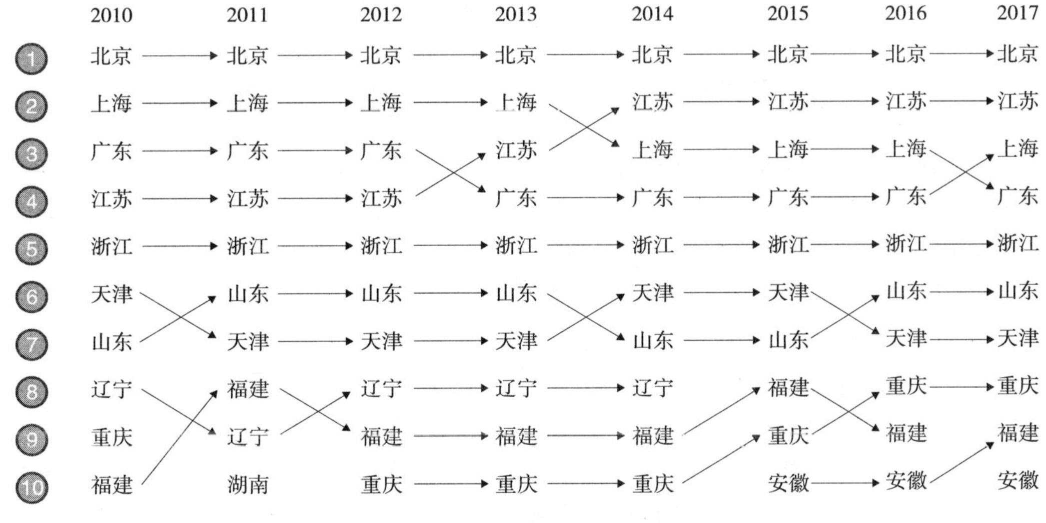

图1－1　历年中国区域知识产权指数前10强排名

❶ 中国区域知识产权指数的指标体系每年都在进行适当修订，以满足不断变化的经济社会和知识产权发展形势。

（二）中国各地区知识产权发展总体状况持续分化，但排名前 10 强省份之间差距不断缩小

全国 31 个省份的知识产权指数得分差异较大，趋势线在前面非常陡峭，后面开始平缓。我们使用变异系数❶来衡量知识产权指数的离散程度。

比较知识产权指数 2015 的变异系数（0.52）、2016 的变异系数（0.55）以及 2017 的变异系数（0.56），我们发现总体地区知识产权发展的分化程度在加深。知识产权指数 2017 中位数是 0.200，远低于排名第 1 位的北京（0.632），不到其三分之一。

知识产权指数 2017 排名前 10 强的省份的变异系数为 0.321，中间 11 位为 0.159，最后 10 位为 0.130。随着排名的下落，变异系数越来越小，各省份之间的知识产权指数差距在缩小，表明与北京、江苏、广东、上海、浙江等领先省份相比，大部分省份知识产权发展的水平都相对不高。同时，与 2016 年报告相比，我们发现排名前 10 强的省份之间的差距在变小，北京等省份的领先优势在缩小（见图 1－2）。

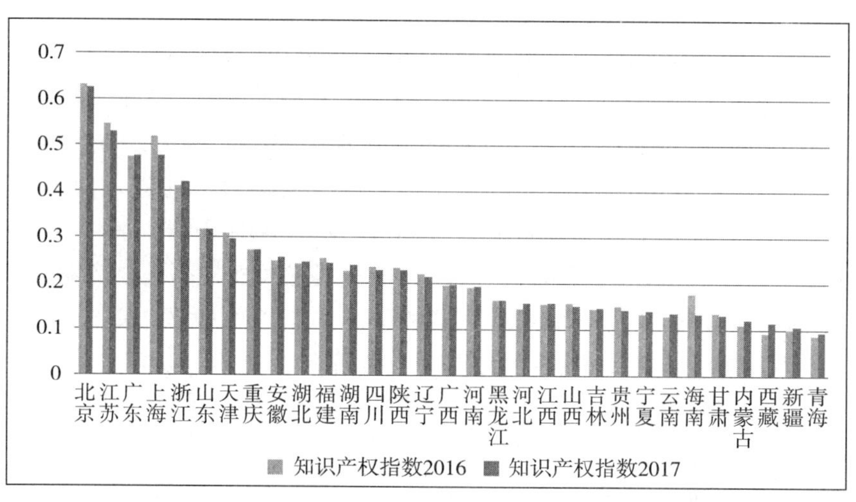

图 1－2　中国区域知识产权指数 2016 和 2017 各省份比较

（三）知识产权区域分布呈现“总体集聚，梯田扩散”的特征

多年以来，知识产权指数整体趋势的区域特征非常显著，而且较为一致，基本为“东高西低”，由“东部沿海地区”到“中部腹地”再到“西部边远地区”，逐渐降低。三者形成了“阶梯”。知识产权综合实力指数前 10 强中以东部省份居多，后 10 位中则以中西部地区为主。从历史上看，知识产权的产生及发展都是与工业化密不可分的。诺斯等经济学家认为包括知识产权在内的产权制度的发展是工业革命发生发展的前提。中国区域知识产权指数区域分布的特点与经济发展水平总体吻合。

同时，如果将历年数据对比，我们也可以发现知识产权的发展也呈现明显的“总体集聚，梯田扩散”的地理分布特征，北京、上海、浙江、广东、江苏等东部沿海省

❶ 变异系数的计算公式为：变异系数 C·V ＝（标准偏差 SD／平均值 MEAN）×100%。

份是中国知识产权发展的核心地区。以它们为原点，中国知识产权发展呈现“梯田扩散”态势，逐渐由近及远，具有较为明显的距离衰减特征。同时，这一扩散过程也不仅仅受近邻效应的影响，也受到特定区域技术水平、产业基础、人才储备、信息基础设施、生活环境以及区域地位与规划定位的影响（见图1－3）。

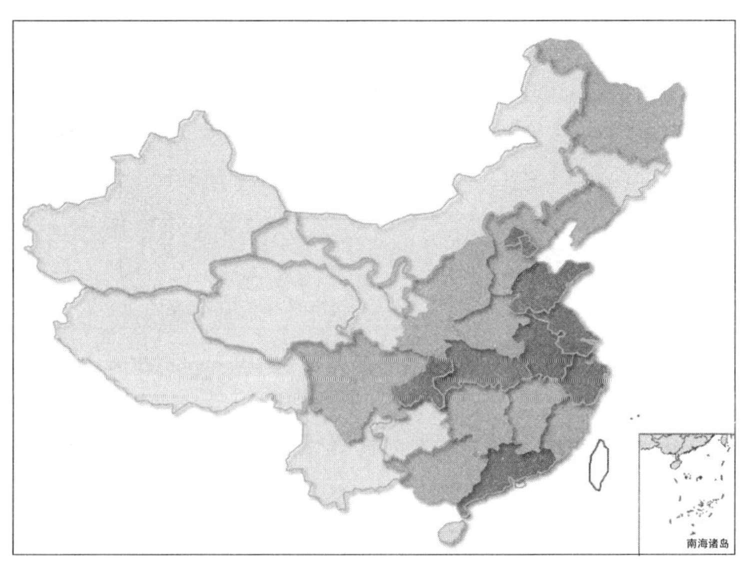

图1－3　中国区域知识产权指数区域分布图

（四）安徽、广西、陕西三省知识产权进步最为显著

通过分析2010年以来6年间各省份知识产权指数排名情况，我们发现了崛起最快省份：安徽、广西和陕西。其中安徽进步最为稳定，2010～2013年期间大约在第14位和第15位之间，2015年上升至第11位，2016年更是进入了全国前10强，2017年前进一位，排在第9位。广西进步最大，2010～2013年期间徘徊在第24和第25位，2014年和2015年不断攀升至第21位和第17位，2016年和2017年排在第16位，提高了9个位次。陕西在2010年和2011年期间基本在第16位和第17位，而后迅速上升至第12位，近年来始终保持在第12～14位的位置上（见图1－4）。

（五）京津冀协同战略下，华北地区知识产权表现有起色

华北地区包括河北、山西、内蒙古三省与京津两市，是我国城市群较为密集的地区。与2016年报告相比，华北地区知识产权指数表现超过华南地区，成为第2名。京津冀协同效应初步显现。

京津冀三地的知识产权实力较强，以专利为例，这里汇集了全国近30%的有效专利和46%的有效发明专利，有效专利的技术含量和专利资源密度均显著高于全国的平均水平。但三地知识产权资源的地区分布却不均衡。

通过“一局三地”知识产权促进京津冀协同发展合作会商机制等制度创新和改革，打造区域知识产权协同发展示范区，实现了京津冀优化创新资源配置、促进产业协同发展，未来有望向其他省份辐射扩散，带动整个华北地区发展。

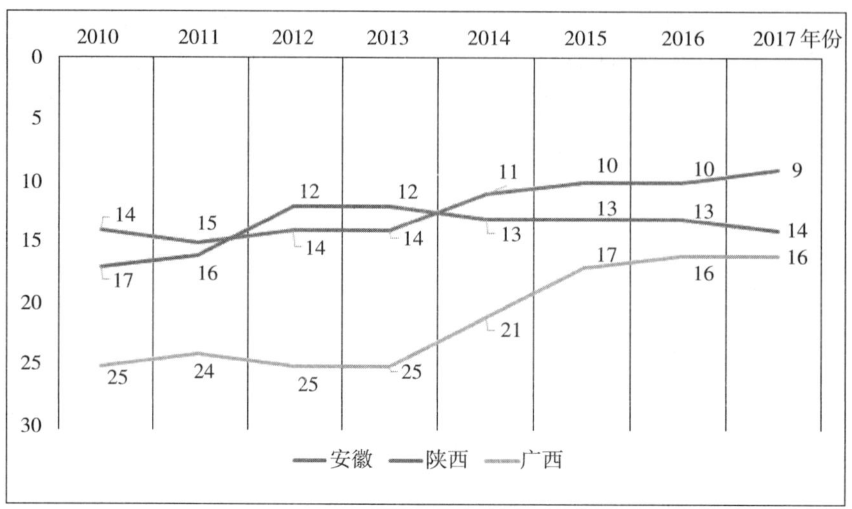

图 1－4　知识产权指数崛起最快省份历年排名情况

（六）广东专利质量最高，东部专利质量好于中西部

专利质量指数排名前 10 位的省份是：广东、北京、浙江、江苏、上海、山东、福建、天津、湖北和湖南。排名后 10 位的省份是云南、吉林、黑龙江、内蒙古、海南、甘肃、西藏、青海、宁夏和广西。东部省份专利质量指数较高，而东北地区及中西部地区专利质量指数较低（见表 1－1）。

表 1－1　　专利质量指数排名

省　份	专利质量		省　份	专利质量	
	指数	排名		指数	排名
广东	0. 665	1	江西	0. 136	17
北京	0. 562	2	新疆	0. 136	18
浙江	0. 557	3	陕西	0. 124	19
江苏	0. 460	4	重庆	0. 121	20
上海	0. 303	5	山西	0. 117	21
山东	0. 228	6	云南	0. 116	22
福建	0. 207	7	吉林	0. 112	23
天津	0. 199	8	黑龙江	0. 110	24
湖北	0. 177	9	内蒙古	0. 101	25
湖南	0. 169	10	海南	0. 100	26
四川	0. 169	11	甘肃	0. 081	27
河南	0. 156	12	西藏	0. 080	28
贵州	0. 155	13	青海	0. 072	29

续表1-1

省 份	专利质量		省 份	专利质量	
	指数	排名		指数	排名
河北	0.149	14	宁夏	0.044	30
安徽	0.147	15	广西	0.029	31
辽宁	0.138	16			

（七）部分省份知识产权产出水平与专利质量差异很大

从专利质量区域分布可以看到一个现象，专利质量排名与综合实力排名总体相差不大，但是少数省份存在明显差别。与知识产权产出水平进行对比发现，专利质量指数排名前10位中，福建、天津、湖北、湖南分别位于知识产权产出水平指数排名的第15、12、16、18位；排名知识产权产出水平第8位的广西，其专利质量指数却排在第31位，排在知识产权产出水平第7位的重庆和第10位的陕西专利质量指数分别排名第20位、第19位。

（八）各省份专利质量差距大于知识产权综合实力差距

我们分析了各省份知识产权综合实力、产出水平以及专利质量指数的均值、极差和方差，来判断各个指数之间波动情况。研究发现，我国31个省份知识产权综合实力指数波动最小，其次是产出水平。而各省份之间专利质量指数波动最大（见表1-2）。

表1-2 知识产权综合实力、产出水平与专利质量指数对比

指标	综合实力	产出水平	专利质量
均值	0.240	0.208	0.191
极差	0.536	0.638	0.636
方差	0.019	0.021	0.025

三、中国区域知识产权指数报告2017：结果解读

（一）中国区域知识产权指数2017前10强

中国区域知识产权指数2017排名前10位的省份依次是：北京、江苏、广东、上海、浙江、山东、天津、重庆、安徽、湖北。上榜省份与2016年报告基本一致，只是湖北取代了福建，进入排名前10位（见表1-3）。

表1-3 中国区域知识产权指数2017前10强

省 份	综合实力		产出水平		流动水平		综合绩效		创造潜力	
	指数	排名	指数	排名	指数	排名	指数	排名	指数	排名
北京	0.632	1	0.669	1	0.633	1	0.695	1	0.529	2
江苏	0.535	2	0.510	2	0.484	3	0.505	6	0.639	1

续表1-3

省份	综合实力		产出水平		流动水平		综合绩效		创造潜力	
	指数	排名	指数	排名	指数	排名	指数	排名	指数	排名
广东	0.482	3	0.357	5	0.525	2	0.552	3	0.493	3
上海	0.481	4	0.429	3	0.456	4	0.651	2	0.387	6
浙江	0.424	5	0.398	4	0.265	6	0.539	5	0.492	4
山东	0.320	6	0.244	9	0.307	5	0.333	13	0.396	5
天津	0.298	7	0.216	12	0.148	15	0.548	4	0.281	7
重庆	0.276	8	0.289	7	0.182	10	0.444	7	0.187	15
安徽	0.259	9	0.339	6	0.163	11	0.312	18	0.220	12
湖北	0.247	10	0.175	16	0.185	9	0.374	9	0.256	9

北京知识产权指数领先全国，在31个省份中排名第1位。在分项指数方面，北京同样表现出色。四个分项指数中有三个排名第1位。知识产权产出水平、流动水平、综合绩效指数位居第1位，知识产权创造潜力指数位居第2位。北京是中国首都，中央直属院校、科研机构多汇聚于此，发展知识产权具有得天独厚的优势。经过多年发展，中关村已经成为中国创新的名片。当前北京正全力创建具有全球影响力的全国科技创新中心，高度重视知识产权工作，预计未来知识产权发展会持续强化。

江苏排名第2位，从指数报告2009排名第4位，后来逐年上升，2014年报告至今保持第2位不变，但是与第1位的北京相比，还有一定的差距，短期内较难赶超。在分项指数方面，江苏分别位于第2位（知识产权产出水平）、第3位（流动水平）、第6位（综合绩效）和第1位（创造潜力），也与2016年报告一致。综合绩效是江苏表现略差的分项指数。与北京相比，江苏知识产权发展主要靠产业、企业，未来应该继续鼓励、培育企业发展知识产权。

广东排名第3位，超越2016年报告排在第3位的上海。在分项指数方面，广东分别位于第5位（知识产权产出水平）、第2位（流动水平）、第3位（综合绩效）和第3位（创造潜力）。前几年广东处于经济转型期间，面临着很大的压力。从今年情况来看，“阵痛期”仍继续，但呈现向好局面。深圳是中国三大创新中心之一。华为等企业创新能力逐渐开始体现，未来可期。

上海排名第4位，在知识产权指数报告2014之前一直紧随北京，处在第2位，后被江苏、广东超过。从分项指数来看，上海分别位于第3位（知识产权产出水平）、第4位（流动水平）、第2位（综合绩效）和第6位（创造潜力），总体表现比较平均。从分项指数来看，上海知识产权发展需要警惕创造潜力不足的问题。按照国家“十三五”规划，上海要建设“具有全球影响力的科技创新中心”，仍然需要进一步加强知识产权工作，努力构建国际知识产权交易中心，区域知识产权人才中心。

浙江多年以来一直排名第5位，比较稳定。从分项指数来看，浙江分别位于第4位（知识产权产出水平）、第6位（流动水平）、第5位（综合绩效）和第4位（创造潜力），总体表现比较平均。

山东位居第6位，多年来一直在第6和第7位之间波动。从分项指数来看，分别位于第9位（知识产权产出水平）、第5位（流动水平）、第13位（综合绩效）和第5位（创造潜力）。知识产权流动水平和创造潜力明显优于知识产权产出水平和综合绩效，说明目前山东企业引进和利用知识产权的规模和效果较好，同时也具备了一定的创造潜力。但是知识产权自主研发能力有限，企业利用知识产权的效率还有待提高。

天津位居第7位，和2016年报告相同。从分项指数来看，天津分别位于第12位（知识产权产出水平）、第15位（流动水平）、第4位（综合绩效）和第7位（创造潜力）。知识产权产出水平和知识产权流动水平表现不好，但是综合绩效和创造潜力表现尚可。天津要努力把握新“京津冀”协同、雄安新区建设的大机遇，错位发展，提升知识产权产出水平。

重庆位列第8位，与2016年报告相同，也是唯一一个西部省份。从分项指数来看，分别位于第7位（知识产权产出水平）、第10位（流动水平）、第7位（综合绩效）和第15位（创造潜力）。知识产权产出水平、流动水平和综合绩效都较好，唯一需要关注的是知识产权创造潜力，远落后于前10强的其他省份，应继续加大在科技研发、科技人才培养、引进等方面的投入，创新相关体制机制，努力克服地域区位相对劣势，用“政策高地”突破“地域洼地”。

安徽位居第9位，从分项指数来看，分别位于第6位（知识产权产出水平）、第11位（流动水平）、第18位（综合绩效）和第12位（创造潜力）。知识产权产出水平明显高于其他三个分项指数。

湖北占据了前10强的最后一席，取代了2016年报告的福建。从分项指数来看，分别位于第十六位（知识产权产出水平）、第9位（流动水平）、第9位（综合绩效）和第9位（创造潜力）。知识产权产出水平表现明显落后于其他三个分项指数。

（二）地区排名：华东、华南和华北占据前3位

整体来看，华东、华北和华南均领先于全国平均水平，华中、西南、东北、西北地区落后于全国平均水平。七个区域的具体排名依次是：华东、华北、华南、华中、西南、东北以及西北。与2016年报告相比，华北地区超过了华南地区，排名第2位（见图1－5、表1－4）。

表1－4　分区域知识产权指数情况

地　区	知识产权指数	区域排名	区域内最强城市
华东地区	0.346	1	江苏
华北地区	0.273	2	北京
华南地区	0.272	3	广东
华中地区	0.228	4	湖北
西南地区	0.181	5	重庆
东北地区	0.177	6	辽宁
西北地区	0.142	7	陕西
全国平均	0.242		

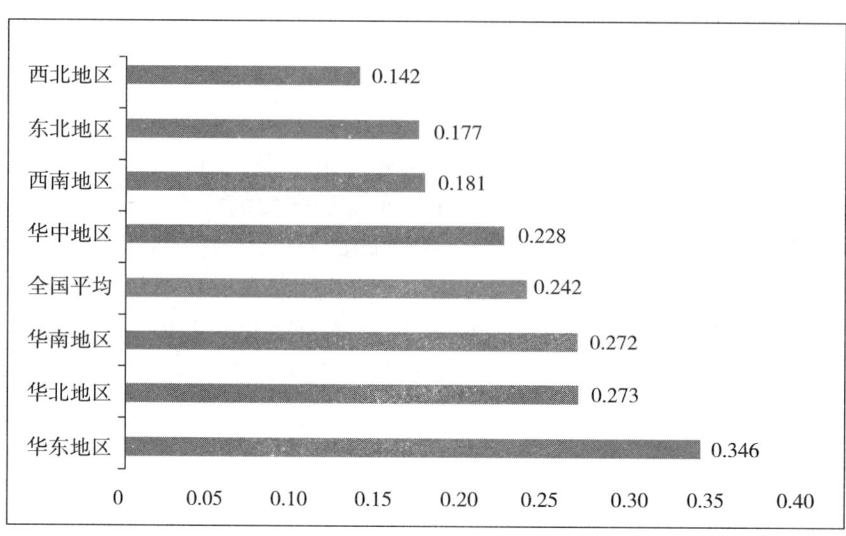

图1－5 各区域知识产权指数平均水平与全国平均水平比较

华东地区：知识产权总体实力最强，江苏和上海带动引领作用明显

华东地区包括上海、江苏、浙江、安徽、福建、江西、山东等六省一市，是我国城市群最为密集的地区，其知识产权指数得分平均为0.346，大幅高于全国平均水平。

全国前10强中，华东地区就占有5席，分别是江苏、上海、浙江、山东和安徽，福建省排在第11位，只有江西排名靠后。其中江苏和上海知识产权指数得分分别是0.535和0.481，辐射带动作用明显。

华东地区历史上一直物产富饶，人文荟萃，是中国经济最为发达的地区之一。改革开放后更是借助对外贸易迅速崛起，通过对外技术引进、本土人才培养、技术自主研发成为中国经济发展最发达、知识产权发展最好地区（见表1－5）。

表1－5 华东地区知识产权指数及排名表

省份	知识产权指数	区域内排名	全国排名
江苏	0.535	1	2
上海	0.481	2	4
浙江	0.424	3	5
山东	0.320	4	6
安徽	0.259	5	9
福建	0.245	6	11
江西	0.158	7	20
华东地区	0.346		
全国平均	0.242		

华北地区：知识产权总体实力较强，京津冀协同效应初步显现

华北地区包括河北、山西、内蒙古三省份与京津两市，是我国城市群较为密集的地区，其指数平均得分为0.273，略高于全国平均水平，落后于华东地区。与2016年报告相比，华北地区超过华南地区，成为第2位。京津冀协同效应初步显现。

北京是华北地区知识产权发展的核心，知识产权指数排名全国第1位。天津位于北京之后，在区域内列第2位。随着“十三五”期间一批科技重大项目的落地，在发展知识产权方面仍然有很大的潜力。

华北地区一直问题在于地区内发展不平衡，地区内其他省份表现与京津的差距太大。河北、山西和内蒙古在全国分别排在第19位、21位和28位。随着京津冀协同进一步深化推进，雄安新区建设，华北地区知识产权发展前景可期（见表1－6）。

表1－6　　华北地区知识产权指数及排名表

省　　份	知识产权指数	区域内排名	全国排名
北京	0.632	1	1
天津	0.298	2	7
河北	0.158	3	19
山西	0.153	4	21
内蒙古	0.122	5	28
华北地区	0.273		
全国平均	0.242		

华南地区：广东一枝独秀，广西进步迅速

华南地区包括广东、广西和海南三省，区域内广东以较大幅度领先。广东是中国经济最为活跃的地区之一。随着前海、粤港澳湾区的建设，开放前景看好。广西是中国知识产权进步最快的省份之一。海南近年进步显著（见表1－7）。

表1－7　　华南地区知识产权指数及排名表

省　　份	知识产权指数	区域内排名	全国排名
广东	0.482	1	3
广西	0.200	2	16
海南	0.135	3	26
华南地区	0.272		
全国平均	0.242		

华中地区：省份之间知识产权实力平均，湖北排名领先

华中地区包括河南、湖北和湖南三省，区域内较为均衡，在全国平均水平上下。其中，湖北区域内排名第一，知识产权指数为 0.247，在全国排名第 10 位；湖南区域内排名第 2 位，知识产权指数为 0.242，在全国排名第 12 位；河南区域内排名居末，知识产权指数得分为 0.196，在全国排名第 17 位（见表 1－8）。

表 1－8　　华中地区知识产权指数及排名表

省　　份	知识产权指数	区域内排名	全国排名
湖北	0.247	1	10
湖南	0.242	2	12
河南	0.196	3	17
华中地区	0.228		
全国平均	0.242		

东北地区：整体表现不如人意，吉林黑龙江略有进步

东北地区包括辽宁、吉林和黑龙江三省，总体低于全国平均水平，其中，辽宁知识产权指数为 0.216，是区域内的领头羊，排在全国的第 15 位，与 2016 年报告相同。吉林和黑龙江分别较 2016 年报告上升 1 位和 2 位（见表 1－9）。

表 1－9　　东北地区知识产权指数及排名表

省　　份	知识产权指数	区域内排名	全国排名
辽宁	0.216	1	15
黑龙江	0.165	2	18
吉林	0.149	3	22
东北地区	0.177		
全国平均	0.242		

西南地区、西北地区：重庆、四川、陕西异军突起，其他省份整体水平不佳

西南、西北地区包括九省一市，经济基础十分薄弱，知识产权发展也大幅落后于全国平均水平。但是个别省市表现亮眼，比如重庆、四川、陕西，知识产权指数在全国分别排在第 8 位、第 12 位和第 13 位（见表 1－10）。

表 1－10　　西南和西北地区知识产权指数及排名表

省　　份	知识产权指数	区域内排名	全国排名
重庆	0.276	1	8
四川	0.231	2	13
贵州	0.145	3	23
云南	0.138	4	25

续表 1 - 10

省　份	知识产权指数	区域内排名	全国排名
西藏	0. 117	5	29
西南地区	0. 181		
陕西	0. 231	1	14
宁夏	0. 142	2	24
甘肃	0. 133	3	27
新疆	0. 109	4	30
青海	0. 096	5	31
西北地区	0. 142		
全国平均	0. 242		

第二章　中国区域知识产权分项指数2017排名与分析

一、中国区域知识产权分项指数框架2017

知识产权指数评价体系下设四个分项指数：知识产权产出水平、知识产权流动水平、知识产权综合绩效、知识产权创造潜力（见图2－1）。

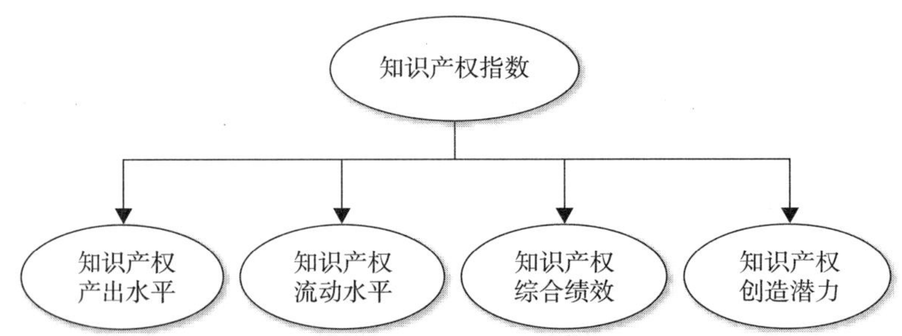

图2－1　知识产权分项指数框架图

二、中国区域知识产权分项指数排名与分析

在四个分项指数中，知识产权产出水平指数排名前10位的省份是：北京、江苏、上海、浙江、广东、安徽、重庆、广西、山东和陕西。其中，山东取代了2016年报告的四川，跻身前10名。

知识产权流动水平排名前10位的省份是：北京、广东、江苏、上海、山东、浙江、湖南、辽宁、湖北和重庆。其中，湖南取代了10年福建位置，进入前十名。

知识产权综合绩效排名前10位的省份是：北京、上海、广东、天津、浙江、江苏、重庆、福建、湖北和湖南。湖南取代了海南跻身前10名，其余仅在排名上有微小变化，北京蝉联第一。

知识产权创造潜力排名前10位的省份是：江苏、北京、广东、浙江、山东、上海、天津、湖南、湖北和陕西。与2016年报告相比，福建跌出前10位，陕西进入前10位（见表2－1）。

表2－1　　中国区域知识产权分项指数及排名表

省份	综合实力		产出水平		流动水平		综合绩效		创造潜力	
	指数	排名	指数	排名	指数	排名	指数	排名	指数	排名
北　京	0.632	1	0.669	1	0.633	1	0.695	1	0.529	2

续表 2 - 1

省份	综合实力		产出水平		流动水平		综合绩效		创造潜力	
	指数	排名	指数	排名	指数	排名	指数	排名	指数	排名
江　苏	0.535	2	0.510	2	0.484	3	0.505	6	0.639	1
广　东	0.482	3	0.357	5	0.525	2	0.552	3	0.493	3
上　海	0.481	4	0.429	3	0.456	4	0.651	2	0.387	6
浙　江	0.424	5	0.398	4	0.265	6	0.539	5	0.492	4
山　东	0.320	6	0.244	9	0.307	5	0.333	13	0.396	5
天　津	0.298	7	0.216	12	0.148	15	0.548	4	0.281	7
重　庆	0.276	8	0.289	7	0.182	10	0.444	7	0.187	15
安　徽	0.259	9	0.339	6	0.163	11	0.312	18	0.220	12
湖　北	0.247	10	0.175	16	0.185	9	0.374	9	0.256	9
福　建	0.245	11	0.177	15	0.151	13	0.425	8	0.225	11
湖　南	0.242	12	0.153	18	0.195	7	0.360	10	0.258	8
四　川	0.231	13	0.236	11	0.152	12	0.317	16	0.218	13
陕　西	0.231	14	0.239	10	0.150	14	0.306	21	0.228	10
辽　宁	0.216	15	0.149	19	0.185	8	0.345	11	0.183	16
广　西	0.200	16	0.281	8	0.081	23	0.321	15	0.116	25
河　南	0.196	17	0.130	21	0.128	16	0.312	19	0.216	14
黑龙江	0.165	18	0.205	13	0.096	19	0.230	27	0.126	21
河　北	0.158	19	0.082	26	0.122	17	0.259	25	0.170	17
江　西	0.158	20	0.116	22	0.082	22	0.294	23	0.141	18
山　西	0.153	21	0.073	29	0.083	21	0.331	14	0.126	22
吉　林	0.149	22	0.077	28	0.096	20	0.308	20	0.114	26
贵　州	0.145	23	0.186	14	0.051	27	0.238	26	0.106	27
宁　夏	0.142	24	0.155	17	0.055	26	0.266	24	0.093	29
云　南	0.138	25	0.130	20	0.065	24	0.219	28	0.136	20
海　南	0.135	26	0.095	23	0.012	30	0.314	17	0.118	24
甘　肃	0.133	27	0.079	27	0.105	18	0.208	29	0.140	19
内蒙古	0.122	28	0.031	31	0.055	25	0.300	22	0.102	28
西　藏	0.117	29	0.069	30	0.010	31	0.336	12	0.050	31
新　疆	0.109	30	0.087	25	0.047	28	0.182	30	0.121	23
青　海	0.096	31	0.087	24	0.045	29	0.177	31	0.076	30

（一）各省份在知识产权流动水平和产出水平方面差异最大，综合绩效差异最小

我们对四个分项指数进行了处理后，放到同一张图里（见图 2 –2），经过分析变异系数我们发现：各省份在流动水平和产出水平指数方面差异最大，这也是排名靠前省份拉开差距的主要两个分项指数。而综合绩效的差异较低（见表 2 –2）。

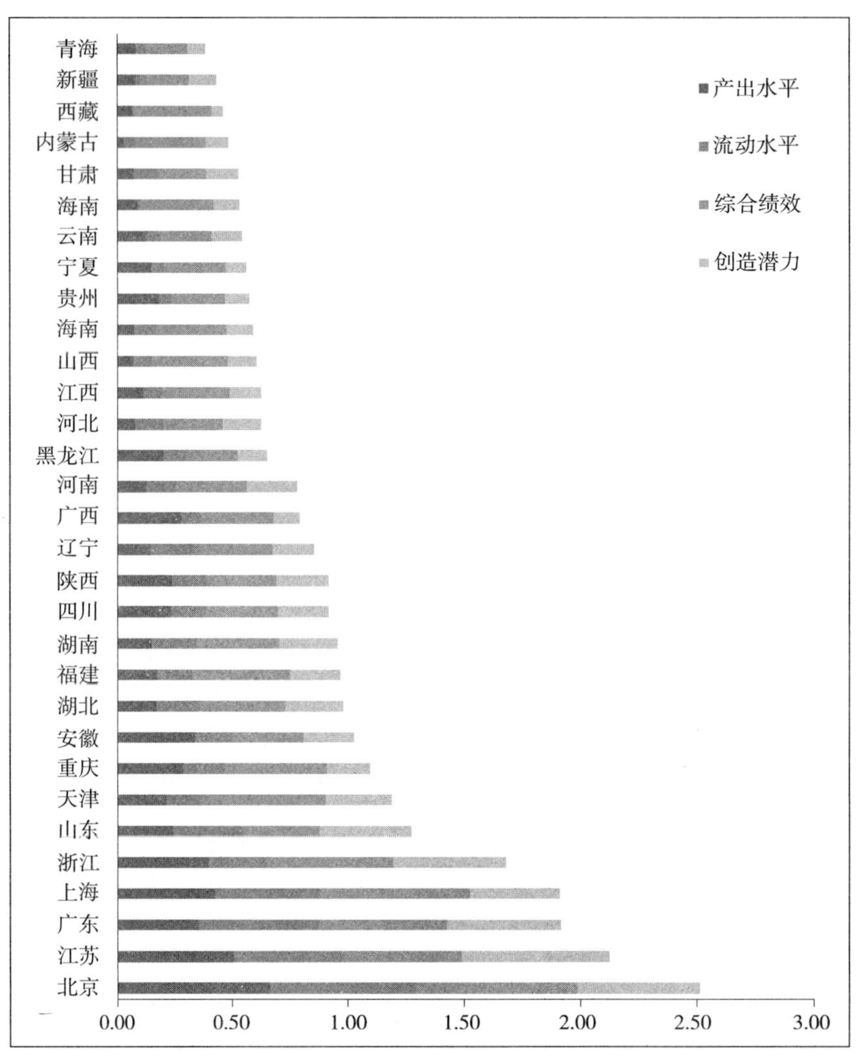

图 2 –2 各省份在四个分项指数方面的表现

表 2 –2 中国区域知识产权分项指数变异系数

	产出水平	流动水平	综合绩效	创造潜力
变异系数	0.819	1.196	0.408	0.798

知识产权产出水平指数下设 5 个二级指标：知识产权人均产出指数、知识产权产出质量指数、知识产权产出效率指数、企业产出指数以及高校和研发机构产出指数，考察

和评价的是地区知识产权在存量规模方面的表现。

知识产权流动水平指数下设 3 个二级指标：知识产权技术市场交易指数、知识产权服务机构指数、与企业技改引进指数，主要考察和评价地区知识产权市场交易方面的表现。差异巨大表明目前技术交易主要集中在北京等几个省份。

知识产权综合绩效指数下设 3 个二级指标：宏观经济绩效指数、社会进步绩效指数、企业发展绩效指数，考察的是地区知识产权给当地经济带来的效益。目前各省份差距不大，说明我们知识产权转化为直接生产力还需要时间。

知识产权创造潜力指数下设 6 个二级指标：创造投入指数、创造成果指数、创造环境指数、知识产权试点示范指数、企业创造潜力指数、知识产权行政保护指数，主要考察地区知识产权创造的潜力。创造潜力差异也比较大，表明未来有进一步分化可能。

（二）“全面发展”：排名靠前的省份各个指标表现均衡

排名靠前的省份在知识产权产出水平、知识产权流动水平、知识产权综合绩效、知识产权创造潜力四个分项指数方面的表现比较均衡，排名都在前几位，没有明显的短板。其中，北京在四个一级指标排名中有 2 项位列第 1 位，2 项第 2 位。江苏有 1 项排在第 1 位，1 项位列第 2 位。上海有 1 项排名第 1 位，1 项排名第 2 位。广东和浙江在四个分项指数方面也基本都在前 5 名之列（见图 2 –3）。

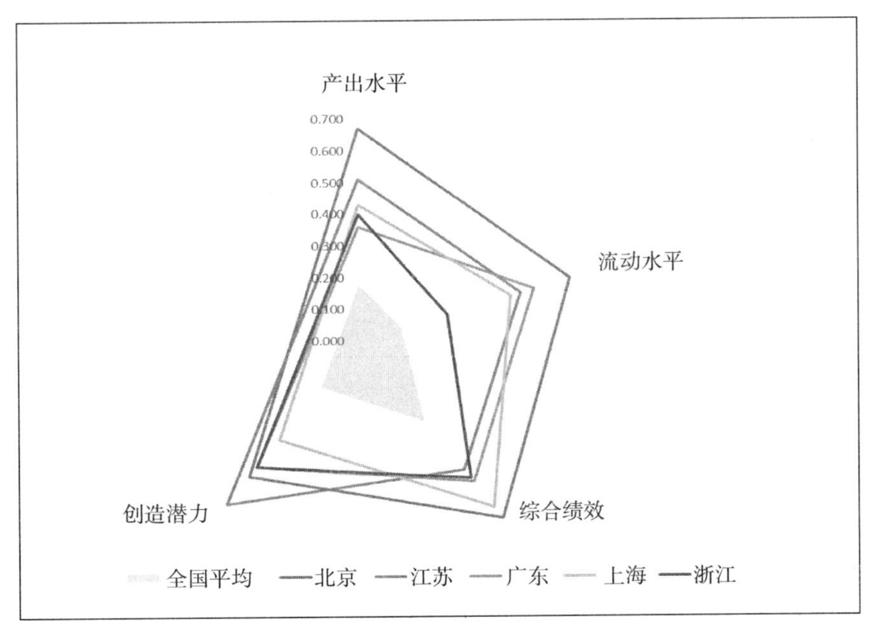

图 2 –3　北京、江苏、广东、上海和浙江知识产权分项指数图

（三）“木桶效应”：排名中间的部分省份各个指标表现差异较大

与之对应的，排名靠后的省份四个指标都表现不太理想，没有明显的长处，几乎所有指数都排名后几位（见图 2 –4）。

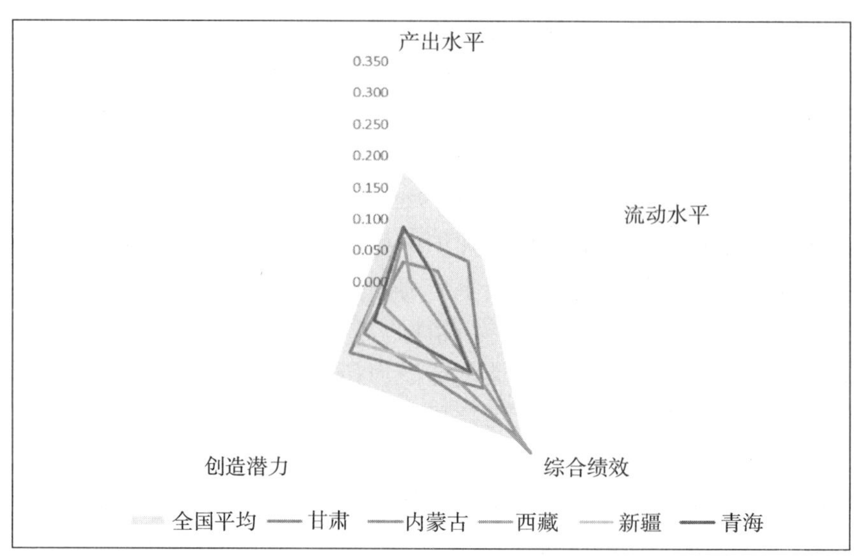

图 2-4　甘肃、内蒙古、西藏、新疆和青海知识产权分项指数图

真正的不均衡主要集中在中端的省份，往往出现指标波动较大，在某项指标上有明显的优势，或者在某项指标上有明显的劣势。实际上知识产权指数排名第 6 到第 10 位的省份已经开始呈现出这种现象（见图 2-5）。优势突出的同时，短板也非常明显，有些已经与全国平均水平接近。按照“木桶理论”，这些省份应该着力在短板上下功夫，补好漏洞，就能大幅提高知识产权水平。

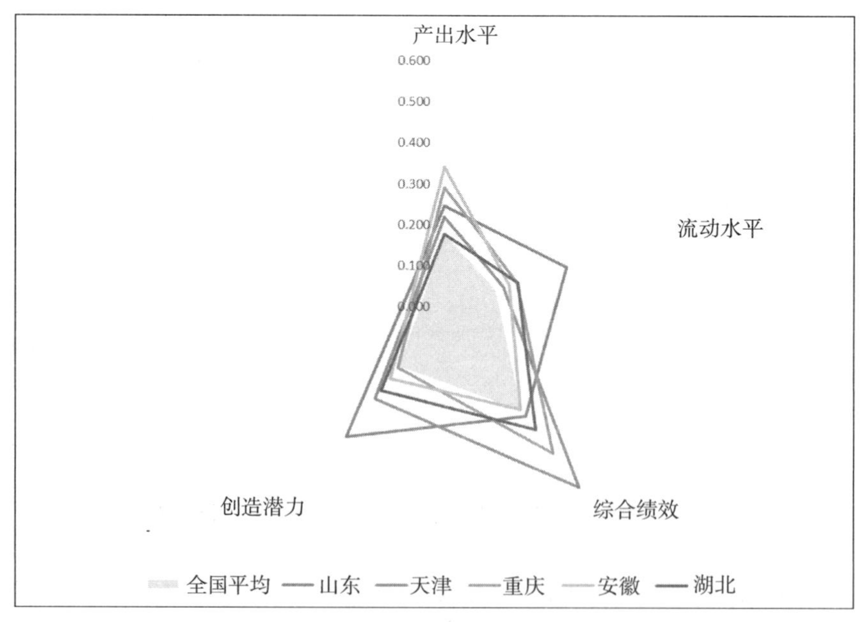

图 2-5　山东、天津、重庆、安徽和湖北知识产权分项指数图

第三章　知识产权产出水平各项指标排名与分析

一、知识产权产出水平指标框架及排名与分析

1. 指标框架

知识产权产出水平下设五个二级指标：知识产权人均产出指数、知识产权产出质量指数、知识产权产出效率指数、知识产权企业产出指数以及高校和研发机构产出指数（见图3－1、表3－1）。

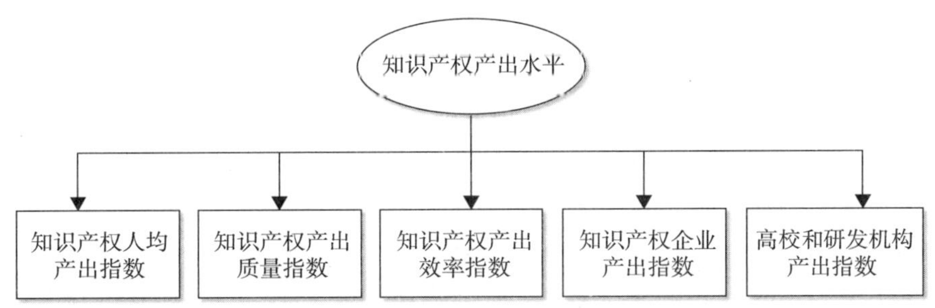

图3－1　知识产权产出水平指标框架图

2. 排名与分析

表3－1　知识产权产出水平及其二级指标指数及排名表

省份	知识产权产出水平		人均产出		产出质量		产出效率		企业产出		高校和研发机构产出	
	指数	排名	指数	排名	指数	排名	指数	排名	指数	排名	指数	排名
北京	0.669	1	0.833	1	0.807	1	0.514	5	0.54	4	0.66	2
江苏	0.510	2	0.174	4	0.270	5	0.506	7	0.73	2	0.87	1
上海	0.429	3	0.461	2	0.586	2	0.370	11	0.33	7	0.40	6
浙江	0.398	4	0.218	3	0.347	3	0.265	15	0.56	3	0.60	3
广东	0.357	5	0.169	5	0.322	4	0.226	19	0.75	1	0.32	9
安徽	0.339	6	0.083	8	0.084	13	0.755	2	0.48	5	0.29	11
重庆	0.289	7	0.083	9	0.090	12	0.714	3	0.30	8	0.26	15
广西	0.281	8	0.026	23	0.020	29	0.964	1	0.16	16	0.24	19
山东	0.244	9	0.060	12	0.146	8	0.334	13	0.26	9	0.42	5
陕西	0.239	10	0.080	10	0.106	9	0.397	10	0.11	22	0.50	4

续表 3－1

省份	知识产权产出水平		人均产出		产出质量		产出效率		企业产出		高校和研发机构产出	
	指数	排名	指数	排名	指数	排名	指数	排名	指数	排名	指数	排名
四川	0.236	11	0.050	13	0.101	10	0.439	8	0.33	6	0.26	17
天津	0.216	12	0.138	6	0.168	6	0.350	12	0.18	13	0.24	18
黑龙江	0.205	13	0.063	11	0.061	17	0.422	9	0.08	26	0.39	7
贵州	0.186	14	0.013	29	0.027	24	0.561	4	0.22	11	0.11	25
福建	0.177	15	0.119	7	0.156	7	0.127	26	0.19	12	0.29	13
湖北	0.175	16	0.046	16	0.080	14	0.237	17	0.15	17	0.37	8
宁夏	0.155	17	0.026	22	0.025	25	0.510	6	0.18	14	0.04	29
湖南	0.153	18	0.039	18	0.074	15	0.183	23	0.17	15	0.30	10
辽宁	0.149	19	0.040	17	0.096	11	0.232	18	0.12	19	0.26	16
云南	0.130	20	0.021	26	0.046	19	0.252	16	0.11	20	0.22	20
河南	0.130	21	0.048	14	0.058	18	0.157	24	0.11	24	0.28	14
江西	0.116	22	0.032	19	0.044	21	0.110	28	0.10	25	0.29	12
海南	0.095	23	0.029	21	0.033	23	0.199	20	0.11	23	0.10	26
青海	0.087	24	0.014	28	0.013	30	0.271	14	0.11	21	0.03	30
新疆	0.087	25	0.025	25	0.022	28	0.192	21	0.12	18	0.07	28
河北	0.082	26	0.031	20	0.061	16	0.075	30	0.07	27	0.17	21
甘肃	0.079	27	0.012	30	0.024	26	0.187	22	0.05	28	0.13	24
吉林	0.077	28	0.047	15	0.044	20	0.139	25	0.01	31	0.14	23
山西	0.073	29	0.020	27	0.036	22	0.115	27	0.05	29	0.15	22
西藏	0.069	30	0.010	31	0.006	31	0.105	29	0.23	10	0.00	31
内蒙古	0.031	31	0.026	24	0.023	27	0.000	31	0.02	30	0.09	27

在知识产权产出水平指数方面，表现较好的前 10 位省份依次是北京、江苏、上海、浙江、广东、安徽、重庆、广西、山东和陕西，排名靠后的后 10 位分别是江西、海南、青海、新疆、河北、甘肃、吉林、山西、西藏和内蒙古。

从知识产权产出指数的五个二级指标，即知识产权人均产出指数、产出质量指数、产出效率指数、企业产出指数、高校和研发机构产出指数来看，大部分省市的表现较为均衡，少数则不平衡性比较突出，譬如，前 10 位中的浙江和广东的产出效率相对于其他指标较低，仅分别位列第 15 和 19 位，与知识产权指数排名不符。同样，像贵州、福建等省份虽然整体排名较低，但也分别有一项和二项指标位列全国前十，也验证了我们在第二章的结论。

二、知识产权人均产出指数指标框架及排名与分析

1. 知识产权人均产出指数指标框架及指数排名

(1) 指标框架

知识产权人均产出指数下设五个三级指标：专利总量指数、商标总量指数、版权总量指数、集成电路布图设计总量指数、农业植物新品种总量指数（见图3－2、表3－2）。

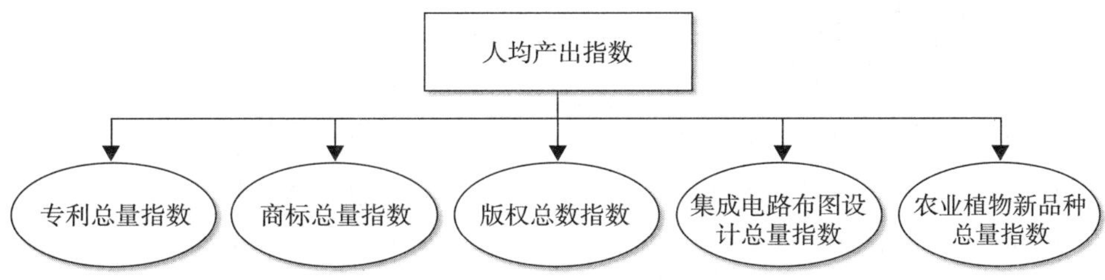

图3－2　知识产权人均产出指数指标框架图

(2) 排名与分析

表3－2　知识产权人均产出指数及排名表

省　份	人均产出		专利总量		商标总量		版权总量		农业植物新品种总量		集成电路布图设计总量	
	指数	排名	指数	排名	指数	排名	指数	排名	指数	排名	指数	排名
北　京	0.833	1	0.809	1	1.000	1	1.000	1	1.000	1	0.355	2
上　海	0.461	2	0.376	5	0.605	2	0.213	2	0.112	6	1.000	1
浙　江	0.218	3	0.562	2	0.279	4	0.017	8	0.067	13	0.167	3
江　苏	0.174	4	0.507	3	0.115	6	0.041	3	0.075	11	0.131	4
广　东	0.169	5	0.366	6	0.320	3	0.008	15	0.033	23	0.117	5
天　津	0.138	6	0.405	4	0.106	7	0.024	5	0.093	8	0.059	9
福　建	0.119	7	0.207	9	0.210	5	0.020	7	0.094	7	0.064	8
安　徽	0.083	8	0.152	10	0.043	19	0.007	18	0.135	4	0.078	6
重　庆	0.083	9	0.222	7	0.104	8	0.039	4	0.018	28	0.032	12
陕　西	0.080	10	0.219	8	0.061	10	0.021	6	0.027	25	0.070	7
黑龙江	0.063	11	0.065	16	0.032	26	0.003	22	0.218	2	0.000	22
山　东	0.060	12	0.140	11	0.071	9	0.014	10	0.065	14	0.011	15
四　川	0.050	13	0.114	12	0.056	11	0.005	19	0.040	19	0.033	11
河　南	0.048	14	0.061	18	0.041	20	0.007	17	0.131	5	0.000	21
吉　林	0.047	15	0.033	25	0.037	23	0.009	14	0.155	3	0.002	18

续表 3-2

省份	人均产出		专利总量		商标总量		版权总量		农业植物新品种总量		集成电路布图设计总量	
	指数	排名	指数	排名	指数	排名	指数	排名	指数	排名	指数	排名
湖北	0.046	16	0.096	13	0.046	17	0.011	11	0.034	22	0.043	10
辽宁	0.040	17	0.069	15	0.048	16	0.009	13	0.075	10	0.000	22
湖南	0.039	18	0.062	17	0.041	21	0.004	20	0.072	12	0.018	14
江西	0.032	19	0.076	14	0.034	24	0.010	12	0.008	30	0.031	13
河北	0.031	20	0.046	20	0.037	22	0.002	23	0.062	16	0.009	16
海南	0.029	21	0.020	30	0.055	12	0.015	9	0.053	17	0.000	22
宁夏	0.026	22	0.041	21	0.054	13	0.001	26	0.036	20	0.000	22
广西	0.026	23	0.059	19	0.010	30	0.007	16	0.046	18	0.008	17
内蒙古	0.026	24	0.021	29	0.032	25	0.000	29	0.077	9	0.000	22
新疆	0.025	25	0.040	22	0.050	14	0.002	24	0.031	24	0.000	22
云南	0.021	26	0.023	28	0.044	18	0.003	21	0.036	21	0.001	20
山西	0.020	27	0.024	27	0.010	29	0.001	25	0.062	15	0.001	19
青海	0.014	28	0.025	26	0.023	27	0.000	28	0.020	27	0.000	22
贵州	0.013	29	0.034	24	0.019	28	0.001	27	0.014	29	0.000	22
甘肃	0.012	30	0.038	23	0.000	31	0.000	30	0.023	26	0.000	22
西藏	0.010	31	0.001	31	0.050	15	0.000	31	0.000	31	0.000	22

在知识产权人均产出指数方面，排名前 10 位的省份是北京、上海、浙江、江苏、广东、天津、福建、安徽、重庆和陕西；排名后 10 位的省份是宁夏、广西、内蒙古、新疆、云南、山西、青海、贵州、甘肃和西藏。

在专利总量指数方面，排名前 10 位的省份是北京、浙江、江苏、天津、上海、广东、重庆、陕西、福建和安徽。

在商标总量指数方面，排名前 10 位的省份是北京、上海、广东、浙江、福建、江苏、天津、重庆、山东和陕西。

在版权总量指数方面，排名前 10 位的省份是北京、上海、江苏、重庆、天津、陕西、福建、浙江、海南、山东。

在农业植物新品种总量指数方面，排名前 10 位的省份是北京、黑龙江、吉林、安徽、河南、上海、福建、天津、内蒙古和辽宁。

在集成电路布图设计总量指数方面，排名前 10 位的省份是：上海、北京、浙江、江苏、广东、安徽、陕西、福建、天津、和湖北。

由于专利总量、商标总量、版权总量、农业植物新品种总量、集成电路布图设计总量指数五个三级指标涵盖不同领域，因此，各自指数和排名也有较大差别，反映全国各个省份各自发展的不同定位和不同特点。在专利、商标、版权、集成电路等方面，北京、上海、浙江等传统经济较为发达的省市排名靠前，而在农业植物新品种方面，黑龙江、吉林、安徽等农业研究及种植大省（市）排名靠前，整体情况与前些年类似。

2. 专利总量指数四级指标框架及排名与分析

（1）指标框架

专利总量指数选取了百万人口年度国内发明专利申请量、百万人口年度国内实用新型专利申请量、百万人口年度国内外观设计专利申请量、百万人口年度 PCT 专利申请量四个指标进行评价（见图 3－3、图 3－4）。

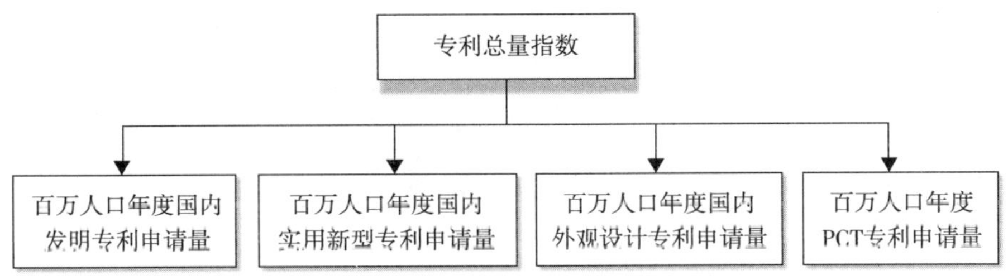

图 3－3　专利总量指数指标框架图

（2）专利总量指数具体指标分析

图 3－4 表明，西藏—贵州是百万人口年度国内发明专利申请量最少的 10 个省份，而北京—广西是百万人口年度国内发明专利申请量最多的 10 个省份，两部分的差距依然比较明显。北京在近三年的百万人口年度国内发明专利申请量稳居第一，2015 年约为 3868 项/百万人，较 2014 年有一定幅度的增长。

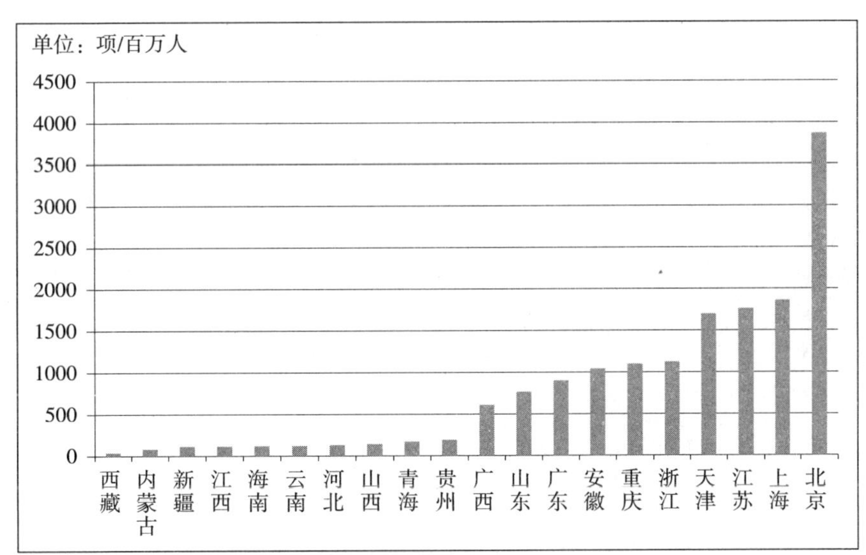

图 3－4　百万人口年度国内发明专利申请量排名图

数据来源：国家知识产权局．2015 专利统计年报；国家统计局．2016 中国统计年鉴［M］．北京：中国统计出版社，2016.

图3-5表明，西藏—甘肃是百万人口年度实用新型专利申请量最少的10个省市，天津—安徽是百万人口年度实用新型专利申请量最多的10个省市，其中天津以2810项/百万人领跑全国，较2014年有较大增长。

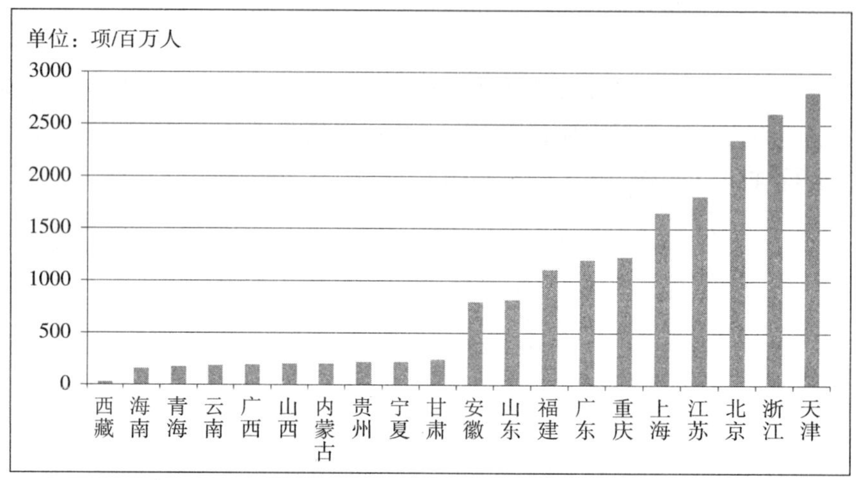

图3-5 百万人口年度国内实用新型专利申请量排名图

数据来源：国家知识产权局.2015专利统计年报；国家统计局.2016中国统计年鉴［M］.北京：中国统计出版社，2016.

图3-6表明，宁夏—广西是百万人口年度国内外观设计专利申请量最少的10个省份，浙江—天津是百万人口年度国内外观设计专利申请量最多的10个省份。其中，浙江超过1500项/百万人，遥遥领先于其他地区。

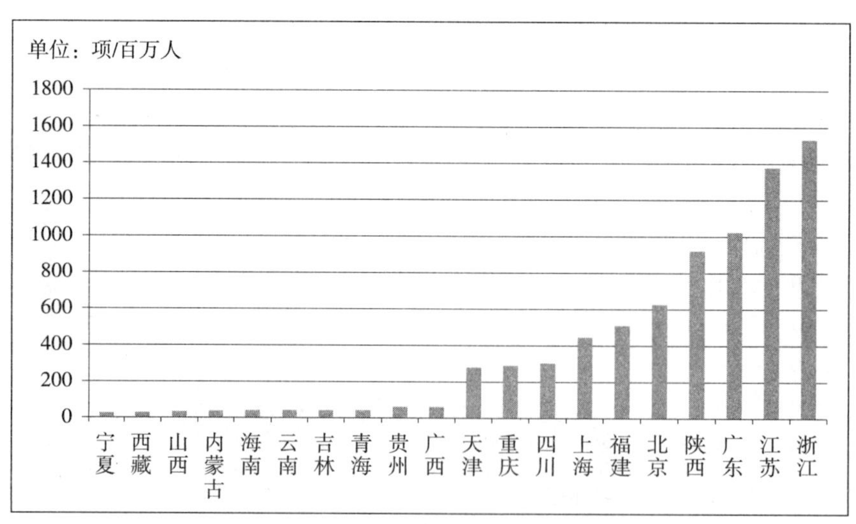

图3-6 百万人口年度国内外观设计专利申请量排名图

数据来源：国家知识产权局.2015专利统计年报；国家统计局.2016中国统计年鉴［M］.北京：中国统计出版社，2016.

图3－7表明，百万人口年度PCT专利申请量最少的10个省份是青海—江西，其中，青海、海南、陕西更是不足1项/百万人；而申请量主要是集中在北京、广东和上海这三个省份，占全国PCT专利申请的四分之三，远远高于其他省份。北京超过了500项/百万人。而出口经济较为发达的江浙一带，此项指标表现却不如人意，印证了我国出口产品附加值低的现状。

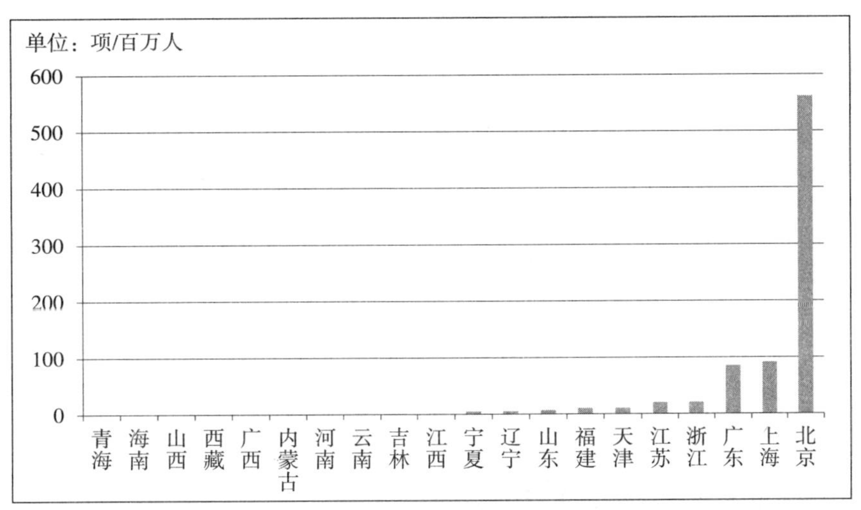

图3－7　百万人口年度PCT专利申请量排名图

数据来源：国家知识产权局.2015专利统计年报；国家统计局.2016中国统计年鉴［M］.北京：中国统计出版社，2016.

3. 商标总量指数四级指标框架及排名与分析

（1）指标框架

商标总量指数采用百万人口年度商标申请量指标进行度量（见图3－8）。

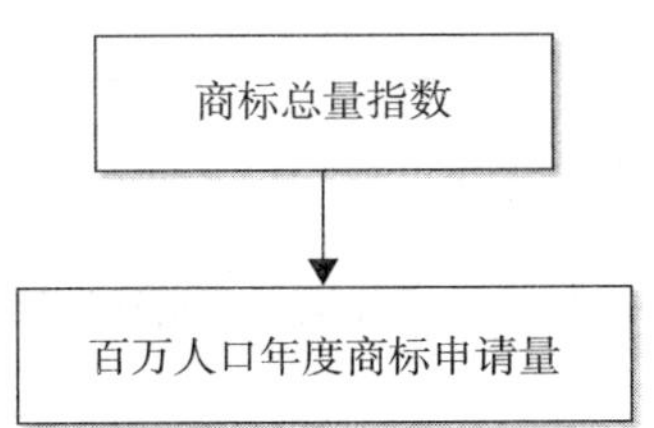

图3－8　商标总量指数指标框架图

（2）商标总量指数具体指标分析

图3－9表明，甘肃—河北是百万人口年度商标申请量最少的10个省份，主要分布在工商业欠发达的中西部地区；北京—陕西是百万人口年度商标申请量最多的10个省份，主要集中于经济相对发达的东部沿海地区，西部省市仅有重庆和陕西。

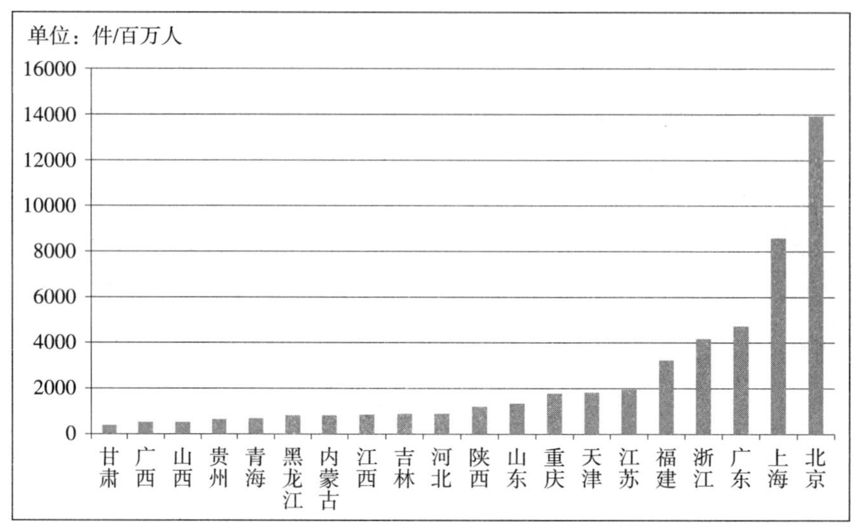

图3－9　百万人口年度商标申请量排名图

数据来源：国家知识产权局.2015中国知识产权统计年报［M］. 北京：知识产权出版社，2016；国家统计局.2016中国统计年鉴［M］. 北京：中国统计出版社，2016.

4. 版权总量指数四级指标框架及排名与分析

（1）指标框架

版权总量指数采用百万人口年度版权合同登记量、百万人口年度作品自愿登记量两个指标进行度量（见图3－10）。

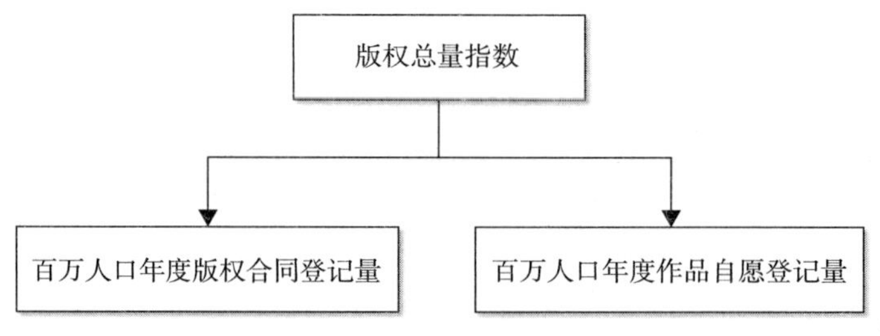

图3－10　版权总量指数指标框架图

（2）版权总量指数具体指标分析

图3－11表明，在百万人口年度版权合同登记量上北京算是“一枝独秀”，遥遥领先于其他省市，是排在第2位的上海的近8倍，相对往年优势略有缩小。而排在最后几位的内蒙古、西藏、甘肃、青海的版权合同登记量为0，其余各省份的数量也很少。

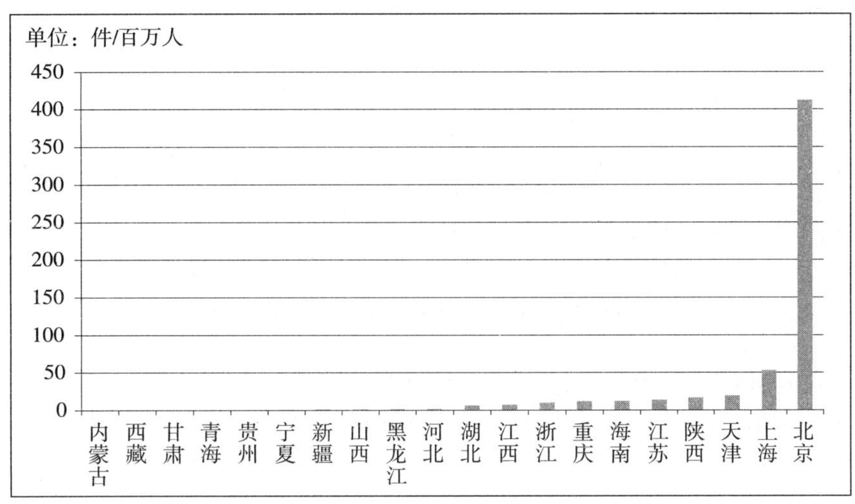

图 3-11　百万人口年度版权合同登记量排名图

数据来源：国家知识产权局. 2015 中国知识产权统计年报［M］. 北京：知识产权出版社，2016；国家统计局. 2016 中国统计年鉴［M］. 北京：中国统计出版社，2016.

图 3-12 表明，在百万人口年度作品自愿登记量的数量上，北京无疑居于垄断地位，其总量比其他省市之和都大得多。北京 2015 年的数据比 2014 年约有 17% 的增幅，约为 27684 件/百万人。

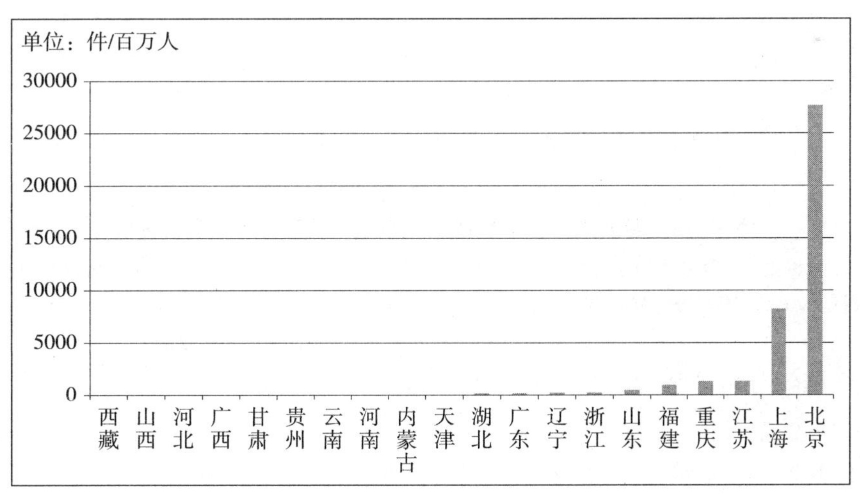

图 3-12　百万人口年度作品自愿登记量排名图

数据来源：国家知识产权局. 2015 中国知识产权统计年报［M］. 北京：知识产权出版社，2016；国家统计局. 2016 中国统计年鉴［M］. 北京：中国统计出版社，2016.

5. 集成电路布图设计总量指数四级指标框架及排名与分析

（1）指标框架

集成电路布图设计总量指数用百万人口年度集成电路布图设计登记申请量这一指标

来衡量（见图 3－13）。

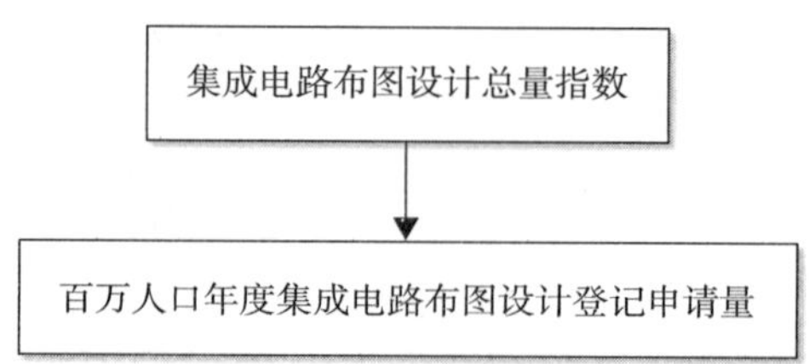

图 3－13 集成电路布图设计总量指数指标框架图

（2）集成电路布图设计总量指数具体指标分析

图 3－14 表明，上海在百万人口年度集成电路布图设计登记申请量上列第 1 位，约 23 件/百万人，同比增加约 4 件，其他登记量靠前的省市有北京、江苏、浙江、广东、天津等。排位靠后的 10 个省份申请量都为 0。

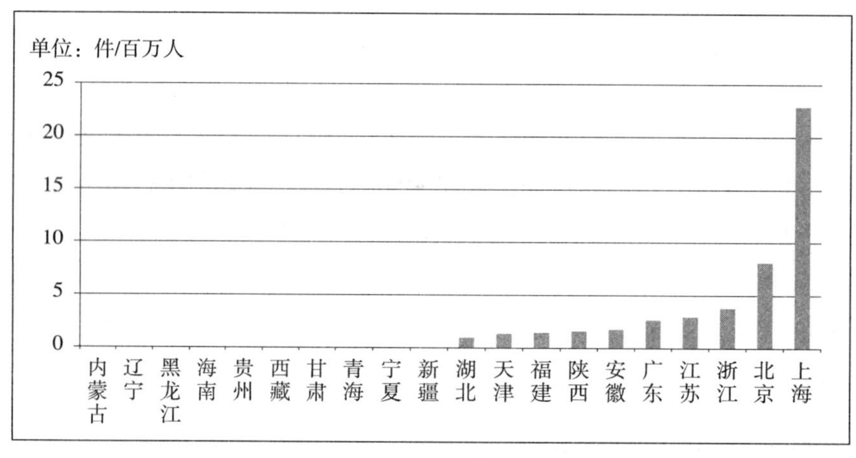

图 3－14 百万人口年度集成电路布图设计登记申请量排名图

数据来源：国家知识产权局 . 2015 中国知识产权统计年报［M］. 北京：知识产权出版社，2016；国家统计局 . 2016 中国统计年鉴［M］. 北京：中国统计出版社，2016.

6. 农业植物新品种总量指数四级指标框架及排名与分析

（1）指标框架

农业植物新品种总量指数用百万人口年度农业植物新品种申请量这一指标来衡量（见图 3－15）。

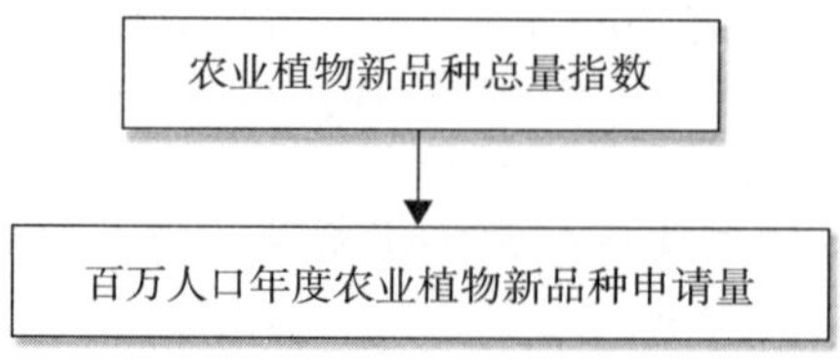

图 3－15 农业植物新品种总量指数指标框架图

(2) 农业植物新品种总量指数具体指标分析

图 3-16 表明，北京—辽宁是百万人口年度农业植物新品种申请量较多的 10 个省市，该项指标排名靠前的主要是农业发达省市，其中，北京由于农业研发机构聚集，因此指标表现更是大幅领先。

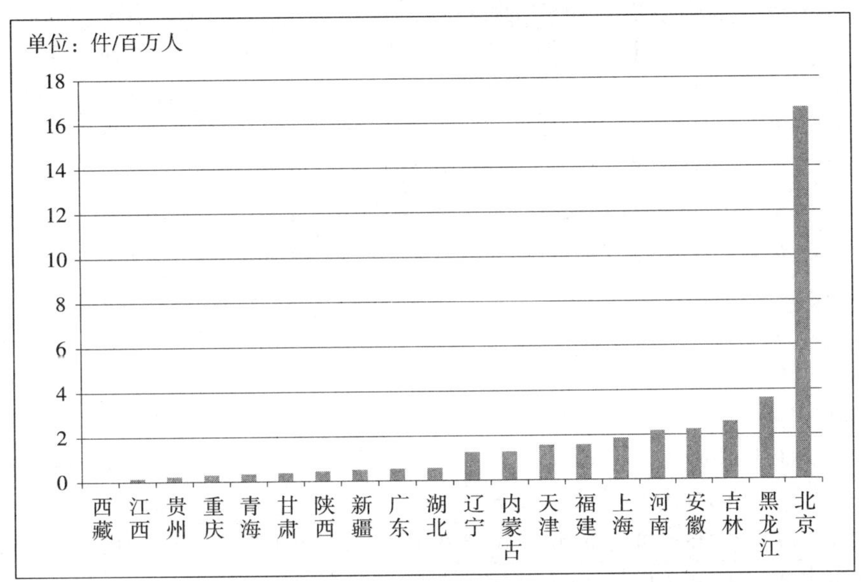

图 3-16 百万人口年度农业植物新品种申请量排名图

数据来源：国家知识产权局. 2015 中国知识产权统计年报［M］. 北京：知识产权出版社，2016；国家统计局. 2016 中国统计年鉴［M］. 北京：中国统计出版社，2016.

三、知识产权产出质量指数三级指标框架及排名与分析

1. 知识产权产出质量指数三级指标框架及指数排名

(1) 指标框架

产出质量指数下设六个三级指标：专利有效性指数、商标有效性指数、专利金奖指数、“中华老字号”商标指数、集成电路布图设计登记发证指数、外贸额与 PCT 专利比指数（见图 3-17）。

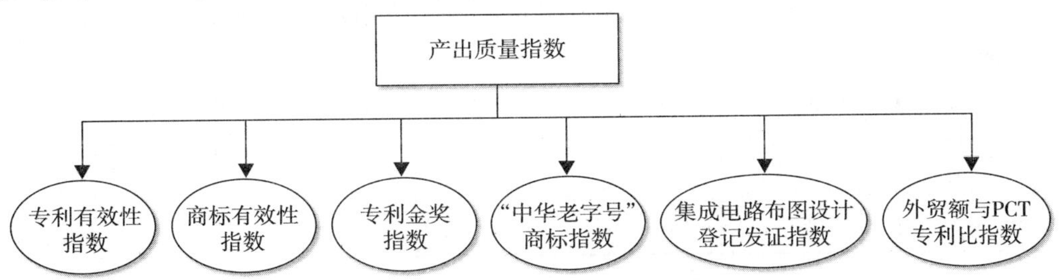

图 3-17 知识产权产出质量指标框架图

（2）指数及排名

表 3-3 知识产权产出质量指数及排名表

省份	产出质量		专利有效性		商标有效性		专利金奖		“中华老字号”商标		集成电路布图设计登记发证		外贸额与PCT专利比	
	指数	排名	指数	排名	指数	排名	指数	排名	指数	排名	指数	排名	指数	排名
北京	0.807	1	0.794	1	1.000	1	1.000	1	0.650	2	0.396	2	1.000	1
上海	0.586	2	0.517	3	0.700	2	0.246	4	1.000	1	1.000	1	0.051	3
浙江	0.347	3	0.669	2	0.636	3	0.108	10	0.506	4	0.143	3	0.019	16
广东	0.322	4	0.415	5	0.457	4	0.554	2	0.317	7	0.126	5	0.065	2
江苏	0.270	5	0.449	4	0.216	6	0.262	3	0.533	3	0.136	4	0.021	14
天津	0.168	6	0.310	6	0.197	7	0.092	12	0.367	5	0.030	10	0.014	21
福建	0.156	7	0.220	7	0.403	5	0.031	20	0.189	9	0.076	7	0.016	19
山东	0.146	8	0.121	9	0.121	9	0.231	5	0.367	5	0.013	16	0.022	13
陕西	0.106	9	0.104	11	0.103	11	0.185	6	0.150	12	0.067	8	0.028	8
四川	0.101	10	0.100	12	0.086	13	0.077	14	0.272	8	0.036	9	0.036	6
辽宁	0.096	11	0.087	13	0.091	12	0.169	7	0.189	9	0.019	14	0.021	15
重庆	0.090	12	0.151	8	0.171	8	0.077	14	0.106	22	0.029	11	0.005	29
安徽	0.084	13	0.115	10	0.060	18	0.092	12	0.139	17	0.086	6	0.011	23
湖北	0.080	14	0.087	14	0.065	15	0.123	9	0.144	15	0.020	13	0.038	5
湖南	0.074	15	0.069	15	0.057	20	0.154	8	0.111	20	0.024	12	0.026	9
河北	0.061	16	0.045	19	0.063	16	0.077	14	0.150	12	0.010	17	0.024	11
黑龙江	0.061	17	0.064	16	0.054	22	0.046	18	0.178	11	0.000	23	0.026	10
河南	0.058	18	0.053	17	0.055	21	0.108	10	0.122	18	0.001	22	0.008	25
云南	0.046	19	0.023	27	0.051	25	0.046	18	0.144	15	0.001	21	0.011	22
吉林	0.044	20	0.039	21	0.060	19	0.031	20	0.111	20	0.002	19	0.023	12
江西	0.044	21	0.049	18	0.052	24	0.015	23	0.122	18	0.018	15	0.006	27
山西	0.036	22	0.032	23	0.025	27	0.000	28	0.150	12	0.001	20	0.009	24
海南	0.033	23	0.024	26	0.108	10	0.062	17	0.000	30	0.000	23	0.004	30
贵州	0.027	24	0.040	20	0.024	28	0.031	20	0.050	24	0.000	23	0.017	17
宁夏	0.025	25	0.025	25	0.054	23	0.015	23	0.011	28	0.000	23	0.047	4
甘肃	0.024	26	0.022	28	0.000	31	0.015	23	0.078	23	0.000	23	0.029	7
内蒙古	0.023	27	0.020	29	0.061	17	0.000	28	0.039	26	0.000	23	0.016	18
新疆	0.022	28	0.034	22	0.071	14	0.000	28	0.017	27	0.000	23	0.007	26
广西	0.020	29	0.027	24	0.015	30	0.015	23	0.050	24	0.009	18	0.006	28
青海	0.013	30	0.014	30	0.042	26	0.015	23	0.006	29	0.000	23	0.000	31
西藏	0.006	31	0.000	31	0.019	29	0.000	28	0.000	30	0.000	23	0.015	20

在产出质量指数方面，北京、上海、浙江、广东、江苏位居前五，与2016年报告

相同，只是相互之间位次有细微变化。内蒙古、新疆、广西、青海、西藏排在后五位，与去年略有不同的是内蒙古排名落入后五位。

七个三级指标的排名各有特点，相互之间联系度不是很强，因此一致性不高，很多省市在某项指标上表现靠前，但是其他指标又可能排名较为靠后，体现了很强的差异性：例如，很多产出质量排名靠前的省份在外贸额与 PCT 专利比方面都沉沙折戟。譬如，产出质量第 3 位的浙江的专利金奖仅仅排名第 10 位，其外贸额与 PCT 专利比更是排名第 16 位，而宁夏则恰好相反。

2. 专利有效性指数四级指标框架及排名与分析

（1）指标框架

专利有效性指数选取了百万人口国内发明专利有效量、百万人口国内实用新型专利有效量、百万人口国内外观设计专利有效量三个指标进行评价（见图 3－18）。

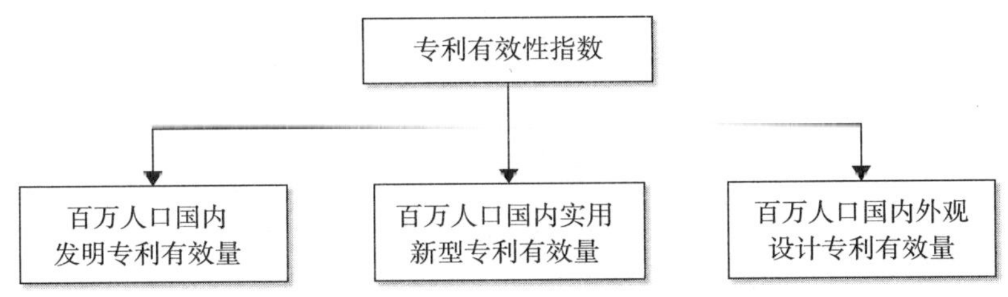

图 3－18　专利有效性指数指标框架图

（2）专利有效性指数具体指标分析

图 3－19 表明，西藏—宁夏是百万人口国内发明专利有效量最少的 10 个省份，主要集中于中西部，大都少于 150 项/百万人；北京—福建是百万人口国内发明专利有效量最多的 10 个省份，其中，北京、上海与其他省份相比优势明显，北京的数量是 6128 项/百万人，上海的数量是 2898 项/百万人，较 2014 年均有较大幅度的增长。

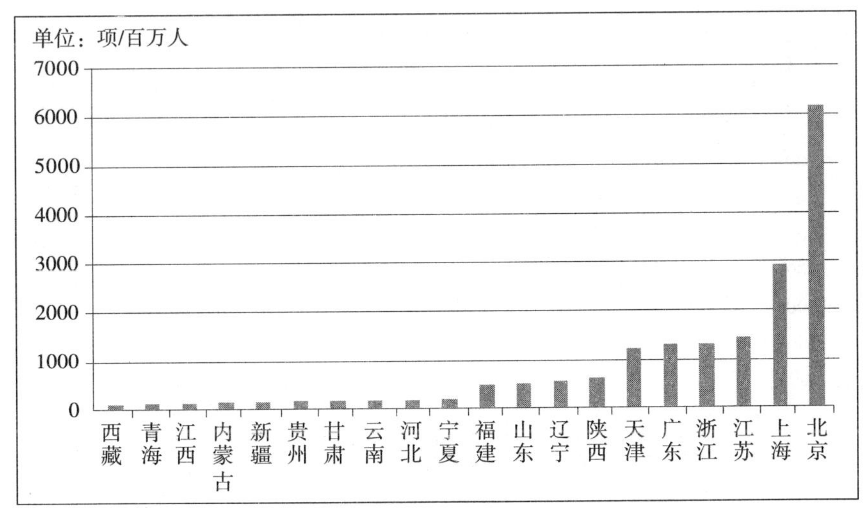

图 3－19　百万人口国内发明专利有效量排名图

数据来源：国家知识产权局．2015 专利统计年报；国家统计局．2016 中国统计年鉴［M］．北京：中国统计出版社，2016.

图3－20表明，西藏—新疆是百万人口国内实用新型专利有效量最少的10个省份，均不足600项/百万人；北京—安徽是百万人口国内实用新型专利有效量最多的10个省份，整体呈渐增趋势。其中，北京、浙江和上海属于第一集团，均超过5500项/百万人。

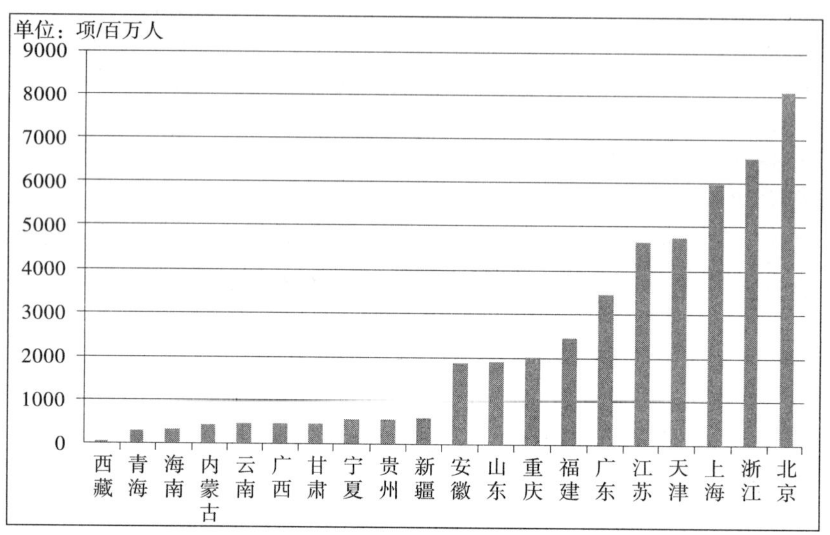

图3－20 百万人口国内实用新型专利有效量排名图

数据来源：国家知识产权局.2015专利统计年报；国家统计局.2016中国统计年鉴［M］.北京：中国统计出版社，2016.

图3－21表明，西藏—海南是百万人口国内外观设计专利有效量最少的10个省份，主要集中于中西部，相互之间差距很小；浙江—陕西则是最多的10个省份，浙江、广东和江苏领先全国，均超过2500项/百万人。其中，浙江省近四年稳居第一，为4240项/百万人，同比略有增长。

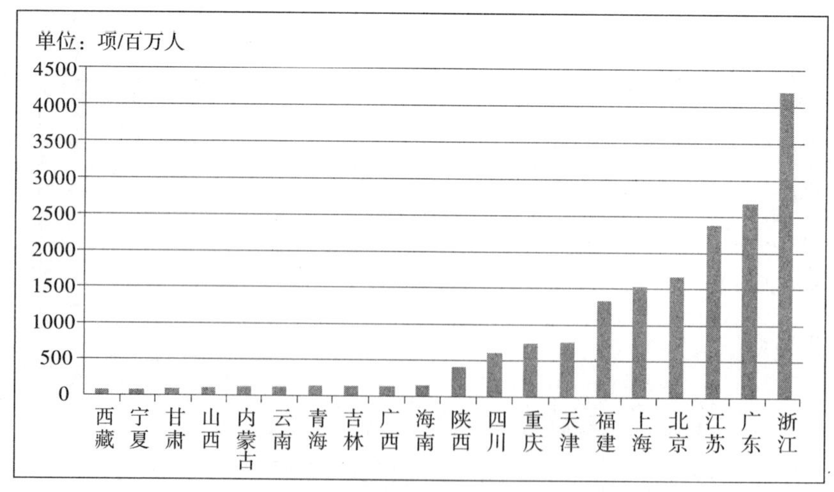

图3－21 百万人口国内外观设计专利有效量排名图

数据来源：国家知识产权局.2015专利统计年报；国家统计局.2016中国统计年鉴［M］.北京：中国统计出版社，2016.

3. 商标有效性指数四级指标框架及排名与分析

（1）指标框架

商标有效性指数采用百万人口有效商标量指标进行评价（见图3-22）。

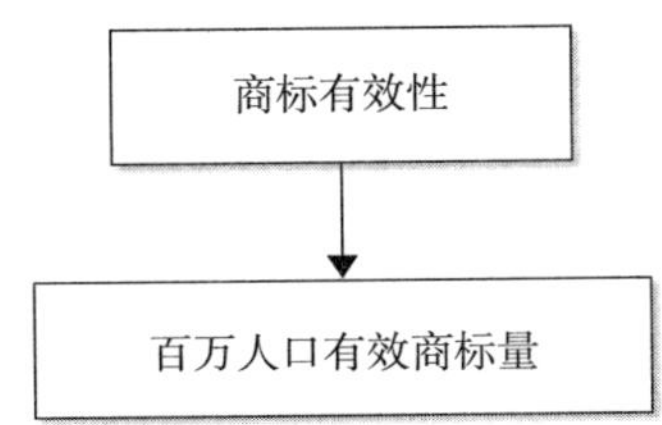

图3-22　商标有效性拥有量指数指标框架图

（2）商标有效性拥有量指数具体指标分析

图3-23表明，甘肃—黑龙江是百万人口有效商标量最少的10个省份，不足3000件/百万人，相互之间差距不大；北京—海南是百万人口有效商标量最多的10个省份，呈阶梯状递增，其中排名第1位的北京拥有31884件/百万人。上海和浙江分别以22707和20757项排名第2位和第3位。

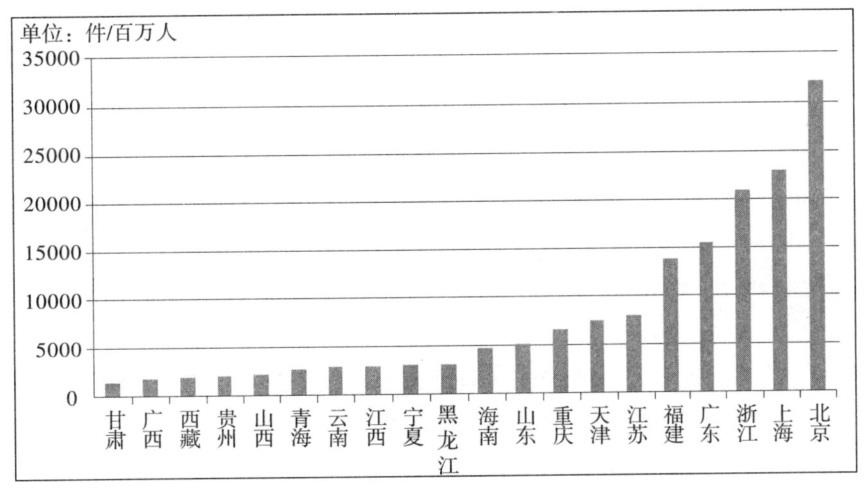

图3-23　百万人口有效商标量排名图

数据来源：国家知识产权局.2015中国知识产权统计年报［M］.北京：知识产权出版社，2016；国家统计局.2016中国统计年鉴［M］.北京：中国统计出版社，2016.

4. 专利金奖指数四级指标框架及排名与分析

（1）指标框架

专利金奖指数采用专利金奖拥有量指标进行评价（见图3-24）。

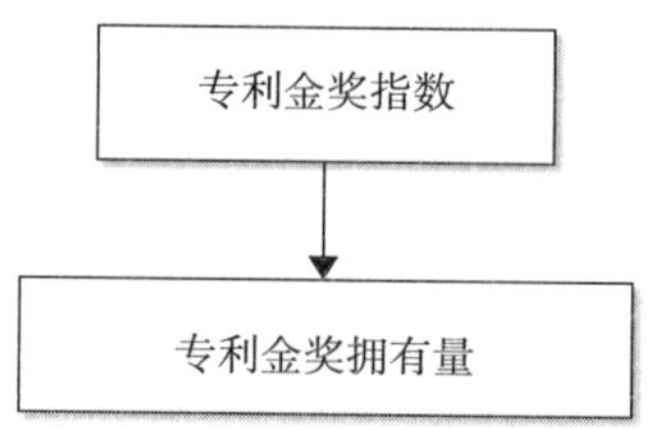

图 3－24 专利金奖指数指标框架图

（2）专利金奖指数具体指标分析

中国专利奖是我国唯一针对专利的政府专项奖，具有一定的国际影响力。获奖项目，尤其是专利金奖，是优质的、有突出贡献的、可通过产业化大幅升值的项目。图 3－25 表明，该项指标分布并不均匀，北京领先于其他省份，共拥有专利金奖 65 项。广东排名第 2 位，共拥有 36 项。

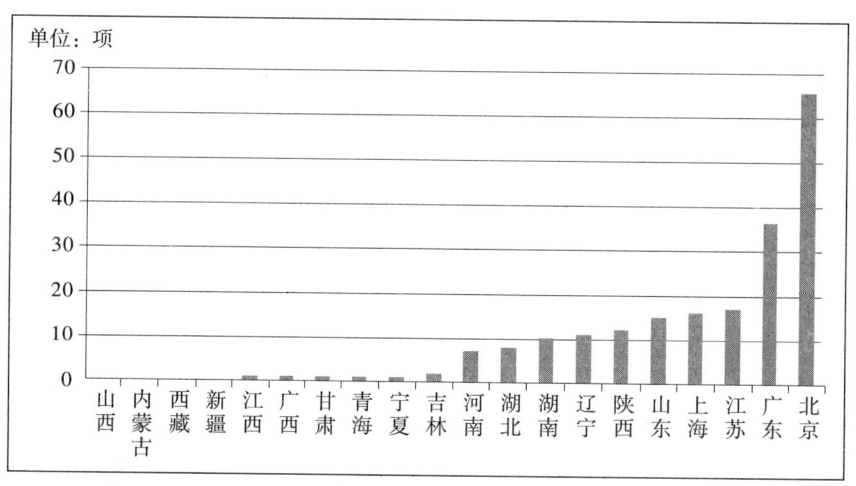

图 3－25 专利金奖拥有量排名图

数据来源：国家知识产权局. 2015 中国知识产权统计年报［M］. 北京：知识产权出版社，2016.

图 3－26 显示，专利金奖拥有量指标分布相对集中，北京专利金奖拥有量占全国总数量的 25. 79%，而排名前 4 的省市：北京、广东、上海和江苏所拥有的专利金奖数量之和占全国总量的一半以上。其余省份，主要是中西部省市拥有的专利金奖数量较少。

5.“中华老字号”商标指数四级指标框架及排名与分析

（1）指标框架

“中华老字号”商标指数采用“中华老字号”商标拥有量指标进行评价（见图 3－27）。

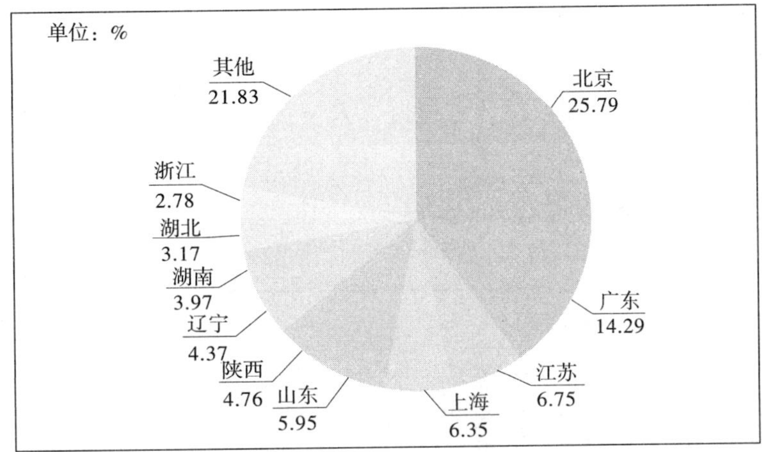

图 3－26　专利金奖拥有量占全国比重图

数据来源：国家知识产权局. 2015 中国知识产权统计年报［M］. 北京：知识产权出版社，2016.

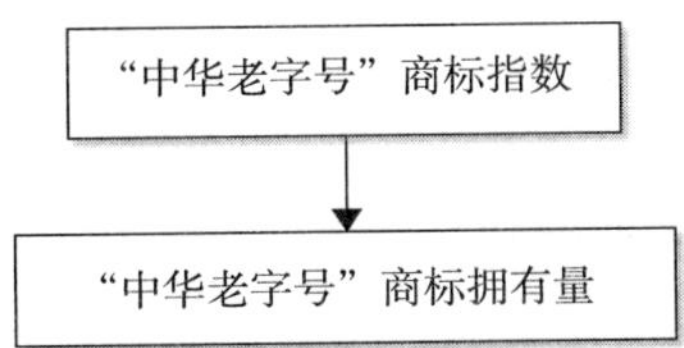

图 3－27　“中华老字号”商标指数指标框架图

（2）“中华老字号”商标指数具体指标分析

海南—重庆仍是“中华老字号”商标拥有量最少的 10 个省份，上海—辽宁是“中华老字号”商标拥有量最多的 10 个省份，其中排名第 1 位的上海拥有 180 个“中华老字号”商标。

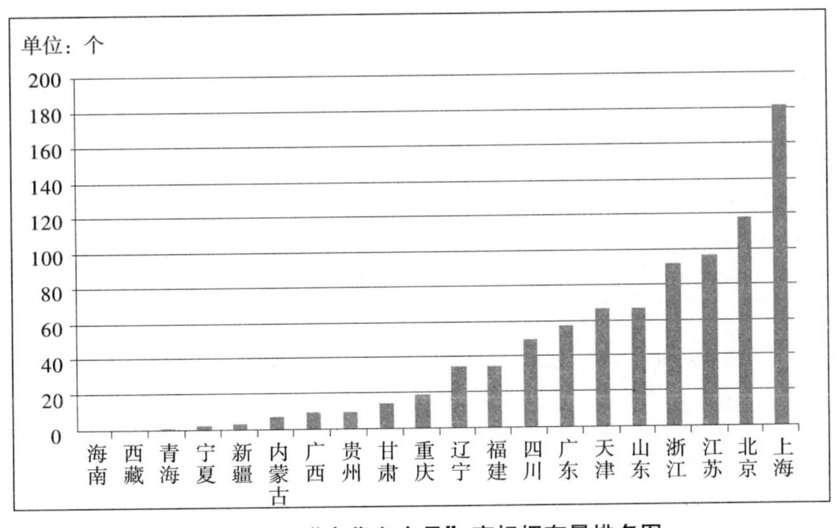

图 3－28　“中华老字号”商标拥有量排名图

数据来源：中华老字号评选委员会（第二届）.

6. 集成电路布图设计登记发证指数四级指标框架及排名与分析

（1）指标框架

集成电路布图设计登记发证指数采用百万人口年度集成电路布图设计登记发证量指标进行评价（见图 3－29）。

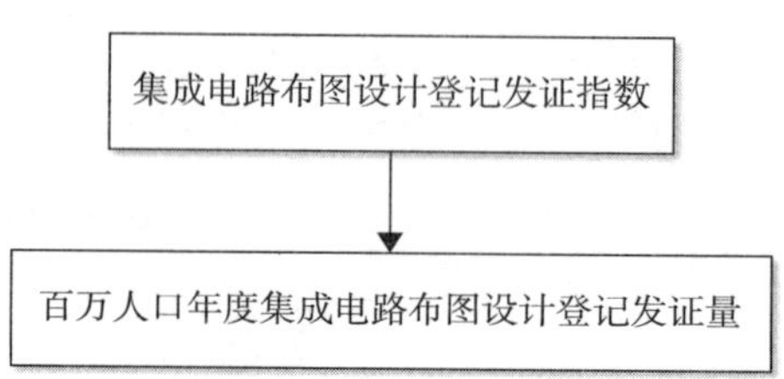

图 3－29 集成电路布图设计登记发证指数指标框架图

（2）集成电路布图设计登记发证指数具体指标分析

图 3－30 表明，在百万人口年度集成电路布图设计登记发证量指标上，各省份的差距也较大，上海有 19 项/百万人，大幅领先于其他省份；其余各省份的百万人口年度集成电路布图设计登记发证量较少，除排名第 2 位的北京（8 项/百万人）外，均少于 5 项，除图中所示省份，其他省份该项指标为 0。

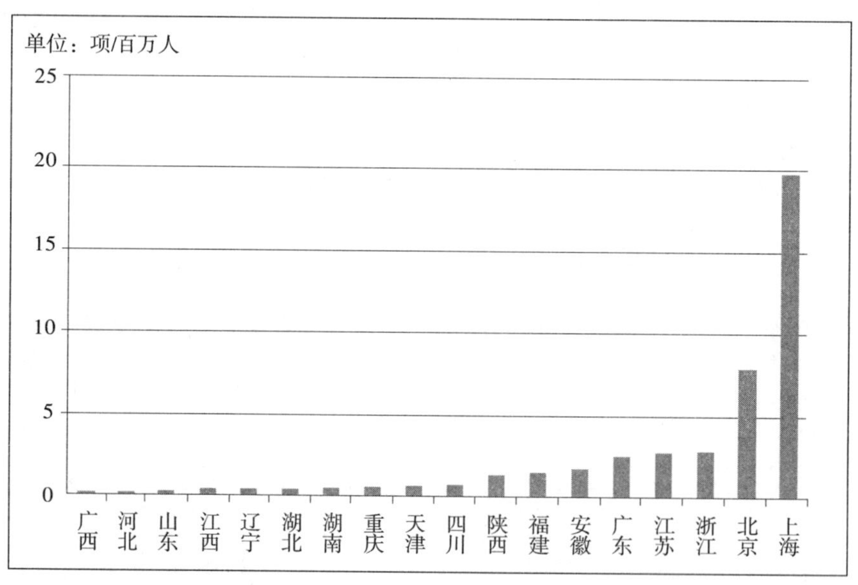

图 3－30 百万人口年度集成电路布图设计登记发证量排名图

数据来源：国家知识产权局 . 2015 中国知识产权统计年报［M］. 北京：知识产权出版社，2016；国家统计局 . 2016 中国统计年鉴［M］. 北京：中国统计出版社，2016.

7. 外贸额与 PCT 专利比指数四级指标框架及排名与分析

(1) 指标框架（见图 3－31）

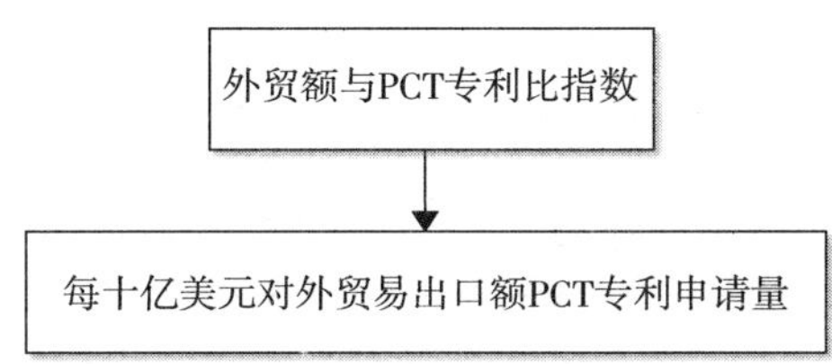

图 3－31 每十亿美元对外贸易出口额 PCT 专利申请量指标框架图

(2) 外贸额与 PCT 专利比指数具体指标分析

图 3－32 表明，青海—云南是每十亿美元对外贸易出口额 PCT 专利申请量排名落后的 10 个省份，大部分为中西部地区。浙江、江苏和福建等东部对外贸易出口额较大的省份，该项指标的数据表现仍不佳，也说明了目前外贸以简单劳动加工为主的局面没有转变；北京—黑龙江是每十亿美元对外贸易出口额 PCT 专利申请量排名领先的 10 个省份，其中北京遥遥领先于其他各省份，值得指出的是，湖南、陕西和湖北等省份在该项指标中表现突出，显示出了一定的潜力。

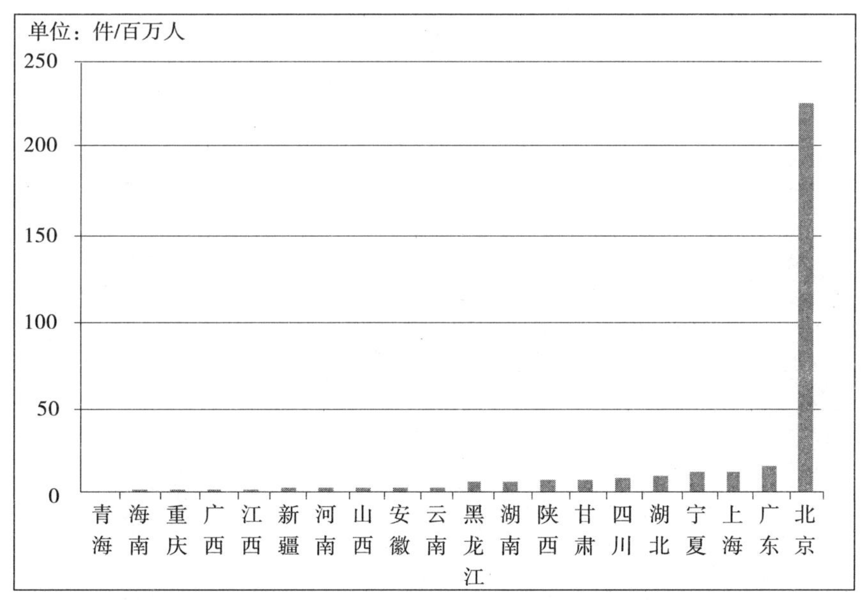

图 3－32 每十亿美元对外贸易出口额 PCT 专利申请量排名图

数据来源：国家知识产权局．2015 中国知识产权统计年报［M］．北京：知识产权出版社，2016；国家统计局．2016 中国统计年鉴［M］．北京：中国统计出版社，2016.

四、知识产权产出效率指数三级指标框架及排名与分析

1. 知识产权产出效率指数三级指标框架及指数排名

(1) 指标框架

知识产权产出效率指数下设两个指标：人才产出效率指数、资本产出效率指数（见图3－33、表3－4）。

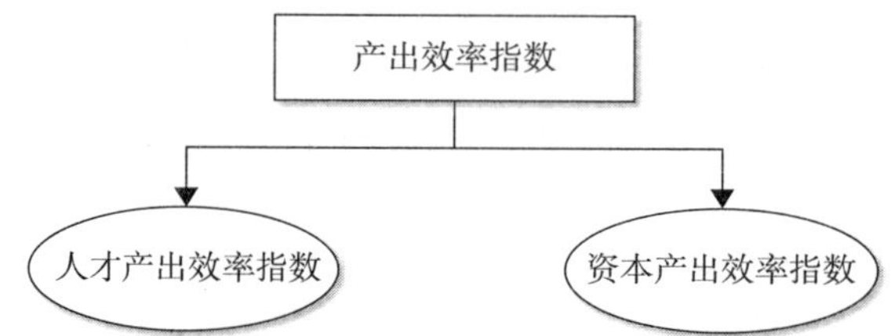

图3－33 知识产权产出效率指数指标框架图

(2) 指数及排名

表3－4 知识产权产出效率指数及排名表

省份	产出效率指数		人才产出效率		资本产出效率	
	指数	排名	指数	排名	指数	排名
广西	0.964	1	0.928	3	1.000	1
安徽	0.755	2	1.000	1	0.509	2
重庆	0.714	3	0.973	2	0.455	3
贵州	0.561	4	0.766	6	0.356	4
北京	0.514	5	0.853	4	0.174	13
宁夏	0.510	6	0.712	7	0.308	5
江苏	0.506	7	0.772	5	0.240	8
四川	0.439	8	0.667	9	0.210	9
黑龙江	0.422	9	0.567	11	0.276	6
陕西	0.397	10	0.691	8	0.103	24
上海	0.370	11	0.614	10	0.126	20
天津	0.350	12	0.561	12	0.139	18
山东	0.334	13	0.524	13	0.145	15
青海	0.271	14	0.269	19	0.274	7
浙江	0.265	15	0.353	15	0.178	12
云南	0.252	16	0.363	14	0.142	17
湖北	0.237	17	0.351	16	0.122	21

续表 3－4

省 份	产出效率指数		人才产出效率		资本产出效率	
	指数	排名	指数	排名	指数	排名
辽 宁	0.232	18	0.334	17	0.130	19
广 东	0.226	19	0.303	18	0.150	14
海 南	0.199	20	0.212	22	0.187	10
新 疆	0.192	21	0.241	21	0.143	16
甘 肃	0.187	22	0.197	24	0.178	11
湖 南	0.183	23	0.262	20	0.105	23
河 南	0.157	24	0.201	23	0.114	22
吉 林	0.139	25	0.189	25	0.090	28
福 建	0.127	26	0.152	27	0.101	25
山 西	0.115	27	0.140	28	0.091	27
江 西	0.110	28	0.162	26	0.059	29
西 藏	0.105	29	0.118	29	0.092	26
河 北	0.075	30	0.102	30	0.048	30
内蒙古	0.000	31	0.000	31	0.000	31

分析表 3－4 可以看出，知识产出效率的排名前 10 位的是广西、安徽、重庆、贵州、北京、宁夏、江苏、四川、黑龙江、陕西，排名后 10 位的是甘肃、湖南、河南、吉林、福建、山西、江西、西藏、河北和内蒙古。

从知识产出效率来看，东部和中西部差距不明显。相对而言，一些知识产权指数排名靠前的东部省份则表现较弱，譬如福建、河北，仅分列第 26 和第 30 位。透过该指标，可以反映部分省份尽管总量较高，但是效率欠缺，有待提高。

人才产出效率和资本产出效率的一致性较弱，几个省份还表现出较大的差异性，人才产出效率高的省份资本产出效率可能较低，反之亦然。比较典型的是上海和甘肃，上海的人才产出效率排名第 10 位，而资本产出效率仅排在第 20 位。甘肃的人才产出效率较低，排在第 24 位，而资本产出效率却排在第 11 位。

2. 知识产权人才产出效率指数四级指标框架及排名与分析

（1）指标框架

知识产权人才产出效率指数用万名 R&D 活动人员年度职务发明专利申请量指标进行度量（见图 3－34）。

（2）知识产权人才产出效率指数具体指标分析

职务发明专利申请量的多少同各省份高新技术企业发展水平、人才储备密切相关。从图 3－35 可以看出，安徽—上海的万名 R&D 活动人员年度职务发明专利申请量领先

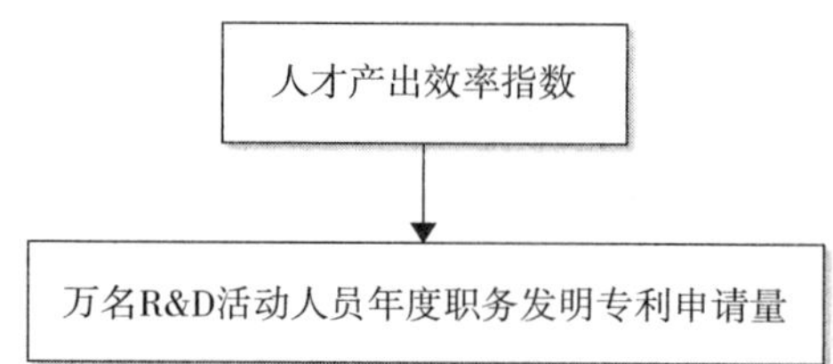

图 3－34　知识产权人才产出效率指数指标框架图

于其他省份，其中，安徽、重庆、广西和北京为第一集团，均超过 2600 项/万人。安徽年度职务发明专利申请量同比增幅超过 80%，首次加入第一集团。而排名靠后的 10 个省份是内蒙古—海南，均低于 1000 项/万人。

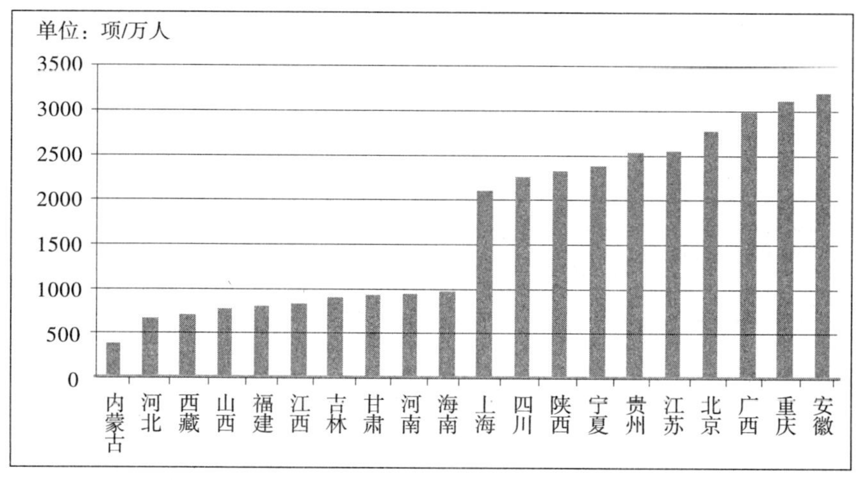

图 3－35　万名 R&D 活动人员年度职务发明专利申请量排名图

数据来源：国家知识产权局. 2015 专利统计年报；国家统计局，科学技术部. 2016 中国科技统计年鉴［M］. 北京：中国统计出版社，2016.

3. 知识产权资本产出效率指数四级指标框架及排名与分析

（1）指标框架

知识产权资本产出效率指数用亿元 R&D 经费内部支出年度发明专利申请量进行度量（见图 3－36）。

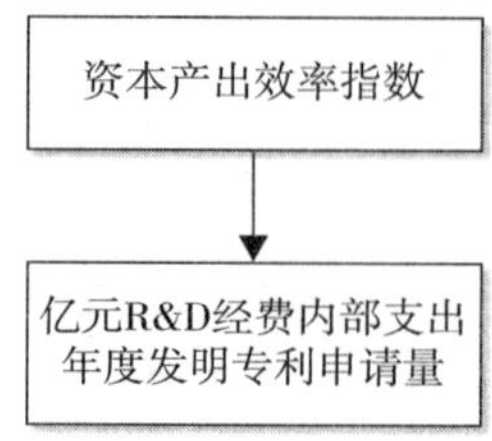

图 3－36　知识产权资本产出效率指数指标框架图

（2）知识产权资本产出效率指数具体指标分析

图3－37表明，亿元R&D经费内部支出年度发明专利申请量排名后10位的省份是内蒙古—河南，其中不乏东部地区省份，如福建、河北等地。排名前10位的省份是广西—海南，其中也有广西、宁夏、贵州、海南、陕西等西部省份的身影，充分说明在R&D产出效率上地域关系不大。

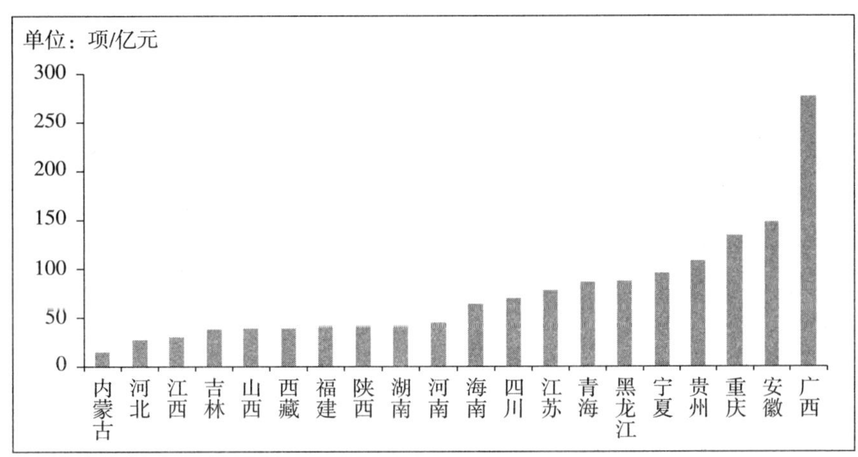

图3－37 亿元R&D经费内部支出年度发明专利申请量排名图

数据来源：国家知识产权局.2015专利统计年报；国家统计局，科学技术部.2016中国科技统计年鉴［M］.北京：中国统计出版社，2016.

五、知识产权企业产出指数三级指标框架及排名与分析

1. 知识产权企业产出指数三级指标框架及指数排名

（1）指标框架

知识产权企业产出指数下设三个指标：企业产出规模指数、企业产出质量指数、企业产出效率指数（见图3－38、表3－5）。

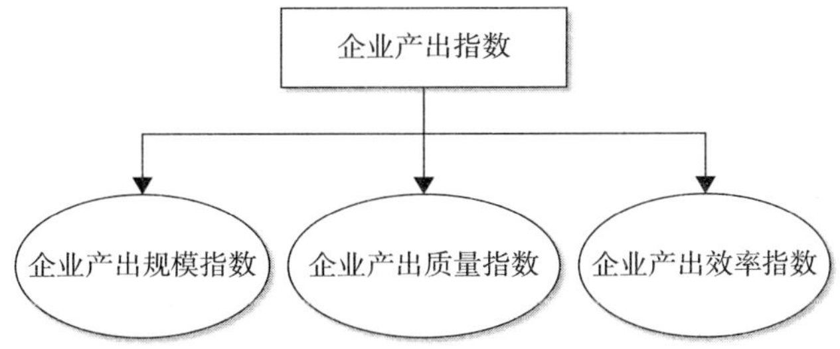

图3－38 知识产权企业产出指数指标框架图

（2）指数及排名

表3－5　　知识产权企业产出指数及排名表

省份	企业产出指数		企业产出规模		企业产出质量		企业产出效率	
	指数	排名	指数	排名	指数	排名	指数	排名
广东	0.745	1	0.748	2	0.939	1	0.549	6
江苏	0.730	2	1.000	1	0.800	2	0.389	10
浙江	0.562	3	0.740	3	0.755	3	0.191	22
北京	0.536	4	0.364	4	0.432	4	0.814	2
安徽	0.482	5	0.279	6	0.188	8	0.979	1
四川	0.333	6	0.271	7	0.208	7	0.522	7
上海	0.327	7	0.249	8	0.334	5	0.397	9
重庆	0.297	8	0.205	9	0.109	14	0.577	5
山东	0.258	9	0.312	5	0.264	6	0.197	21
西藏	0.227	10	0.000	31	0.000	31	0.680	3
贵州	0.222	11	0.039	21	0.038	19	0.589	4
福建	0.192	12	0.177	11	0.176	9	0.223	18
天津	0.181	13	0.201	10	0.114	12	0.228	17
宁夏	0.175	14	0.010	28	0.005	29	0.510	8
湖南	0.165	15	0.092	14	0.110	13	0.295	15
广西	0.155	16	0.054	19	0.033	22	0.378	11
湖北	0.149	17	0.119	13	0.123	10	0.204	20
新疆	0.122	18	0.023	23	0.019	25	0.323	12
辽宁	0.118	19	0.058	18	0.087	15	0.209	19
云南	0.111	20	0.032	22	0.033	21	0.268	16
青海	0.110	21	0.005	29	0.002	30	0.323	13
陕西	0.110	22	0.082	15	0.068	17	0.179	24
海南	0.109	23	0.003	30	0.006	28	0.319	14
河南	0.109	24	0.133	12	0.122	11	0.073	28
江西	0.098	25	0.067	17	0.041	18	0.187	23
黑龙江	0.085	26	0.045	20	0.029	23	0.179	25
河北	0.073	27	0.079	16	0.082	16	0.058	29
甘肃	0.046	28	0.012	26	0.014	26	0.111	26
山西	0.045	29	0.022	24	0.034	20	0.081	27
内蒙古	0.016	30	0.011	27	0.014	27	0.023	30
吉林	0.012	31	0.012	25	0.021	24	0.004	31

分析表3－5可以看出，企业产出指数排在前10位的省份是广东、江苏、浙江、北京、安徽、四川、上海、重庆、山东和西藏，省份与2016年报告大致相同，位次略有变化，其中以东部省份居多，略占优势。中西部地区中的四川、重庆、贵州和西藏表现不错。排名后10位的是陕西、海南、河南、江西、黑龙江、河北、甘肃、山西、内蒙古和吉林。

在企业产出规模方面，排名前10位的省份是江苏、广东、浙江、北京、山东、安徽、四川、上海、重庆和天津。

在企业产出质量方面，排名前10位的省份是广东、江苏、浙江、北京、上海、山东、四川、安徽、福建和湖北。

在企业产出效率方面，排名前10位的省份是安徽、北京、西藏、贵州、重庆、广东、四川、宁夏、上海和江苏。

从企业产出规模、企业产出质量和企业产出效率三个分项指标来看，企业产出规模和质量有较高的 致性，而企业产出效率则相对独立，甚至会出现差异巨大的现象，譬如，广西的企业产出规模和产出质量分别排名第19和22位，产出效率则高居第11位；浙江的企业产出规模和产出质量均排名第3位，产出效率却在排在第22位。我们发现，与前几年类似，企业产出效率与之前的知识产权产出效率指标趋势类似，部分知识产权规模或质量较高的省份其效率却不如人意。

2. 企业产出规模指数四级指标框架及排名与分析

（1）指标框架

企业产出规模指数用年度企业职务发明专利受理量、年度企业职务实用新型专利受理量、年度企业职务外观设计专利受理量三个指标进行度量（见图3－39）。

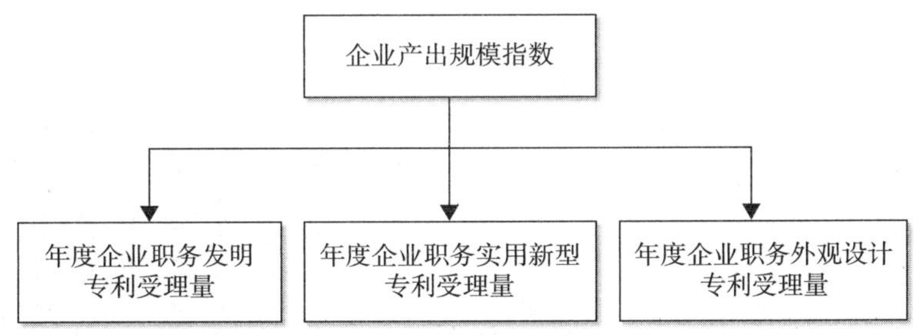

图3－39　企业产出规模指数指标框架图

（2）企业产出规模指数具体指标分析

图3－40表明，年度企业职务发明专利受理量是知识产权分布最不均衡的指标之一，排名第1位的江苏与排名末尾的西藏差距近2000倍。其中，西藏—江西是年度企业职务发明专利受理量最少的10个省份，西藏不足50项。江苏—四川是排名前10位的省份，其中江苏以104223项领先全国，比2014年略有增长。

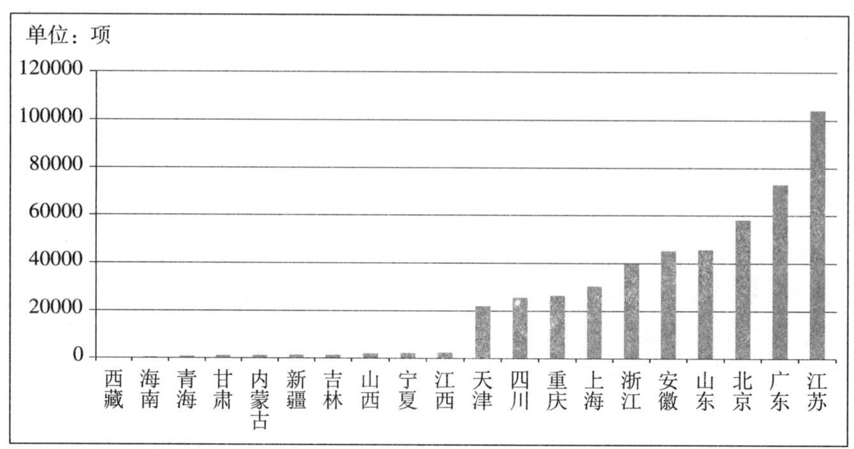

图 3－40　年度企业职务发明专利受理量排名图

数据来源：国家知识产权局 . 2015 专利统计年报 .

图 3－41 表明，西藏—广西是年度企业职务实用新型专利受理量最少的 10 个省份，其中西藏的受理量少于 30 项。江苏—四川是年度企业职务实用新型专利受理量最多的 10 个省份，呈渐增之势，江苏的受理量为 118491 项，连续蝉联第一，比 2014 年有较大幅度增长。

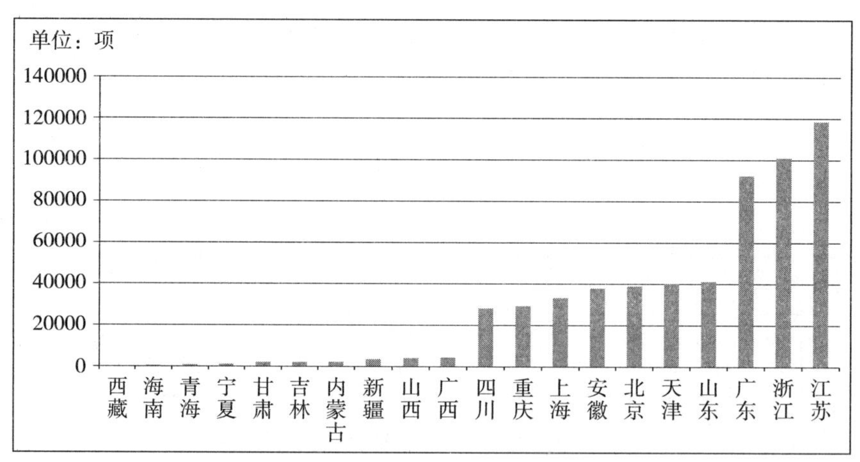

图 3－41　年度企业职务实用新型专利受理量排名图

数据来源：国家知识产权局 . 2015 专利统计年报 .

图 3－42 表明，该项指标各省份之间差距极大，第 1 位江苏的受理量高达 52535 项，而末位西藏的受理量仅为 72。江苏—河南是年度企业职务外观设计专利受理量最多的 10 个省份，江苏数据近年来均有较大幅度下降，但仍以绝对优势领跑。西藏—黑龙江是年度企业职务外观设计专利受理量最少的 10 个省份，均不足 1000 项。

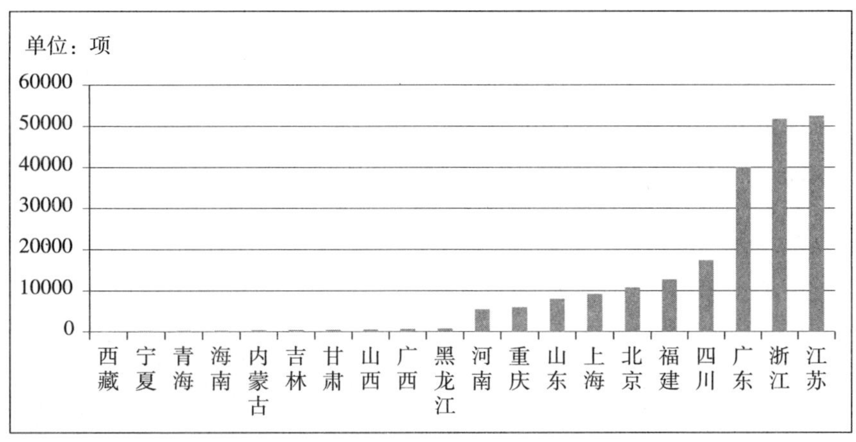

图 3－42　年度企业职务外观设计专利受理量排名图

数据来源：国家知识产权局．2015 专利统计年报．

3. 企业产出质量指数四级指标框架及排名与分析

（1）指标框架

企业产出质量指数用企业职务发明专利有效量、企业职务实用新型专利有效量、企业职务外观设计专利有效量三个指标进行衡量（见图 3－43）。

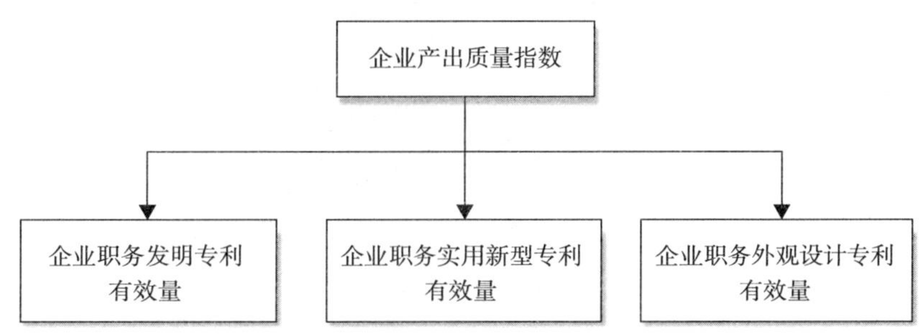

图 3－43　企业产出质量指数指标框架图

（2）企业产出质量指数具体指标分析

图 3－44 表示，西藏—黑龙江是企业职务发明专利有效量最少的 10 个省份，其中西藏、青海、宁夏不足 1000 项；广东—湖南是企业职务发明专利有效量最多的 10 个省份，其中广东超越江苏排名第 1 位，达到 114585 项；江苏和北京分别以 76359 项和 74594 项位居第 2 位和第 3 位。

图 3－45 表示，企业职务发明专利有效量最多的 10 个省份占全国比重将近 82 %，与 2014 年基本持平。

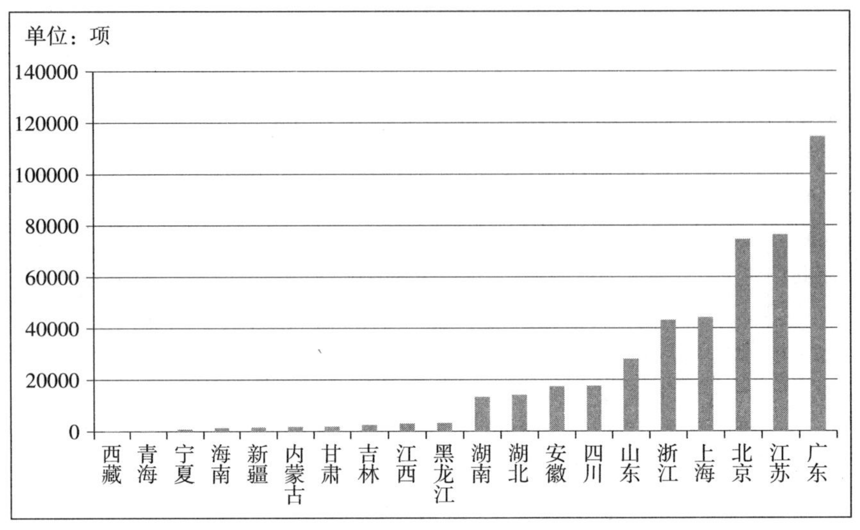

图3－44　企业职务发明专利有效量排名图

数据来源：国家知识产权局．2015专利统计年报．

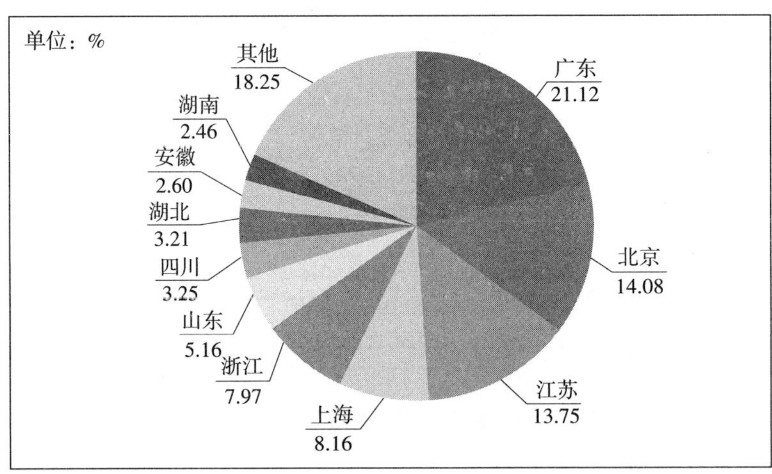

图3－45　企业职务发明专利有效量占全国比重图

数据来源：国家知识产权局．2015专利统计年报．

图3－46表示，西藏—云南是企业职务实用新型专利有效量最少的10个省份，均不足14000项，其中西藏最少，为91项。江苏—河南是企业职务实用新型专利有效量最多的10个省份，其中江苏蝉联第一为311507项，比2014年有较大幅度的增长。

图3－47表明，企业职务实用新型专利有效量最多的10个省份占全国比重近80%，其中，江苏、广东、浙江、北京四省市之和占比超过50%，占半壁江山，再一次反映长三角和珠三角是我国经济创新的龙头。

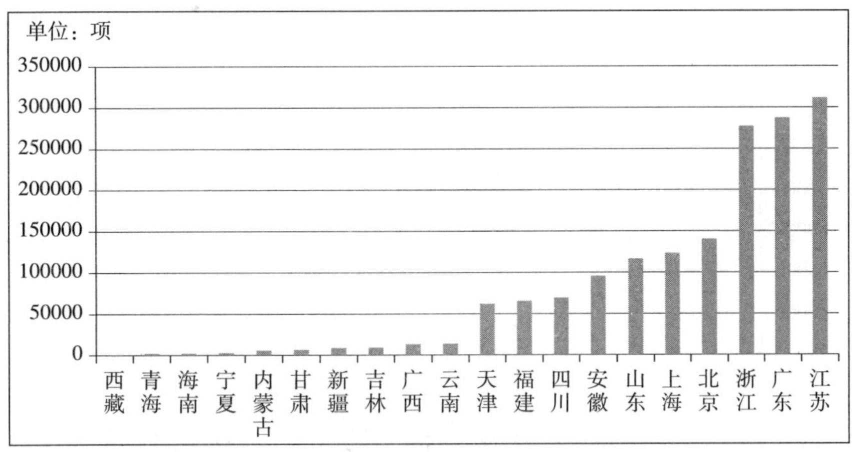

图 3－46　企业职务实用新型专利有效量排名图

数据来源：国家知识产权局．2015 专利统计年报．

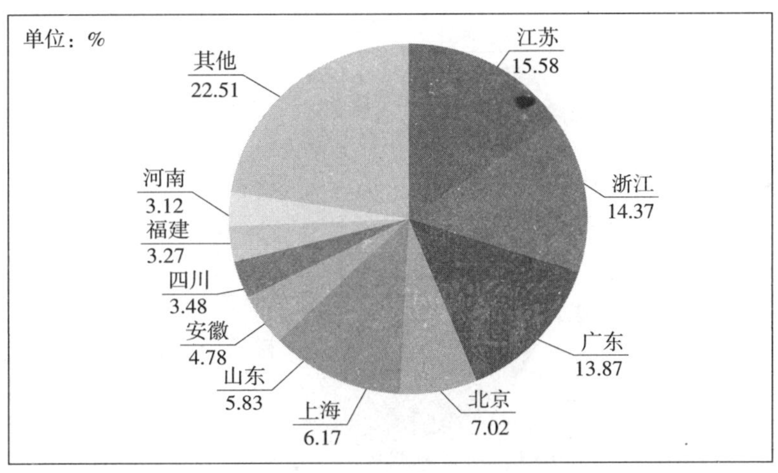

图 3－47　企业职务实用新型专利有效量占全国比重图

数据来源：国家知识产权局．2015 专利统计年报．

图 3－48 表示，西藏—新疆是企业职务外观设计专利有效量最少的 10 个省份，虽然比 2014 年有较大幅度增长，但仍然显著落后；浙江—安徽是企业职务外观设计专利有效量最多的 10 个省份，其中浙江居首，为 142014 项，广东（127108）超越江苏位列第 2 位。

图 3－49 表示，浙江一省的企业职务外观设计专利有效量约占全国总数量的四分之一，比 2014 年有略微下降。江苏、浙江、广东三省之和超过全国数量的 55%。这种现象反映了东部沿海地区的企业相对较为密集，企业创新活动较为活跃。

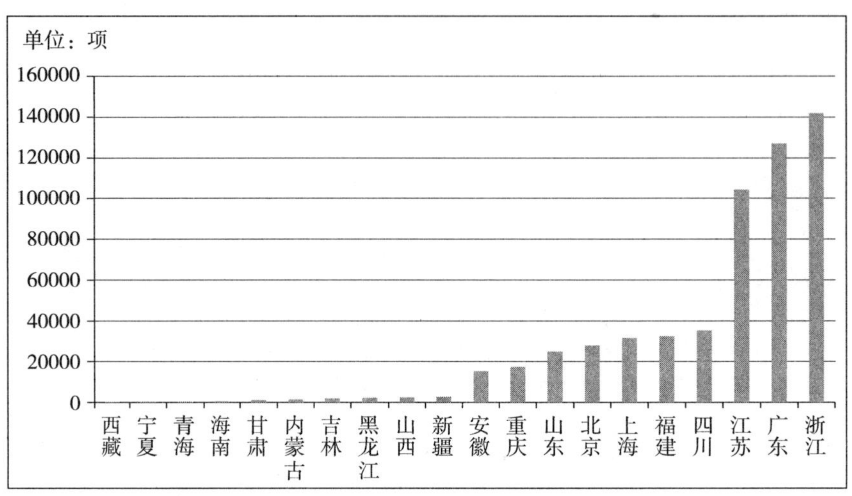

图 3－48　企业职务外观设计专利有效量排名图

数据来源：国家知识产权局 . 2015 专利统计年报 .

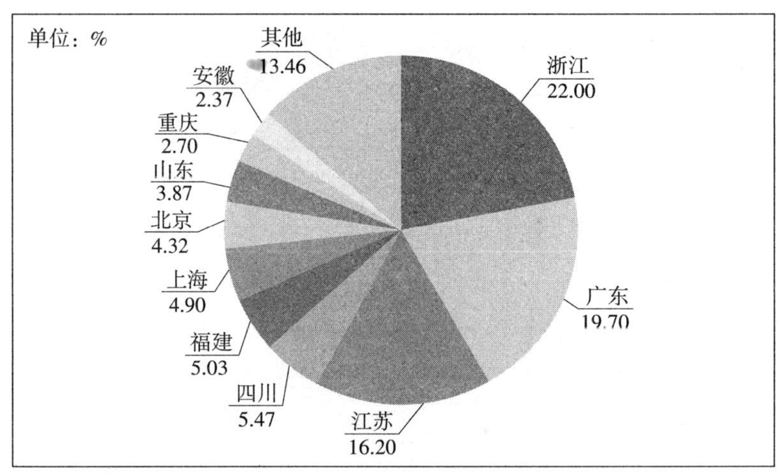

图 3－49　企业职务外观设计专利有效量占全国比重图

数据来源：国家知识产权局 . 2015 专利统计年报 .

4. 企业产出效率指数四级指标框架及排名与分析

（1）指标框架

企业产出效率指数的衡量选取了规模以上工业企业万名 R&D 人员年度发明专利申请量、规模以上工业企业亿元 R&D 经费内部支出年度发明专利申请量两个指标进行测度（见图 3－50）。

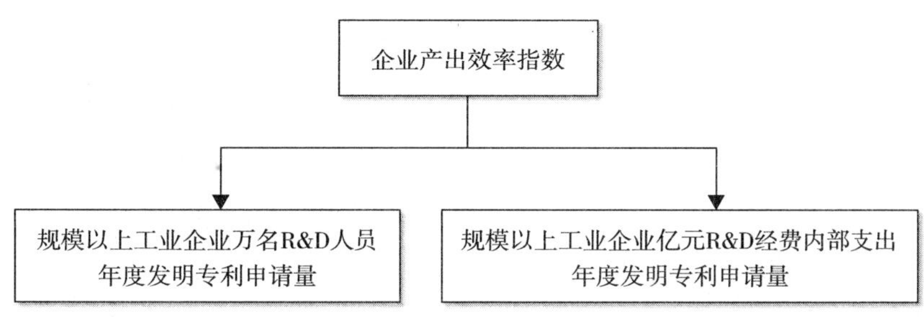

图3－50　企业产出效率指数指标框架图

（2）企业产出效率指数具体指标分析

图3－51表明，吉林—江西是规模以上工业企业万名R&D人员年度发明专利申请量最少的10个省份，数量相差不大，较为均衡，基本处于200～500项之间；北京—广西是规模以上工业企业万名R&D人员年度发明专利申请量最多的10个省份，其中，北京以1412项/万人领先全国。

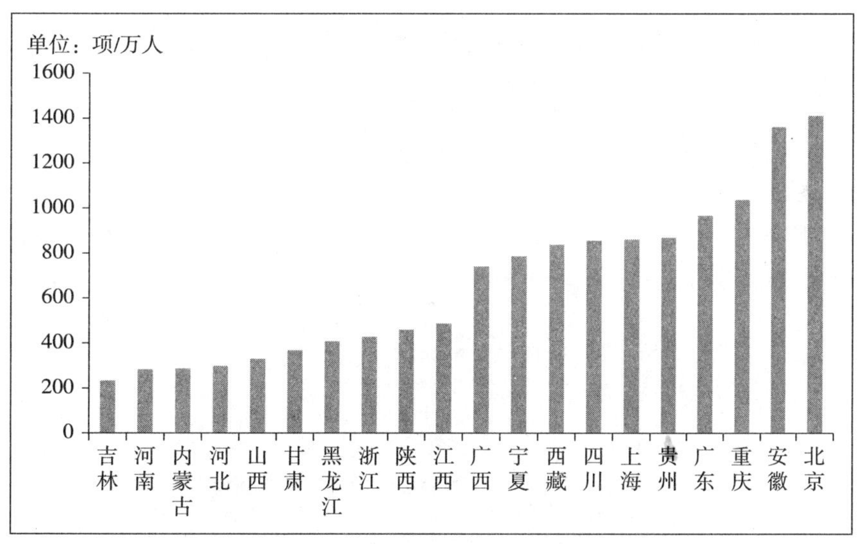

图3－51　规模以上工业企业万名R&D人员年度发明专利申请量排名图

数据来源：国家统计局，科学技术部.2016中国科技统计年鉴［M］.北京：中国统计出版社，2016.

图3－52表明，内蒙古—陕西是规模以上工业企业亿元R&D经费内部支出发明专利申请量最少的10个省份，相互之间差距不大，安徽—江苏是规模以上工业企业亿元R&D经费内部支出发明专利申请量最多的10个省份，呈阶梯状递增，安徽以62项/亿元位居第1位。

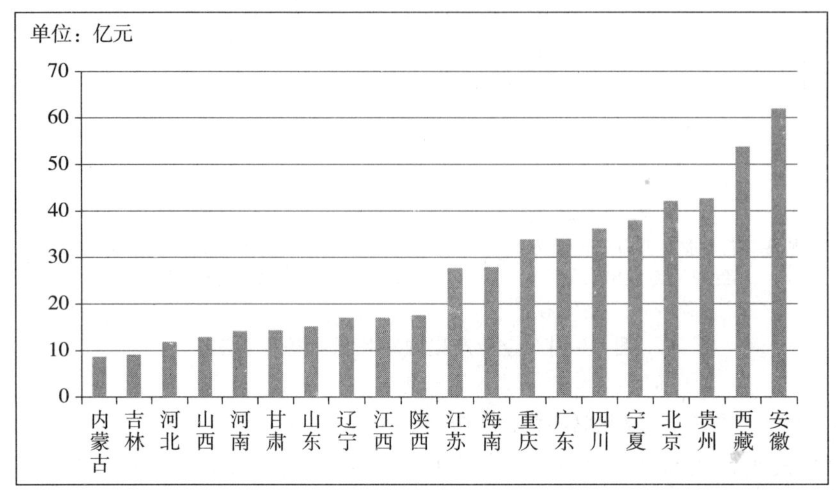

图3－52 规模以上工业企业亿元R&D经费内部支出年度发明专利申请量排名图

数据来源：国家统计局，科学技术部．2016中国科技统计年鉴［M］．北京：中国统计出版社，2016.

六、高校和研发机构产出指数三级指标框架及排名与分析

1. 高校和研发机构产出指数三级指标框架及指数排名

（1）指标框架

高校和研发机构产出指数是2017年的新增部分，将其纳入到指标体系中，可以更为全面地反映地区知识产权实力及表现。该部分下设三个指标：高校和研发机构产出规模、高校和研发机构产出质量、高校和研发机构产出效率（见图3－53、表3－6）。

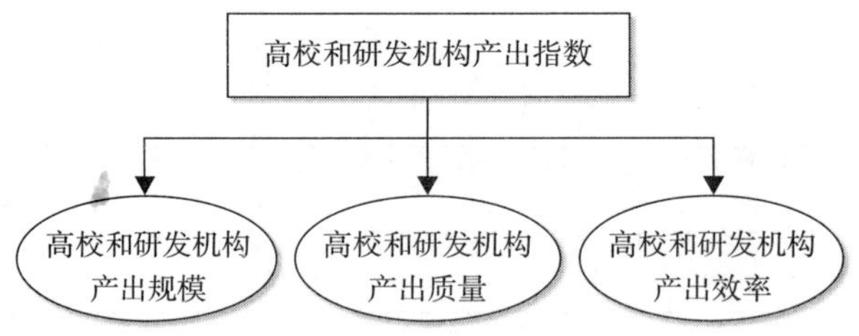

图3－53 知识产权企业产出指数指标框架图

（2）指数及排名

表3－6 高校和研发机构产出指数及排名表

省 份	高校和研发机构产出指数		高校和研发机构产出规模		高校和研发机构产出质量		高校和研发机构产出效率	
	指数	排名	指数	排名	指数	排名	指数	排名
江 苏	0.871	1	1.000	1	0.675	2	0.939	1

续表 3－6

省份	高校和研发机构产出指数		高校和研发机构产出规模		高校和研发机构产出质量		高校和研发机构产出效率	
	指数	排名	指数	排名	指数	排名	指数	排名
北　京	0.657	2	0.450	3	1.000	1	0.521	12
浙　江	0.598	3	0.537	2	0.437	3	0.819	3
陕　西	0.504	4	0.301	9	0.332	5	0.878	2
山　东	0.420	5	0.417	4	0.217	8	0.627	6
上　海	0.404	6	0.320	6	0.406	4	0.485	16
黑龙江	0.394	7	0.313	8	0.212	9	0.658	5
湖　北	0.365	8	0.334	5	0.230	7	0.532	9
广　东	0.322	9	0.318	7	0.256	6	0.392	17
湖　南	0.304	10	0.250	11	0.139	13	0.522	11
安　徽	0.294	11	0.287	10	0.094	17	0.501	15
江　西	0.293	12	0.143	17	0.062	21	0.675	4
福　建	0.293	13	0.143	18	0.119	14	0.618	7
河　南	0.275	14	0.195	14	0.100	16	0.530	10
重　庆	0.263	15	0.137	19	0.110	15	0.541	8
辽　宁	0.261	16	0.212	13	0.182	10	0.388	18
四　川	0.255	17	0.245	12	0.170	11	0.349	20
天　津	0.243	18	0.191	15	0.163	12	0.375	19
广　西	0.241	19	0.146	16	0.065	20	0.511	14
云　南	0.219	20	0.073	22	0.071	18	0.513	13
河　北	0.168	21	0.106	20	0.053	22	0.346	21
山　西	0.148	22	0.048	23	0.051	23	0.345	22
吉　林	0.141	23	0.101	21	0.069	19	0.252	26
甘　肃	0.128	24	0.029	25	0.029	24	0.325	23
贵　州	0.109	25	0.047	24	0.018	25	0.262	25
海　南	0.102	26	0.014	28	0.004	28	0.288	24
内蒙古	0.092	27	0.019	27	0.010	26	0.249	27
新　疆	0.075	28	0.024	26	0.010	27	0.190	28
宁　夏	0.039	29	0.003	29	0.003	29	0.111	29
青　海	0.029	30	0.001	30	0.001	30	0.083	30
西　藏	0.000	31	0.000	31	0.000	31	0.000	31

分析表 3－6 可以看出，高校和研发机构产出指数排在前 10 位的依次是江苏、北京、浙江、陕西、山东、上海、黑龙江、湖北、广东和湖南，排在后 10 位的是陕西、

吉林、甘肃、贵州、海南、内蒙古、新疆、宁夏、青海和西藏。

从中不难发现，排名靠前的省份当地都有较为著名的高校，充分反映了著名高校在研发方面的重要作用和巨大优势。企业和高校之间的互动，有利于技术外溢，促进当地相关产业的发展。

另外一个值得注意的现象是，高校和研发机构产出效率指数无论是与之前的几个效率指数相比，还是与本指标往年数据相比，其与产出规模和质量的一致性较高，表明近年研发实力强的高校和机构在原有规模的基础上愈加重视投入产出效率，转变发展方式，值得企业学习借鉴。

2. 高校和研发机构产出规模指数四级指标框架及排名与分析

（1）指标框架

高校和研发机构产出规模指数用各地区高校和研发机构专利年度申请量指标进行度量（见图 3－54）。

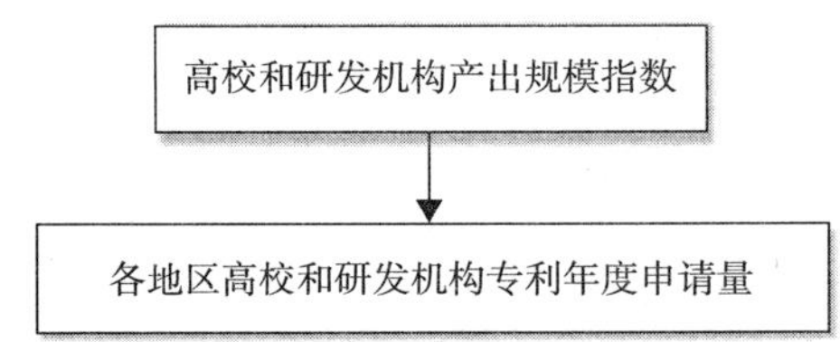

图 3－54　高校和研发机构产出规模指数指标框架图

（2）高校和研发机构产出规模指数具体指标分析

图 3－55 表明，西藏—云南是各地区高校和研发机构专利年度申请量最少的 10 个省份，其中，西藏、青海、宁夏均不足 150 项；江苏—安徽是申请量最多的 10 个省份，其中，江苏为 29665 项，领先全国，再续江苏省连续多年该指标排名第 1 位的局面。

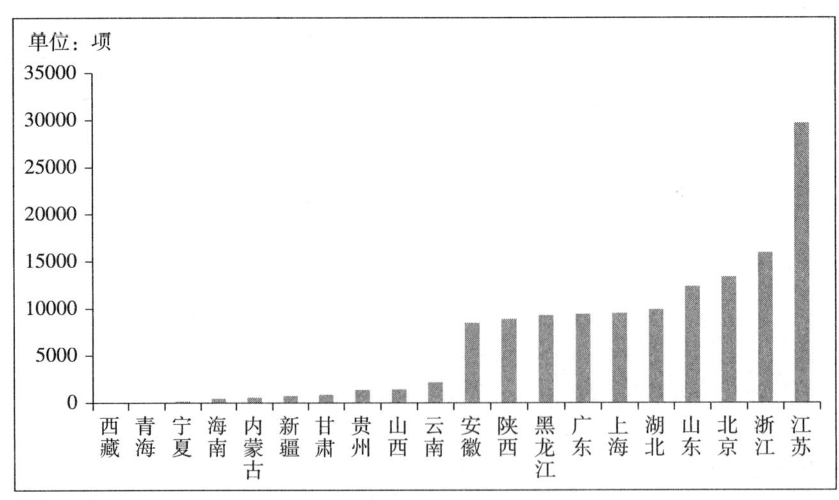

图 3－55　各地区高校和研发机构专利年度申请量排名图

数据来源：国家统计局，科学技术部．2016 中国科技统计年鉴［M］．北京：中国统计出版社，2016.

3. 高校和研发机构产出质量指数四级指标框架及排名与分析

（1）指标框架

高校和研发机构产出质量指数用各地区高校和研发机构有效发明专利量指标进行度量（见图3－56）。

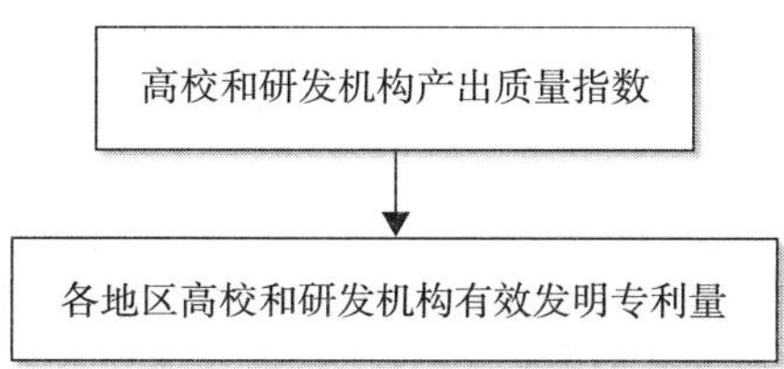

图3－56　高校和研发机构产出质量指数指标框架图

（2）高校和研发机构产出质量指数具体指标分析

图3－57表明，与专利年度申请量对应，西藏—河北是各地区高校和研发机构有效发明专利量最少的10个省份，其中，西藏、青海、海南和宁夏均不足200项；北京—辽宁是有效发明专利量最多的10个省份，其中，北京（38050项）和江苏（25682项）属于第一集团，超过25000项，相对于其他省份的优势明显。

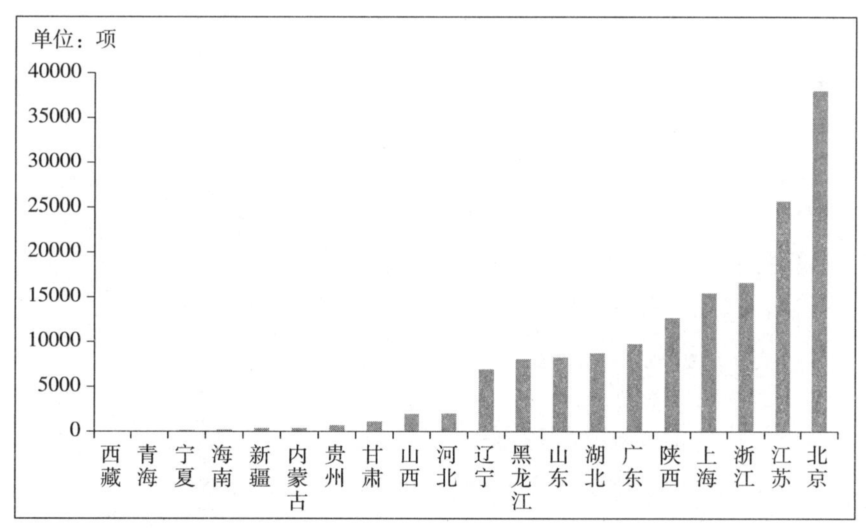

图3－57　各地区高校和研发机构有效发明专利量排名图

数据来源：国家统计局，科学技术部．2016中国科技统计年鉴［M］．北京：中国统计出版社，2016.

4. 高校和研发机构产出效率指数四级指标框架及排名与分析

（1）指标框架

高校和研发机构产出效率指数用高校和研发机构万名R&D人员专利年度申请量、

高校和研发机构亿元 R&D 经费内部支出专利年度申请量进行度量（见图 3－58）。

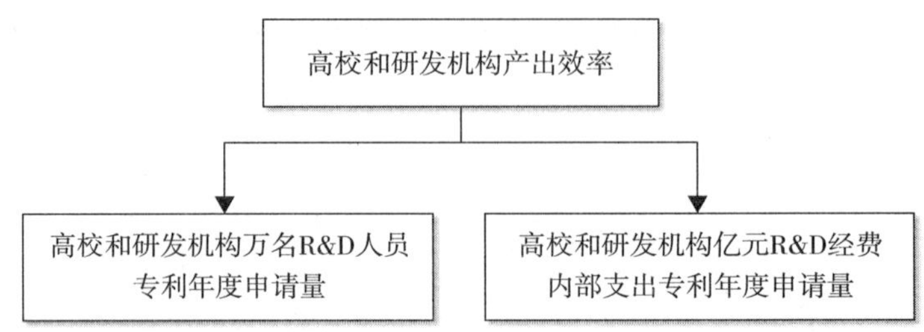

图 3－58　高校和研发机构产出效率指数指标框架图

（2）高校和研发机构产出效率指数具体指标分析

图 3－59 表明，西藏—贵州是各地区高校和研发机构万名 R&D 人员专利年度申请量最少的 10 个省份，除河北（1141 项/万人）和贵州（1143 项/万人）外，均低于 1000 项/万人；江苏—河南是各地区高校和研发机构有效发明专利量最多的 10 个省份，其中，江苏领先于其他省份，为 4948 项/万人，较 2015 年（4638 项/万人）有所提高。

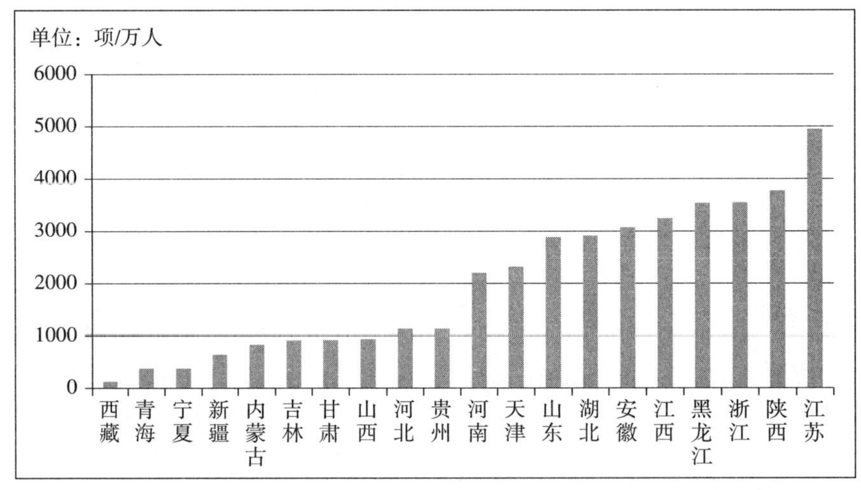

图 3－59　各地区高校和研发机构万名 R&D 人员专利年度申请量排名图

数据来源：国家统计局，科学技术部．2016 中国科技统计年鉴［M］．北京：中国统计出版社，2016.

图 3－60 表明，西藏—安徽是各地区高校和研发机构亿元 R&D 经费内部支出年度专利申请量最少的 10 个省份，均不足 140 项/亿元；陕西—广西是有申请量最多的 10 个省份，陕西位列第 1 位，为 319 项/亿元。

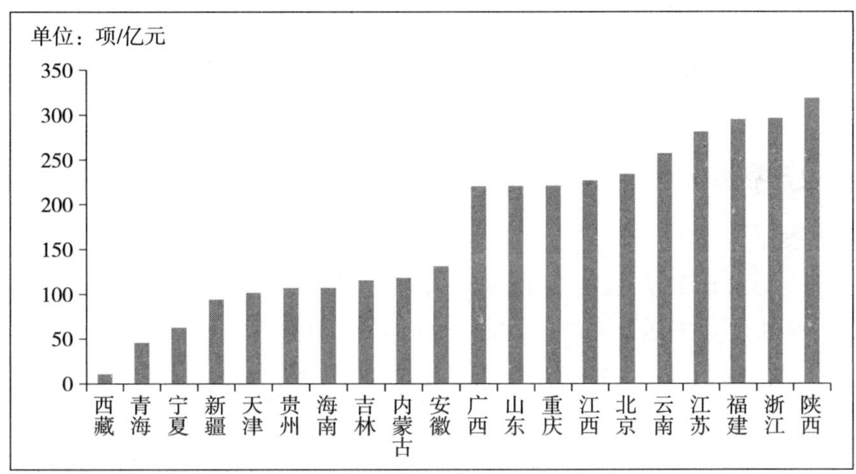

图 3-60 各地区高校和研发机构亿元 R&D 经费内部支出专利年度申请量排名图

数据来源：国家统计局，科学技术部 . 2016 中国科技统计年鉴［M］. 北京：中国统计出版社，2016.

第四章　知识产权流动水平各项指标排名与分析

一、知识产权流动水平二级指标框架及排名与分析

1. 指标框架

知识产权流动水平下设三个二级指标：知识产权技术市场交易指数、知识产权服务机构指数、企业技改、引进指数（见图4－1、表4－1）。

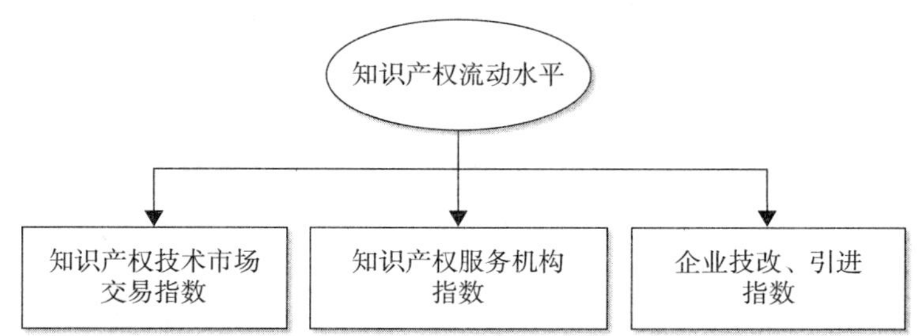

图4－1　知识产权流动水平指标框架图

2. 指数及排名

表4－1　知识产权流动水平指数及排名表

省　份	知识产权流动水平		知识产权技术市场交易		知识产权服务机构		企业技改、引进	
	指数	排名	指数	排名	指数	排名	指数	排名
北　京	0.633	1	0.783	1	0.926	1	0.190	11
广　东	0.525	2	0.343	3	0.673	2	0.559	2
江　苏	0.484	3	0.293	5	0.318	4	0.842	1
上　海	0.456	4	0.613	2	0.320	3	0.436	4
山　东	0.307	5	0.210	8	0.253	6	0.459	3
浙　江	0.265	6	0.159	12	0.273	5	0.364	6
湖　南	0.195	7	0.105	16	0.102	16	0.379	5
辽　宁	0.185	8	0.198	9	0.154	9	0.204	9
湖　北	0.185	9	0.270	7	0.103	15	0.182	13
重　庆	0.182	10	0.115	15	0.208	7	0.223	7
安　徽	0.163	11	0.168	11	0.107	13	0.213	8
四　川	0.152	12	0.187	10	0.127	11	0.143	15
福　建	0.151	13	0.086	19	0.163	8	0.204	10

续表 4－1

省份	知识产权流动水平		知识产权技术市场交易		知识产权服务机构		企业技改、引进	
	指数	排名	指数	排名	指数	排名	指数	排名
陕西	0.150	14	0.301	4	0.058	24	0.090	24
天津	0.148	15	0.270	6	0.094	17	0.080	25
河南	0.128	16	0.074	21	0.152	10	0.157	14
河北	0.122	17	0.064	23	0.120	12	0.184	12
甘肃	0.105	18	0.134	13	0.073	19	0.108	22
黑龙江	0.096	19	0.129	14	0.105	14	0.055	28
吉林	0.096	20	0.089	18	0.062	22	0.137	16
山西	0.083	21	0.048	24	0.080	18	0.120	18
江西	0.082	22	0.077	20	0.057	25	0.112	20
广西	0.081	23	0.046	25	0.073	20	0.123	17
云南	0.065	24	0.069	22	0.070	21	0.056	26
内蒙古	0.055	25	0.021	30	0.044	26	0.101	23
宁夏	0.055	26	0.040	26	0.011	30	0.114	19
贵州	0.051	27	0.031	27	0.011	29	0.111	21
新疆	0.047	28	0.027	28	0.059	23	0.056	27
青海	0.045	29	0.089	17	0.036	27	0.012	29
海南	0.012	30	0.022	29	0.011	31	0.004	30
西藏	0.010	31	0.000	31	0.031	28	0.000	31

分析表 4－1 可以发现，知识产权流动水平指数排名前 10 位的省份是北京、广东、江苏、上海、山东、浙江、湖南、辽宁、湖北和重庆。与 2016 年报告相比，排名靠前的 6 个省只在某些位次上发生改变，湖南进入了前 10 位，排在第 7 位。2016 年报告的第 8 位福建跌出前 10 位，排在第 13 位。

知识产权流动水平指数排名后 10 位的是江西、广西、云南、内蒙古、宁夏、贵州、新疆、青海、海南和西藏。与 2016 年报告相比，变化不大，除某些位次调整外，江西跌入了后 10 位。

知识产权技术市场交易指数、知识产权服务机构指数、企业技改、引进指数三个二级指标的排名存在一定程度的背离，譬如，北京的技术市场交易指数排名第 1 位，知识产权服务机构指数排名第 1 位，但是企业技改、引进指数依旧较低，仅位列第 11 位；湖北的技术市场交易指数排名第 9 位，但是知识产权服务机构排名第 15 位，企业技改、引进指数排名第 13 位。

二、知识产权技术市场交易指数三级指标框架及排名与分析

1. 知识产权技术市场交易指数三级指标框架及指数排名

（1）指标框架

知识产权技术市场交易指数下设四个三级指标：技术市场规模指数、技术市场开放度指数、技术外溢度指数、技术国际竞争力指数（见图4－2、表4－2）。

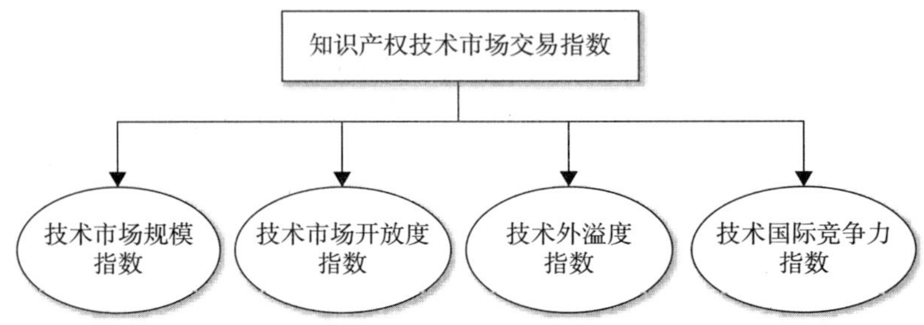

图4－2 知识产权技术市场交易指数指标框架图

（2）指数及排名

表4－2 知识产权技术市场交易指数及排名表

省 份	知识产权技术市场交易		技术市场规模		技术市场开放度		技术外溢度		技术国际竞争力	
	指数	排名	指数	排名	指数	排名	指数	排名	指数	排名
北 京	0.783	1	1.000	1	0.349	4	0.905	1	0.876	2
上 海	0.613	2	0.225	4	0.737	1	0.490	6	1.000	1
广 东	0.343	3	0.164	7	0.701	2	0.386	11	0.123	4
陕 西	0.301	4	0.262	2	0.005	26	0.902	2	0.034	10
江 苏	0.293	5	0.223	5	0.547	3	0.343	14	0.060	8
天 津	0.270	6	0.174	6	0.141	8	0.624	4	0.142	3
湖 北	0.270	7	0.239	3	0.131	10	0.692	3	0.017	14
山 东	0.210	8	0.135	8	0.298	5	0.395	10	0.014	16
辽 宁	0.198	9	0.101	9	0.131	9	0.499	5	0.061	7
四 川	0.187	10	0.100	10	0.100	12	0.442	9	0.104	5
安 徽	0.168	11	0.095	11	0.102	11	0.463	7	0.011	18
浙 江	0.159	12	0.067	13	0.241	6	0.292	16	0.036	9
甘 肃	0.134	13	0.077	12	0.001	30	0.455	8	0.006	26
黑龙江	0.129	14	0.040	15	0.011	22	0.362	12	0.103	6
重 庆	0.115	15	0.026	18	0.143	7	0.274	18	0.017	13

续表 4 – 2

省份	知识产权技术市场交易		技术市场规模		技术市场开放度		技术外溢度		技术国际竞争力	
	指数	排名	指数	排名	指数	排名	指数	排名	指数	排名
湖　南	0.105	16	0.035	16	0.020	17	0.358	13	0.008	20
青　海	0.089	17	0.052	14	0.001	29	0.299	15	0.002	30
吉　林	0.089	18	0.018	23	0.049	14	0.278	17	0.009	19
福　建	0.086	19	0.029	17	0.058	13	0.230	21	0.029	11
江　西	0.077	20	0.020	22	0.048	15	0.236	20	0.006	25
河　南	0.074	21	0.023	20	0.018	18	0.251	19	0.002	29
云　南	0.069	22	0.026	19	0.012	21	0.225	22	0.013	17
河　北	0.064	23	0.022	21	0.027	16	0.200	23	0.007	21
山　西	0.048	24	0.017	24	0.007	23	0.153	25	0.016	15
广　西	0.046	25	0.009	26	0.012	20	0.155	24	0.007	22
宁　夏	0.040	26	0.006	27	0.001	28	0.149	26	0.006	26
贵　州	0.031	27	0.011	25	0.005	25	0.102	27	0.005	28
新　疆	0.027	28	0.004	29	0.006	24	0.073	28	0.023	12
海　南	0.022	29	0.003	30	0.016	19	0.064	30	0.007	24
内蒙古	0.021	30	0.006	28	0.004	27	0.067	29	0.007	22
西　藏	0.000	31	0.000	31	0.000	31	0.000	31	0.000	31

从表 4 – 2 可以看出，知识产权技术市场交易指数排名前 10 的省份是北京、上海、广东、陕西、江苏、天津、湖北、山东、辽宁和四川。排名后 10 位的省份是云南、河北、陕西、广西、宁夏、贵州、新疆、海南、内蒙古和西藏。与 2016 年报告的省份相同，近五年来一直保持稳定，只是相互排名稍微发生了变化。

其中，四个分项指标上面具体排名如下：

在技术市场规模指数方面排名前 10 位的省份是北京、陕西、湖北、上海、江苏、天津、广东、山东、辽宁和四川。

在技术市场开放度指数方面排名前 10 位的省份是上海、广东、江苏、北京、山东、浙江、重庆、天津、辽宁和湖北。

在技术外溢度指数方面排名前 10 位的省份是北京、陕西、湖北、天津、辽宁、上海、安徽、甘肃、四川和山东。

在技术国际竞争力指数方面排名前 10 位的省份是上海、北京、天津、广东、四川、黑龙江、辽宁、江苏、浙江和陕西。

这四个分项指标：技术市场规模指数、技术市场开放度指数、技术外溢度指数、技术国际竞争力指数代表了技术市场的不同方向，考察区域技术市场交易活跃性的不同层面，除少数排名靠前的几个省份外，大部分省份在各个指标上面表现参差不齐。详见本章后续内容。

2. 技术市场规模指数四级指标框架及排名与分析

（1）指标框架

技术市场规模指数用三个四级指标进行评价：技术市场成交合同数、技术市场成交合同金额、技术市场成交合同金额与 GDP 比例（见图 4－3）。

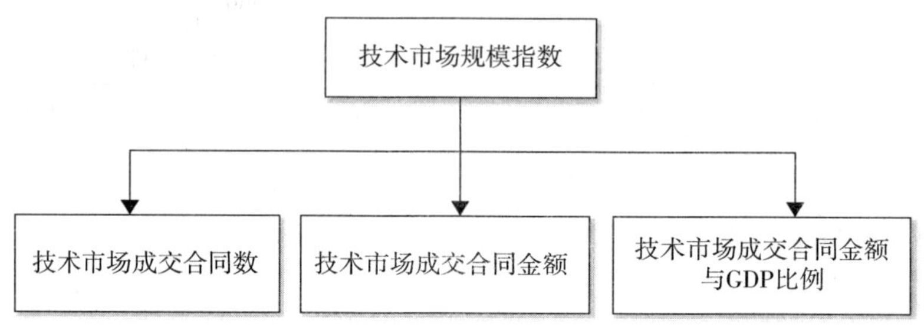

图 4－3　技术市场规模指数指标框架图

（2）技术市场规模指数具体指标分析

图 4－4 显示，西藏—广西是技术市场成交合同数最少的 10 个省份，西藏最低，为 0，排名靠后的 10 个省份除江西和广西外，均不足 1000 项；北京—辽宁是技术市场成交合同数最多的 10 个省份，其中北京 72306 项，以较大幅度的优势领先于第 2 位的江苏（32508 项）和第 3 位的湖北（22532 项）。

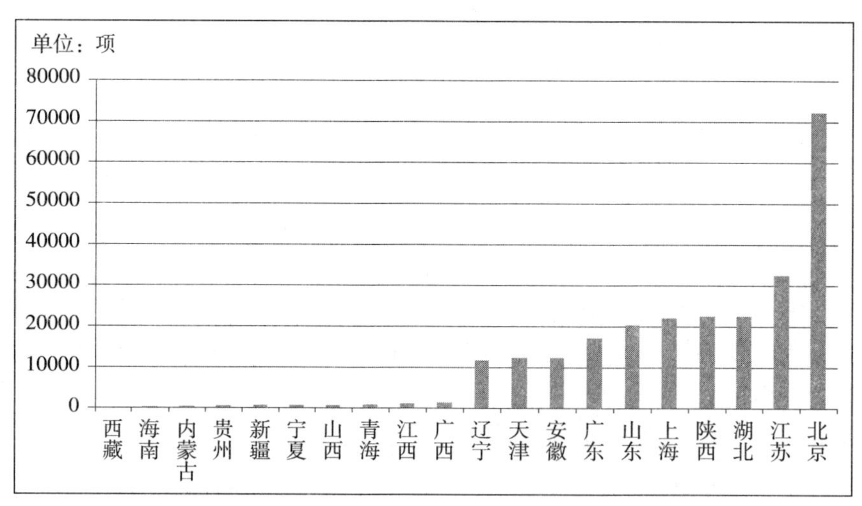

图 4－4　技术市场成交合同数排名图

数据来源：国家统计局，科学技术部．2016 中国科技统计年鉴［M］．北京：中国统计出版社，2016.

图 4－5 显示，除了北京、江苏之外，全国其他省份的技术市场成交合同数较为均衡，虽然有差距，但是并不太大。排名第 1 位的是北京（23.70%），其一个市的技术市场成交合同数超过全国总量的五分之一；全国技术市场成交合同数最多的 10 个省份，

其技术市场成交合同数总量占全国比重约为80%，超过四分之三。

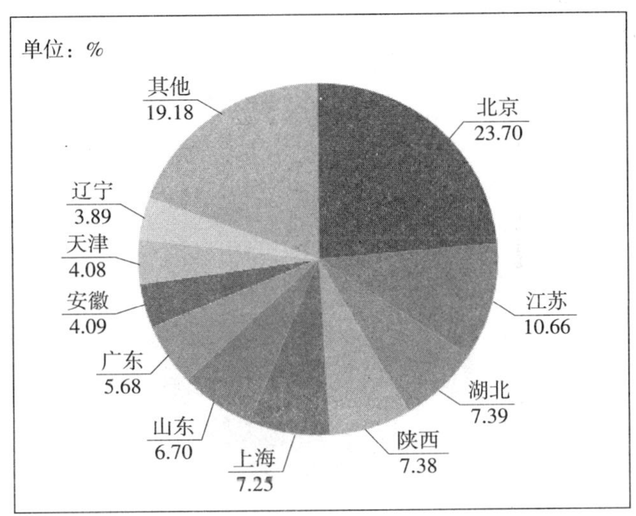

图4-5　技术市场成交合同数占全国比重图

数据来源：国家统计局，科学技术部. 2016中国科技统计年鉴［M］. 北京：中国统计出版社，2016.

技术市场成交合同金额是考察区域知识产权市场化程度的重要指标。图4-6显示，西藏—河南是技术市场成交合同金额最少的10个省份，均不足50亿元；北京—辽宁是技术市场成交合同金额最多的10个省份，其中北京排名第1位，技术市场成交合同金额为3454亿元，远远高于其他省份，是排名第2位的湖北（789亿元）和排名第3位的陕西（722亿元）的近5倍。

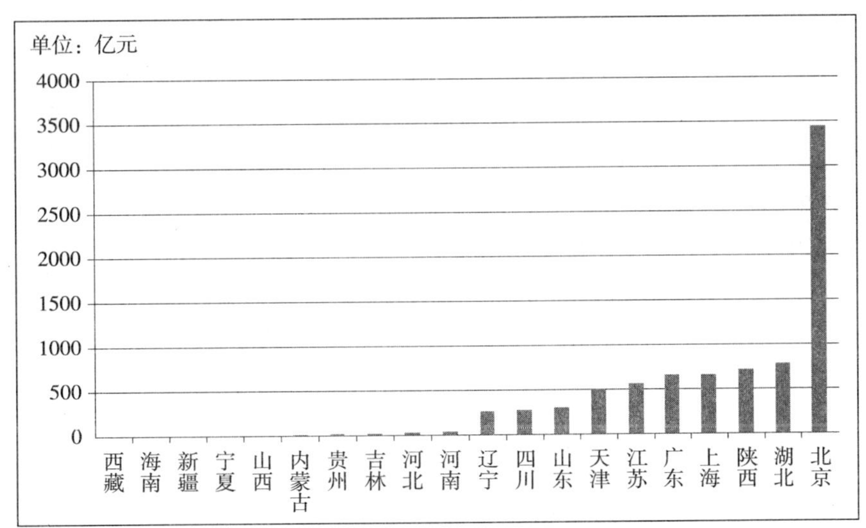

图4-6　技术市场成交合同金额排名图

数据来源：国家统计局，科学技术部. 2016中国科技统计年鉴［M］. 北京：中国统计出版社，2016.

图4－7显示，北京一市的技术市场成交合同金额占全国总量的比重为36.87%，较2015年有所回落；北京、湖北和陕西3个省份的技术市场成交合同金额超过全国的一半；技术市场成交合同金额最多的10个省份占全国比重超过85%。

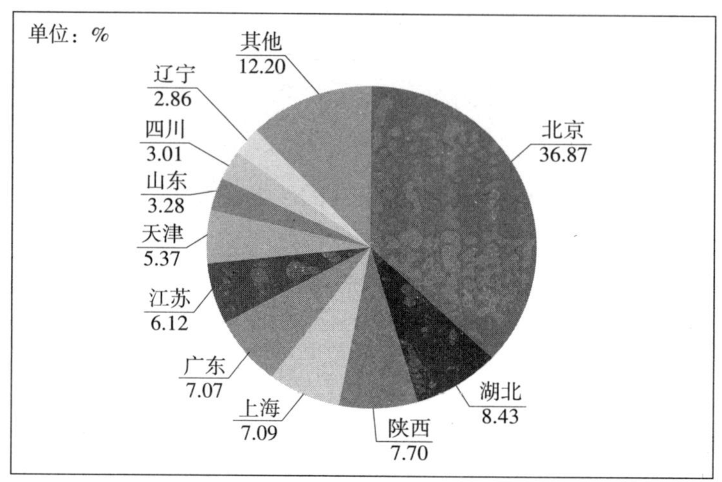

图4－7 技术市场成交合同金额占全国比重图

数据来源：国家统计局，科学技术部.2016中国科技统计年鉴［M］.北京：中国统计出版社，2016.

图4－8显示，西藏—福建是技术市场成交合同金额与GDP比例最低的10个省份，均不足0.25%；北京—广东是技术市场成交合同金额与GDP比例最高的10个省份，其中北京的技术市场成交合同金额与GDP比例超过15%（15.01%），陕西排名第2位（4.01%），天津排名第3位（3.04%），排名前3的省份逐年该指标逐年上升的趋势明显。

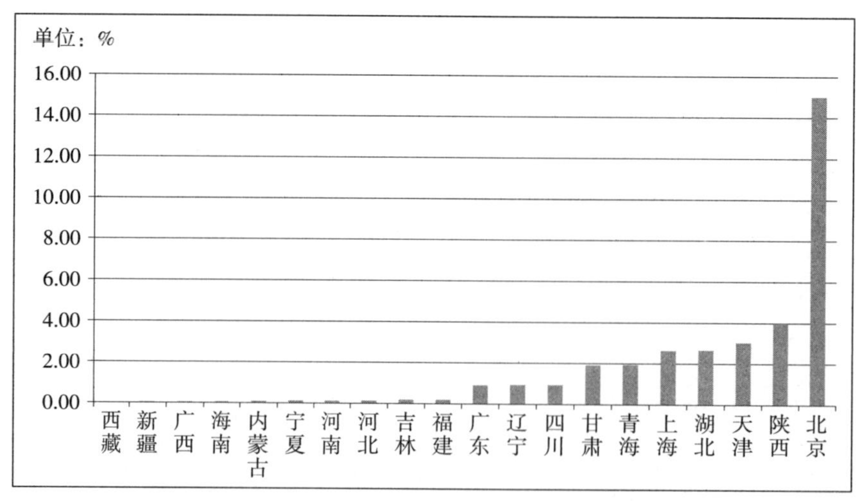

图4－8 技术市场成交合同金额与GDP比例排名图

数据来源：国家统计局，科学技术部.2016中国科技统计年鉴［M］.北京：中国统计出版社，2016；国家统计局.2016中国统计年鉴［M］.北京：中国统计出版社，2016.

3. 技术市场开放度指数四级指标框架及排名与分析

（1）指标框架

技术市场开放度指数用国外引进合同数、国外引进合同金额进行衡量（见图4－9）。

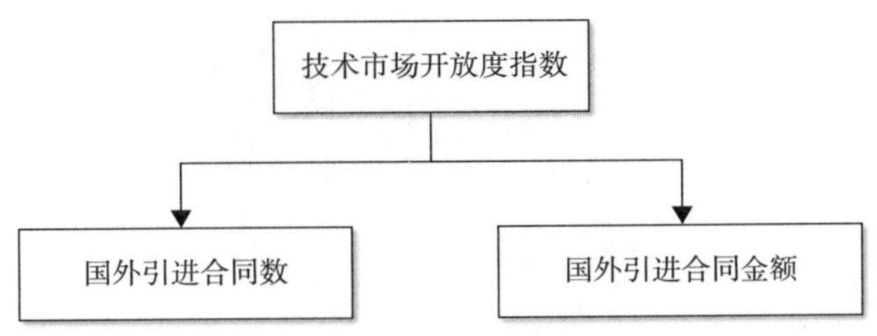

图4－9　技术市场开放度指数指标框架图

（2）技术市场开放度指数具体指标分析

图4－10显示，国外引进合同数是考察区域技术市场开放程度的重要参数。西藏—新疆是国外引进合同数最少的10个省份，均不足20项（含）；上海—天津是全国国外引进合同数最多的10个省份，其中排名第1位的上海国外引进合同数1792项，是排名第2位的山东（849项）的2倍多，占有明显的优势。

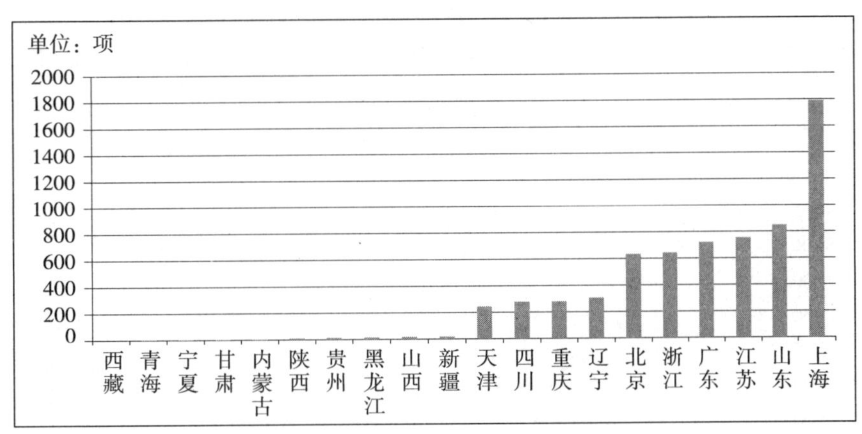

图4－10　国外引进合同数排名图

数据来源：国家统计局，科学技术部．2016中国科技统计年鉴［M］．北京：中国统计出版社，2016.

图4－11显示，全国国外引进合同数的分布集中度仍较高，但先进省份的优势有所下降。其中，国外引进合同数最多的省份是上海，其国外引进合同数占全国总量的比重为23.35%，接近四分之一；国外引进合同数最多的10个省份占全国总量的比重仍在85%左右，排名前3位的上海、山东和江苏3个省份的国外引进合同数总计占全国总量的比重约为45%，相对于2015年43%的占比，可以看出，除上海外，排名前10位的省份在该指标上有所增大。

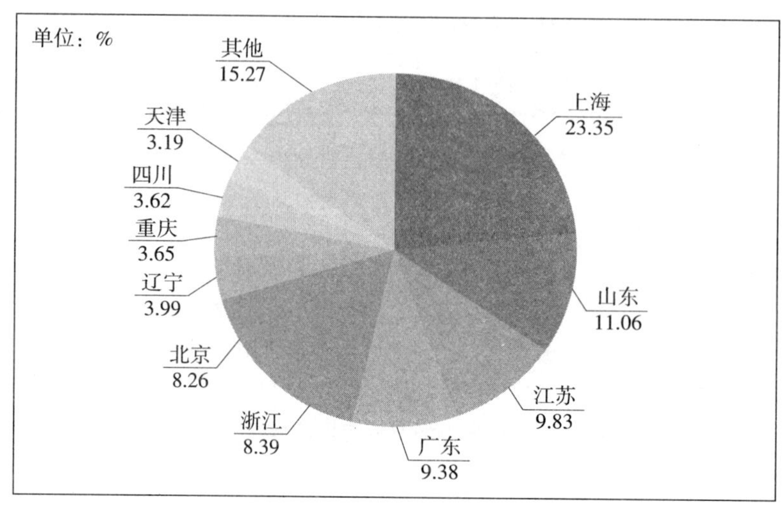

图 4－11 国外引进合同数占全国比重图

数据来源：国家统计局，科学技术部．2016 中国科技统计年鉴［M］．北京：中国统计出版社，2016.

图 4－12 显示，国外引进合同金额是考察区域技术市场开放程度的重要参数。西藏—陕西是国外引进合同金额最少的 10 个省份，全部不足 1 亿美元；广东—辽宁是国外引进合同金额最多的 10 个省份，广东以 79.02 亿美元排名第 1 位，较 2015 年 61.44 亿美元，在连续下滑几年之后，规模有所扩大。

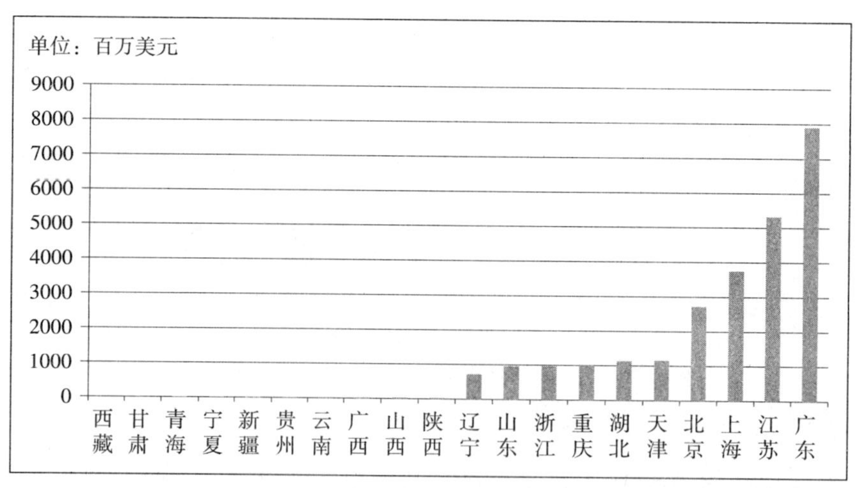

图 4－12 国外引进合同金额排名图

数据来源：国家统计局，科学技术部．2016 中国科技统计年鉴［M］．北京：中国统计出版社，2016.

图 4－13 显示，国外引进合同金额排名靠前的省份份额差距不大。其中，前 3 位的广东、江苏、上海份额均超过 10%；国外引进合同金额最多的 10 个省份占全国总量的比重超过 90%。

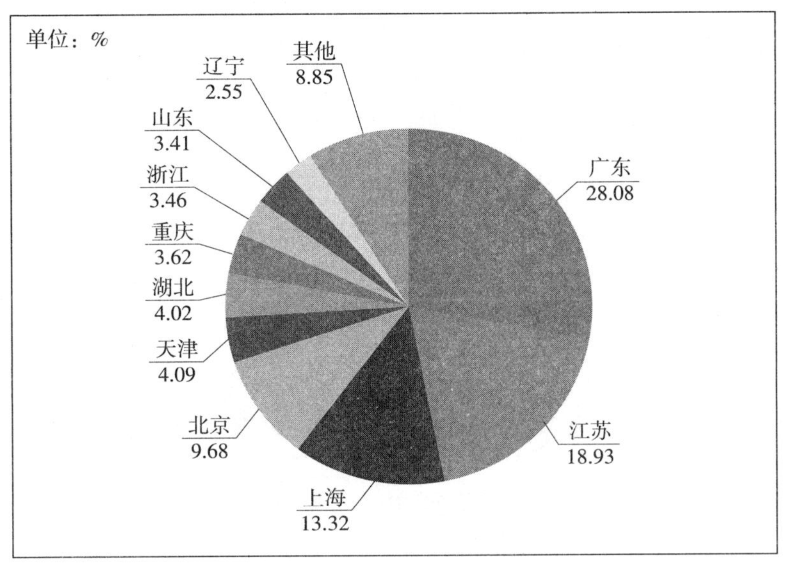

图 4－13　国外引进合同金额占全国比重图

数据来源：国家统计局，科学技术部. 2016 中国科技统计年鉴［M］. 北京：中国统计出版社，2016.

4. 技术外溢度指数四级指标框架及排名与分析

（1）指标框架

技术外溢度指数用两个指标进行评价：技术市场成交合同数与技术流向地域合同数比值、技术市场成交合同金额与技术流向地域合同金额比值（见图 4－14）。

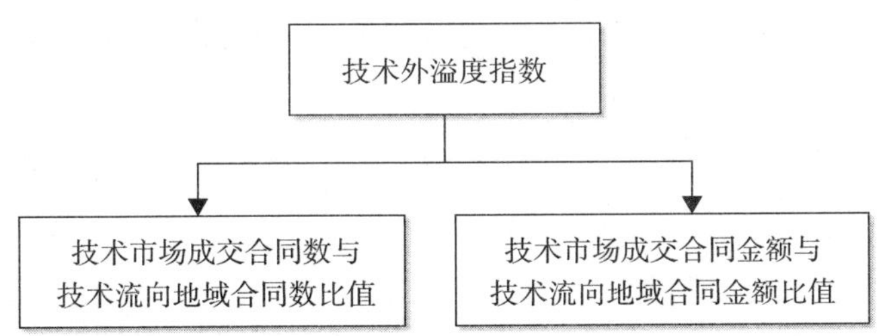

图 4－14　技术外溢度指数指标框架图

（2）技术外溢度指数具体指标分析

图 4－15 显示，技术市场成交合同数与技术流向地域合同数比值反映的是一个地区技术的外溢性，即若比值大于 1，表明该地区是技术净流出区，且比值越大，技术外溢性越强；若比值小于 1，表明该地区是技术净流入区。西藏—江西是技术市场成交合同数与技术流向地域合同数比值最低的 10 个省份，全部小于 1；陕西—山东是技术市场成交合同数与技术流向地域合同数比值最高的 10 个省份，除山东（0. 93）、甘肃（0. 97）、上海（0. 97）、安徽（0. 98）外，全部超过 1，全国技术净流出的省份仅有 6 个，与 2015 年持平，其中陕西的比值为 1. 78，居第 1 位。

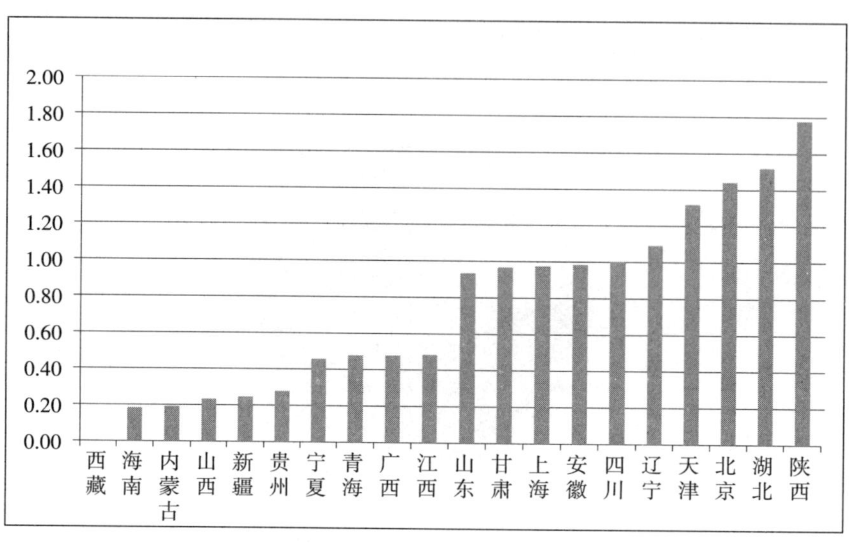

图 4－15 技术市场成交合同数与技术流向地域合同数比值排名图

数据来源：国家统计局，科学技术部 . 2016 中国科技统计年鉴［M］. 北京：中国统计出版社，2016.

图 4－16 显示，技术市场成交合同金额与技术流向地域合同金额比值反映的是一个地区技术的外溢性，即若比值大于 1，表明该地区是技术净流出区，且比值越大，技术外溢性越强；若比值小于 1，表明该地区是技术净流入区。西藏—云南是技术市场成交合同金额与技术流向地域合同金额比值最低的 10 个省份，全部不足 0.5；北京—广东是技术市场成交合同金额与技术流向地域合同金额比值最高的 10 个省份，其中北京的技术市场成交合同金额与技术流向地域合同金额比值为 3.01，领先于其他省份。

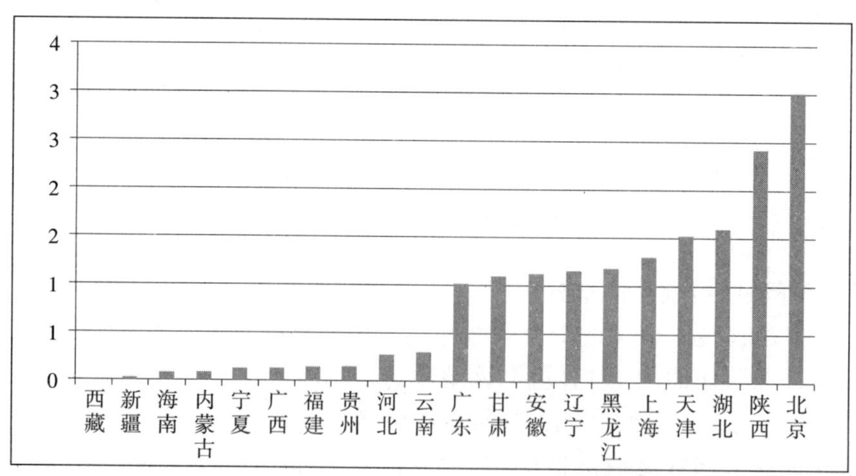

图 4－16 技术市场成交合同金额与技术流向地域合同金额比值排名图

数据来源：国家统计局，科学技术部 . 2016 中国科技统计年鉴［M］. 北京：中国统计出版社，2016.

5. 技术国际竞争力指数四级指标框架及排名与分析

（1）指标框架

技术国际竞争力指数用万元生产总值技术国际收入指标进行评价（见图4－17）。

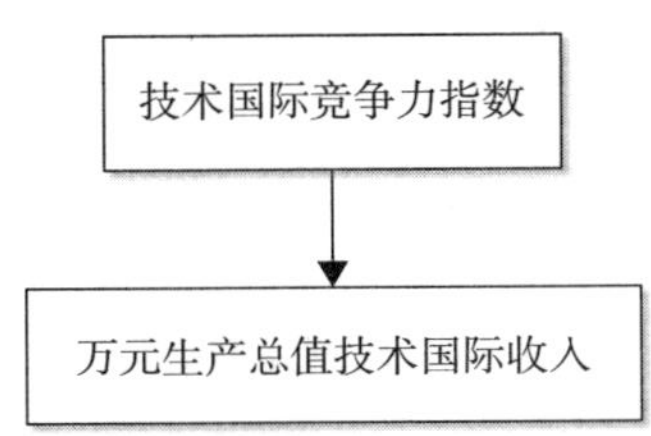

图4－17　技术国际竞争力指数指标框架图

（2）技术国际竞争力指数具体指标分析

图4－18显示，西藏—广西是万元生产总值技术国际收入排名最低的10个省份，均不足1美元/万元；上海—陕西是万元生产总值技术国际收入排名最高的10个省份，其中，上海和北京大幅领先于其他省份，超过50美元/万元。但是，与发达经济体相比，整体水平还是较为落后。

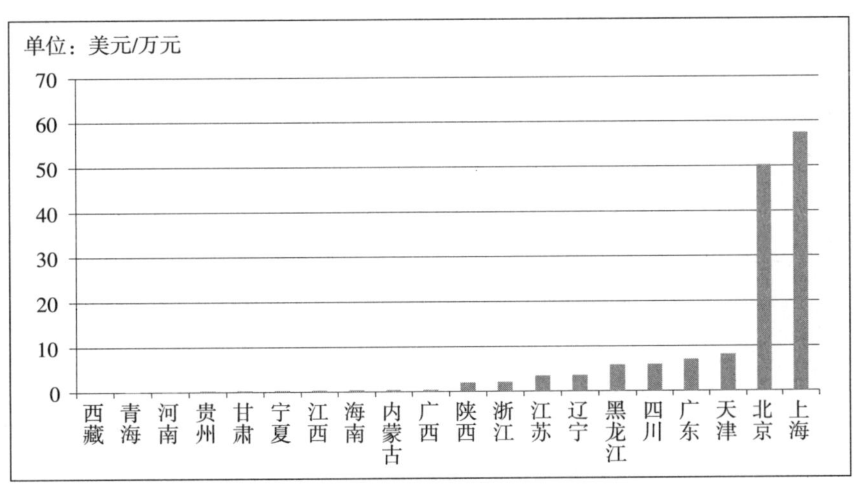

图4－18　万元生产总值技术国际收入排名图

数据来源：中国科技统计资料汇编（2015）．中国科技统计网站，http：//www.sts.org.cn/zlhb/.

三、知识产权服务机构指数三级指标框架及排名与分析

1. 知识产权服务机构指数三级指标框架及指数排名

（1）指标框架

知识产权服务机构指数用商标代理机构指数、专利代理指数、律师事务所指数、评估机构指数进行测度（见图4－19、表4－3）。

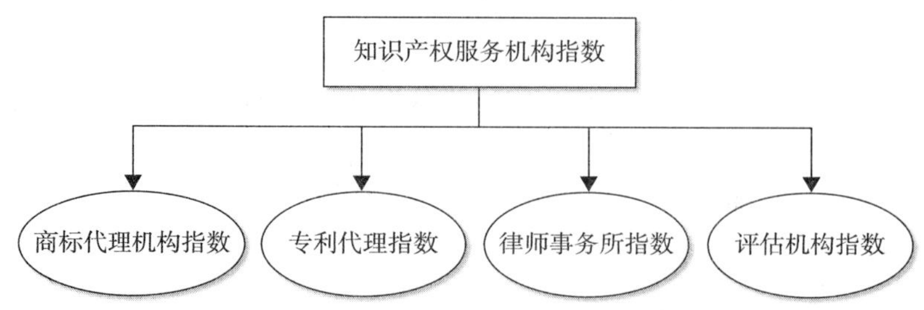

图4-19 知识产权中介指数指标框架图

(2) 指数及排名

表4-3 知识产权服务机构指数及排名表

省份	知识产权服务机构		商标代理机构		专利代理		律师事务所		评估机构	
	指数	排名	指数	排名	指数	排名	指数	排名	指数	排名
北京	0.926	1	0.775	2	1.000	1	0.931	2	1.000	1
广东	0.673	2	1.000	1	0.351	2	1.000	1	0.343	2
上海	0.320	3	0.243	5	0.222	3	0.587	5	0.229	4
江苏	0.318	4	0.275	4	0.178	4	0.619	4	0.200	5
浙江	0.273	5	0.311	3	0.127	5	0.513	6	0.143	7
山东	0.253	6	0.222	6	0.100	6	0.660	3	0.029	11
重庆	0.208	7	0.090	11	0.029	18	0.454	7	0.257	3
福建	0.163	8	0.142	7	0.045	13	0.263	17	0.200	5
辽宁	0.154	9	0.070	15	0.081	8	0.350	10	0.114	8
河南	0.152	10	0.112	9	0.051	11	0.417	8	0.029	11
四川	0.127	11	0.114	8	0.082	7	0.284	12	0.029	11
河北	0.120	12	0.093	10	0.037	16	0.350	11	0.000	18
安徽	0.107	13	0.088	12	0.043	14	0.268	15	0.029	11
黑龙江	0.105	14	0.033	22	0.033	17	0.354	9	0.000	18
湖北	0.103	15	0.071	14	0.055	10	0.256	18	0.029	11
湖南	0.102	16	0.082	13	0.056	9	0.271	14	0.000	18
天津	0.094	17	0.055	16	0.045	12	0.217	19	0.057	10
山西	0.080	18	0.034	21	0.017	23	0.268	16	0.000	18
甘肃	0.073	19	0.012	27	0.007	26	0.272	13	0.000	18
广西	0.073	20	0.026	25	0.023	21	0.214	20	0.029	11
云南	0.070	21	0.052	18	0.025	20	0.202	21	0.000	18
吉林	0.062	22	0.035	20	0.027	19	0.187	22	0.000	18

续表 4－3

省　份	知识产权服务机构		商标代理机构		专利代理		律师事务所		评估机构	
	指数	排名	指数	排名	指数	排名	指数	排名	指数	排名
新　疆	0.059	23	0.028	23	0.010	25	0.168	23	0.029	11
陕　西	0.058	24	0.053	17	0.041	15	0.023	30	0.114	8
江　西	0.057	25	0.046	19	0.021	22	0.162	24	0.000	18
内蒙古	0.044	26	0.020	26	0.007	27	0.149	25	0.000	18
青　海	0.036	27	0.001	30	0.004	29	0.138	26	0.000	18
西　藏	0.031	28	0.000	31	0.000	31	0.124	27	0.000	18
贵　州	0.011	29	0.028	23	0.016	24	0.000	31	0.000	18
宁　夏	0.011	30	0.008	29	0.006	28	0.029	29	0.000	18
海　南	0.011	31	0.008	28	0.004	30	0.031	28	0.000	18

观察表 4－3 可以发现，知识产权服务机构指数排名前 10 位的是：北京、广东、上海、江苏、浙江、山东、重庆、福建。辽宁和河南。排名后 10 位的是：吉林、新疆、陕西、江西、内蒙古、青海、西藏、贵州、宁夏和海南。

从四个分项指标：商标代理机构指数、专利代理指数、律师事务所指数以及评估机构指数的排名来看，整体一致性尚可，这是因为这些代理机构往往都是同时开展多种业务，存在内在联系。

2. 商标代理机构指数四级指标框架及排名与分析

（1）指标框架

商标代理机构指数用商标代理机构数量衡量（见图 4－20）。

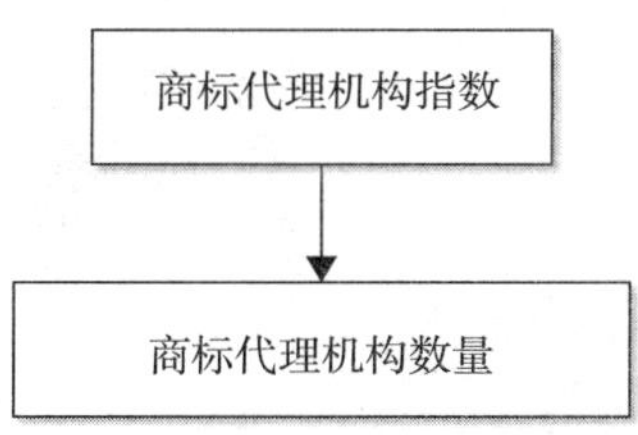

图 4－20　商标代理机构指数指标框架图

（2）商标代理机构指数具体指标分析

图 4－21 显示，商标代理机构数量在一定程度上是衡量区域商标代理情况的重要指标。西藏—黑龙江是商标代理机构数量最少的 10 个省份，均小于 150 个，与 2015 年差异不大；广东—河北是商标代理机构数量最多的 10 个省份，其中排名第 1 位的广东（3781 个），排名第 2 位的北京（2933 个）领跑全国，远多于其他省份。

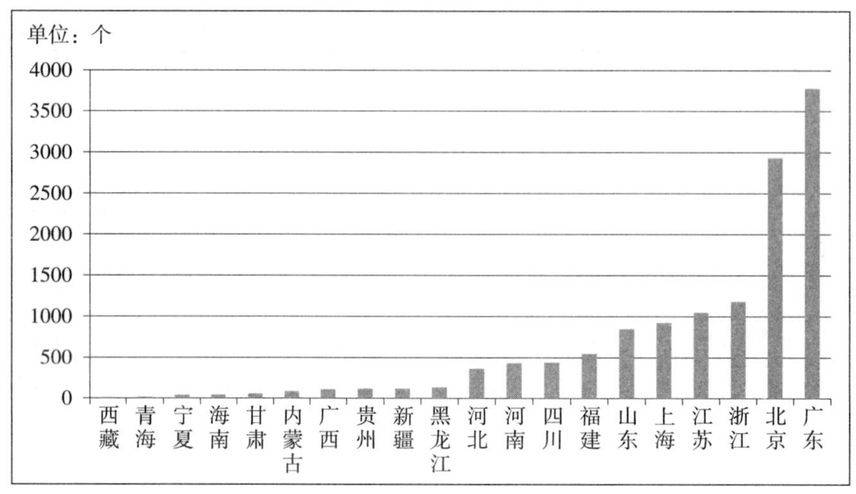

图4-21 商标代理机构数量排名图

数据来源：中国商标网，http：//www.ctmo.gov.cn/sbsq/dljg.asp，2016年4月1日从网站查询所得数据，其中关键词以商标代理机构所在地按各省（市、区）名称精确查询。

图4-22显示，全国的商标代理机构集中趋势非常显著，主要集中在广东（23.83%）、北京（18.48%）两省市，占据了全国近一半的比重（约45%）。排名前10位的省份内设立的商标代理机构占全国总数量的近80%。

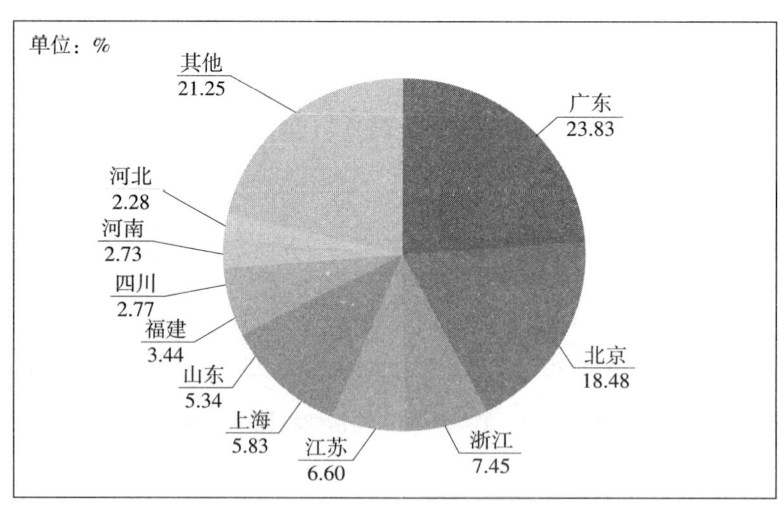

图4-22 商标代理机构数量占全国比重图

数据来源：中国商标网，http：//www.ctmo.gov.cn/sbsq/dljg.asp.

3. 专利代理指数四级指标框架及排名与分析

（1）指标框架

专利代理指数用两个指标来衡量：专利代理机构数量和专利代理人员数量（见

图 4－23）。

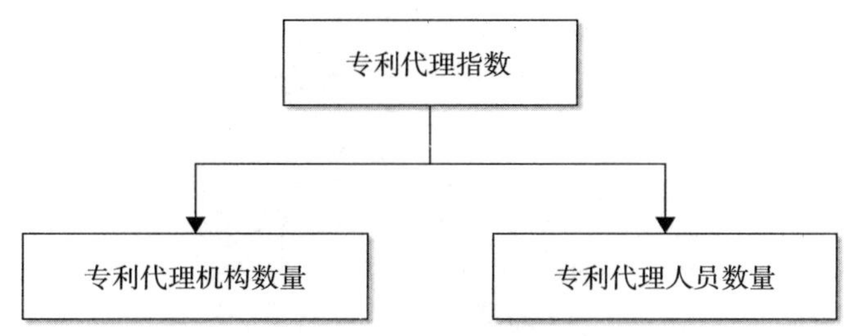

图 4－23　专利代理指数指标框架图

（2）专利代理指数具体指标分析

图 4－24 显示，专利代理机构数量是衡量区域专利代理情况的重要指标。西藏—江西是专利代理机构数量最少的 10 个省份，除江西（12）、贵州（10）外，均不足 10 个；北京—湖北是专利代理机构数量最多的 10 个省份，其中排名第 1 位的北京更是多达 406 个，优势更为明显，凸显了政治和文化中心的地位。

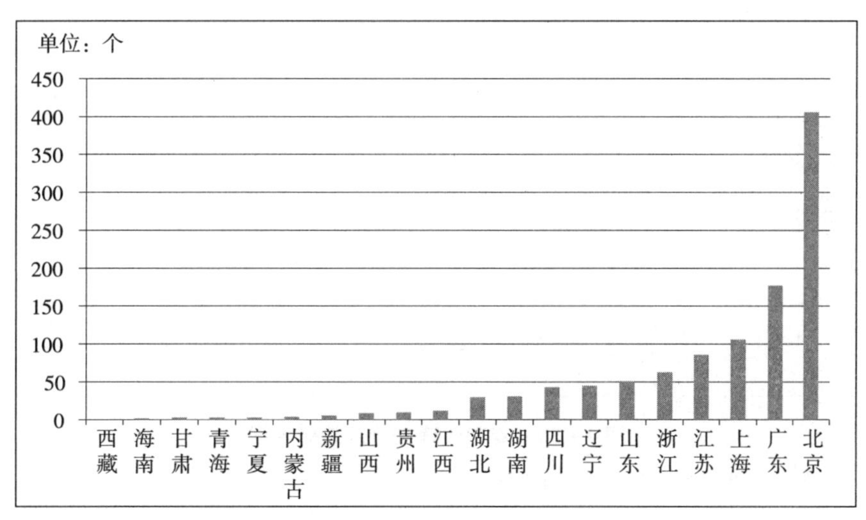

图 4－24　专利代理机构数量排名图

数据来源：国家知识产权局网站.

图 4－25 显示，全国的专利代理机构数量主要集中在北京（31.11%）、广东（13.56%）、上海（8.12%）和江苏（6.59%）四省市，四者之和占全国总量的 59.38%，超过一半；排名前 10 位的省份占全国总量的比重近 80%。

图 4－26 显示，与专利代理机构数量一致，专利代理人员数量也是衡量区域专利代理情况的重要指标。西藏—江西是专利代理人数最少的 10 个省份，均不足 100 人；北京—天津是年度专利申请代理人数最多的 10 个省份，其中，北京仍然傲视群雄，共有 5060 人，是第 2 名广东（1347 人）的近 4 倍。

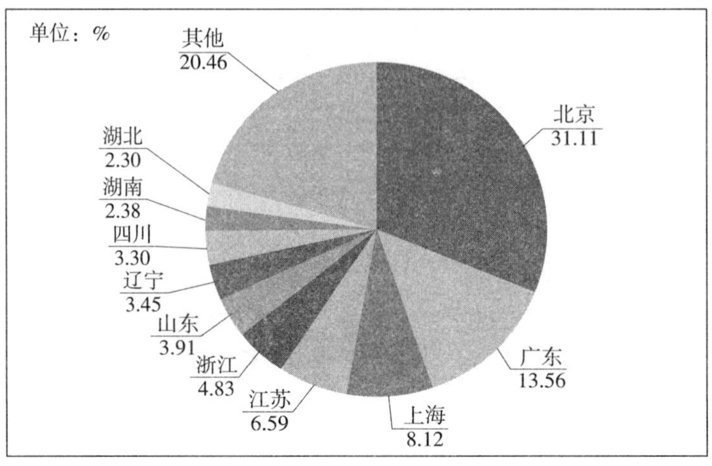

图 4－25　各地专利代理机构数量占全国总量比重图

数据来源：国家知识产权局网站．

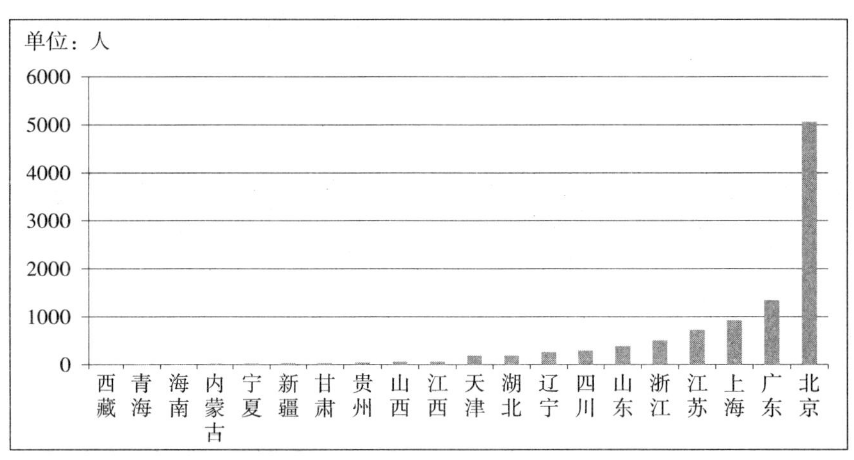

图 4－26　专利代理人员数量排名图

数据来源：国家知识产权局网站．

4．律师事务所指数四级指标框架及排名与分析

（1）指标框架

律师事务所指数用律师事务所数量衡量（见图 4－27）。

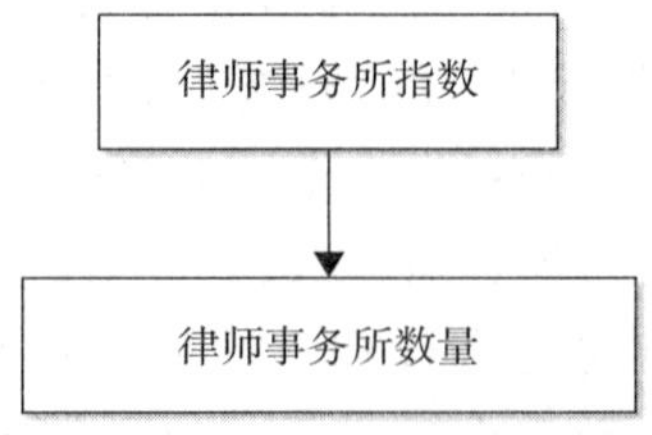

图 4－27　律师事务所指数指标框架图

（2）律师事务所指数具体指标分析

图4-28显示律师事务所数量是衡量区域知识产权服务水平的重要指标。贵州—吉林是年度律师事务所最少的10个省份，除吉林（409家）外，均不足400家；广东—辽宁是律师事务所最多的10个省份，其中广东排名第1位，为2065家。

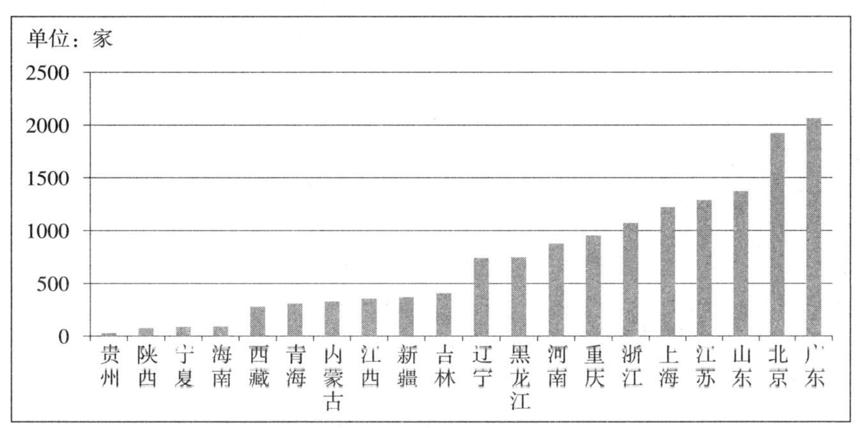

图4-28　律师事务所数量排名图

数据来源：律师统计年鉴2015. 人民法院出版社，2016.

图4-29显示，全国的律师事务所分布较为分散，主要集中在广东（9.95%）、北京（9.27%）、山东（6.61%）、江苏（6.21%）、上海（5.89%）五省市，五者之和约占全国总量的37.93%；排名靠前的10个省份占全国总量（以下简称全国）的比重为59%。

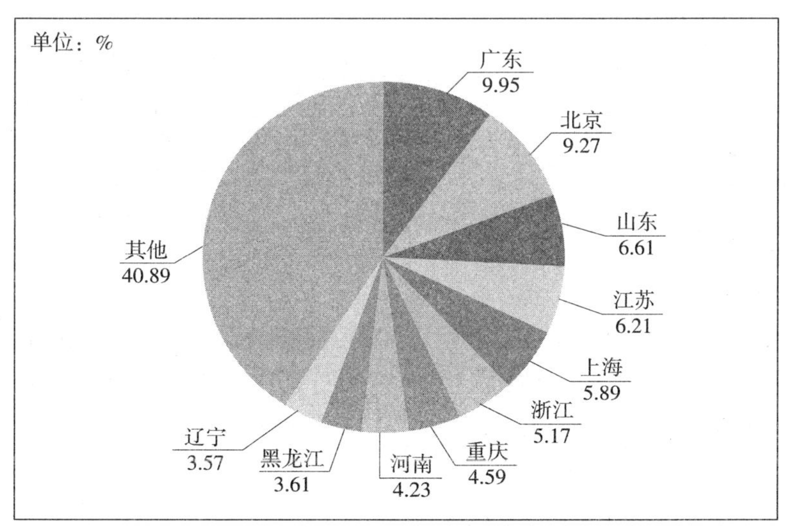

图4-29　各地律师事务所数量占全国总量比重图

数据来源：律师统计年鉴2013. 人民法院出版社，2014.

5. 评估机构指数四级指标框架及排名与分析

（1）指标框架

评估机构指数用百强资产评估机构数量衡量（见图4－30）。

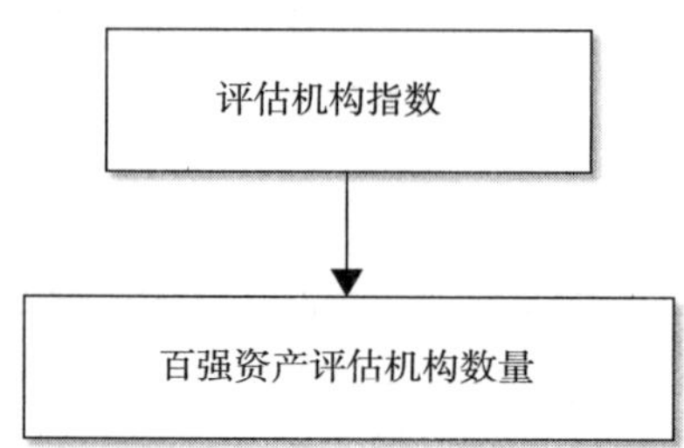

图4－30 评估机构指数指标框架图

（2）评估机构指数具体指标分析

图4－31显示，图中17个省份是财政部评选的百强资产评估机构所在省份，北京最多有35家，占据了近1/3。还有13个省份没有相应机构入选。

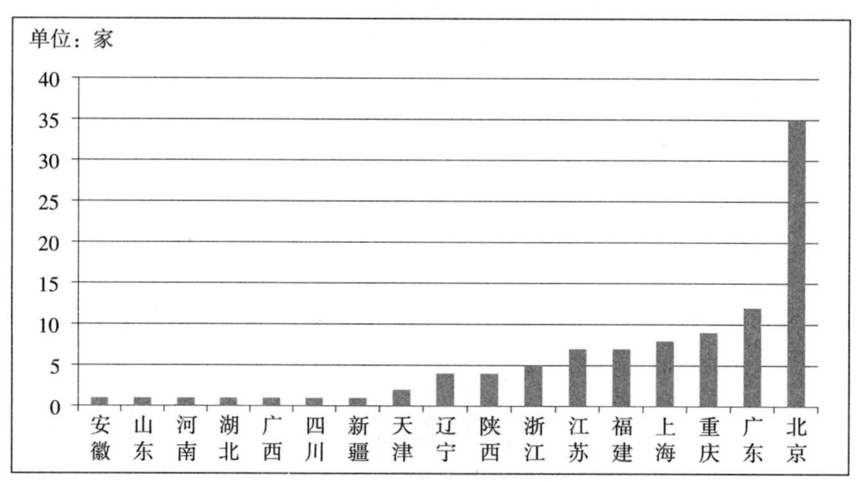

图4－31 百强资产评估机构数量排名图（财政部评选百强）

数据来源：国家财政部网站.

图4－32显示，全国的百强资产评估机构分布集中程度很高，份额最高的北京约占36%，排名第2位的广东和第3位的上海、重庆分别占据11%和8%、8%，四者就占据了超过60%的机构。

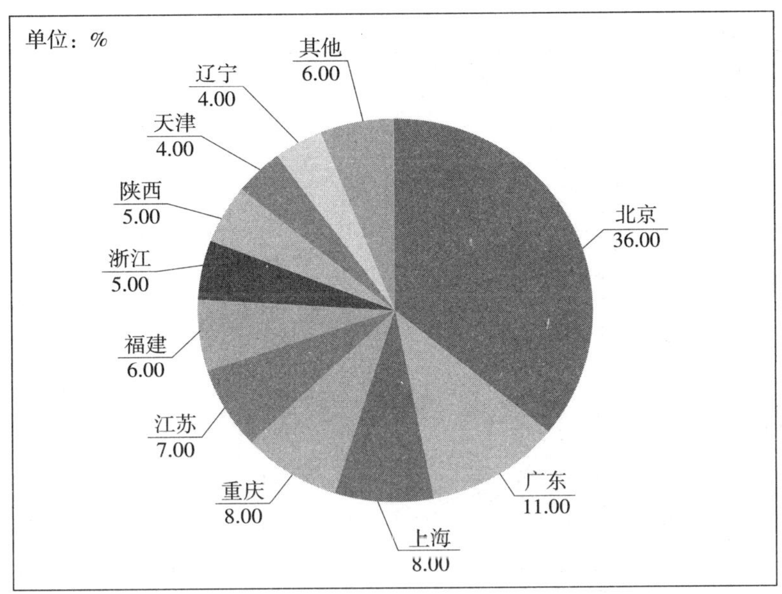

图 4－32　各地资产评估机构数量占全国比重图

数据来源：国家财政部网站.

四、企业技改、引进指数三级指标框架及排名与分析

1. 企业技改、引进指数三级指标框架及指数排名

（1）指标框架

企业技改、引进指数下设三个三级指标：技术改造指数、国内引进指数、国外引进指数（见图 4－33、表 4－4）。

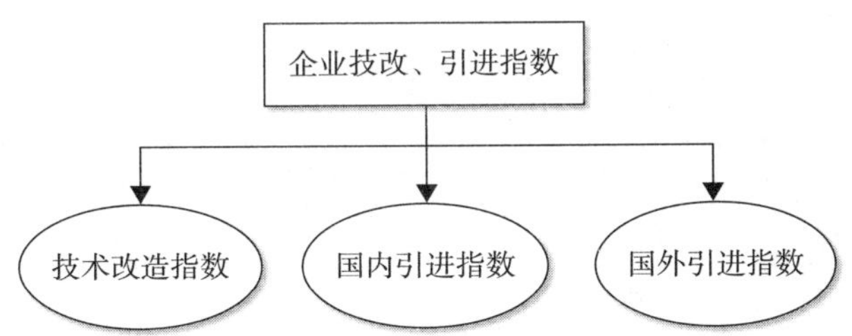

图 4－33　企业技改、引进指数指标框架图

（2）指数及排名

表 4－4　知识产权企业技改、引进指数及排名表

省　份	企业技改、引进		技术改造		国内引进		国外引进	
	指数	排名	指数	排名	指数	排名	指数	排名
江　苏	0.842	1	1.000	1	1.000	1	0.526	3

续表 4－4

省份	企业技改、引进		技术改造		国内引进		国外引进	
	指数	排名	指数	排名	指数	排名	指数	排名
广东	0.559	2	0.339	5	0.339	5	1.000	1
山东	0.459	3	0.545	2	0.545	2	0.285	7
上海	0.436	4	0.241	9	0.241	9	0.826	2
湖南	0.379	5	0.528	3	0.528	3	0.080	17
浙江	0.364	6	0.461	4	0.461	4	0.170	11
重庆	0.223	7	0.124	18	0.124	18	0.422	4
安徽	0.213	8	0.283	6	0.283	6	0.073	18
辽宁	0.204	9	0.259	7	0.259	7	0.096	15
福建	0.204	10	0.210	10	0.210	10	0.194	10
北京	0.190	11	0.083	21	0.083	21	0.406	5
河北	0.184	12	0.244	8	0.244	8	0.063	20
湖北	0.182	13	0.175	14	0.175	14	0.197	9
河南	0.157	14	0.207	11	0.207	11	0.057	21
四川	0.143	15	0.189	12	0.189	12	0.051	22
吉林	0.137	16	0.056	27	0.056	27	0.297	6
广西	0.123	17	0.180	13	0.180	13	0.009	27
山西	0.120	18	0.146	16	0.146	16	0.069	19
宁夏	0.114	19	0.050	28	0.050	28	0.242	8
江西	0.112	20	0.126	17	0.126	17	0.084	16
贵州	0.111	21	0.162	15	0.162	15	0.011	26
甘肃	0.108	22	0.113	19	0.113	19	0.098	14
内蒙古	0.101	23	0.081	22	0.081	22	0.140	12
陕西	0.090	24	0.112	20	0.112	20	0.046	23
天津	0.080	25	0.063	25	0.063	25	0.113	13
云南	0.056	26	0.069	24	0.069	24	0.032	25
新疆	0.056	27	0.080	23	0.080	23	0.007	28
黑龙江	0.055	28	0.060	26	0.060	26	0.046	24
青海	0.012	29	0.017	29	0.017	29	0.000	30
海南	0.004	30	0.003	30	0.003	30	0.004	29
西藏	0.000	31	0.000	31	0.000	31	0.000	30

企业技术改造指数、国内引进指数和国外引进指数三项指标考察的是大中型工业企

业技改、引进和消化技术成果的投入和能力。观察表 4 – 4 可以发现，企业技改、引进指数排名前 10 位的是：江苏、广东、山东、上海、湖南、浙江、重庆、安徽、辽宁和福建。与 2016 年报告相比，安徽和辽宁进入前 10 位，江西和北京跌出前 10 位。

排名后 10 位的是：甘肃、内蒙古、陕西、天津、云南、新疆、黑龙江、青海、海南和西藏。其中，2015 年报告中前 10 位中的内蒙古已经下滑至第 23 位，可能表明当地工业企业承压严重。

2. 技术改造指数四级指标框架及排名与分析

（1）指标框架

技术改造指数用规模以上工业企业技术改造经费支出来衡量（见图 4 – 34）。

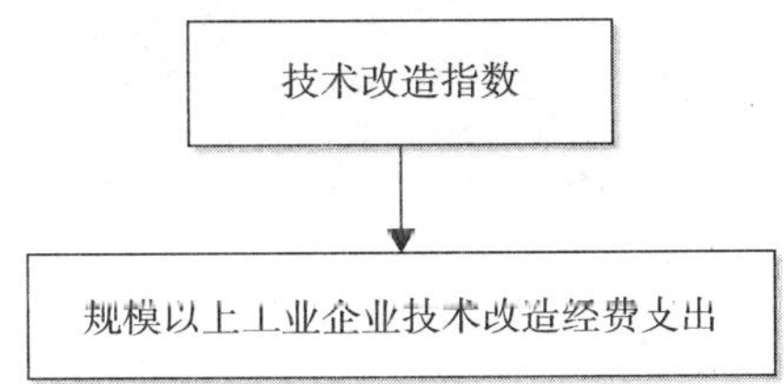

图 4 – 34 技术改造指数指标框架图

（2）技术改造指数具体指标分析

图 4 – 35 显示，西藏—内蒙古是规模以上工业企业技术改造经费支出最少的 10 个省份，全部不足 100 亿元，其中西藏（0 亿元）、海南（2 亿元）的经费支出不足 5 亿元；江苏—福建是规模以上工业企业技术改造经费支出最多的 10 个省份，其中江苏列第 1 位，为 507 亿元，领先全国。其余排名前 10 位省份差距不大。

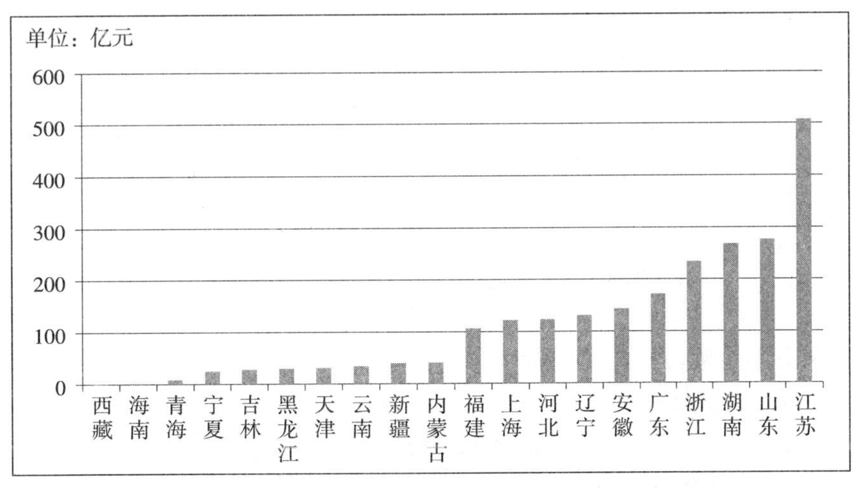

图 4 – 35 规模以上工业企业技术改造经费支出排名图

数据来源：国家统计局，科学技术部 . 2016 中国科技统计年鉴［M］. 北京：中国统计出版社，2016.

图 4－36 显示，规模以上工业企业技术改造经费支出相对分散。排名前 10 位的省份在比重上只有江苏超过 15%，其余差距不大，表现较为均衡。而排名前 10 位省份的规模以上工业企业技术改造经费支出总数占全国比重达到 65%。

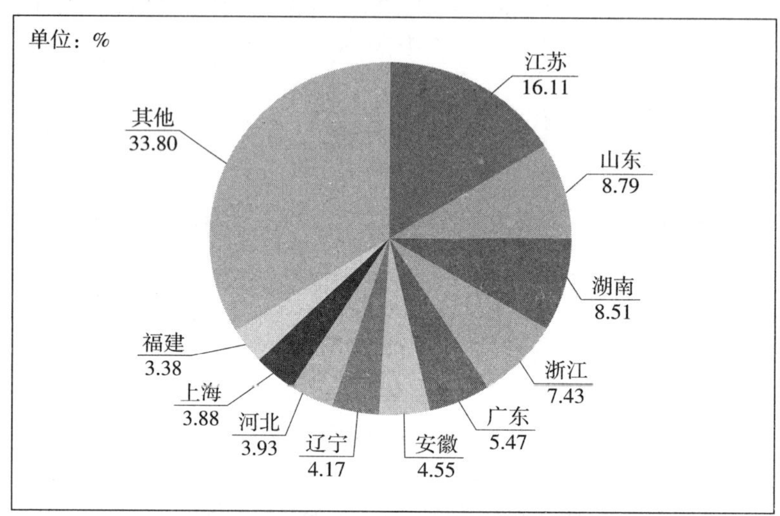

图 4－36　规模以上工业企业技术改造经费支出占全国比重图

数据来源：国家统计局，科学技术部．2016 中国科技统计年鉴［M］．北京：中国统计出版社，2016.

3. 国内引进指数四级指标框架及排名与分析

（1）指标框架

国内引进指数用规模以上工业企业购买国内技术经费支出来衡量（见图 4－37）。

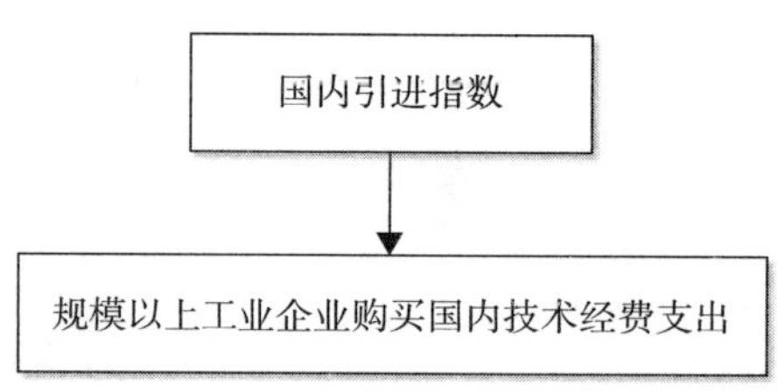

图 4－37　国内技术引进指数指标框架图

（2）国内引进指数具体指标分析

图 4－38 显示，西藏—内蒙古是规模以上工业企业购买国内技术经费支出最少的 10 个省份，均不足 5 亿元；江苏—福建是规模以上工业企业购买国内技术经费支出最多的 10 个省份，呈阶梯状递增。其中，江苏（50.72 亿元）领跑全国。

图 4－39 显示，江苏（16.11%）所占比例超过 15%，较 2015 年优势有所回缓，其他排名前 10 位的省份相差不大。排名前 10 位省份的比重总和占全国比重近三分之二。

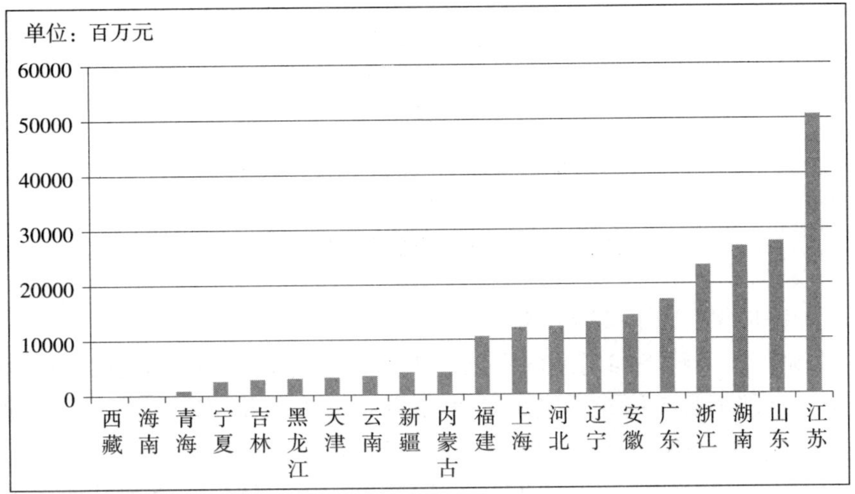

图 4－38　规模以上工业企业购买国内技术经费支出排名图

数据来源：国家统计局，科学技术部．2016 中国科技统计年鉴［M］．北京：中国统计出版社，2016.

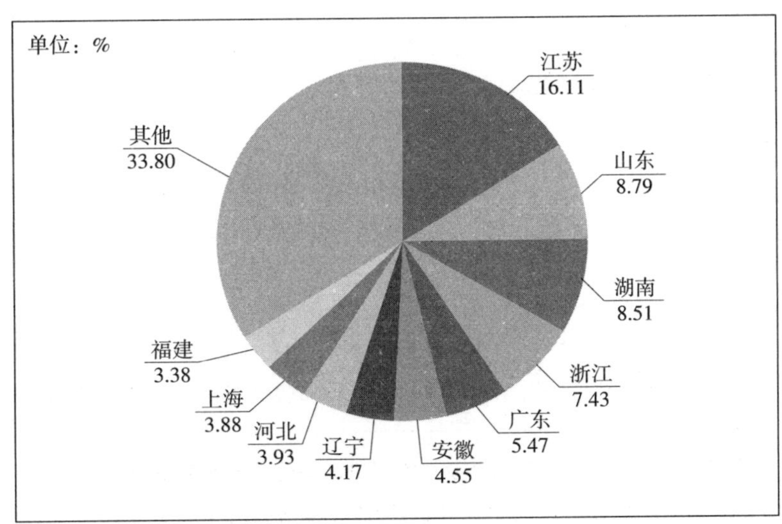

图 4－39　规模以上工业企业购买国内技术经费支出占全国比重图

数据来源：国家统计局，科学技术部．2016 中国科技统计年鉴［M］．北京：中国统计出版社，2016.

4．国外引进指数四级指标框架及排名与分析

（1）指标框架

国外引进指数用规模以上工业企业技术引进、消化吸收经费来测度（见图 4－40）。

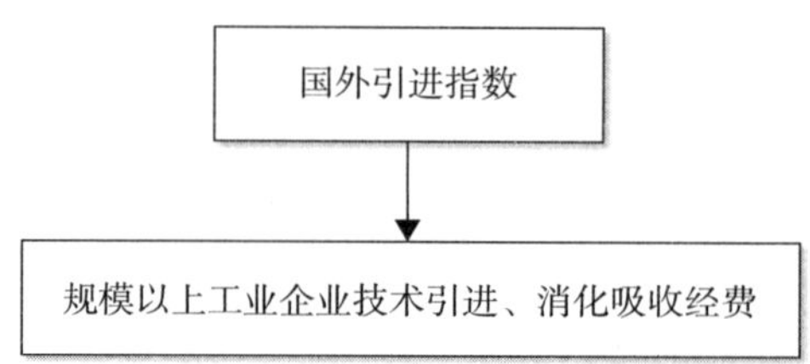

图 4－40 国外技术引进指数指标框架图

（2）国外引进指数具体指标分析

图 4－41 显示，西藏—四川是规模以上工业企业技术引进、消化吸收经费支出最少的 10 个省份，全部不足 5 亿元，但相对 2015 年已经有大幅提高；广东—福建是规模以上工业企业技术引进、消化吸收经费支出最多的 10 个省份，其中广东（92.53 亿元）、上海（76.40 亿元）和江苏（48.68 亿元）居领先位置，领先于全国其他省份。广东相对 2015 年增长迅猛，上海和江苏略有下降。

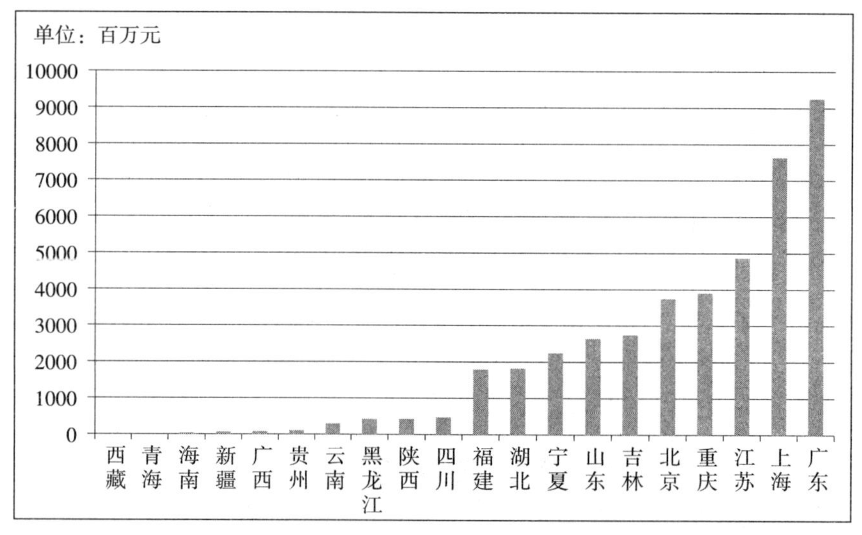

图 4－41 规模以上工业企业技术引进、消化吸收经费支出排名图

数据来源：国家统计局，科学技术部 . 2016 中国科技统计年鉴［M］. 北京：中国统计出版社，2016.

图 4－42 显示，全国的规模以上工业企业技术引进、消化吸收经费支出相对集中。其中，广东（17.71%）、上海（14.62%）经费支出占比超过 10%，与江苏（9.32%）三者总计占全国总量的比重为 41.65%，接近一半；规模以上工业企业技术引进、消化吸收经费支出最多的 10 个省份占全国比重近 80%，超过四分之三。

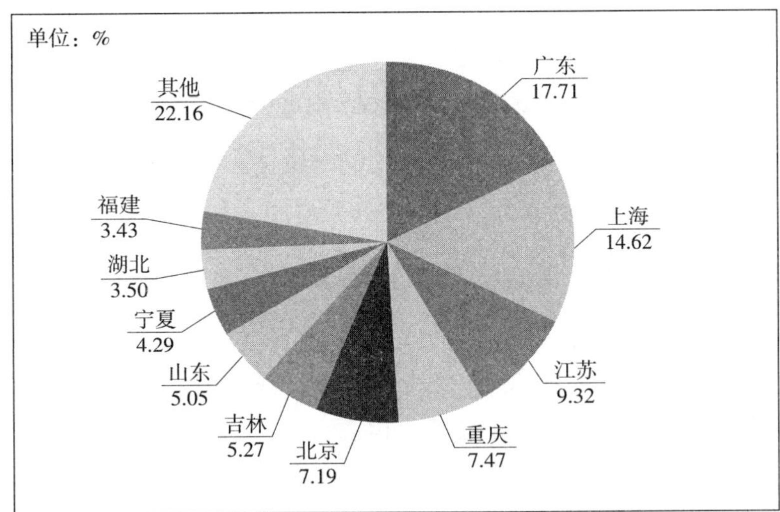

图 4－42　规模以上工业企业技术引进、消化吸收经费支出占全国比重图

数据来源：国家统计局，科学技术部. 2016 中国科技统计年鉴 [M]. 北京：中国统计出版社，2016.

第五章　知识产权综合绩效指数各项指标排名与分析

一、知识产权综合绩效指数二级指标框架及排名与分析

1. 指标框架

知识产权综合绩效指数下设三个二级指标：宏观经济绩效指数、社会进步绩效指数、企业发展绩效指数（见图5-1、表5-1）。

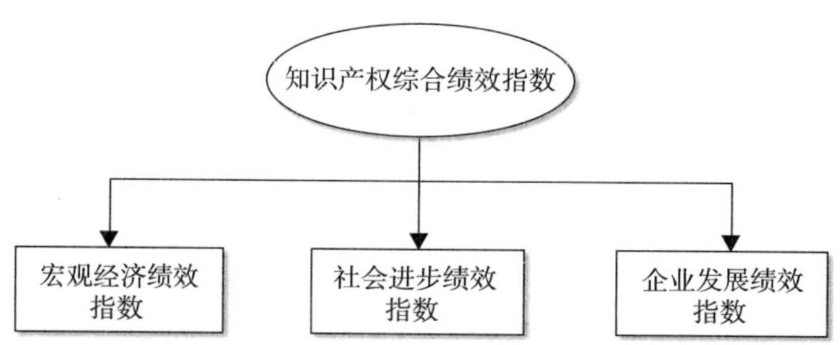

图5-1　知识产权综合绩效指数指标框架图

2. 指数及排名

表5-1　知识产权综合绩效指数及排名表

省份	知识产权综合绩效		宏观经济绩效		社会进步绩效		企业发展绩效	
	指数	排名	指数	排名	指数	排名	指数	排名
北京	0.695	1	0.839	1	0.852	1	0.395	5
上海	0.651	2	0.789	2	0.794	2	0.370	7
广东	0.552	3	0.642	4	0.670	3	0.344	9
天津	0.548	4	0.675	3	0.518	9	0.452	4
浙江	0.539	5	0.500	6	0.591	6	0.527	2
江苏	0.505	6	0.576	5	0.651	4	0.289	11
重庆	0.444	7	0.476	7	0.393	19	0.464	3
福建	0.425	8	0.433	9	0.599	5	0.244	13
湖北	0.374	9	0.330	13	0.438	15	0.354	8
湖南	0.360	10	0.279	17	0.422	16	0.379	6
辽宁	0.345	11	0.335	11	0.542	8	0.156	23

续表 5－1

省　份	知识产权综合绩效		宏观经济绩效		社会进步绩效		企业发展绩效	
	指数	排名	指数	排名	指数	排名	指数	排名
西　藏	0.336	12	0.173	28	0.282	30	0.554	1
山　东	0.333	13	0.368	10	0.360	25	0.272	12
山　西	0.331	14	0.265	19	0.565	7	0.163	22
广　西	0.321	15	0.252	21	0.515	10	0.196	17
四　川	0.317	16	0.440	8	0.364	24	0.148	25
海　南	0.314	17	0.246	22	0.512	11	0.183	20
安　徽	0.312	18	0.265	20	0.378	22	0.294	10
河　南	0.312	19	0.323	14	0.385	20	0.227	15
吉　林	0.308	20	0.282	16	0.468	13	0.174	21
陕　西	0.306	21	0.334	12	0.465	14	0.119	28
内蒙古	0.300	22	0.270	18	0.401	18	0.230	14
江　西	0.294	23	0.314	15	0.374	23	0.194	19
宁　夏	0.266	24	0.183	26	0.419	17	0.195	18
河　北	0.259	25	0.216	23	0.342	26	0.219	16
贵　州	0.238	26	0.155	30	0.477	12	0.081	30
黑龙江	0.230	27	0.203	24	0.379	21	0.109	29
云　南	0.219	28	0.197	25	0.333	27	0.127	27
甘　肃	0.208	29	0.180	27	0.295	28	0.149	24
新　疆	0.182	30	0.133	31	0.272	31	0.141	26
青　海	0.177	31	0.167	29	0.289	29	0.075	31

知识产权综合绩效考察的是知识产权给当地经济和社会发展带来的影响。观察表 5－1可以发现，知识产权综合绩效指数排名前 10 位的省份是：北京、上海、广东、天津、浙江、江苏、重庆、福建、湖北和湖南，与 2016 年报告基本相同。只是湖南取代了海南的位置。排名后 10 位的省份是：内蒙古、江西、宁夏、河北、贵州、黑龙江、云南、甘肃、新疆和青海，与 2016 年报告相比，原排名靠后的西藏有明显提高，2017 年报告中排名第 12 位。内蒙古排名下滑落入后 10 位。

从三个二级指标：宏观经济绩效指数、社会进步绩效指数和企业发展绩效指数来看，排在前 5 位的省份表现比较均衡，例如，上海在三个指标方面分别排名第 2 位、第 2 位和第 7 位。北京在三个指标方面分别排名第 1 位、第 1 位和第 5 位。广东分别排在第 4 位、第 3 位和第 9 位。但是后面的省份出现了较大的波动，重庆分别排在第 7 位、第 19 位和第 3 位，差异很大。

二、宏观经济绩效指数三级指标框架及排名与分析

1. 宏观经济绩效指数三级指标框架及指数排名

（1）指标框架

宏观经济绩效指数下设三个三级指标：经济发展水平、经济增长方式转变、经济结构优化（见图5－2、表5－2）。

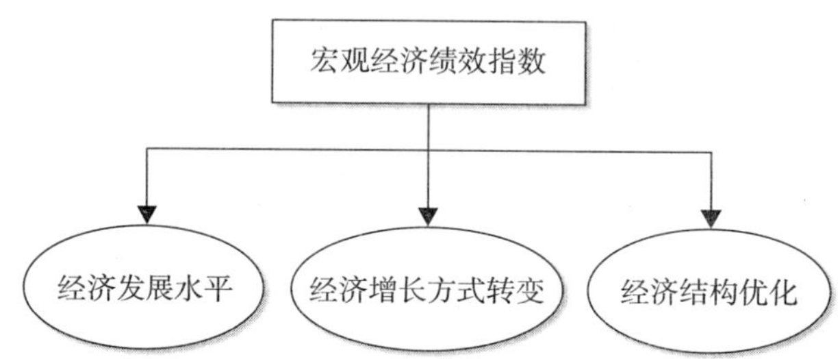

图5－2　宏观经济绩效指数指标框架图

（2）指数及排名

表5－2　知识产权宏观经济绩效指数及排名表

省份	宏观经济绩效		经济发展水平		经济增长方式转变		经济结构优化	
	指数	排名	指数	排名	指数	排名	指数	排名
北京	0.839	1	0.946	2	0.620	4	0.952	1
上海	0.789	2	0.988	1	0.709	2	0.671	2
天津	0.675	3	0.833	3	0.636	3	0.555	6
广东	0.642	4	0.630	6	0.711	1	0.585	5
江苏	0.576	5	0.693	5	0.527	6	0.508	7
浙江	0.500	6	0.742	4	0.527	5	0.232	16
重庆	0.476	7	0.423	11	0.348	16	0.657	3
四川	0.440	8	0.249	23	0.423	9	0.649	4
福建	0.433	9	0.550	7	0.474	7	0.277	11
山东	0.368	10	0.504	8	0.404	10	0.195	19
辽宁	0.335	11	0.468	10	0.389	11	0.149	25
陕西	0.334	12	0.350	12	0.301	20	0.352	9
湖北	0.330	13	0.328	15	0.356	14	0.305	10
河南	0.323	14	0.272	20	0.275	22	0.422	8
江西	0.314	15	0.266	22	0.425	8	0.252	14
吉林	0.282	16	0.320	16	0.331	18	0.194	20

续表 5-2

省份	宏观经济绩效		经济发展水平		经济增长方式转变		经济结构优化	
	指数	排名	指数	排名	指数	排名	指数	排名
湖南	0.279	17	0.298	17	0.357	13	0.182	21
内蒙古	0.270	18	0.479	9	0.308	19	0.024	31
山西	0.265	19	0.332	13	0.234	25	0.230	17
安徽	0.265	20	0.271	21	0.358	12	0.166	22
广西	0.252	21	0.210	25	0.273	23	0.272	12
海南	0.246	22	0.113	31	0.355	15	0.271	13
河北	0.216	23	0.276	19	0.298	21	0.073	29
黑龙江	0.203	24	0.147	29	0.337	17	0.125	26
云南	0.197	25	0.186	26	0.201	27	0.204	18
宁夏	0.183	26	0.330	14	0.126	30	0.092	27
甘肃	0.180	27	0.133	30	0.246	24	0.163	23
西藏	0.173	28	0.236	24	0.048	31	0.234	15
青海	0.167	29	0.282	18	0.130	29	0.088	28
贵州	0.155	30	0.148	28	0.156	28	0.162	24
新疆	0.133	31	0.161	27	0.204	26	0.034	30

分析表 5-2 可以发现，宏观经济绩效指数排名前 10 位的省份是北京、上海、天津、广东、江苏、浙江、重庆、四川、福建和山东，与 2016 年报告相同。排名后 10 位的省份是海南、河北、黑龙江、云南、宁夏、甘肃、西藏、青海、贵州和新疆，与 2016 年报告也大致相同。

从总体来看，三个分项指标：经济发展水平、经济增长方式转变、经济结构优化这三个指标的排名一致性较强，反映出经济发展各层面的高度相关性。如北京、上海、天津、广东、江苏等经济发展绩效指数排名前列的省市，其经济发展水平、经济增长方式、经济结构优化指数排名也大致位居前列。

2. 经济发展水平四级指标框架及排名与分析

（1）指标框架

经济发展水平下设三个四级指标：非农经济比重、人均 GDP、城镇居民人均可支配收入（见图 5-3）。

（2）经济发展水平指数具体指标分析

图 5-4 显示，非农经济比重是衡量区域第二产业、第三产业发展水平的一个重要指标。从整体来看，全国都比 2015 年有所提高，均在 75% 以上，从比例上看差距不大。但是，如果结合国内生产总值的总量来考虑，在体量上还是有相当的差距。海南—湖南是非农经济比重最低的 10 个省份，全部不足 90%；上海—福建是非农经济比重最

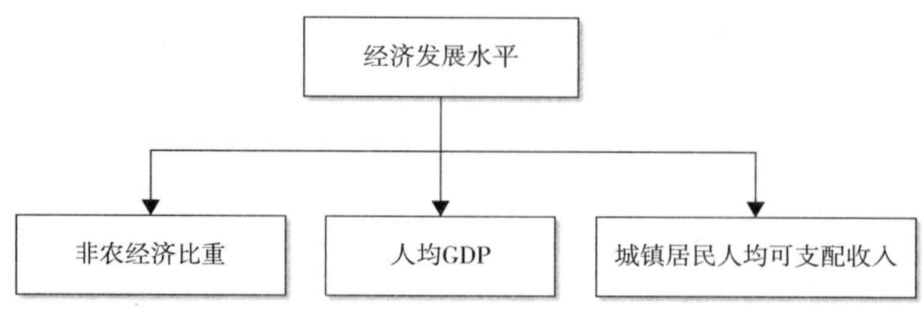

图5－3 经济发展水平指数指标框架图

高的10个省份，其中超过95%的省份共有5个，和2015年一致，包括上海（99.56%）、北京（99.39%）、天津（98.74%）、浙江（95.73%）和广东（95.41%）。

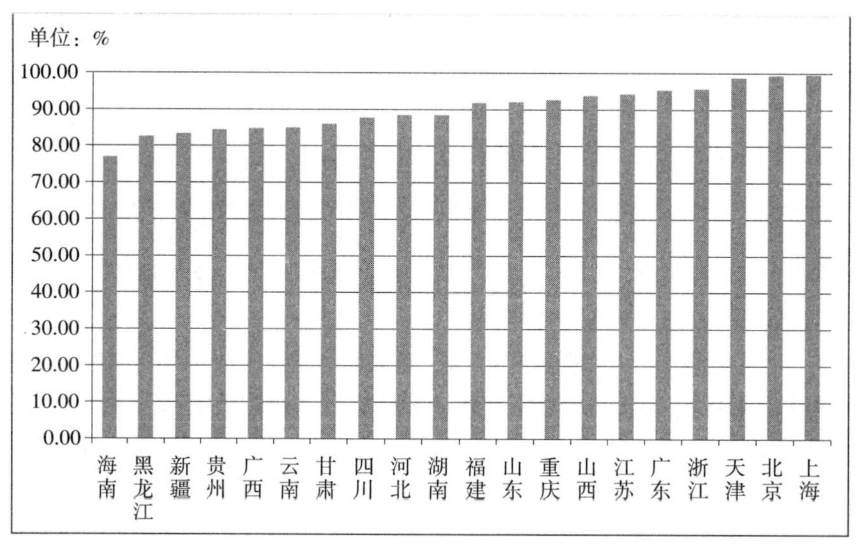

图5－4 非农经济比重排名图

数据来源：国家统计局.2016中国统计年鉴［M］.北京：中国统计出版社，2016.

图5－5显示，甘肃—河南是人均GDP最低的10个省份，全部不足4万元，但较2015年已有明显增长；天津—山东是人均GDP最高的10个省份，其中天津（10.69万元）、北京（10.60万元）、上海（10.40万元）的人均GDP在10万元左右，领先于全国其他省份。

图5－6显示，该指标数据逐年稳定增长，甘肃—四川是城镇居民人均可支配收入最低的10个省份，相互之间差异不大，其中最低的甘肃城镇居民人均可支配收入为1.9万元；上海—内蒙古是城镇居民人均可支配收入最高的10个省份，呈阶梯状上升，其中上海（4.39万元）、北京（4.03万元）超过4万元，领先于全国其他省份。

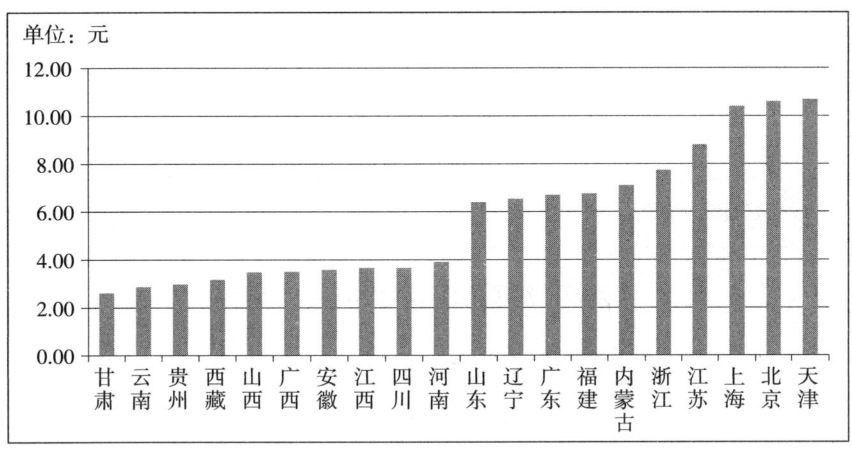

图 5－5　人均 GDP 排名图

数据来源：国家统计局．2016 中国统计年鉴［M］．北京：中国统计出版社，2016.

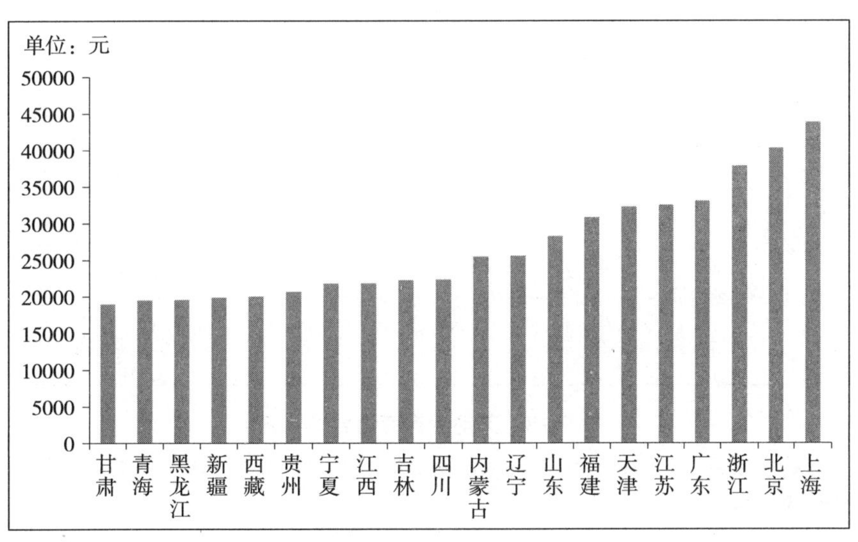

图 5－6　城镇居民人均可支配收入排名图

数据来源：国家统计局．2016 中国统计年鉴［M］．北京：中国统计出版社，2016.

3. 经济增长方式转变四级指标框架及排名与分析

（1）指标框架

经济增长方式转变下设三个四级指标：劳动生产率指数、资本生产率指数、综合能耗产出率指数（见图 5－7）。

（2）经济增长方式转变指数具体指标分析

图 5－8 显示，全国各地劳动生产率指数差距很大，贵州—江西是劳动生产率最低

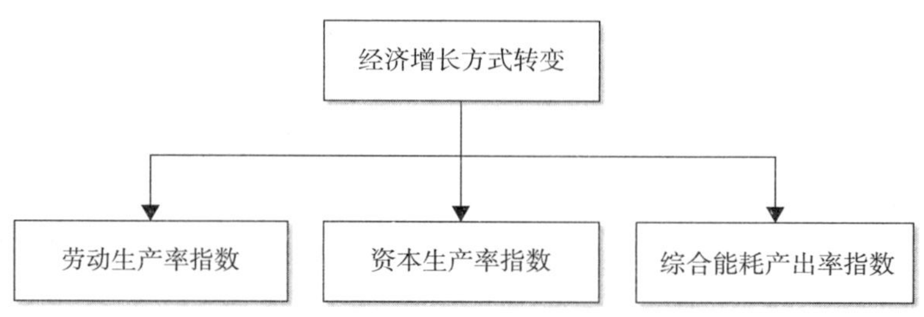

图 5-7 经济增长方式转变指标框架图

的10个省份，除江西（5.63万元/人）、湖南（5.53万元/人）、河南（5.14万元/人）外，其余均不足5万元/人，最低的贵州虽然只有2.81万元/人，但是较2014年也有大幅增长；天津—山东是劳动生产率最高的10个省份，其中天津（26.41万元/人）、上海（23.25万元/人）超过20万元/人，大幅领先于全国其他省份。

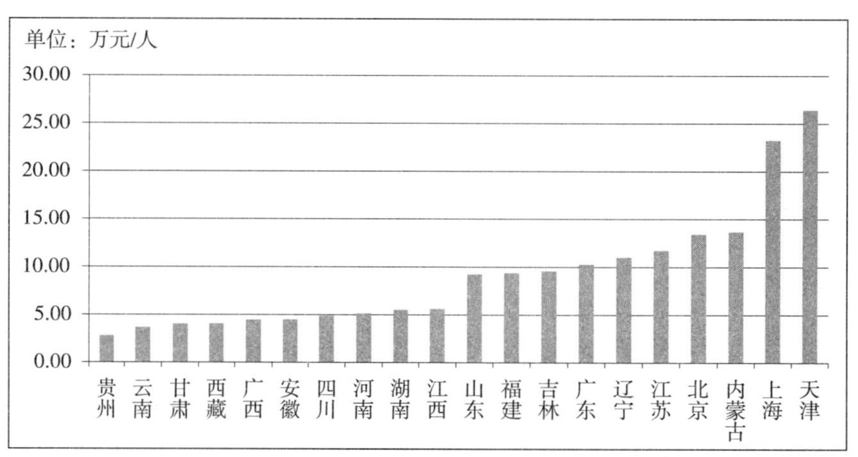

图 5-8 劳动生产率指数排名图

数据来源：中国科技统计资料汇编（2015）. 中国科技统计网站，http://www.sts.org.cn/zlhb/.

资本生产率指数是指以“资本”作为投入量的条件下单位资本的产出量。图5-9显示，资本生产率排名呈阶梯状。其中宁夏的资本生产率最低，为0.17，广东的资本生产率最高，为0.61。

图5-10显示，西藏—云南是综合能耗产出率指数最低的10个省份，而西藏的综合能耗产出率为0，北京—广西是综合能耗产出率最高的10个省份，其中北京的综合能耗产出率为为24.11元/千克标准煤。

4. 经济结构优化四级指标框架及排名与分析

（1）指标框架

经济结构优化下设三个四级指标：高技术产业增加值占工业增加值比重、高技术产品出口额占商品出口额比重、知识密集型服务业增加值占生产总值比重（见图5-11）。

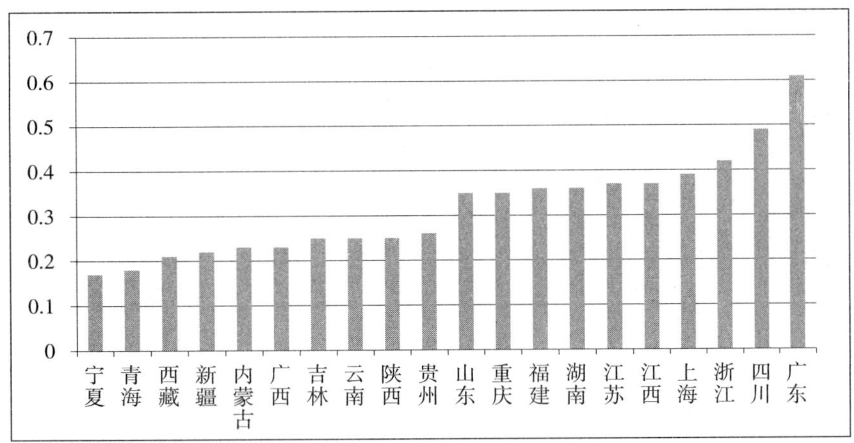

图 5－9　资本生产率指数排名图

数据来源：中国科技统计资料汇编（2015）．中国科技统计网站 http：//www. sts. org. cn/zlhb/

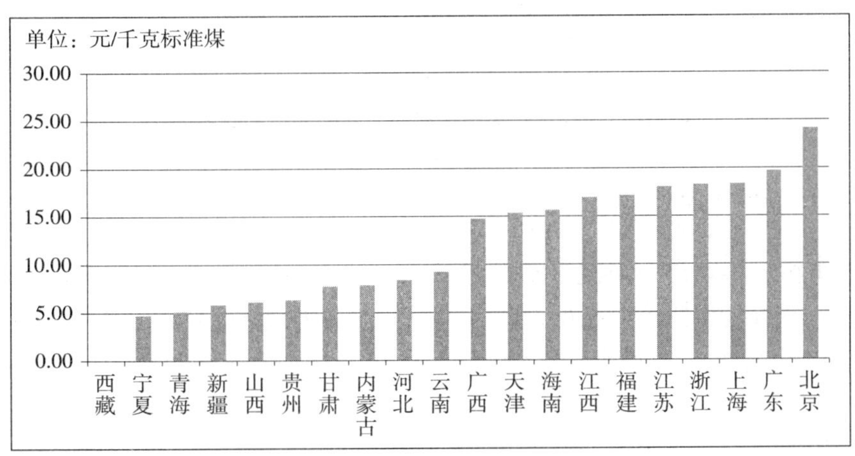

图 5－10　综合能耗产出率指数排名图

数据来源：中国科技统计资料汇编（2015）．中国科技统计网站 http：//www. sts. org. cn/zlhb/.

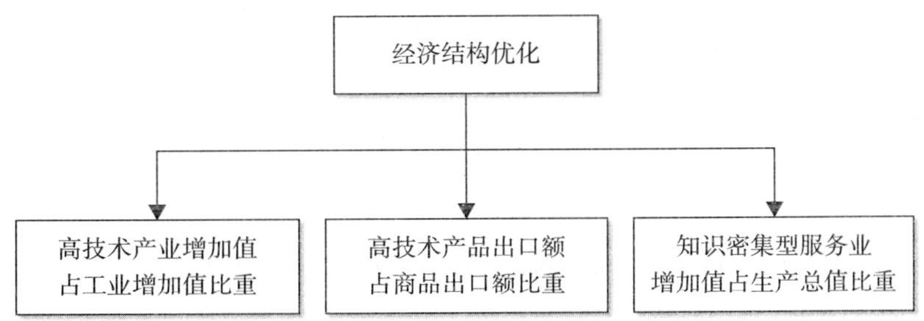

图 5－11　经济结构优化指标框架图

（2）经济结构优化指数具体指标分析

图 5－12 显示，新疆—辽宁是高技术产业增加值占工业增加值比重最低的 10 个省份，其中新疆（0.39%）、宁夏（0.93%）甚至不足 1%，但较 2014 年有明显提高。排名后 10 位的省份除黑龙江、辽宁外，比重均不足 5%；广东—福建是比重最高的 10 个省份，其中广东为 28.50%，是唯一超过 27% 的省份。

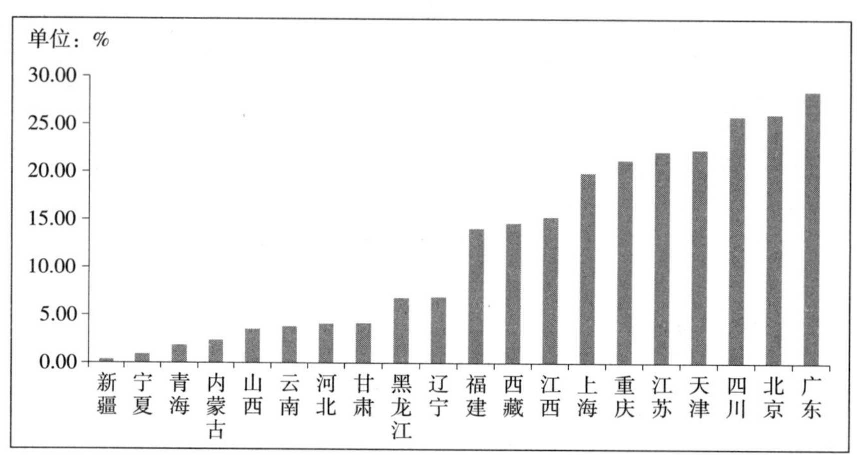

图 5－12　高技术产业增加值占工业增加值比重排名图

数据来源：中国科技统计资料汇编（2015）. 中国科技统计网站，http://www.sts.org.cn/zlhb/.

图 5－13 显示，新疆—宁夏是高技术产品出口额占商品出口额比重排名后 10 位的省份。重庆—山西是高技术产品出口额占商品出口额比重排名前 10 位的省份，总体呈

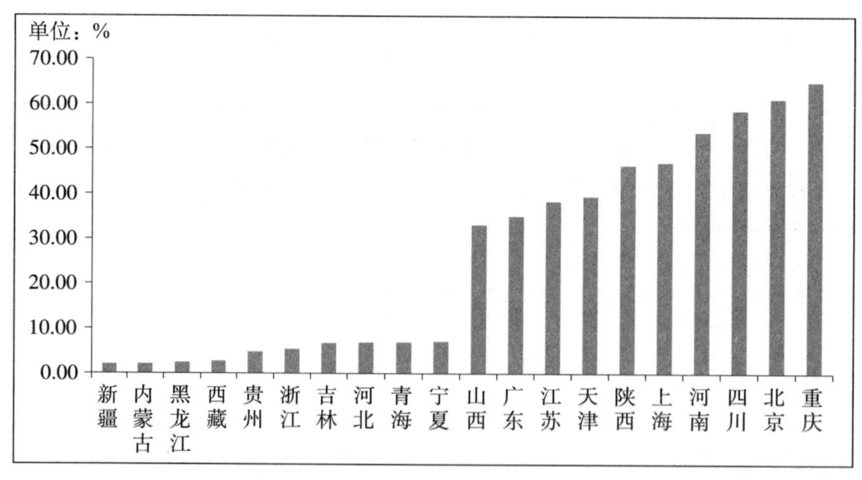

图 5－13　高技术产品出口额占商品出口额比重排名图

数据来源：中国科技统计资料汇编（2015）. 中国科技统计网站，http://www.sts.org.cn/zlhb/.

递增态势，其中重庆最高，为65.00%，超越北京，排在其后的北京（61.27%）和四川（58.66%）比重也超过55%。

图5-14显示，内蒙古—陕西是知识密集型服务业增加值占生产总值比重最小的10个省份，北京—云南是知识密集型服务业增加值占生产总值比重最大的10个省份。除北京和上海优势明显外，其余各省差距并不大，其中，北京（39.22%）继续领跑全国，上海以26.44%列第2位。排名前10位的省份中也不乏西部省份的身影，如西藏、宁夏和重庆。

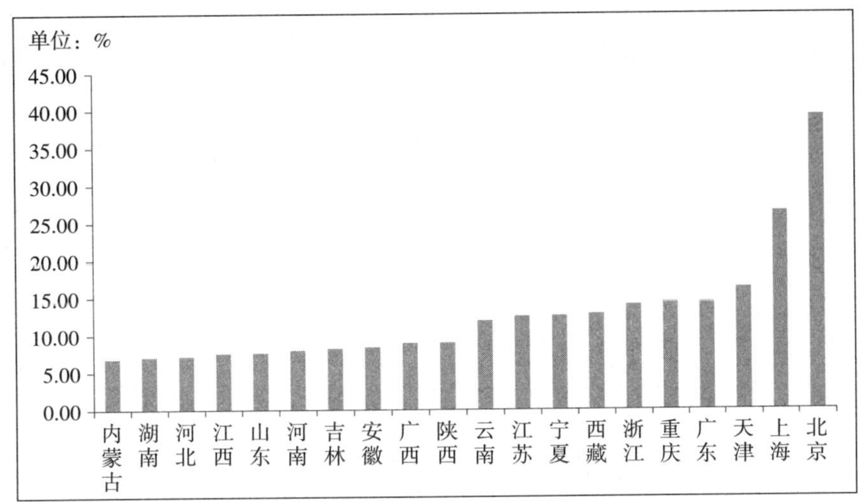

图5-14 知识密集型服务业增加值占生产总值比重排名图

数据来源：中国科技统计资料汇编（2015）. 中国科技统计网站，http://www.sts.org.cn/zlhb/.

三、社会进步绩效指数三级指标框架及排名与分析

1. 社会进步绩效指数三级指标框架及指数排名

（1）指标框架

社会进步绩效指数下设四个三级指标：环境改善、社会发展、社会生活信息化以及文化进步（见图5-15、表5-3）。

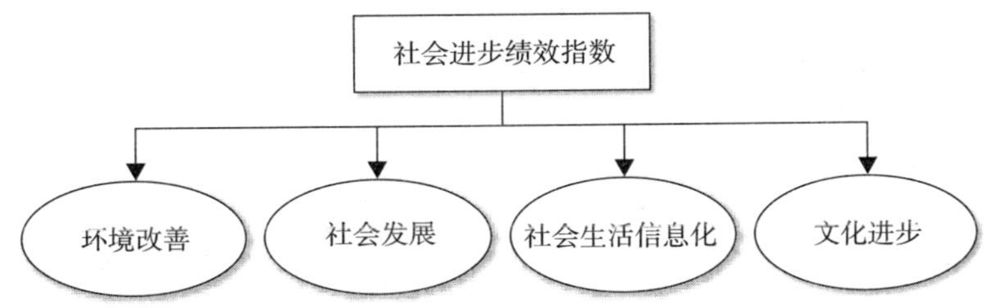

图5-15 社会进步绩效指数指标框架图

（2）指数及排名

表 5 -3 知识产权社会进步绩效指数及排名表

省份	社会进步绩效		环境改善		社会发展		社会生活信息化		文化进步	
	指数	排名	指数	排名	指数	排名	指数	排名	指数	排名
北京	0.852	1	0.565	19	0.993	2	1.000	1	0.848	3
上海	0.794	2	0.679	6	1.000	1	0.731	3	0.767	4
广东	0.670	3	0.686	5	0.688	6	0.738	2	0.568	8
江苏	0.651	4	0.527	22	0.700	5	0.378	8	1.000	1
福建	0.599	5	0.786	2	0.628	12	0.593	5	0.388	18
浙江	0.591	6	0.535	21	0.791	4	0.639	4	0.398	15
山西	0.565	7	0.463	27	0.558	17	0.311	11	0.929	2
辽宁	0.542	8	0.593	13	0.679	8	0.454	6	0.441	13
天津	0.518	9	0.583	15	0.887	3	0.423	7	0.180	28
广西	0.515	10	0.785	3	0.574	14	0.106	23	0.594	6
海南	0.512	11	0.644	8	0.673	9	0.319	9	0.411	14
贵州	0.477	12	0.875	1	0.242	28	0.086	25	0.704	5
吉林	0.468	13	0.589	14	0.662	10	0.239	18	0.382	19
陕西	0.465	14	0.491	26	0.538	21	0.281	14	0.551	9
湖北	0.438	15	0.638	9	0.554	18	0.168	21	0.392	16
湖南	0.422	16	0.574	18	0.540	20	0.044	29	0.529	10
宁夏	0.419	17	0.578	16	0.430	25	0.278	15	0.390	17
内蒙古	0.401	18	0.597	12	0.518	23	0.288	13	0.200	26
重庆	0.393	19	0.704	4	0.623	13	0.245	17	0.000	31
河南	0.385	20	0.435	28	0.530	22	0.080	27	0.498	11
黑龙江	0.379	21	0.658	7	0.646	11	0.182	20	0.029	30
安徽	0.378	22	0.597	11	0.571	15	0.033	30	0.312	21
江西	0.374	23	0.600	10	0.509	24	0.017	31	0.370	20
四川	0.364	24	0.527	23	0.544	19	0.105	24	0.280	22
山东	0.360	25	0.264	31	0.686	7	0.259	16	0.230	24
河北	0.342	26	0.306	29	0.562	16	0.238	19	0.262	23
云南	0.333	27	0.576	17	0.113	30	0.054	28	0.590	7
甘肃	0.295	28	0.553	20	0.335	27	0.081	26	0.211	25

续表 5－3

省　份	社会进步绩效		环境改善		社会发展		社会生活信息化		文化进步	
	指数	排名	指数	排名	指数	排名	指数	排名	指数	排名
青　海	0.289	29	0.509	24	0.148	29	0.312	10	0.185	27
西　藏	0.282	30	0.500	25	0.000	31	0.164	22	0.465	12
新　疆	0.272	31	0.304	30	0.345	26	0.309	12	0.129	29

观察表 5－3 可以发现，社会进步绩效指数排名前 10 位的省份是北京、上海、广东、江苏、福建、浙江、山西、辽宁、天津和广西。排名后 10 位的省份是山东、安徽、江西、四川、山东、河北、云南、甘肃、青海、西藏和新疆。

从分项指标看，环境改善、社会发展、社会生活信息化、文化进步反映社会生活的方方面面，各个省份的表现并不均衡。尤其是环境改善和文化进步两个分项指数。环境改善指数方面，北京、浙江、江苏和山西等社会进步绩效排名前 10 位的省份表现却很差，分别为第 19、21、22 和 27 位，表明了经济发展在一定程度上以损失环境为代价。文化进步指数和当地文化环境和氛围紧密相关，除去北京、上海等省份之外，山西、贵州、云南等省份也表现抢眼。

2. 环境改善四级指标框架及排名与分析

（1）指标框架

环境改善下设两个四级指标：环境质量指数、环境污染治理指数（见图 5－16）。

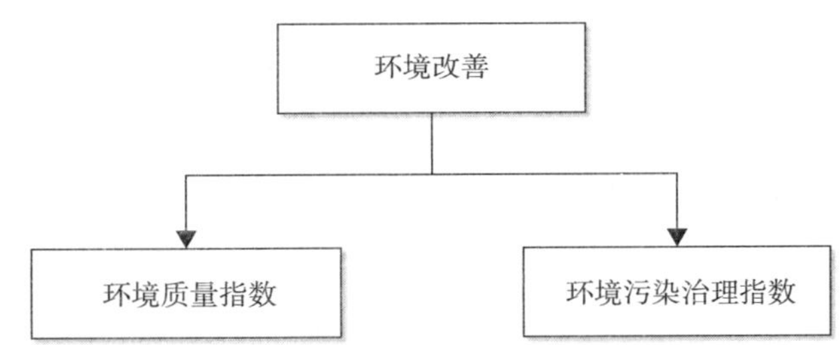

图 5－16　环境改善指数指标框架图

（2）环境改善指数具体指标分析

环境质量指数是环境质量参数和环境质量标准的复合值，英文缩写为 EQI。环境质量指数广泛应用于污染物排放评价、污染源控制或治理效果评价、环境污染程度评价以及某些环境影响评价等方面。从图 5－17 中可以看出，河北—安徽是环境质量指数排名后 10 位的省份，其中不乏北京、河北、山东等经济大省（市）；西藏—青海是环境质量指数排名前 10 位的省份。总体来看，指数变化较为平滑，广西、西藏、贵州、湖南等工业不太发达地区表现抢眼。而上海、广东和浙江的表现也不错，表明污染严重的重工业主要还是集中在北部地区。

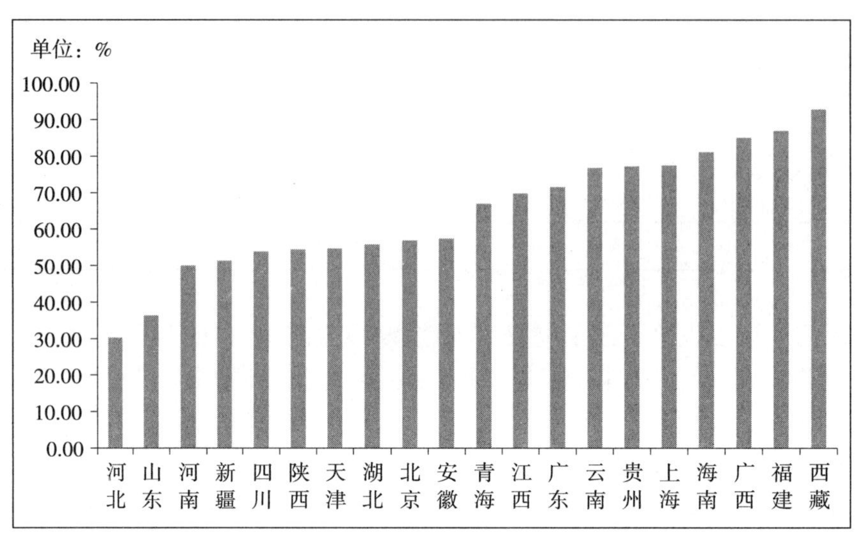

图5－17　环境质量指数排名图

数据来源：中国科技统计资料汇编（2015）．中国科技统计网站，http：//www.sts.org.cn/zlhb/.

图5－18显示，西藏—河南是环境污染治理指数最低的10个省份，大部分是中西部省份，包括山东、新疆等在环境质量指数排名靠后的省份；贵州—广西是环境污染治理指数最高的10个省份，其中贵州的环境污染治理指数最高，为95.40，其他省份整体差异不大。环境污染治理指数可以反映各地对于环境治理和保护的重视程度，有些东部沿海经济发展较快地区着手“反哺”环境，同样也有一些传统上环境较好的省份也很重视保持，防患于未然。

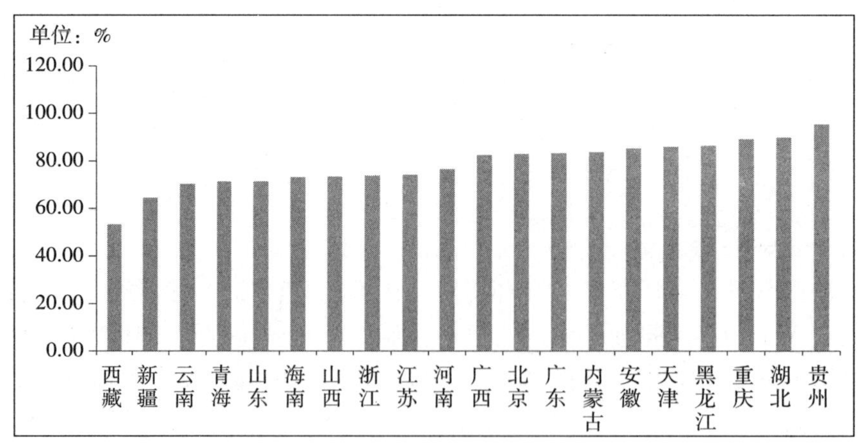

图5－18　环境污染治理指数排名图

数据来源：中国科技统计资料汇编（2015）．中国科技统计网站，http：//www.sts.org.cn/zlhb/.

3. 社会发展四级指标框架及排名与分析

（1）指标框架

社会发展用人口平均预期寿命指标来衡量（见图5－19）。

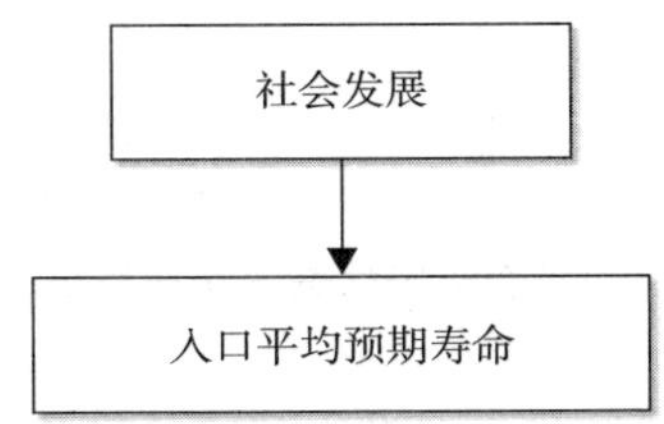

图5－19　社会发展指数指标框架图

（2）社会发展指数具体指标分析

图5－20显示，全国各地人口平均预期寿命指标还是存在较大的差异。西藏—河南是人口平均预期寿命最短的10个省份，西藏（68.17岁）、云南（69.54岁）、青海（69.96岁）人口平均预期寿命均未达到70岁。而上海—吉林是人口平均预期寿命最长的10个省份，上海的人口平均预期寿命最长，为80岁。地区经济发展程度、生态环境、物质基础、医疗设施等因素，在很大程度上影响到当地的人口寿命的长短。排名第1位的上海竟然比末位的西藏高出近12岁，令人唏嘘。

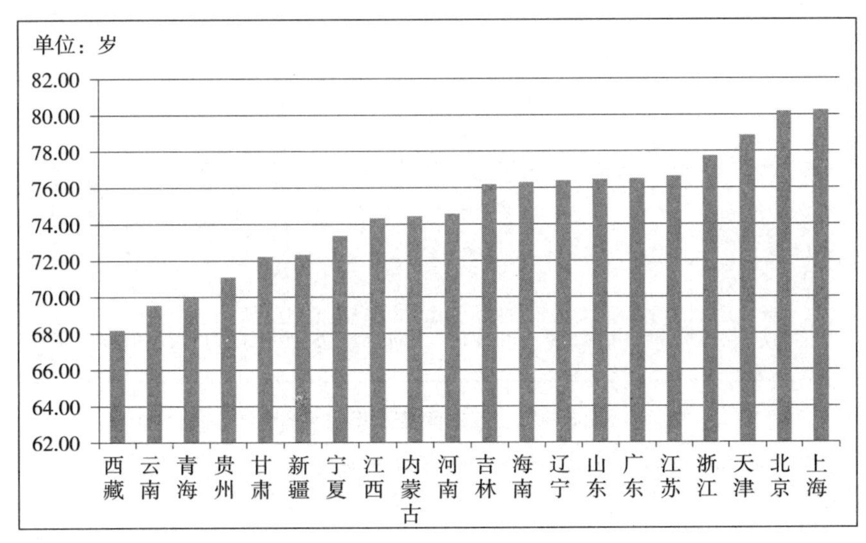

图5－20　人口平均预期寿命排名图

数据来源：国家统计局.2016中国统计年鉴［M］.北京：中国统计出版社，2016.

4. 社会生活信息化四级指标框架及排名与分析

（1）指标框架

社会生活信息化下设两个四级指标：互联网普及率和移动电话普及率（见图5－21）。

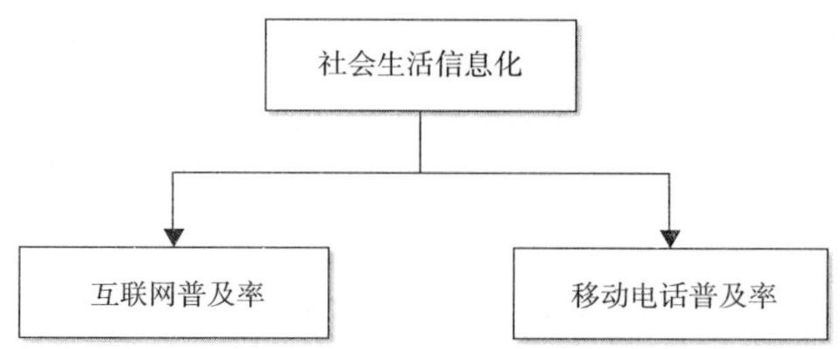

图 5－21 社会生活信息化指数指标框架图

（2）社会生活信息化指数具体指标分析

图 5－22 显示，云南—黑龙江是互联网普及率最低的 10 个省份，除四川、广西、黑龙江外均不足 40%，也就是说五分之三以上的家庭没有接入互联网。其中，云南最低，为 37.4%，但同比已有较大幅度增长；北京—青海是互联网普及率最高的 10 个省份，其中位居前列的北京（76.5%）、上海（73.1%）、广东（72.4%）的互联网普及率超过了 70%，领先于其他省份。

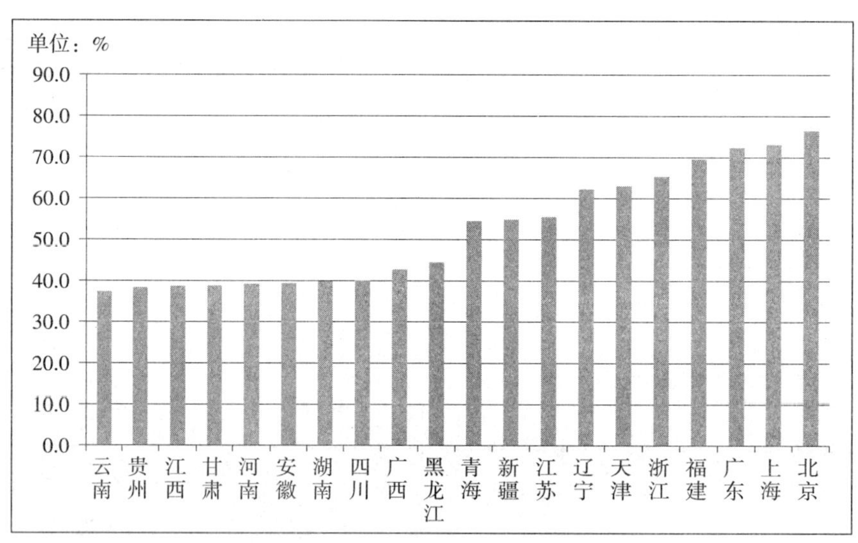

图 5－22 互联网普及率排名图

数据来源：国家统计局 .2016 中国统计年鉴［M］. 北京：中国统计出版社，2016.

图 5－23 显示，江西—四川是移动电话普及率最低的 10 个省份，最低的江西为 66.4 部/百人；北京—内蒙古是移动电话普及率最高的 10 个省份，其中北京高达 181.7 部/百人，相当于平均每人拥有近 2 部移动电话。

5. 文化进步四级指标框架及排名与分析

（1）指标框架

文化进步是新增部分，用以反映知识产权的发展对文化的促进作用，知识产权的发

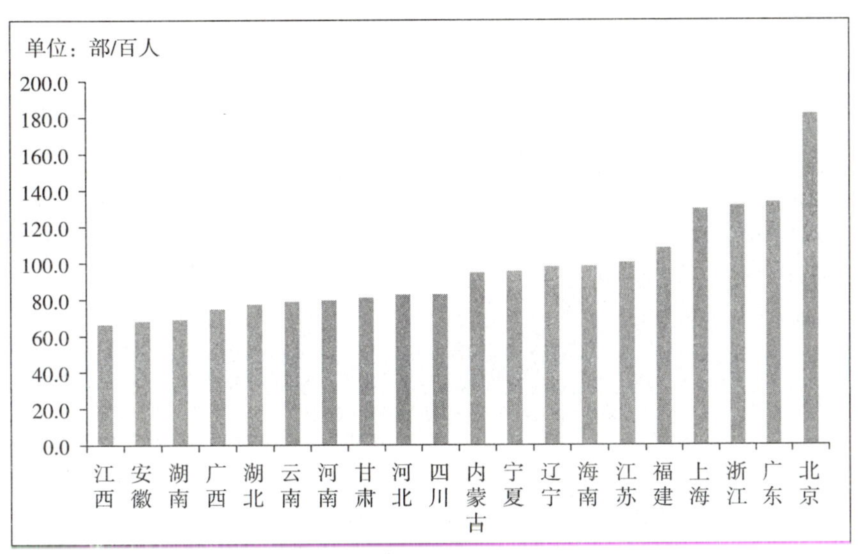

图5－23 移动电话普及率排名图

数据来源：国家统计局.2016中国统计年鉴［M］.北京：中国统计出版社，2016.

展促进文化的传承、传播与创新，文化进步用各地区城镇居民家庭每人全年消费支出中文化领域占比来衡量（见图5－24）。

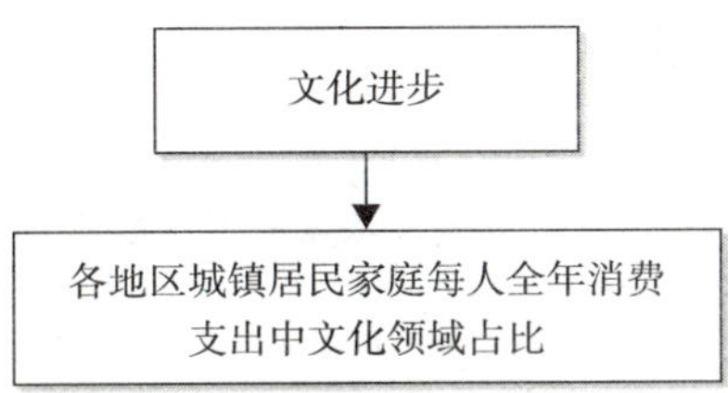

图5－24　文化进步指数指标框架图

（2）文化进步指数具体指标分析

图5－25显示，各地区城镇居民家庭每人全年消费支出中文化领域占比整体呈现渐增态势，重庆和黑龙江最低；江苏最高，大多数省份数据较2015年、2014年均有不同程度的增长，尤其是西部地区，比如西藏、青海等省份，表明随着生活水准的提高以及消费观念的改变，文化消费开始成为日常消费的重要构成。

四、企业发展绩效指数三级指标框架及排名与分析

1. 企业发展绩效指数三级指标框架及指数排名

（1）指标框架

企业发展绩效指数用产品升级指数和设备更新指数来度量（见图5－26、表5－4）。

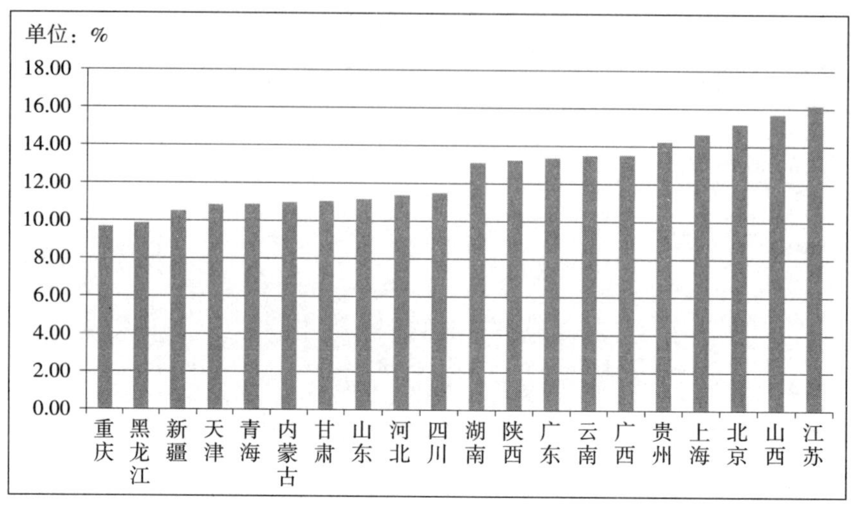

图 5－25　各地区城镇居民家庭每人全年消费支出中文化领域占比排名图

数据来源：国家统计局．2016 中国统计年鉴［M］．北京：中国统计出版社，2016.

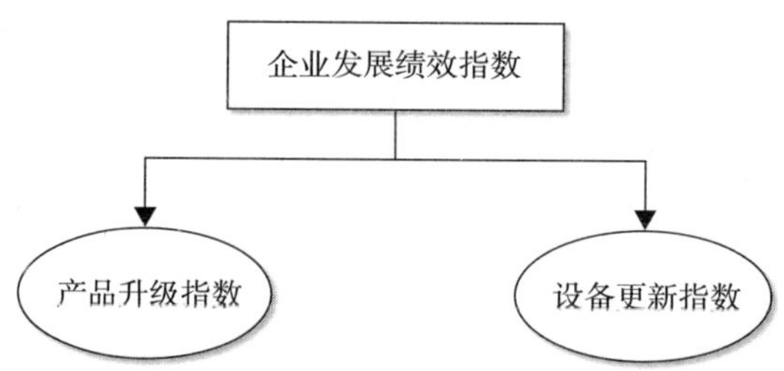

图 5－26　企业发展绩效指标框架图

（2）指数及排名

表 5－4　知识产权企业发展绩效指数及排名表

省　份	企业发展绩效		产品升级		设备更新	
	指数	排名	指数	排名	指数	排名
西　藏	0.554	1	0.107	28	1.000	1
浙　江	0.527	2	1.000	1	0.054	28
重　庆	0.464	3	0.729	2	0.199	10
天　津	0.452	4	0.676	5	0.229	5
北　京	0.395	5	0.621	7	0.169	12
湖　南	0.379	6	0.685	4	0.073	24
上　海	0.370	7	0.724	3	0.016	30
湖　北	0.354	8	0.421	10	0.287	3

续表 5－4

省　份	企业发展绩效		产品升级		设备更新	
	指数	排名	指数	排名	指数	排名
广　东	0.344	9	0.624	6	0.063	26
安　徽	0.294	10	0.488	9	0.100	22
江　苏	0.289	11	0.542	8	0.035	29
山　东	0.272	12	0.314	11	0.229	4
福　建	0.244	13	0.273	13	0.215	7
内蒙古	0.230	14	0.086	30	0.374	2
河　南	0.227	15	0.237	18	0.217	6
河　北	0.219	16	0.228	19	0.210	8
广　西	0.196	17	0.242	17	0.149	14
宁　夏	0.195	18	0.247	15	0.144	15
江　西	0.194	19	0.181	22	0.208	9
海　南	0.183	20	0.242	16	0.124	16
吉　林	0.174	21	0.247	14	0.100	21
山　西	0.163	22	0.156	24	0.170	11
辽　宁	0.156	23	0.313	12	0.000	31
甘　肃	0.149	24	0.195	21	0.102	20
四　川	0.148	25	0.226	20	0.069	25
新　疆	0.141	26	0.173	23	0.108	18
云　南	0.127	27	0.145	26	0.109	17
陕　西	0.119	28	0.147	25	0.092	23
黑龙江	0.109	29	0.115	27	0.104	19
贵　州	0.081	30	0.101	29	0.060	27
青　海	0.075	31	0.000	31	0.150	13

观察表 5－4 可以发现，企业发展绩效排名前 10 位的省份是西藏、浙江、重庆、天津、北京、湖南、上海、湖北、广东和安徽。除了传统的东部沿海省份外，西藏和重庆也位列其中。这看似“出乎意料”的结果，实际上已经成为多年以来的趋势。这也客观反映了报告选取部分相对指标的结果。排名后 10 位的省份是：山西、辽宁、甘肃、四川、新疆、云南、陕西、黑龙江、贵州和青海。

从两个分项指数：产品升级指数和设备更新指数来看，两者之间的表现有些时候差距极大。譬如，浙江的产品升级指数排名第 1 位，而设备更新指数仅排在第 28 位，主要原因可能是设备更新存在一定的周期性。同样，西藏和内蒙古的产品升级指数分别排名第 28 位和第 30 位，设备更新指数却分别排在第 1 位、第 2 位。

2. 产品升级指数四级指标框架及排名与分析

（1）指标框架

产品升级指数采用规模以上工业企业新产品销售收入占主营业务收入比重指标进行评价（见图 5－27）。

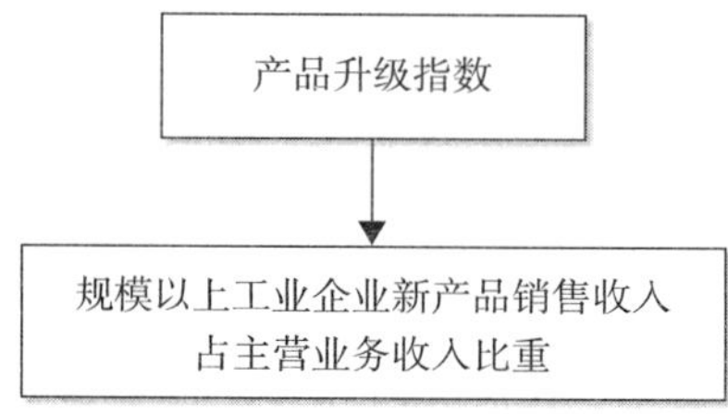

图 5－27 产品升级指数指标框架图

（2）产品升级指数具体指标分析

图 5－28 显示，青海—江西是规模以上工业企业新产品销售收入占主营业务收入比重最低的 10 个省份，均不足 6.5%；浙江—湖北是比重最高的 10 个省份，其中浙江（29.80%）位居第一。从总体上看，全国普遍比 2015 年提高有限，反映了企业在新产品的推出以及市场推广力度方面有待加强。

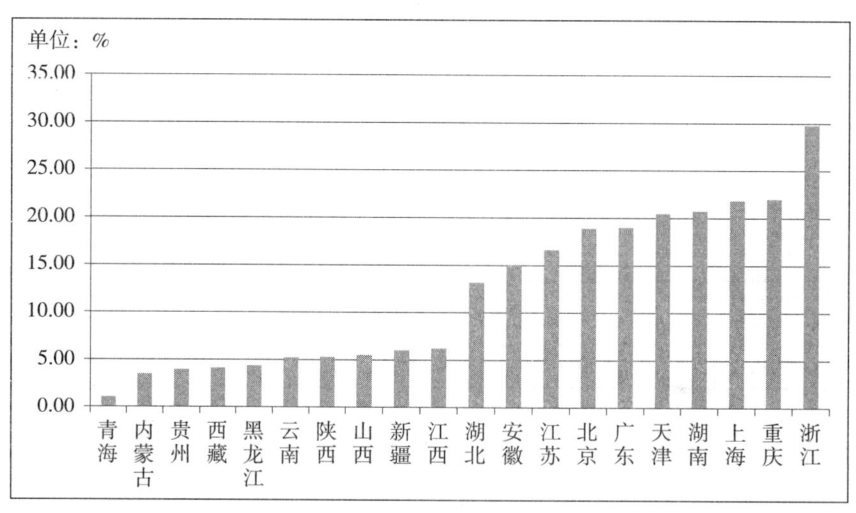

图 5－28 规模以上工业企业新产品销售收入占主营业务收入比重排名图

数据来源：国家统计局，科学技术部．2016 中国科技统计年鉴［M］．北京：中国统计出版社，2016.

3. 设备更新指数四级指标框架及排名与分析

（1）指标框架

设备更新指数采用规模以上工业企业 R&D 仪器和设备更新情况进行评价（见图 5－29）。

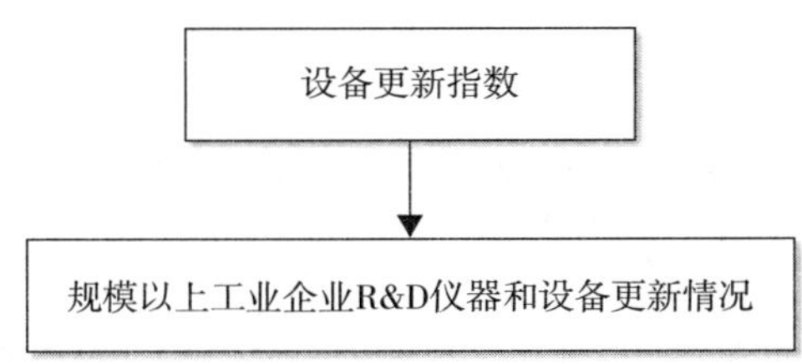

图 5－29　设备更新指数指标框架图

（2）设备更新指数具体指标分析

图 5－30 显示，规模以上工业企业 R&D 仪器和设备更新情况考察规模以上工业企业 R&D 内部经费仪器和设备支出与规模以上工业企业 R&D 仪器和设备原价的比值。辽宁—安徽是规模以上工业企业 R&D 仪器和设备更新比重最低的 10 个省份，均不足 20%。西藏—重庆是比重最高的 10 个省份，其中，西藏比重约为 110.39%，大幅领先全国。排名靠前的省份大多为中西部地区省份，一方面由于这几个省份加大了新技术和设备的投入力度，另一方面也体现了中西部地区省份规模以上工业企业数量较少、原技术和设备基础薄弱的局面。

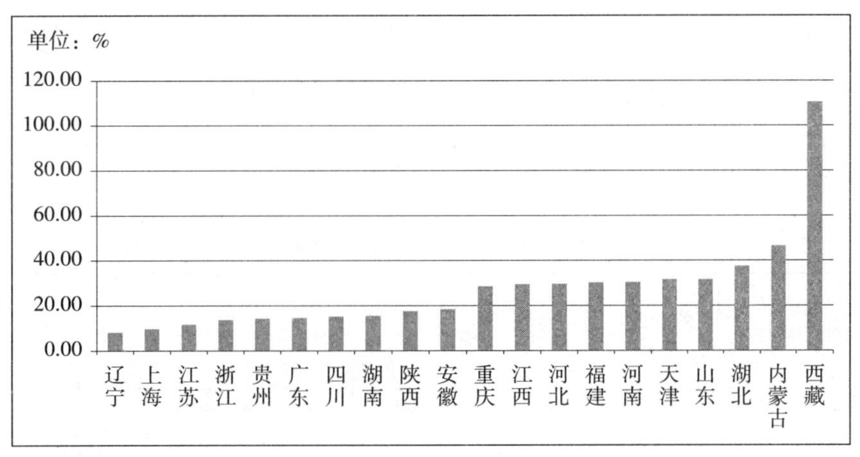

图 5－30　规模以上工业企业 R&D 仪器和设备更新情况排名图

数据来源：国家统计局，科学技术部 . 2016 中国科技统计年鉴［M］. 北京：中国统计出版社，2013.

第六章　知识产权创造潜力各项指标排名与分析

一、知识产权创造潜力二级指标框架及排名与分析

1. 指标框架

知识产权创造潜力下设六个二级指标：创造投入指数、创造成果指数、创造环境指数、知识产权试点示范指数、企业创造潜力指数、知识产权保护指数（见图6－1、表6－1）。

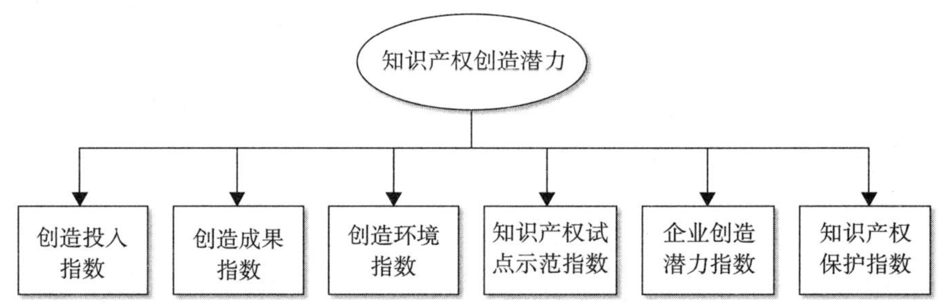

图6－1　知识产权创造潜力指数指标框架图

2. 指数及排名

表6－1　知识产权创造潜力指数及排名表

省　份	知识产权创造潜力		创造投入		创造成果		创造环境		知识产权试点示范		企业创造潜力		知识产权保护	
	指数	排名	指数	排名	指数	排名	指数	排名	指数	排名	指数	排名	指数	排名
江　苏	0.639	1	0.588	2	0.574	1	0.506	3	0.700	1	0.774	1	0.690	1
北　京	0.529	2	0.608	1	0.559	2	0.722	1	0.558	3	0.542	4	0.185	10
广　东	0.493	3	0.409	6	0.354	4	0.454	4	0.564	2	0.698	2	0.478	3
浙　江	0.492	4	0.421	5	0.403	3	0.444	5	0.362	5	0.664	3	0.661	2
山　东	0.396	5	0.553	3	0.288	5	0.372	7	0.388	4	0.443	7	0.329	5
上　海	0.387	6	0.425	4	0.283	6	0.659	2	0.234	8	0.530	5	0.190	9
天　津	0.281	7	0.376	7	0.158	14	0.411	6	0.162	12	0.476	6	0.106	14
湖　南	0.258	8	0.223	16	0.125	20	0.233	16	0.185	10	0.352	8	0.433	4
湖　北	0.256	9	0.272	9	0.209	8	0.290	9	0.161	13	0.324	10	0.278	6
陕　西	0.228	10	0.259	12	0.236	7	0.296	8	0.172	11	0.309	11	0.095	17
福　建	0.225	11	0.263	11	0.099	26	0.290	10	0.155	14	0.282	13	0.258	7

续表 6－1

省　份	知识产权创造潜力		创造投入		创造成果		创造环境		知识产权试点示范		企业创造潜力		知识产权保护	
	指数	排名	指数	排名	指数	排名	指数	排名	指数	排名	指数	排名	指数	排名
安　徽	0.220	12	0.231	14	0.170	12	0.241	14	0.206	9	0.333	9	0.140	13
四　川	0.218	13	0.227	15	0.187	9	0.244	12	0.298	6	0.189	21	0.163	11
河　南	0.216	14	0.271	10	0.116	21	0.242	13	0.236	7	0.199	19	0.233	8
重　庆	0.187	15	0.185	19	0.151	16	0.246	11	0.131	16	0.306	12	0.100	16
辽　宁	0.183	16	0.235	13	0.185	10	0.241	15	0.141	15	0.203	18	0.094	18
河　北	0.170	17	0.300	8	0.101	23	0.195	19	0.125	17	0.195	20	0.101	15
江　西	0.141	18	0.206	17	0.100	25	0.210	17	0.096	19	0.157	24	0.074	21
甘　肃	0.140	19	0.157	21	0.160	13	0.162	24	0.063	24	0.230	15	0.066	24
云　南	0.136	20	0.127	26	0.149	17	0.202	18	0.085	21	0.211	16	0.044	28
黑龙江	0.126	21	0.156	22	0.130	19	0.111	28	0.090	20	0.209	17	0.062	26
山　西	0.126	22	0.196	18	0.066	29	0.173	21	0.070	22	0.178	22	0.070	23
新　疆	0.121	23	0.108	28	0.178	11	0.163	23	0.062	26	0.149	25	0.065	25
海　南	0.118	24	0.068	30	0.157	15	0.173	22	0.042	29	0.244	14	0.025	30
广　西	0.116	25	0.168	20	0.092	27	0.184	20	0.065	23	0.095	28	0.093	19
吉　林	0.114	26	0.135	23	0.110	22	0.147	26	0.112	18	0.094	29	0.085	20
贵　州	0.106	27	0.110	27	0.075	28	0.154	25	0.062	26	0.093	30	0.142	12
内蒙古	0.102	28	0.131	25	0.052	30	0.147	27	0.047	28	0.162	23	0.074	22
宁　夏	0.093	29	0.093	29	0.142	18	0.109	29	0.025	30	0.148	26	0.041	29
青　海	0.076	30	0.132	24	0.101	24	0.071	30	0.063	24	0.075	31	0.013	31
西　藏	0.050	31	0.008	31	0.050	31	0.052	31	0.000	31	0.143	27	0.050	27

分析表 6－1 可以发现，创造潜力排名前 10 位的省份是江苏、北京、广东、浙江、山东、上海、天津、湖南、湖北和陕西，较 2016 年报告变化不大，除陕西最新上榜，2016 年报告中的福建跌到第 11 位。排名后 10 位的省份是山西、新疆、海南、广西、吉林、贵州、内蒙古、宁夏、青海和西藏。除新疆外，也都是以前的“后进生”。

整体看来，创造潜力指数排名较为稳定，各省份之间变动不大，东部省份仍然占据一定优势，前 10 位中只有湖南、湖北和陕西三个省份是中西部省份。但是，我们在第二章的变异指数分析也表明，虽然排名落后，但是实际之间的差距并不大。

从分项指数来看，创造投入、创造成果、创造环境、知识产权试点示范、企业创造潜力、知识产权保护这六个指标是从不同维度对区域知识产权创造潜力进行度量和分析，因此其表现情况差别较大，总体不存在显著的一致性。

二、知识产权创造投入指数三级指标框架及排名与分

1. 创造投入指数三级指标框架及指数排名

（1）指标框架

创造投入指数下设三个三级指标：人才投入指数、资本投入指数、文化投入指数（见图6－2、表6－2）。

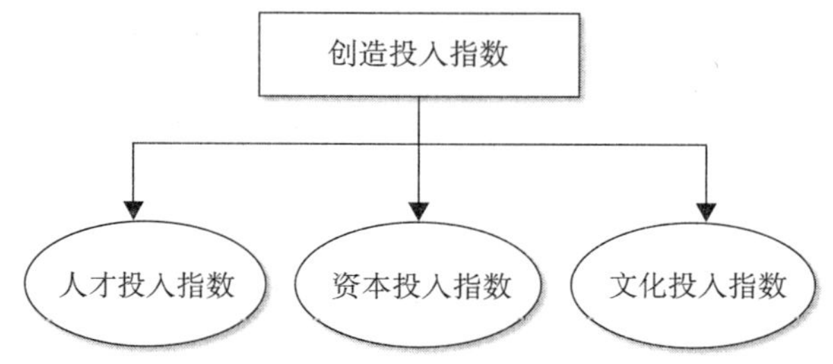

图6－2　创造投入指数指标框架图

（2）指数及排名

表6－2　知识产权创造投入指数及排名表

省　份	创造投入指数		人才投入		资本投入		文化投入	
	指数	排名	指数	排名	指数	排名	指数	排名
北　京	0.608	1	0.824	1	0.845	1	0.157	23
江　苏	0.588	2	0.585	2	0.444	4	0.736	2
山　东	0.553	3	0.325	7	0.334	7	1.000	1
上　海	0.425	4	0.491	5	0.663	2	0.122	25
浙　江	0.421	5	0.510	3	0.354	6	0.398	5
广　东	0.409	6	0.494	4	0.360	5	0.373	6
天　津	0.376	7	0.461	6	0.564	3	0.102	26
河　北	0.300	8	0.137	19	0.161	20	0.602	3
湖　北	0.272	9	0.222	9	0.225	15	0.368	7
河　南	0.271	10	0.184	13	0.151	22	0.479	4
福　建	0.263	11	0.218	10	0.235	12	0.336	10
陕　西	0.259	12	0.200	11	0.229	14	0.347	9
辽　宁	0.235	13	0.253	8	0.229	13	0.222	16
安　徽	0.231	14	0.188	12	0.254	10	0.252	13
四　川	0.227	15	0.171	14	0.257	9	0.252	14
湖　南	0.223	16	0.158	15	0.154	21	0.356	8

续表 6－2

省　份	创造投入指数		人才投入		资本投入		文化投入	
	指数	排名	指数	排名	指数	排名	指数	排名
江　西	0. 206	17	0. 105	24	0. 183	18	0. 330	11
山　西	0. 196	18	0. 125	20	0. 222	16	0. 241	15
重　庆	0. 185	19	0. 138	18	0. 249	11	0. 169	21
广　西	0. 168	20	0. 083	27	0. 200	17	0. 220	17
甘　肃	0. 157	21	0. 089	26	0. 130	24	0. 253	12
黑龙江	0. 156	22	0. 155	16	0. 128	25	0. 186	20
吉　林	0. 135	23	0. 147	17	0. 128	26	0. 128	24
青　海	0. 132	24	0. 102	25	0. 282	8	0. 013	29
内蒙古	0. 131	25	0. 120	21	0. 112	27	0. 160	22
云　南	0. 127	26	0. 077	29	0. 088	28	0. 215	18
贵　州	0. 110	27	0. 080	28	0. 049	30	0. 201	19
新　疆	0. 108	28	0. 109	22	0. 130	23	0. 085	27
宁　夏	0. 093	29	0. 106	23	0. 169	19	0. 004	30
海　南	0. 068	30	0. 070	30	0. 063	29	0. 070	28
西　藏	0. 008	31	0. 000	31	0. 023	31	0. 000	31

观察表 6－2 可以得出以下结论：创造投入指数排名前 10 位的省份是北京、江苏、山东、上海、浙江、广东、天津、河北、湖北和河南，除河北和河南新上榜外，其余仅发生部分名次上的变化。在雄安新区建设、京津冀协同逐渐加速的背景下，河北预计未来将持续向好。排名后 10 位的省份是黑龙江、吉林、青海、内蒙古、云南、贵州、新疆、宁夏、海南和西藏。

总体来看，与前几年类似，人才投入指数和资本投入指数的一致性较强，东部和中部地区相对于西部人力资源和财力资源都更为集中，因此人才投入指数和资本投入指数较高，排名靠前，但是文化投入指数存在一定的独立性。人才和资本投入靠前的省份，文化投入排名不一定高，譬如，北京的人才投入指数和资本投入指数都处于第 1 位，但是文化投入指数却仅位于第 23 位。上海亦是如此，人才投入指数和资本投入指数分别处于第 5 和第 2 位，但是文化投入指数也仅处于第 25 位。部分是因为对于文化产业的重视程度不够，也有可能是文化产业发展的空间不够。但人才和资本投入靠后的省份，文化投入排名也相对靠后，主要是由于经济体量相对较小的省份对文化产业投入的绝对值相应受到限制。

2. 人才投入指数四级指标框架及排名与分析

（1）指标框架

人才投入指数下设三个四级指标：R&D 人员全时当量总计、万人口 R&D 活动人员数、万人口大专以上学历人数。

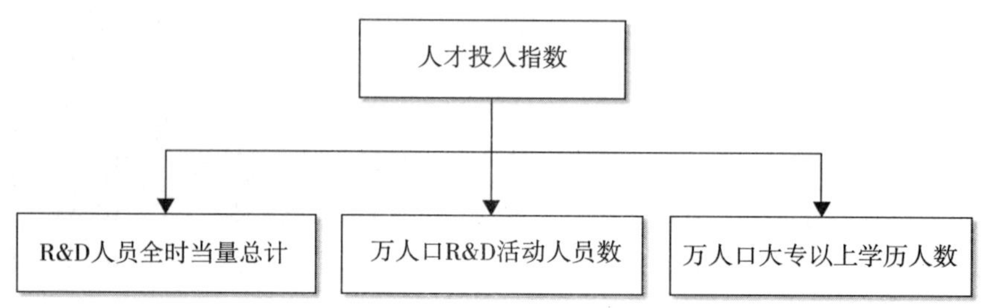

图 6-3 人才投入指数指标框架图

（2）人才投入指数具体指标分析

图 6-4 显示，西藏—云南是 R&D 人员全时当量总计最少的 10 个省份，R&D 人员全时当量均不足 50000 人年，其中西藏、青海、海南和宁夏不足 10000 人年；江苏—福建是 R&D 人员全时当量总计最多的 10 个省份，其中江苏（520303 人年）和广东（501696 人年）远高于全国其他省份，江苏更是在高基数的前提下，连年保持增长。

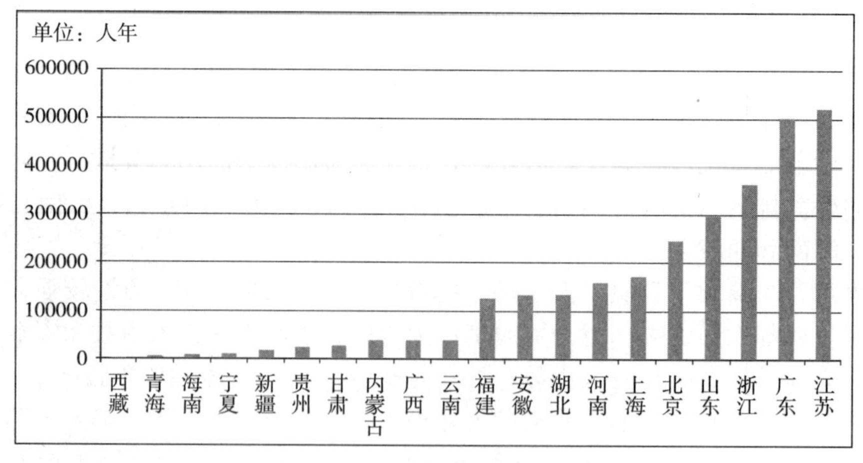

图 6-4 R&D 人员全时当量总计排名图

数据来源：国家统计局，科学技术部 . 2016 中国科技统计年鉴［M］. 北京：中国统计出版社，2016.

图 6-5 显示，西藏—河北是万人口 R&D 活动人员数最少的 10 个省份，相互之间差距不大，西藏最低，每万人中 R&D 活动人员不足 5 人；北京—湖北是该项指标最多的 10 个省份，其中北京约 123 人/万人，大幅领先。

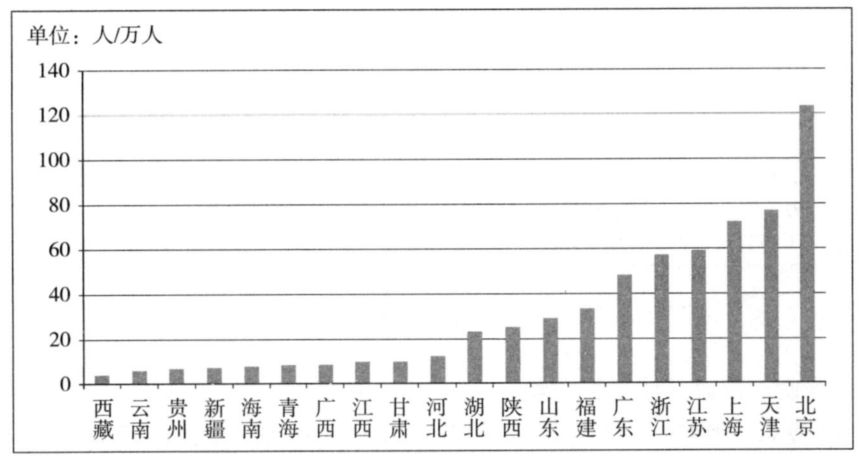

图6-5　万人口R&D活动人员数排名图

数据来源：中国科技统计资料汇编（2015）．中国科技统计网站，http：//www.sts.org.cn/zlhb/.

图6-6显示，西藏—甘肃等10个省份万人口大专以上学历人数在我国相对较低，其中西藏最低，为239人/万人，比2014年还有所下降。北京—陕西等10个省份该指标较高，其中，北京（4121人/万人）、上海（2469人/万人）、天津（2305人/万人）可以说是第一集团，但是三者之间也有相当差距，北京的领先优势更为明显。

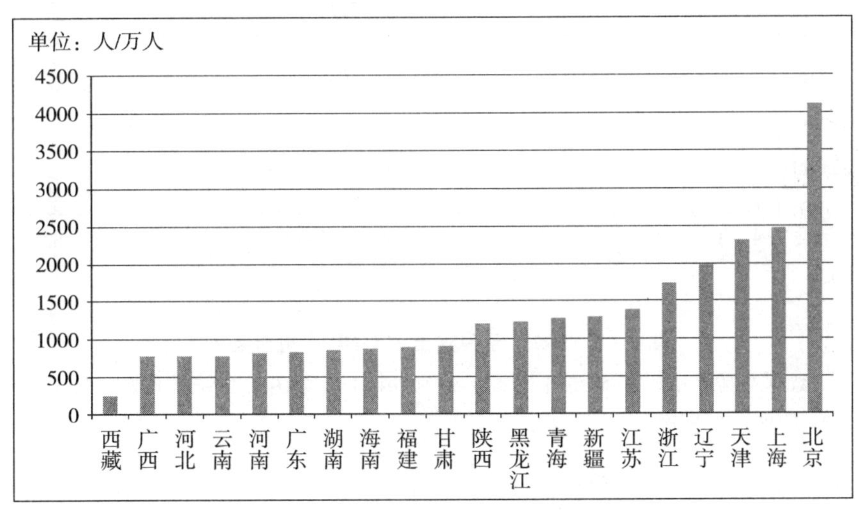

图6-6　万人口大专以上学历人数排名图

数据来源：中国科技统计资料汇编（2015）．中国科技统计网站，http：//www.sts.org.cn/zlhb/.

3. 资本投入指数四级指标框架及排名与分析

（1）指标框架

资本投入指数下设四个四级指标：R&D经费支出占GDP比重、地方财政科技拨款占地方财政支出比重、人均R&D经费内部支出、每名R&D活动人员新增仪器设备费（见图6-7）。

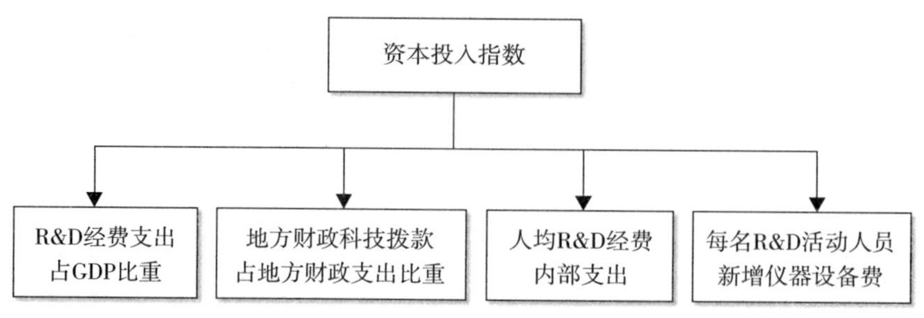

图 6－7　资本投入指数指标框架图

（2）资本投入指数具体指标分析

图 6－8 显示，西藏—吉林是 R&D 经费支出占 GDP 比重最低的 10 个省份，均不足 1%；北京—湖北是 R&D 经费支出占 GDP 比重最高的 10 个省份，其中北京的 R&D 经费支出占 GDP 比重为 6.08%，远高于全国其他省份，看来全国科研中心的地位短期内难以被撼动。

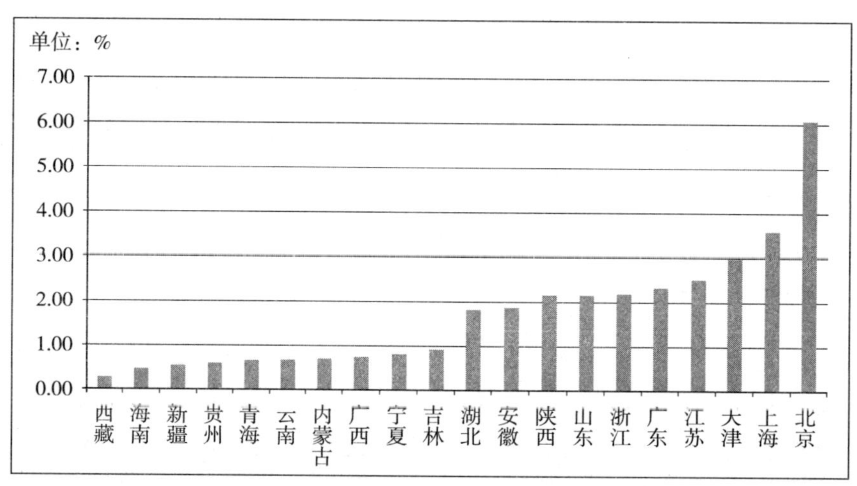

图 6－8　R&D 经费支出占 GDP 比重排名图

数据来源：中国科技统计资料汇编（2015）. 中国科技统计网站，http://www.sts.org.cn/zlhb/.

图 6－9 显示，西藏—黑龙江是地方财政科技拨款占地方财政支出比重最低的 10 个省份，西藏、青海、内蒙古、甘肃的比重均不足 1%；上海—山西是地方财政科技拨款占地方财政支出比重最高的 10 个省份，其中，上海（5.69%）、北京（5.62%）超过 5%，领先全国。这些地方政府对于科技的扶持力度很大。

图 6－10 显示，我国人均 R&D 经费内部支出额度不高，西藏—宁夏是该项指标最低的 10 个省份，其中，西藏最低，为 74 元/人，与 2015 年持平，但是较 2014 年却有 28% 的增长；北京—福建是额度最高的 10 个省份，但是相互之间差距也很大。北京居全国首位，达到 5896 元/人，遥遥领先于其他省份。

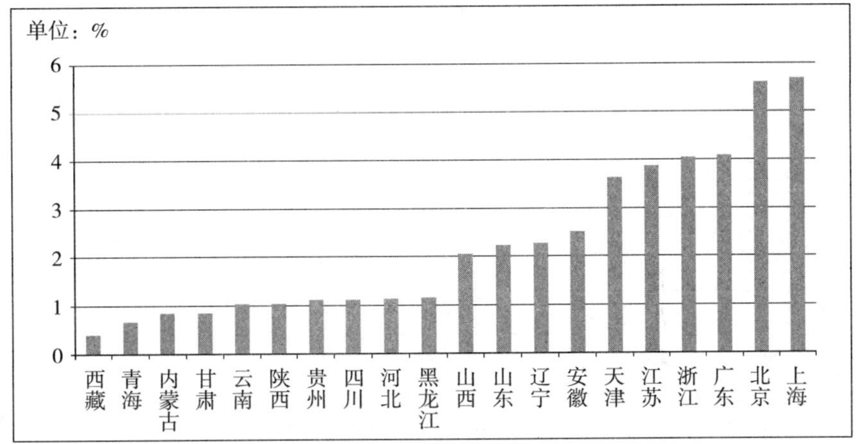

图 6-9　地方财政科技拨款占地方财政支出比重排名图

数据来源：国家统计局.2016 中国统计年鉴［M］. 北京：中国统计出版社，2016.

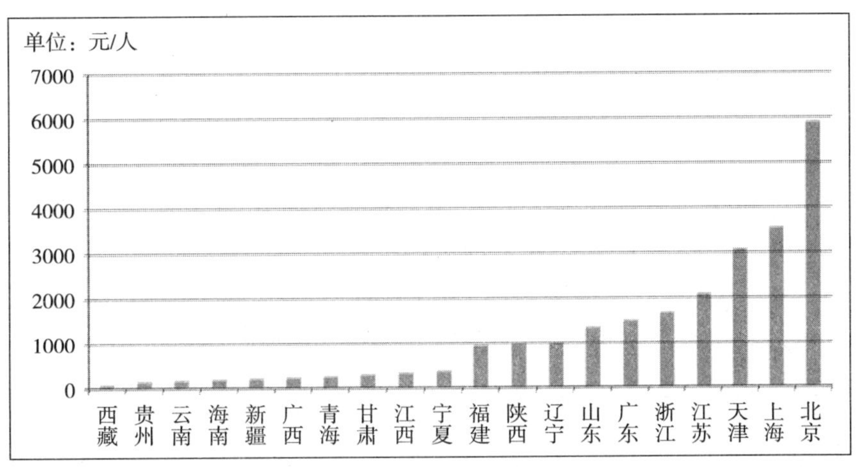

图 6-10　人均 R&D 经费内部支出排名图

数据来源：国家统计局，科学技术部.2016 中国科技统计年鉴［M］. 北京：中国统计出版社，2016；国家统计局.2016 中国统计年鉴［M］. 北京：中国统计出版社，2016.

图 6-11 显示，贵州—辽宁是企业每名 R&D 活动人员新增仪器设备费最低的10 个省份，除湖南（3.09 万元/人）和辽宁（3.1 万元/人）外，其余 8 个省份均不足 3 万元/人；青海—北京是该项指标最高的 10 个省份，其中，青海处于第 1 位，约为 8.14 万元/人。

4. 文化投入指数四级指标框架及排名与分析

（1）指标框架

文化投入指数用文化产业固定资产投入指标进行测度（见图 6-12）。

（2）文化投入指数具体指标分析

图 6-13 显示，西藏—内蒙古是文化产业固定资产投入最低的 10 个省份，均不足

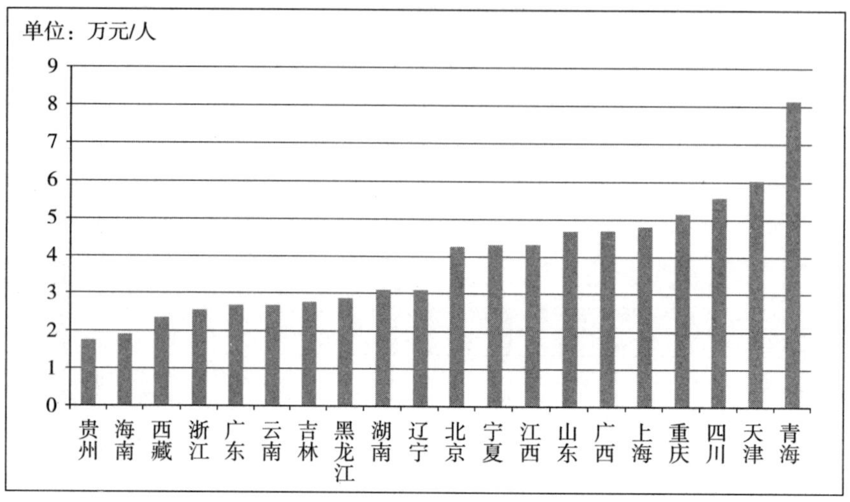

图 6－11　每名 R&D 活动人员新增仪器设备费排名图

数据来源：中国科技统计资料汇编（2015）．中国科技统计网站，http：//www. sts. org. cn/zlhb/.

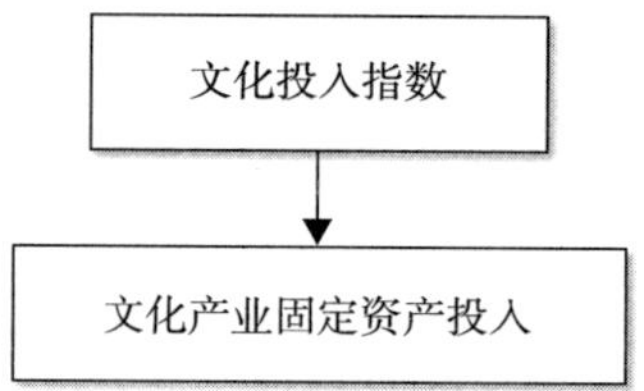

图 6－12　文化投入指数指标框架图

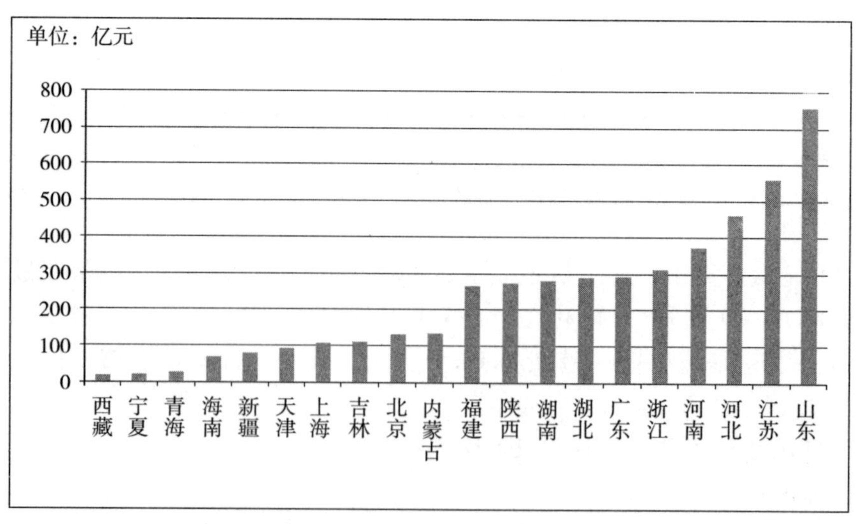

图 6－13　文化产业固定资产投入排名图

数据来源：国家统计局．2016 中国统计年鉴［M］．北京：中国统计出版社，2016.

140 亿元；山东—福建是该项指标最高的 10 个省份，其中，山东处于第 1 位，约为 755 亿元，远超其他省份。

三、知识产权创造成果指数三级指标框架及排名与分析

1. 知识产权创造成果指数三级指标框架及指数排名

（1）指标框架

知识产权创造成果指数下设四个三级指标：论文指数、国家产业化项目指数、科技成果指数、高新技术产业科技项目指数（见图 6－14、表 6－3）。

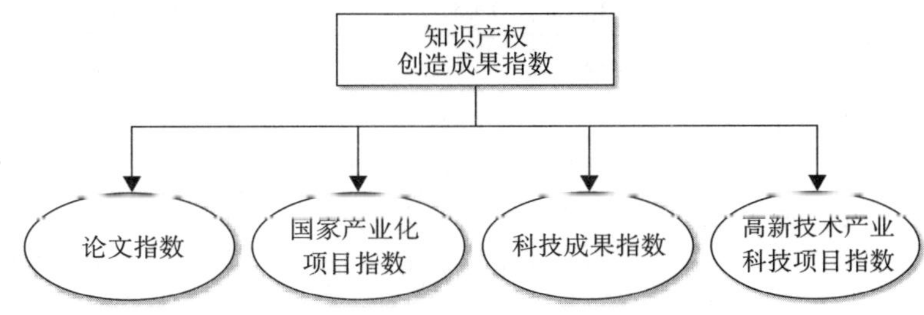

图 6－14　创造成果指数指标框架图

（2）指数及排名

表 6－3　知识产权创造成果指数及排名表

省份	创造成果指数		论文		国家产业化项目		科技成果		高新技术产业科技项目	
	指数	排名	指数	排名	指数	排名	指数	排名	指数	排名
江苏	0.574	1	0.326	9	0.979	1	0.131	13	0.861	2
北京	0.559	2	0.841	1	0.098	10	1.000	1	0.296	5
浙江	0.403	3	0.164	23	0.747	2	0.080	20	0.621	3
广东	0.354	4	0.148	25	0.222	5	0.047	26	1.000	1
山东	0.288	5	0.143	28	0.527	3	0.068	22	0.415	4
上海	0.283	6	0.435	6	0.054	19	0.412	2	0.233	6
陕西	0.236	7	0.480	3	0.084	11	0.300	4	0.079	17
湖北	0.209	8	0.328	8	0.154	7	0.210	6	0.143	9
四川	0.187	9	0.324	10	0.135	9	0.139	10	0.150	8
辽宁	0.185	10	0.320	11	0.149	8	0.207	7	0.064	18
新疆	0.178	11	0.511	2	0.081	14	0.114	16	0.005	29
安徽	0.170	12	0.144	27	0.337	4	0.036	29	0.164	7
甘肃	0.160	13	0.445	5	0.034	25	0.149	9	0.011	27

续表 6－3

省 份	创造成果指数		论文		国家产业化项目		科技成果		高新技术产业科技项目	
	指数	排名	指数	排名	指数	排名	指数	排名	指数	排名
天 津	0.158	14	0.189	21	0.063	16	0.254	5	0.128	11
海 南	0.157	15	0.458	4	0.016	30	0.134	11	0.023	24
重 庆	0.151	16	0.330	7	0.038	22	0.132	12	0.105	12
云 南	0.149	17	0.310	12	0.053	20	0.201	8	0.032	22
宁 夏	0.142	18	0.218	19	0.023	29	0.310	3	0.015	26
黑龙江	0.130	19	0.281	14	0.057	17	0.122	14	0.061	19
湖 南	0.125	20	0.227	18	0.064	15	0.110	18	0.098	14
河 南	0.116	21	0.135	29	0.164	6	0.064	24	0.101	13
吉 林	0.110	22	0.281	13	0.048	21	0.068	23	0.045	21
河 北	0.101	23	0.234	17	0.032	27	0.049	25	0.092	15
青 海	0.101	24	0.268	15	0.026	28	0.111	17	0.001	30
江 西	0.100	25	0.149	24	0.084	12	0.078	21	0.090	16
福 建	0.099	26	0.065	30	0.082	13	0.109	19	0.141	10
广 西	0.092	27	0.258	16	0.036	23	0.046	27	0.028	23
贵 州	0.075	28	0.207	20	0.035	24	0.000	31	0.058	20
山 西	0.066	29	0.146	26	0.056	18	0.043	28	0.021	25
内蒙古	0.052	30	0.049	31	0.034	26	0.120	15	0.007	28
西 藏	0.050	31	0.185	22	0.000	31	0.015	30	0.000	31

分析表 6－3 可以发现，创造成果指数排名前 10 位的省份是江苏、北京、浙江、广东、山东、上海、陕西、湖北、四川和辽宁，与 2016 年报告相比，仅个别排名发生了变化。排名后 10 位的省份是吉林、河北、青海、江西、福建、广西、贵州、山西、内蒙古和西藏。

从分项指数来看，论文指数、国家产业化项目指数、科技成果指数、高新技术产业科技项目指数等各项指标之间表现颇不均衡，很多省市在几项分项指标的表现差异很大，譬如：北京的论文指数和科技成果指数位列第 1 位，高新技术产业科技项目指数位列第 5 位，而国家产业化项目指数却位列第 10 位。同样，山东的论文指数、科技成果指数分别位列第 28 位和第 22 位，但是国家产业化项目指数和高新技术产业科技项目指数却高居第 3 位和第 4 位。主要原因可能是国家产业化项目实际上数量并不多，因此分布也有很强的政策性和布局考虑。

2. 论文指数四级指标框架及排名与分析

（1）指标框架

论文指数用万名 R&D 活动人员科技论文数、国外主要检索工具收录我国科技论文数（包括 SCI、EI、ISIP 等）两个指标进行评价（见图 6－15）。

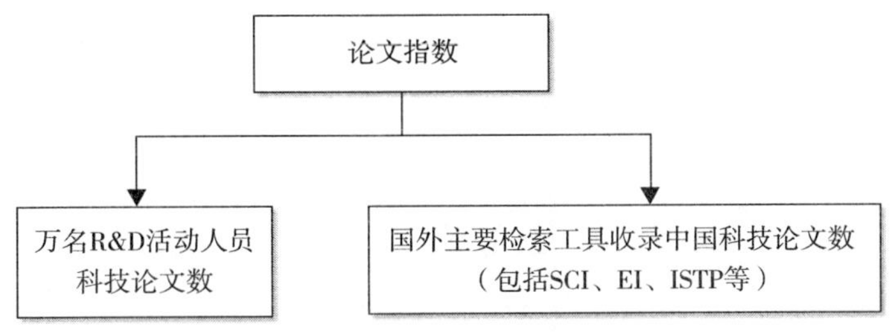

图 6－15　论文指数指标框架图

（2）论文指数具体指标分析

图 6－16 显示，广东—江西是万名 R&D 活动人员科技论文数最低的 10 个省份，新疆—宁夏是万名 R&D 活动人员科技论文数最高的 10 个省份，其中，新疆约为 3287 篇/万人，蝉联第一。

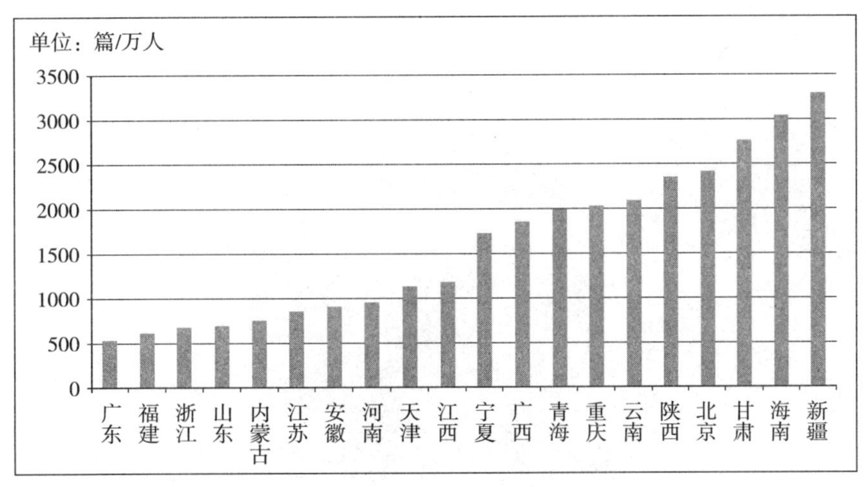

图 6－16　万名 R&D 活动人员科技论文数排名图

数据来源：中国科技统计资料汇编（2015）．中国科技统计网站，http：//www. sts. org. cn/zlhb/.

图 6－17 显示，西藏—云南是国外主要检索工具收录我国科技论文数最少的 10 个省份，其中西藏（30 篇）不足百篇，青海不到 300 篇；北京—辽宁是国外主要检索工具收录我国科技论文数最多的 10 个省份，其中北京 81896 篇，是排在第 2 位的江苏近 2 倍，数量远远超于其他省份。

图 6－18 显示，北京的国外主要检索工具收录我国科技论文数占全国比重最高，约为 18. 44%，北京、江苏、上海三省市论文数之和超过全国总量的三分之一，排名前 10 位的省份该项指标之和占全国比重超过 70%。

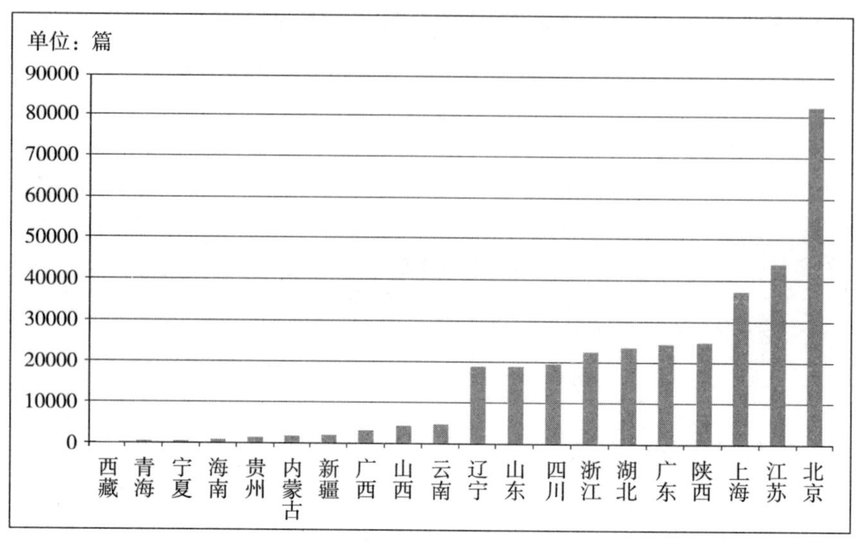

图6－17 国外主要检索工具收录中国科技论文数排名图

数据来源：国家统计局，科学技术部.2016中国科技统计年鉴［M］.北京：中国统计出版社，2016.

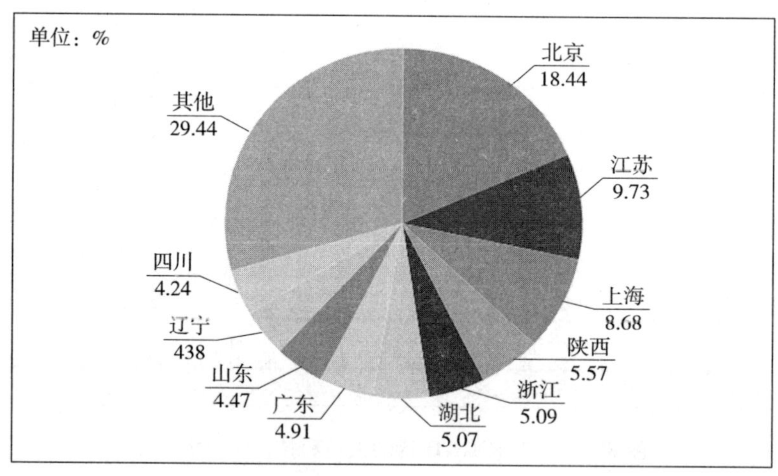

图6－18 国外主要检索工具收录我国科技论文数占全国比重图

数据来源：国家统计局，科学技术部.2016中国科技统计年鉴［M］.北京：中国统计出版社，2016.

3. 国家产业化项目指数四级指标框架及排名与分析

（1）指标框架

国家产业化项目指数用国家产业化计划项目数、国家产业化计划项目落实资金两个指标进行评价（见图6－19）。

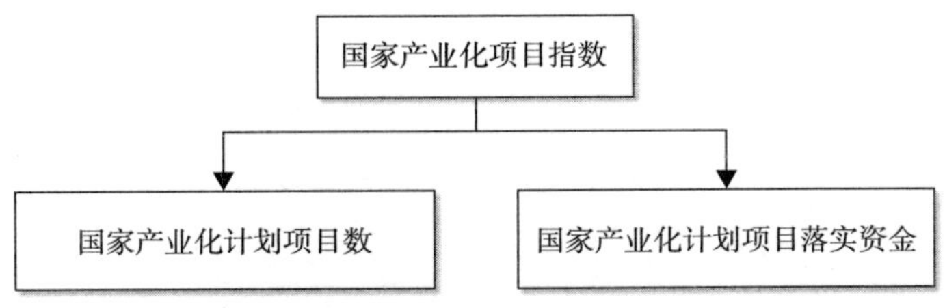

图 6-19　国家产业化项目指数指标框架图

（2）国家产业化项目指数具体指标分析

图 6-20 显示，西藏—吉林是国家产业化计划项目数最少的 10 个省份，均不足 150 项，除重庆、河北外，其余均不足 150 项。浙江—陕西是国家产业化计划项目数最多的 10 个省份，其中浙江、江苏数量较多，处于绝对优势地位，分别为 2266 项和 2171 项，与 2015 年持平。

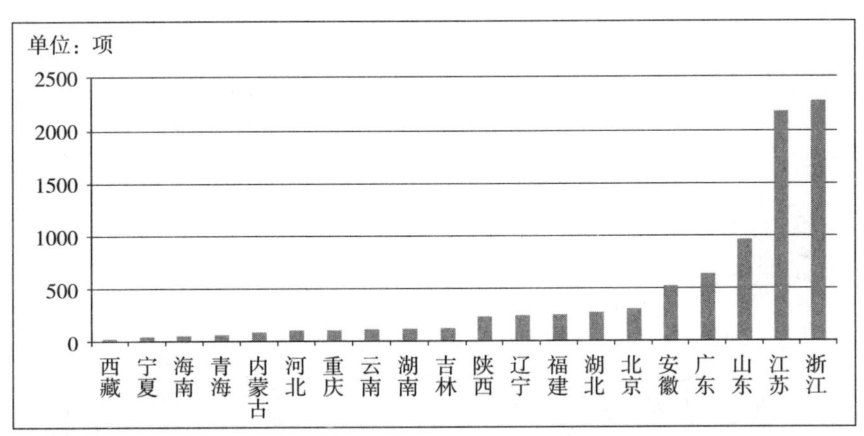

图 6-20　国家产业化计划项目数排名图

数据来源：国家统计局，科学技术部. 2016 中国科技统计年鉴［M］. 北京：中国统计出版社，2016.

图 6-21 数据表明，国家产业化计划项目数分布非常集中，浙江、江苏占比最高，均超 20%；浙江、江苏、山东三省之和（52%）超出全国总量的一半；排名前 10 位的省份总计占全国比重超过 75%。

图 6-22 显示，西藏—内蒙古是国家产业化计划项目落实资金最低的 10 个省份，均不足 10 亿元。江苏—江西是国家产业化计划项目落实资金最高的 10 个省份，尤以江苏（216 亿元）居高，蝉联第一。

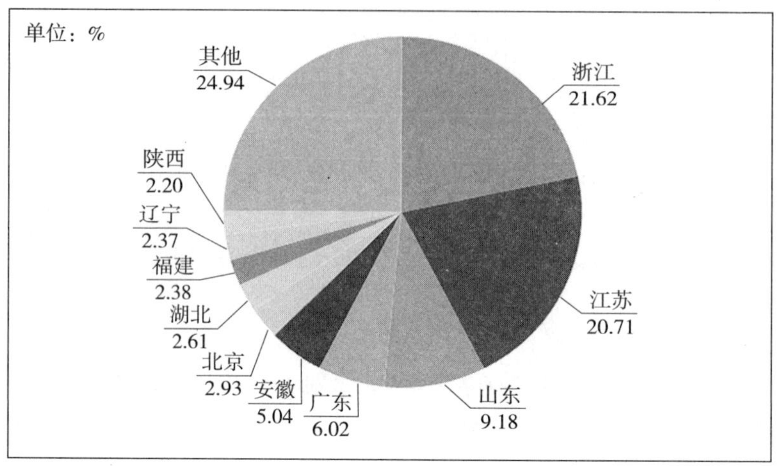

图 6－21 国家产业化计划项目数占全国比重图

数据来源：国家统计局，科学技术部．2016 中国科技统计年鉴［M］．北京：中国统计出版社，2016.

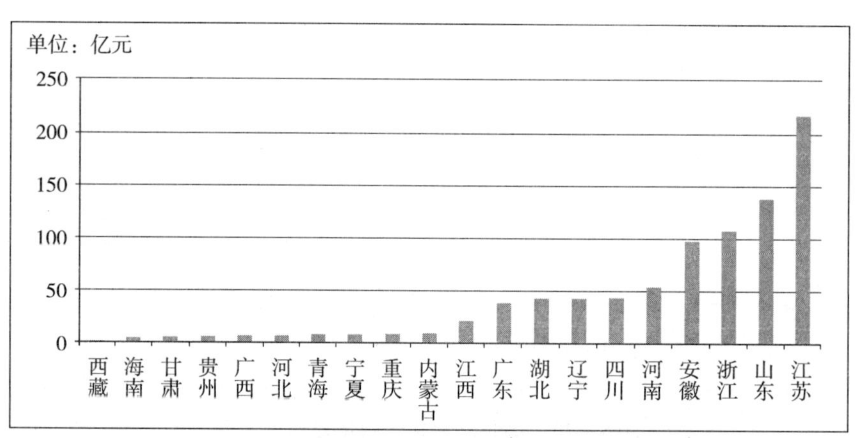

图 6－22 国家产业化计划项目落实资金排名图

数据来源：国家统计局，科学技术部．2016 中国科技统计年鉴［M］．北京：中国统计出版社，2016.

图 6－23 表明，江苏的国家产业化计划项目资金落实数额最多，份额最大，占 21.18%；另外山东和浙江也相对较多，分别为 13.48% 和 10.47%，三省之和占全国比重将近 50%。

4. 科技成果指数四级指标框架及排名与分析

（1）指标框架

科技成果指数用万人吸纳技术成果金额、获国家级科技成果奖系数两个指标进行测度（见图 6－24）。

（2）科技成果指数具体指标分析

图 6－25 显示，各省份在万人吸纳技术成果金额上面差距很大。贵州—江西为万人吸

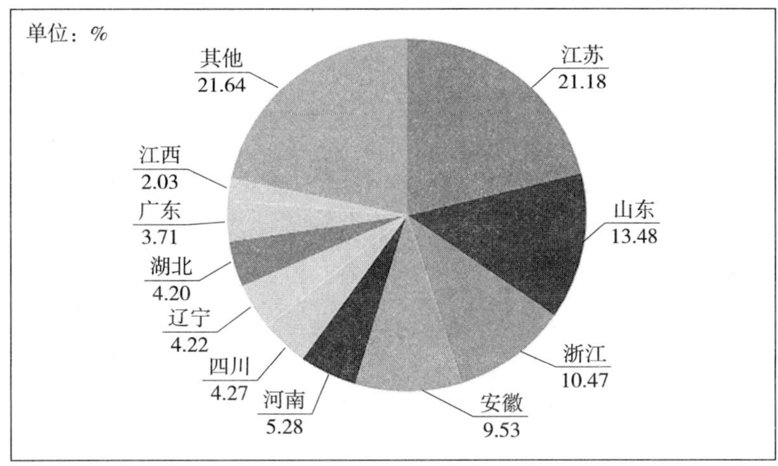

图 6－23　国家产业化计划项目落实资金占全国比重图

数据来源：国家统计局，科学技术部.2016 中国科技统计年鉴［M］.北京：中国统计出版社，2016.

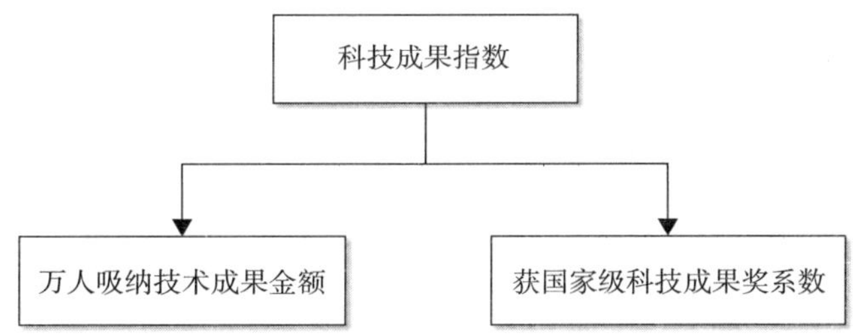

图 6－24　科技成果指数指标框架图

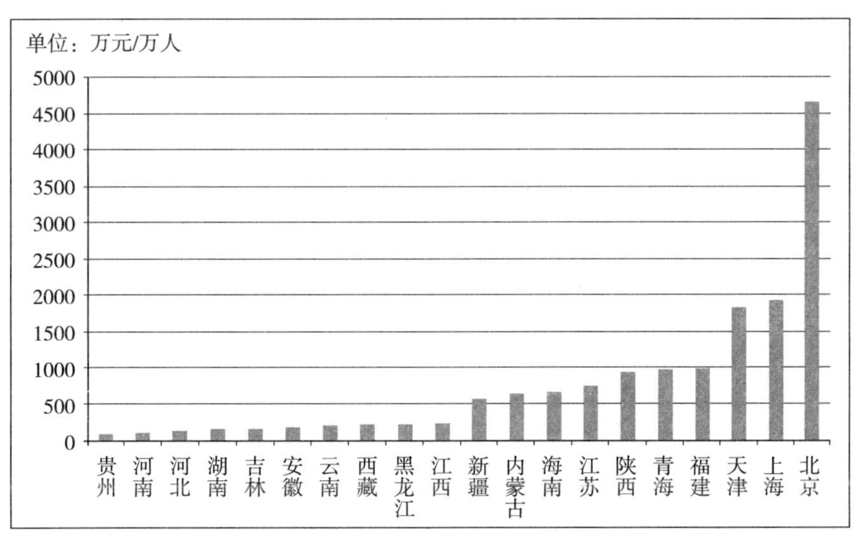

图 6－25　万人吸纳技术成果金额排名图

数据来源：中国科技统计资料汇编（2015）.中国科技统计网站，http：//www.sts.org.cn/zlhb/.

纳技术成果金额最少的 10 个省份，除云南、西藏、黑龙江和江西外，数额均低于 200 万元/万人；北京—新疆为万人吸纳技术成果金额最多的 10 个省份，其中北京领先优势较大，为 4660 万元/万人，较 2014 年有所增长，是第 2 名上海（1929 万元/万人）的 2.4 倍。

图 6－26 显示，贵州—山东是我国获国家级科技成果奖系数排名靠后的 10 个省份，除河北（1.78）和山东（1.95）外，均不超过 1.5 项/万人，其中，贵州最低，为 0.5 项/万人；北京—甘肃是靠前的 10 个省份。北京最高，达 14.93 项/万人，遥遥领先其他省份。

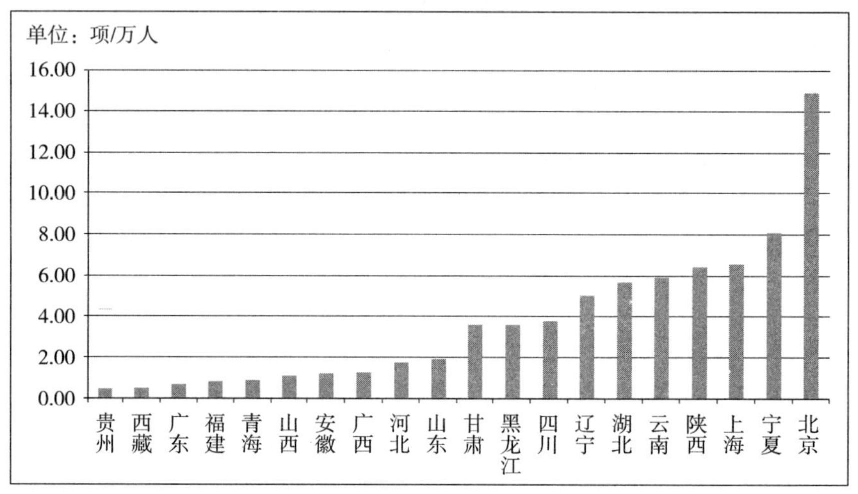

图 6－26　获国家级科技成果奖系数排名图

数据来源：中国科技统计资料汇编（2015）．中国科技统计网站，http：//www. sts. org. cn/zlhb/.

5. 高新技术产业科技项目指数四级指标框架及排名与分析

（1）指标框架

高新技术产业科技项目指数用高新技术产业新产品开发项目数指标进行测度（见图 6－27）。

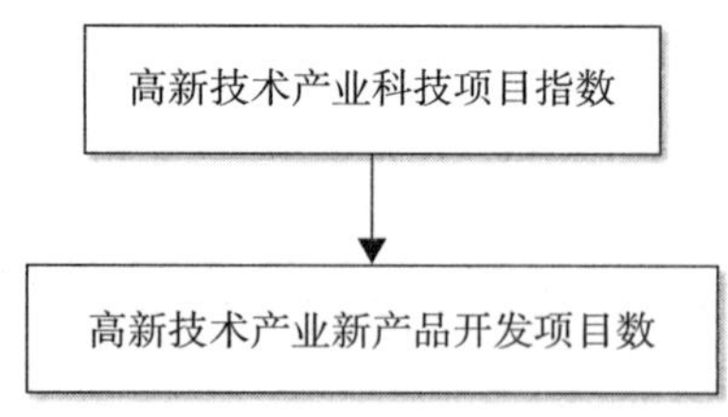

图 6－27　高新技术产业科技项目指数指标框架图

（2）高新技术产业科技项目指数具体指标分析

图 6－28 显示，高新技术产业新产品开发项目数排名中，西藏—云南这 10 个省份

都很低，均不超过500（含）项。广东—福建为排名靠前的10个省份，其中，广东最高，为15127项，大幅领先于其他省份。

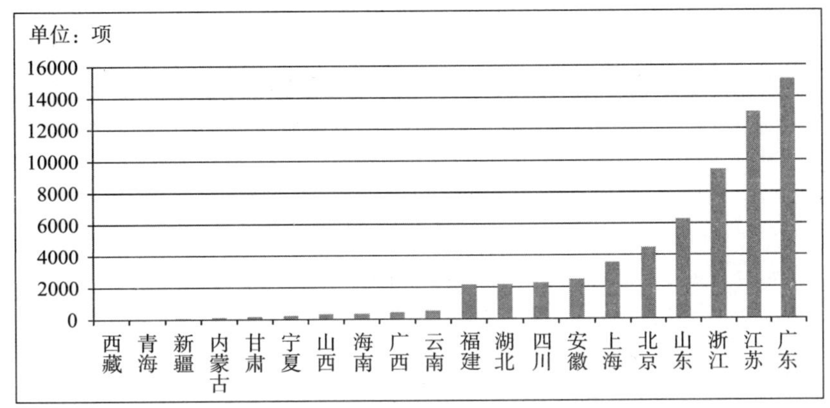

图6－28　高新技术产业新产品开发项目数排名图

数据来源：国家统计局，科学技术部.2016中国科技统计年鉴［M］.北京：中国统计出版社，2016；国家统计局.2016中国统计年鉴［M］.北京：中国统计出版社，2016.

图6－29显示，高新技术产业新产品开发项目数分布相对集中，广东所占比重高达19.6%，与2015年基本持平略有下降。排名第2位的江苏约占16.87%，两省合计超过全国的三分之一。除去排名前10位的省份，其余21个省份合计占21.07%，省份之间的差距非常大。

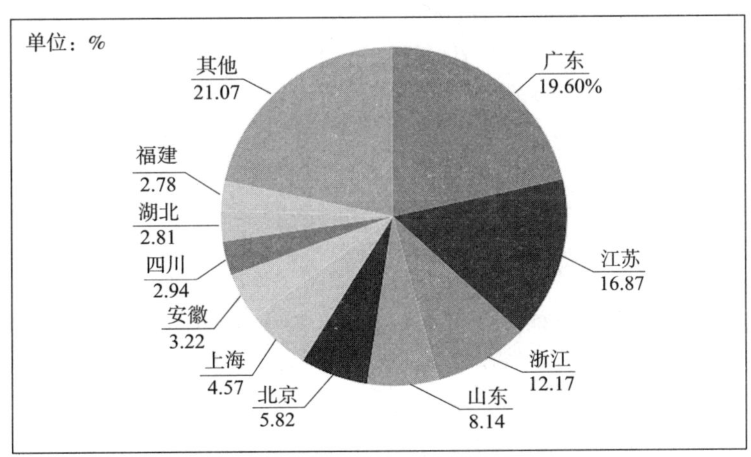

图6－29　高新技术产业新产品开发项目数占全国比重排名图

数据来源：国家统计局，科学技术部.2016中国科技统计年鉴［M］.北京：中国统计出版社，2016；国家统计局.2016中国统计年鉴［M］.北京：中国统计出版社，2016.

四、知识产权创造环境指数三级指标框架及排名与分

1. 知识产权创造环境指数三级指标框架及指数排名

（1）指标框架

知识产权创造环境指数下设七个三级指标：财政支持指数、金融环境指数、开放程度指数、教育环境指数、文化环境指数、高新技术开发区指数以及科普指数（见图 6－30、表 6－4）。

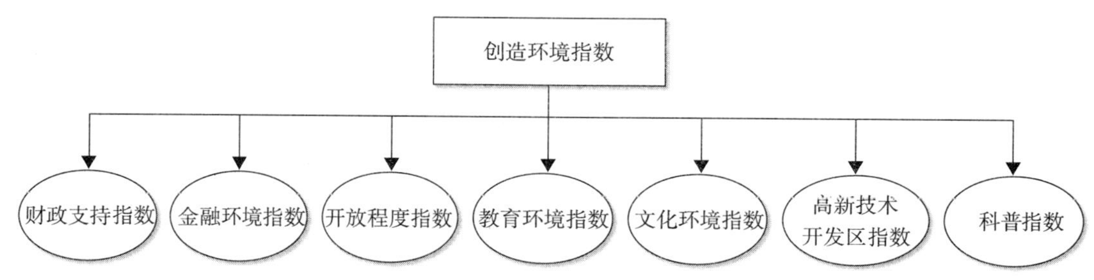

图 6－30 知识产权创造环境指标框架图

（2）指数及排名

表 6－4 知识产权创造环境指数及排名表

省份	创造环境指数		财政支持		金融环境		开放程度		教育环境		文化环境		高新技术开发区		科普	
	指数	排名	指数	排名	指数	排名	指数	排名	指数	排名	指数	排名	指数	排名	指数	排名
北京	0.722	1	0.945	2	1.000	1	0.429	5	0.599	7	0.345	11	1.000	1	0.735	1
上海	0.659	2	1.000	1	0.878	2	0.939	1	0.327	27	0.565	2	0.322	6	0.579	5
江苏	0.506	3	0.360	4	0.307	5	0.467	4	0.624	5	0.662	1	0.431	3	0.692	2
广东	0.454	4	0.289	6	0.257	6	0.656	2	0.421	23	0.472	5	0.586	2	0.500	8
浙江	0.444	5	0.291	5	0.490	4	0.476	3	0.599	8	0.558	3	0.255	7	0.437	11
天津	0.411	6	0.719	3	0.630	3	0.361	7	0.753	1	0.164	22	0.122	14	0.125	25
山东	0.372	7	0.138	12	0.125	15	0.166	11	0.704	3	0.528	4	0.353	5	0.592	4
陕西	0.296	8	0.129	14	0.117	16	0.068	22	0.748	2	0.357	10	0.210	9	0.440	9
湖北	0.290	9	0.114	15	0.081	21	0.081	19	0.518	15	0.274	13	0.393	4	0.568	6
福建	0.290	10	0.188	10	0.255	7	0.367	6	0.633	4	0.215	17	0.119	15	0.249	18
重庆	0.246	11	0.214	8	0.201	11	0.268	8	0.472	18	0.222	16	0.085	20	0.262	17
四川	0.244	12	0.061	23	0.062	22	0.086	16	0.458	20	0.407	8	0.229	8	0.405	13
河南	0.242	13	0.016	28	0.000	31	0.068	21	0.597	9	0.418	6	0.159	11	0.438	10
安徽	0.241	14	0.057	24	0.039	27	0.145	13	0.472	19	0.403	9	0.133	13	0.437	12

续表 6－4

省份	创造环境指数		财政支持		金融环境		开放程度		教育环境		文化环境		高新技术开发区		科普	
	指数	排名	指数	排名	指数	排名	指数	排名	指数	排名	指数	排名	指数	排名	指数	排名
辽宁	0.241	15	0.100	16	0.232	9	0.209	9	0.428	22	0.231	14	0.158	12	0.326	15
湖南	0.233	16	0.042	26	0.012	30	0.038	26	0.443	21	0.408	7	0.160	10	0.529	7
江西	0.210	17	0.094	17	0.033	28	0.165	12	0.623	6	0.227	15	0.083	21	0.249	19
云南	0.202	18	0.048	25	0.050	23	0.082	18	0.352	26	0.198	20	0.029	27	0.654	3
河北	0.195	19	0.035	27	0.047	24	0.077	20	0.527	13	0.315	12	0.091	19	0.273	16
广西	0.184	20	0.015	29	0.022	29	0.111	14	0.571	11	0.204	18	0.117	16	0.247	20
山西	0.173	21	0.081	19	0.082	20	0.066	23	0.575	10	0.204	19	0.046	23	0.159	24
海南	0.173	22	0.202	9	0.186	12	0.188	10	0.525	14	0.047	29	0.009	28	0.052	28
新疆	0.163	23	0.139	11	0.103	18	0.092	15	0.389	24	0.153	23	0.035	26	0.230	21
甘肃	0.162	24	0.000	31	0.092	19	0.036	27	0.474	17	0.139	24	0.044	24	0.348	14
贵州	0.154	25	0.070	21	0.044	25	0.053	25	0.549	12	0.111	26	0.074	22	0.178	23
吉林	0.147	26	0.080	20	0.105	17	0.032	29	0.492	16	0.174	21	0.116	17	0.031	29
内蒙古	0.147	27	0.248	7	0.164	13	0.021	31	0.244	29	0.105	27	0.038	25	0.210	22
黑龙江	0.111	28	0.010	30	0.044	26	0.024	30	0.353	25	0.138	25	0.096	18	0.112	26
宁夏	0.109	29	0.137	13	0.205	10	0.084	17	0.249	28	0.054	28	0.008	29	0.028	30
青海	0.071	30	0.084	18	0.252	8	0.064	24	0.000	31	0.032	30	0.003	30	0.060	27
西藏	0.052	31	0.069	22	0.151	14	0.035	28	0.085	30	0.016	31	0.000	31	0.008	31

分析表 6－4 可以发现，创造环境指数排名前 10 位的省份是北京、上海、江苏、广东、浙江、天津、山东、陕西、湖北和福建。与 2016 年报告基本一致，只是个别名次发生变化。排名后 10 位的省份是海南、新疆、甘肃、贵州、吉林、内蒙古、黑龙江、宁夏、青海和西藏。

创造环境指数主要从财政支持、金融环境、开放程度、教育环境、文化环境和高新技术开发区、科普等方面来观测。财政支持和金融环境指数的排名一致性较强，不出意外，仍以东部省份占优势。值得警惕的是，很多创造环境指数排名靠前的省份在教育环境指数方面表现很差，比如创造环境指数排名第 2 位的上海仅排在 27 位，同样，创造环境指数排名第 4 位的广东的教育环境指数仅排在第 23 位。

2. 财政支持指数四级指标框架及排名与分析

（1）指标框架

财政支持指数用人均地方政府财政收入来测度（见图 6－31）。

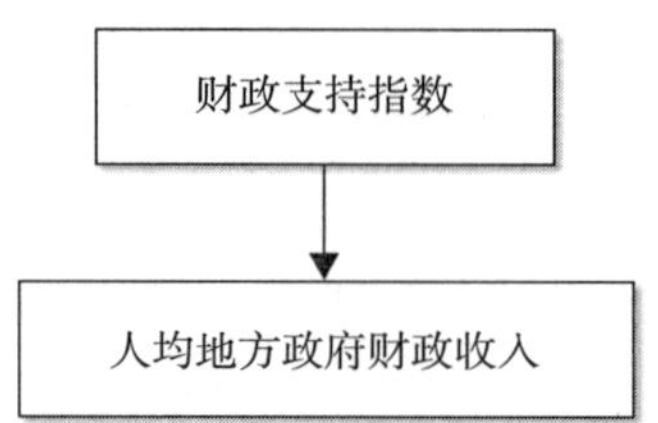

图6-31 财政支持指数指标框架图

(2) 财政支持指数具体指标分析

图6-32显示，甘肃—西藏是人均地方政府财政收入最少的10个省份，均不足4500元/人；上海—福建是人均地方政府财政收入最多的10个省份，其中上海、北京和天津三个直辖市远高于其他各省份，人均地方政府财政收入均超过15000元/人，上海最高，数值为22855元/人。

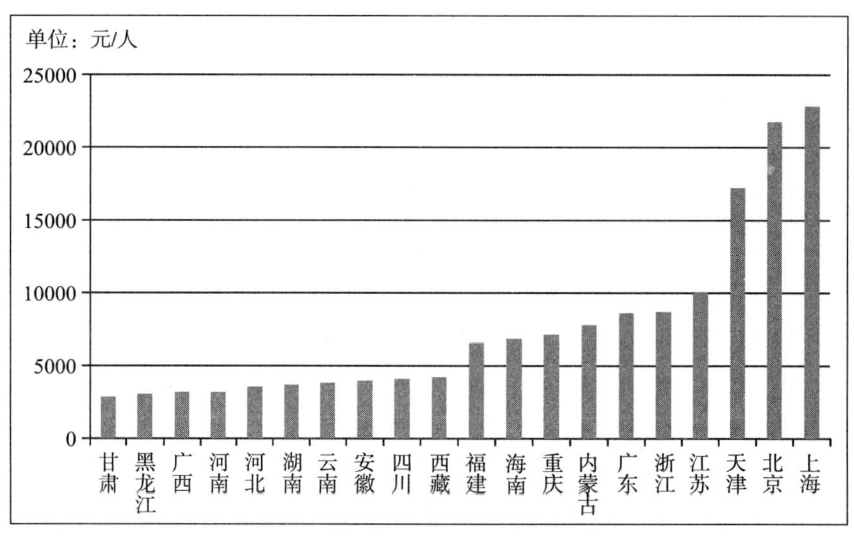

图6-32 人均地方政府财政收入排名图

数据来源：国家统计局，科学技术部.2016中国科技统计年鉴［M］.北京：中国统计出版社，2016；国家统计局.2016中国统计年鉴［M］.北京：中国统计出版社，2016.

3. 金融环境指数四级指标框架及排名与分析

(1) 指标框架

金融环境指数用人均年末金融机构贷款余额进行评价（见图6-33）。

(2) 金融环境指数具体指标分析

图6-34显示，河南—四川是人均年末金融机构贷款余额最少的10个省份；北京—宁夏是人均年末金融机构贷款余额最多的10个省份，其中北京、上海、天津和浙江属于第一集团，远远高于全国其他各省份。

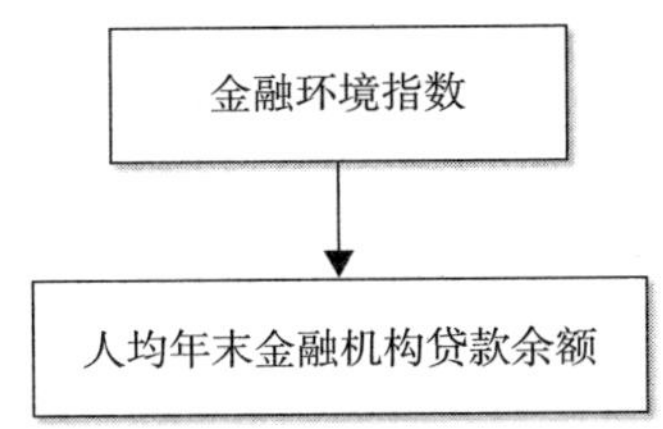

图6－33　金融环境指数指标框架图

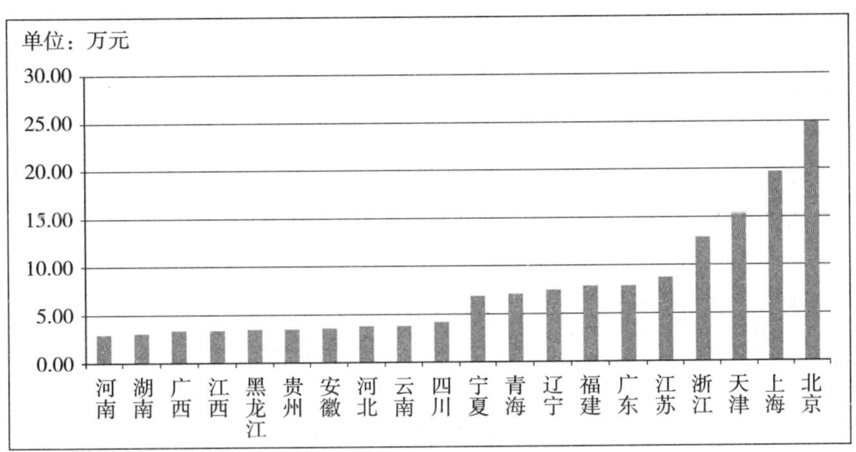

图6－34　人均年末金融机构贷款余额排名图

数据来源：2015年各省统计公报.

4. 开放程度指数四级指标框架及排名与分析

（1）指标框架

开放程度指数用外商投资总额占GDP比重、出口占GDP比重两个指标进行评价（见图6－35）。

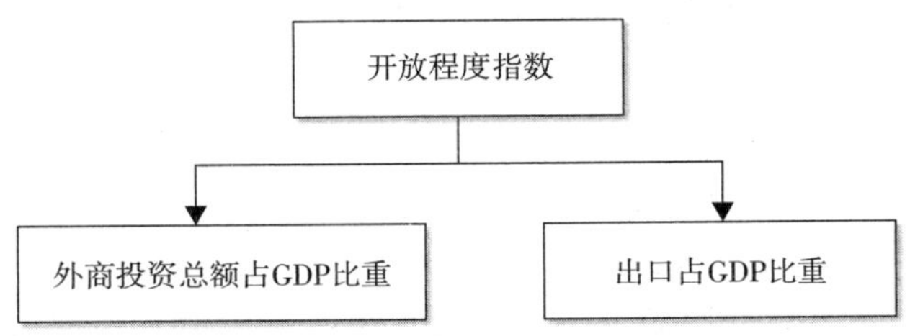

图6－35　开放程度指数指标框架图

（2）开放程度指数具体指标分析

图6－36显示，新疆—河北是外商投资总额占GDP比重最低的10个省份，均是中西部地区，且较2015年比重有明显下降。除河北（15.38%）外，均不足15%，其中

新疆（5.69%）外商投资总额占 GDP 比重甚至不足 6%；上海—重庆是外商投资总额占 GDP 比重最高的 10 个省份，其中上海的外商投资总额占 GDP 比重高达 163.94%，与 2015 年相比有较大提高，连续多年蝉联第一。该指标可以看出，外商投资在地区上的分化更加明显，东部沿海经济发达省份具备引进外资的优越条件，是外商投资的热土。

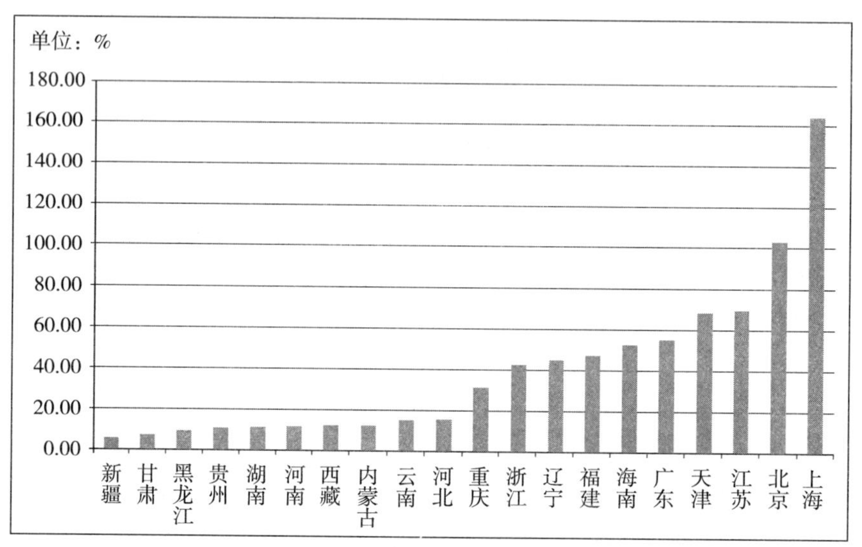

图 6－36 外商投资总额占 GDP 比重排名图

数据来源：国家统计局 .2016 中国统计年鉴［M］. 北京：中国统计出版社，2016.

图 6－37 显示，内蒙古—贵州是出口占 GDP 比重最低的 10 个省份，除贵州（5.9%）、甘肃（5.33%）、陕西（5.11%）外，均不足 5%；广东—江西是出口占 GDP 比重最高的 10 个省份，其中广东（55.02%）的出口占 GDP 比重均超过 55%，领先于全国其他各省份，但较 2015 年有明显下降，可以看出在人民币升值的背景下，出口贸易确实受到影响。

5. 教育环境指数四级指标框架及排名与分析

（1）指标框架

教育环境指数下设两个四级指标：地方政府财政支出中教育支出比重、每十万人口高等学校在校生数（见图 6－38）。

（2）教育环境指数具体指标分析

图 6－39 显示，地方政府财政支出中教育支出比重指标分布较为均衡，相互之间差距不大，青海—湖北是地方政府财政支出中教育支出比重最低的 10 个省份。山东—山西是地方政府财政支出中教育支出比重最高的 10 个省份，超过 20% 的省份较 2015 年四省河南（21%）、山东（20.9%）、广东（20.7%）和浙江（20.1%）减少为仅剩山东（20.49%）。整体来看，教育支出占比较 2015 年基本持平，表明了在地方财政支出增加的情况下，教育支出相应得到保证，也体现了教育的重要性深入人心。

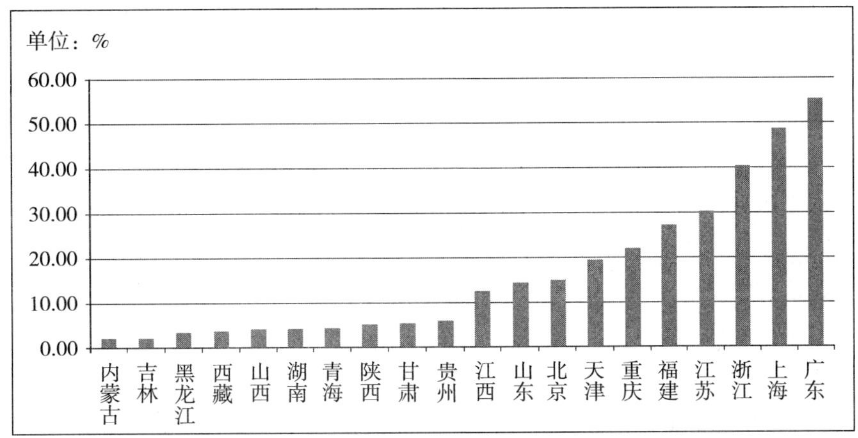

图 6－37　出口占 GDP 比重排名图

数据来源：国家统计局.2016 中国统计年鉴［M］. 北京：中国统计出版社，2016.

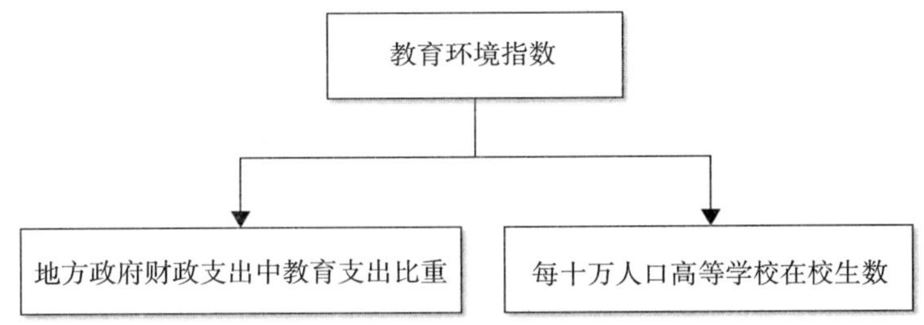

图 6－38　教育环境指数指标框架图

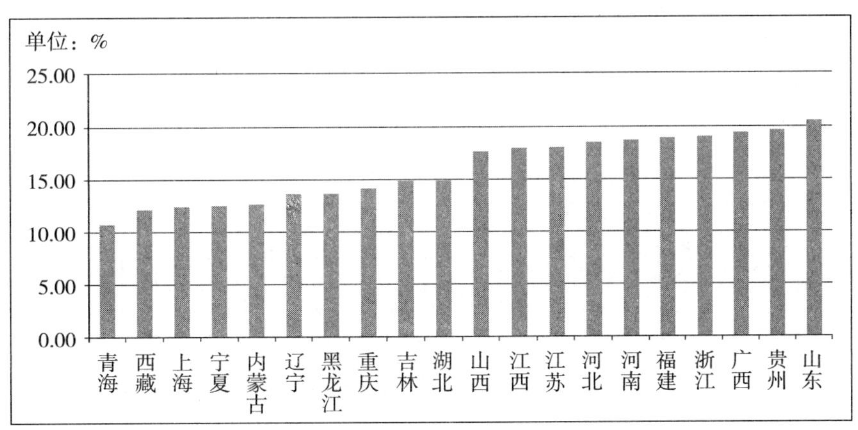

图 6－39　地方政府财政支出中教育支出比重排名图

数据来源：国家统计局.2016 中国统计年鉴［M］. 北京：中国统计出版社，2016.

图 6－40 显示，青海—广东是每十万人口高等学校在校生数最少的 10 个省份，除广东（1711 人）外，均不足 1700 人，其中青海（978 人）的每十万人口高等学校在校生数不足 1000 人；天津—上海是每十万人口高等学校在校生数最多的 10 个省份，其中天津（3315 人）、陕西（2899 人）北京（2780 人）的每十万人口高等学校在校生数约 3000 人，处于领先位置。

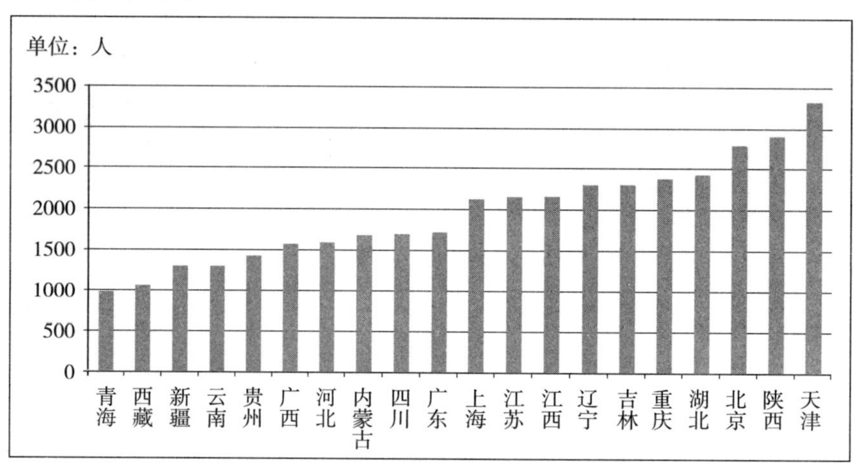

图 6－40　每十万人口高等学校在校生数排名图

数据来源：国家统计局．2016 中国统计年鉴［M］．北京：中国统计出版社，2016.

6. 文化环境指数四级指标框架及排名与分析

（1）指标框架

文化环境指数下设六个四级指标：文化产业法人单位数、文化产业从业人员数、图书出版量、录像、录音、电子出版物出版量、出版发行机构数量、有线广播电视入户率（见图 6－41）。

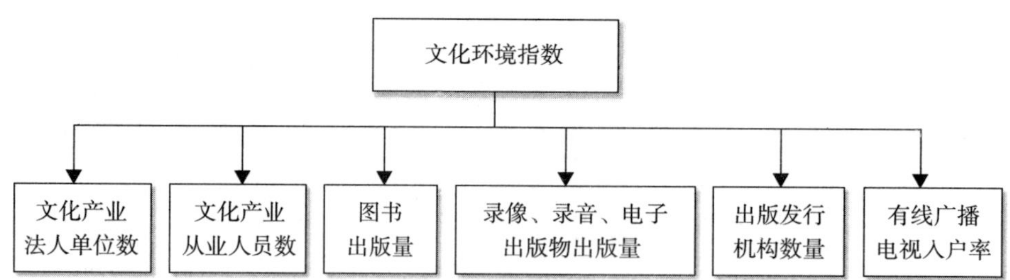

图 6－41　文化环境指数指标框架图

（2）文化环境指数具体指标分析

图 6－42 显示，宁夏—新疆是文化产业法人单位数排名最低的 10 个省份，其中宁夏（78 个）远低于 100 个；安徽—山西是排名最高的 10 个省份，其中安徽以 1910 个排名第 1 位，相对其他省份的领先优势比较明显。

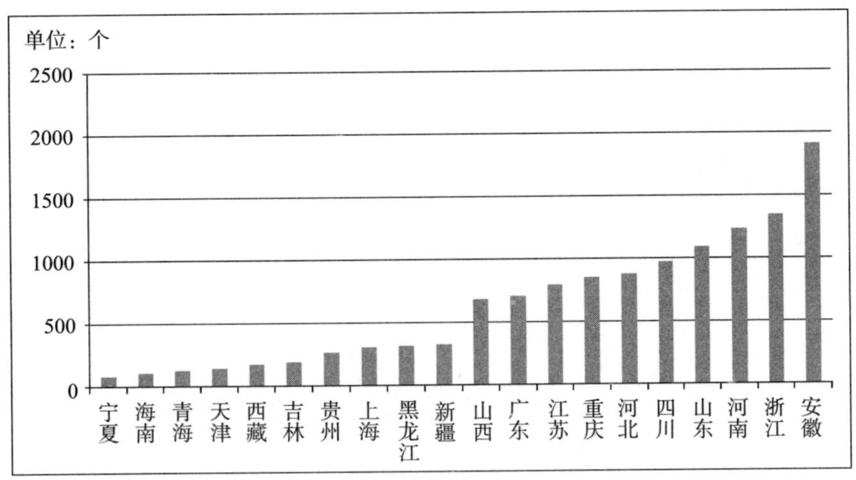

图6－42　文化产业法人单位数排名图

数据来源：国家统计局．2016中国统计年鉴［M］．北京：中国统计出版社，2016.

图6－43显示，西藏—贵州是文化产业从业人员数排名后10位的省份，均不足1350人。陕西—甘肃是排名前10位的省份，其中，陕西（8245人）、山东（6310人）、江苏（6181人）、河南（6126人）、四川（6107人）四省超过6000人。

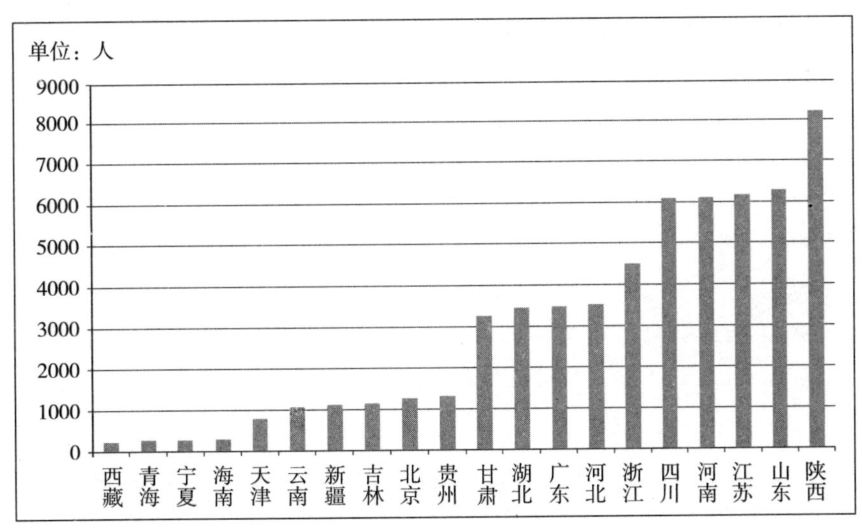

图6－43　文化产业从业人员数排名图

数据来源：国家统计局，2016中国统计年鉴［M］．北京：中国统计出版社，2016.

图6－44显示，西藏—贵州为图书出版量最低的10个省份，均不超过1亿（含）册。江苏—四川是排名前10位的省份，其中，江苏以6.2亿册排名第1位。

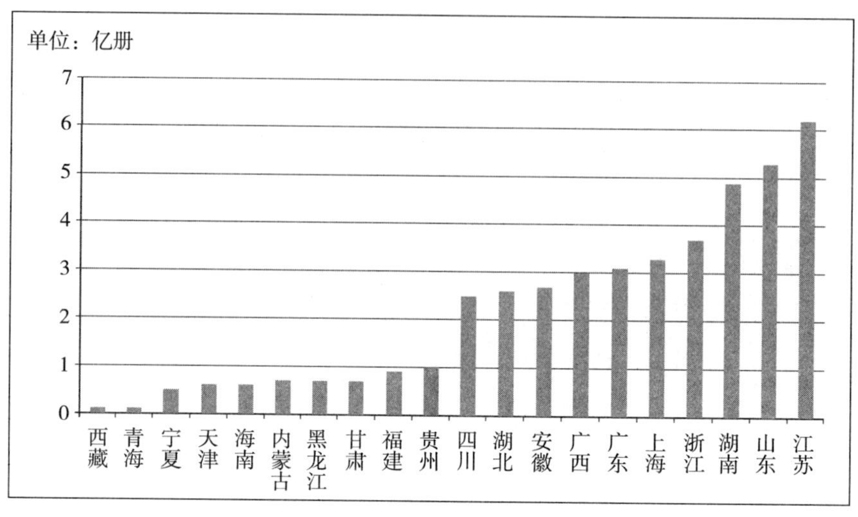

图6－44 图书出版量排名图

数据来源：国家统计局，2016中国统计年鉴［M］．北京：中国统计出版社，2016.

图6－45显示，贵州—重庆是录像、录音、电子出版物出版量最低的10个省份，其中，贵州、宁夏、黑龙江、海南不足5万张。上海—山西是录像、录音、电子出版物出版量最高的10个省份，上海的出版量高达3927万张，遥遥领先，是排名第2位的广东（1674万张）的2.3倍多。

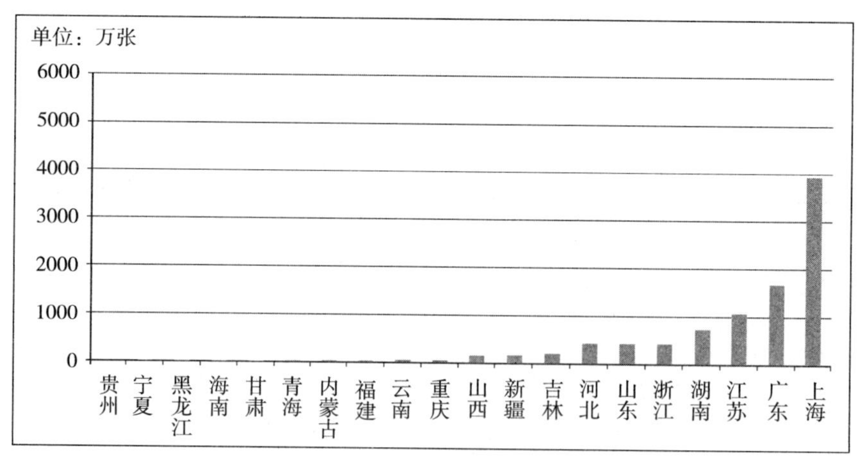

图6－45 录像、录音、电子出版物出版量排名图

数据来源：国家统计局，2016中国统计年鉴［M］．北京：中国统计出版社，2016.

图6－46显示，西藏—山西是出版发行机构数量排名最后的10个省份，其中，西藏、海南、青海三省份甚至不足1000处；江苏—云南是排名前10位的省份，其中，江

苏（14018 处）、浙江（11444 处）、河南（10430 处）三省超过 10000 处，列前 3 位，稍领先于其他省份。

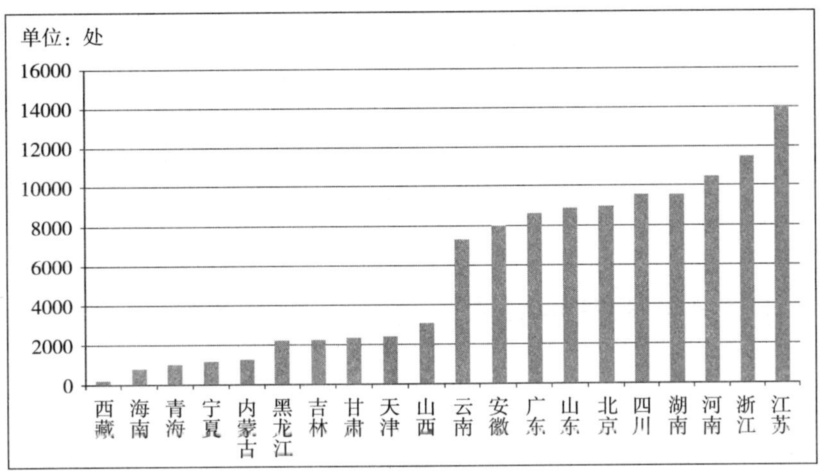

图 6－46　出版发行机构数量排名图

数据来源：国家统计局．2016 中国统计年鉴［M］．北京：中国统计出版社，2016.

图 6－47 显示，甘肃—青海是有线广播电视入户率排名后 10 位的省份，相互之间差距不大，排名最后一位的甘肃为 28.2%；上海—山东是排名前 10 位的省份，基本呈阶梯状上升，上海和北京入户率超过 100%。该指标近年来呈现较为稳定并小幅增长的态势。

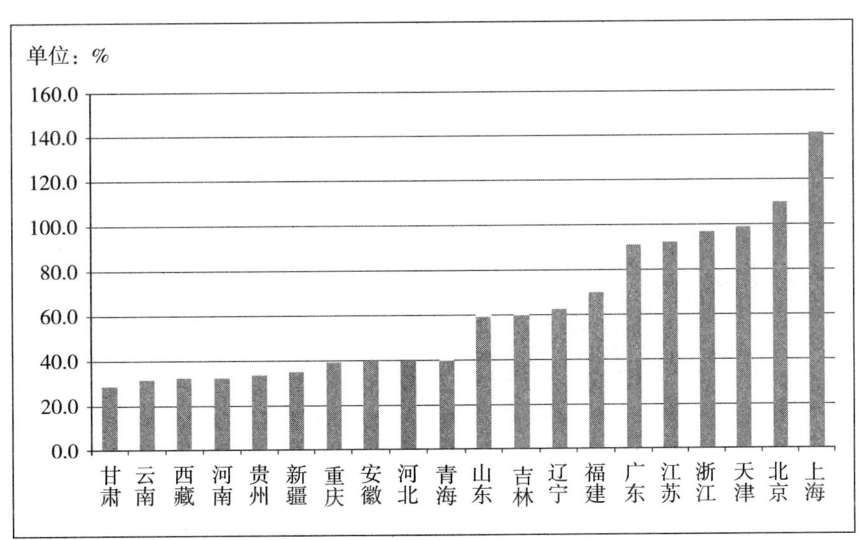

图 6－47　有线广播电视入户率排名图

数据来源：国家统计局．2016 中国统计年鉴［M］．北京：中国统计出版社，2016.

6. 高新技术开发区指数四级指标框架及排名与分析

（1）指标框架

高新技术开发区指数下设两个四级指标：高新技术开发区从业人员数、高新技术开发区技术性收入（见图 6－48）。

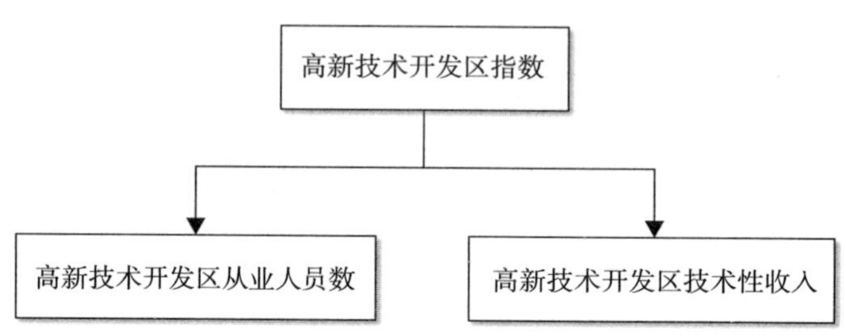

图 6－48　高新技术开发区指数指标框架图

（2）高新技术开发区指数具体指标分析

图 6－49 显示，高新技术开发区从业人员数指标差异较大。西藏—贵州是高新技术开发区从业人员数排名最低的 10 个省份，西藏至今没有高新技术开发区，从业人员为 0；北京—河南是高新技术开发区从业人员数排名最高的 10 个省份，其中北京、广东、江苏三省市的高新技术开发区从业人员超过 150 万人，并且较 2015 年增长明显。

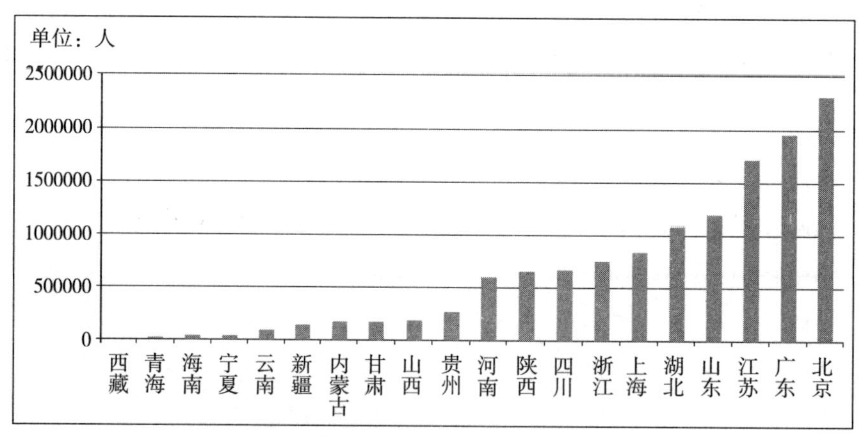

图 6－49　高新技术开发区从业人员数排名图

数据来源：国家统计局，科学技术部．2016 中国科技统计年鉴［M］．北京：中国统计出版社，2016.

图 6－50 显示，北京（13.43%）、广东（11.32%）二省市所占比重均超过 10%，是高新技术开发的龙头和重镇。除去排名靠前的 10 个省份，其他各省份所占比重略超 30%。

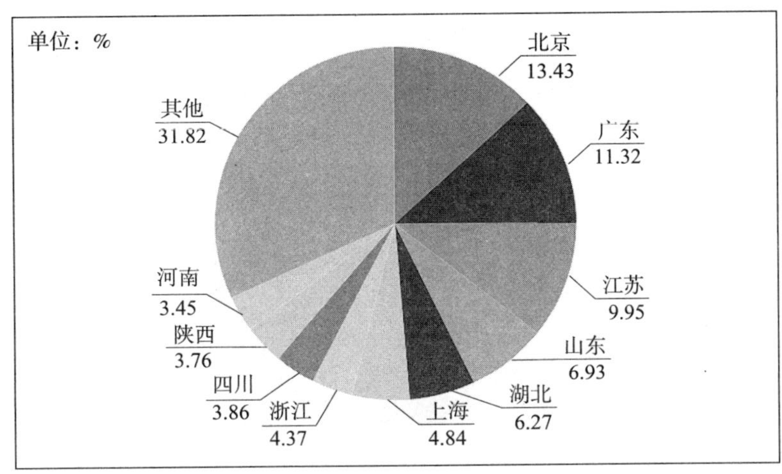

图 6－50　高新技术开发区从业人员数占全国比重图

数据来源：国家统计局，科学技术部．2016 中国科技统计年鉴［M］．北京：中国统计出版社，2016.

图 6－51 显示，西藏—云南为高新技术开发区技术性收入最低的 10 个省份，其中，西藏、青海、宁夏三省份不足 500 万元。北京—安徽是该项指标排名前 10 位的省份，其中，北京约为 6623 亿元，占据绝对优势，是第 2 名广东（2172 亿元）的 3 倍还多。

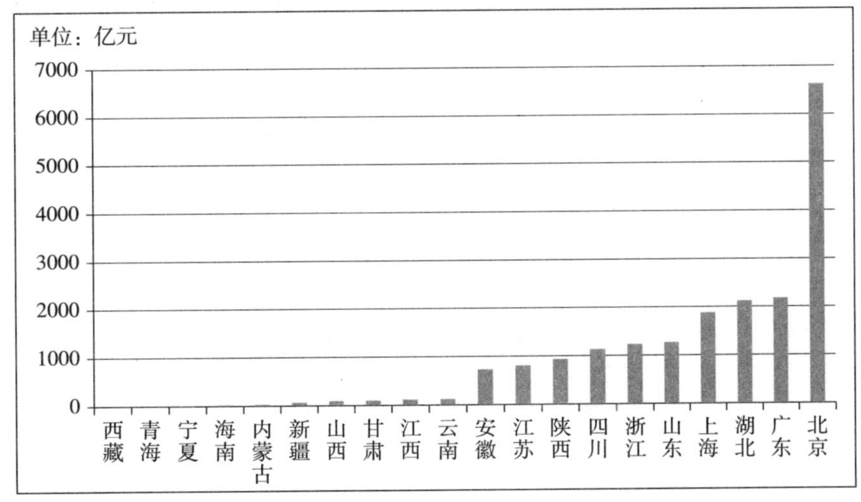

图 6－51　高新技术开发区技术性收入排名图

数据来源：国家统计局，科学技术部．2016 中国科技统计年鉴［M］．北京：中国统计出版社，2016.

图 6－52 显示，高新技术开发区技术性收入指标分布很不均衡，但较前几年，该指标的集中程度一直在降低。北京高新技术开发区技术性收入占全国的比重达到 28.09%，较 2015 年提高了两个多百分点。除去排名靠前的 10 个省份，其余 21 个省份合计比重只占到 19.98%，较 2015 年下降了近 3 个百分点。

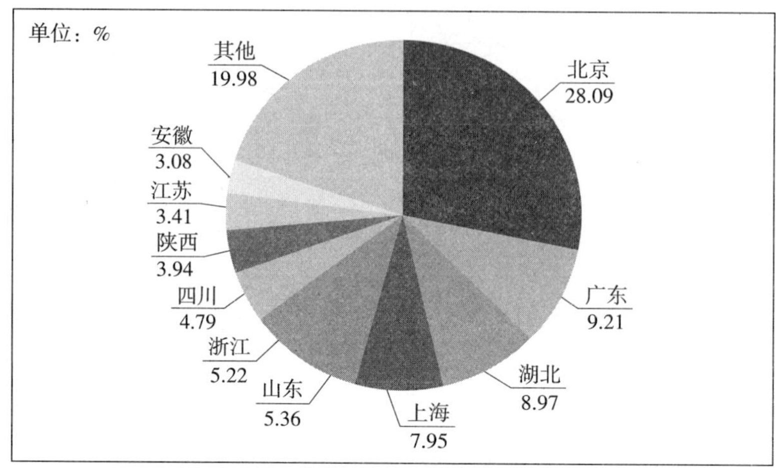

图 6－52 高新技术开发区技术性收入占全国比重图

数据来源：国家统计局，科学技术部. 2016 中国科技统计年鉴［M］. 北京：中国统计出版社，2016.

7. 科普指数四级指标框架及排名与分析

（1）指标框架

科普指数下设两个四级指标：科普专职人员数量、科普年度筹集经费（见图 6－53）。

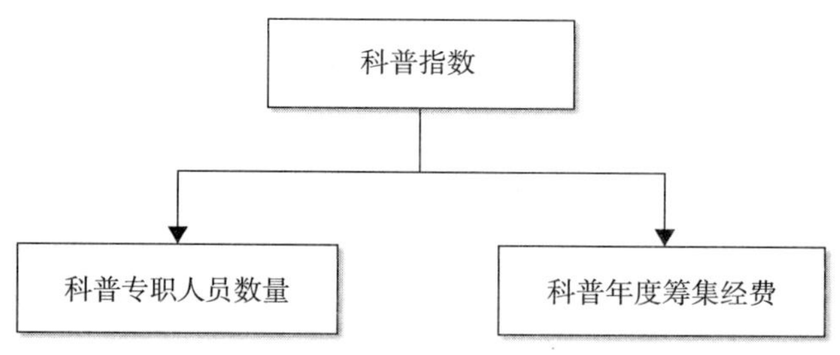

图 6－53 科普指数指标框架图

（2）科普指数具体指标分析

图 6－54 显示，全国科普专职人员数量指标对于反映当前和未来的科学技术发展情况有很强的指示作用。西藏—山西是科普专职人员数量排名最低的 10 个省份，均不到 5000 人，西藏最低，为 609 人；云南—四川是科普专职人员数量排名最高的 10 个省份，其中陕西以 14877 人列第 1 位。

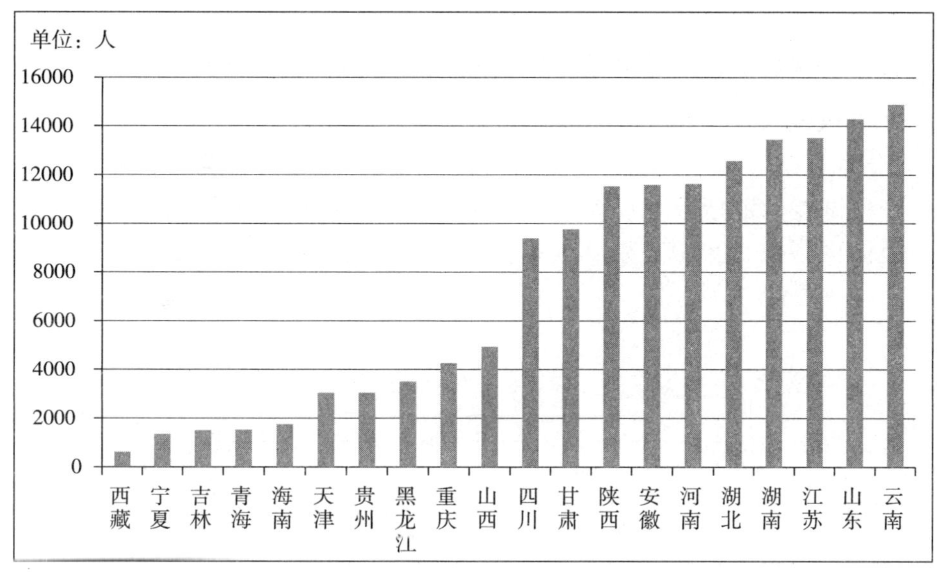

图 6－54　科普专职人员数量排名图

数据来源：国家统计局，科学技术部. 2016 中国科技统计年鉴［M］. 北京：中国统计出版社，2016.

图 6－55 显示，吉林—天津为科普年度筹集经费最低的 10 个省份，其中，吉林、宁夏、山西、西藏、黑龙江、海南六省份不足 1 亿元。北京—四川是该项指标排名前 10 位的省份，其中，北京约为 21.2 亿元，占据绝对优势，是第 2 名上海（13.6 亿元）的近 1.6 倍。

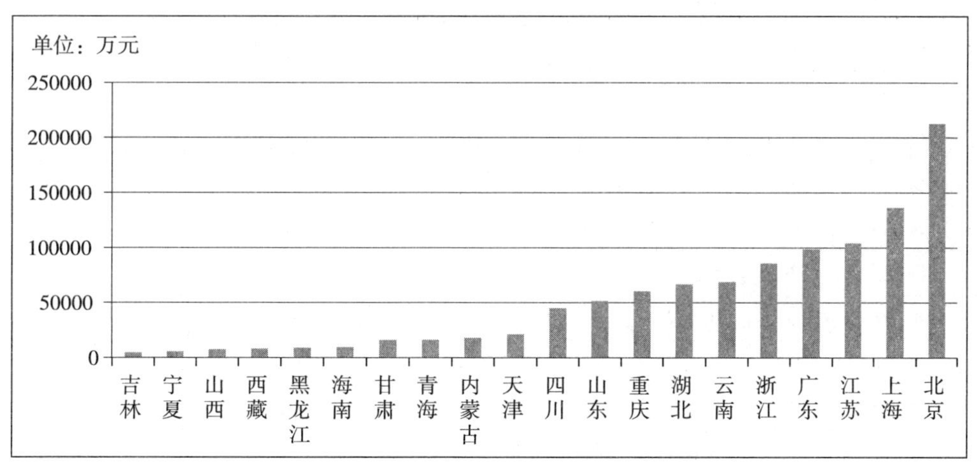

图 6－55　科普年度筹集经费排名图

数据来源：国家统计局，科学技术部. 2016 中国科技统计年鉴［M］. 北京：中国统计出版社，2016.

五、知识产权试点示范指数三级指标框架及排名与分析

1. 知识产权试点示范指数三级指标框架及指数排名

（1）指标框架

知识产权试点示范指数下设四个三级指标：知识产权试点示范城市指数、知识产权试点示范园区指数、知识产权试点单位指数、文化产业示范指数（见图6－56、表6－5）。

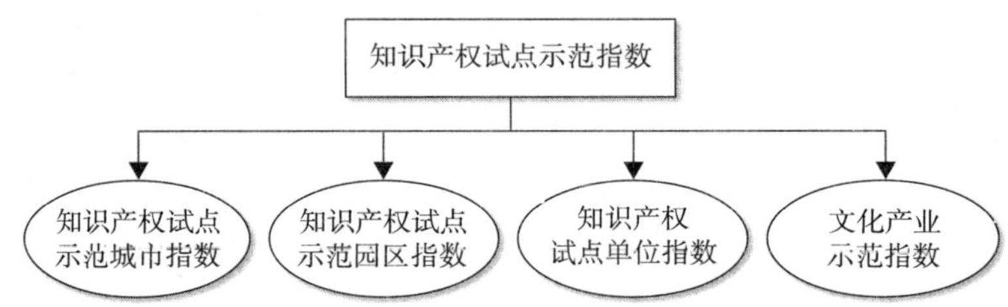

图6－56 知识产权试点示范指标框架图

（2）指数及排名

表6－5 知识产权试点示范指数及排名表

省份	知识产权试点示范指数		知识产权试点示范城市		知识产权试点示范园区		知识产权试点单位		文化产业示范	
	指数	排名	指数	排名	指数	排名	指数	排名	指数	排名
江苏	0.700	1	1.000	1	1.000	1	0.250	3	0.550	4
广东	0.564	2	0.462	3	0.346	2	0.500	2	0.950	2
北京	0.558	3	0.154	10	0.077	14	1.000	1	1.000	1
山东	0.388	4	0.538	2	0.346	2	0.219	4	0.450	7
浙江	0.362	5	0.462	3	0.231	4	0.156	6	0.600	3
四川	0.298	6	0.308	6	0.115	8	0.219	4	0.550	4
河南	0.236	7	0.385	5	0.115	8	0.094	10	0.350	11
上海	0.234	8	0.077	12	0.154	6	0.156	6	0.550	4
安徽	0.206	9	0.231	7	0.231	4	0.063	14	0.300	12
湖南	0.185	10	0.231	7	0.115	8	0.094	10	0.300	12
陕西	0.172	11	0.077	12	0.115	8	0.094	10	0.400	9
天津	0.162	12	0.077	12	0.115	8	0.156	6	0.300	12
湖北	0.161	13	0.154	10	0.115	8	0.125	9	0.250	17
福建	0.155	14	0.231	7	0.077	14	0.063	14	0.250	17
辽宁	0.141	15	0.077	12	0.038	18	0.000	25	0.450	7

续表 6－5

省　份	知识产权试点示范指数		知识产权试点示范城市		知识产权试点示范园区		知识产权试点单位		文化产业示范	
	指数	排名	指数	排名	指数	排名	指数	排名	指数	排名
重　庆	0.131	15	0.077	12	0.154	6	0.094	10	0.200	23
河　北	0.125	17	0.000	22	0.038	18	0.063	14	0.400	9
吉　林	0.112	18	0.077	12	0.038	18	0.031	17	0.300	12
江　西	0.096	19	0.077	12	0.077	14	0.031	17	0.200	23
黑龙江	0.090	20	0.077	12	0.000	26	0.031	17	0.250	17
云　南	0.085	21	0.000	22	0.038	18	0.000	25	0.300	12
山　西	0.070	22	0.000	22	0.000	26	0.031	17	0.250	17
广　西	0.065	23	0.000	22	0.077	14	0.031	17	0.150	25
甘　肃	0.063	24	0.000	22	0.000	26	0.000	25	0.250	17
青　海	0.063	25	0.000	22	0.000	26	0.000	25	0.250	17
贵　州	0.062	25	0.077	12	0.038	18	0.031	17	0.100	27
新　疆	0.062	27	0.077	12	0.038	18	0.031	17	0.100	27
内蒙古	0.047	28	0.000	22	0.038	18	0.000	25	0.150	25
海　南	0.042	28	0.000	22	0.038	18	0.031	17	0.100	27
宁　夏	0.025	30	0.000	22	0.000	26	0.000	25	0.100	27
西　藏	0.000	31	0.000	22	0.000	26	0.000	25	0.000	31

知识产权试点示范指数排名与各地的国家知识产权试点示范城市数、国家知识产权试点示范园区数、企事业知识产权试点单位数以及文化产业示范基地数等指标相关。分析表 6－5 可以发现，知识产权试点示范指数排名前 10 位的省份是江苏、广东、北京、山东、浙江、四川、河南、上海、安徽和湖南。排名后 10 位的省份是山西、广西、甘肃、青海、贵州、新疆、内蒙古、海南、宁夏和西藏。具体详见下文各指标分析。

2. 知识产权试点示范城市指数四级指标框架及排名与分析

（1）指标框架

知识产权试点示范城市指数用国家知识产权试点示范城市数来度量（见图 6－57、表 6－6）。

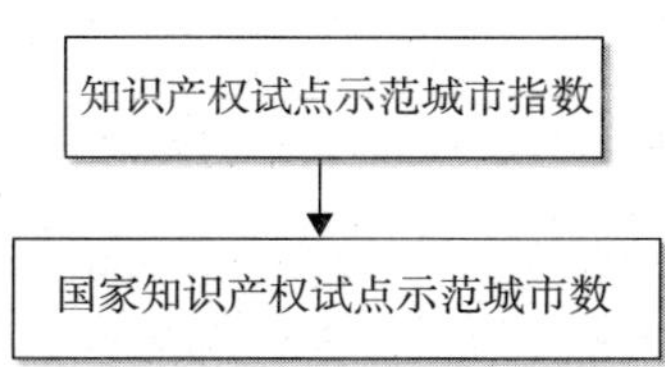

图 6－57　知识产权试点示范城市指数指标框架图

（2）知识产权试点示范城市指数具体指标分析

表 6－6 国家知识产权试点示范城市表

副省级	湖北武汉、广东广州、广东深圳、四川成都、浙江杭州、山东济南、山东青岛、黑龙江哈尔滨、江苏南京、辽宁大连、陕西西安、福建厦门、浙江宁波、吉林长春
地级	山东东营、河南郑州、河南洛阳、江苏镇江、浙江温州、江苏苏州、福建泉州、福建福州、安徽芜湖、湖南长沙、山东烟台、江苏南通、广东东莞、江苏无锡、湖南株洲、江苏泰州、山东潍坊、山东淄博、安徽合肥、浙江嘉兴、河南南阳、浙江湖州、新疆昌吉州、河南新乡、贵州贵阳、广东佛山、江苏常州、湖北宜昌、河南安阳、广东中山、北京朝阳区、湖南湘潭、四川攀枝花、江西南昌、四川绵阳、广东惠州、四川德阳、北京海淀区、上海闵行区、天津西青区、重庆江北区
县级	江苏常熟、江苏昆山、江苏江阴、江苏丹阳、江苏张家港、山东即墨、江苏海门、安徽宁国、浙江义乌

资料来源：国家知识产权局网站，国家知识产权试点城市、国家知识产权示范城市、国家知识产权示范城市创建市，http：//www. sipo. gov. cn/zlgls/zhc/cs/cssdzcwj/201104/t20110425_ 600890. html.

http：//www. sipo. gov. cn/ztzl/ywzt/zscqsfszl/.

3. 知识产权试点示范园区指数四级指标框架及排名与分析

（1）指标框架

知识产权试点示范园区指数用国家知识产权试点园区示范园区数来度量（见图 6－58、表 6－7）。

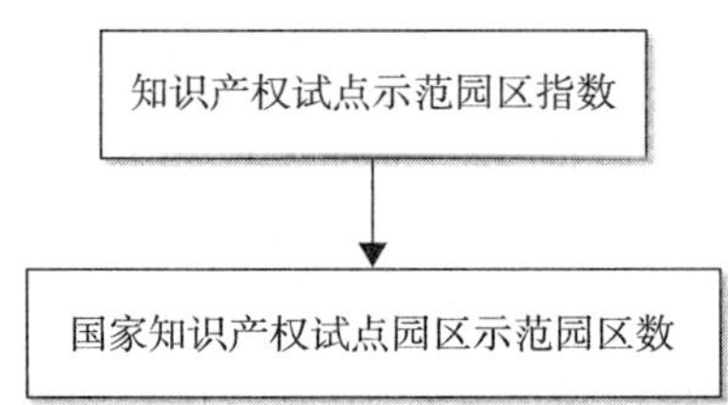

图 6－58 知识产权试点示范园区指数指标框架图

（2）知识产权试点示范园区指数具体指标分析

表 6－7 国家知识产权试点示范园区表

国家知识产权示范（创建）园区	武汉东湖新技术开发区、长春高新技术产业开发区 、天津滨海高新技术产业园区、青岛市崂山区、张江高科技园区、苏州工业园区、成都高新技术产业开发区、中关村科技园区、苏州高新区、杭州高新技术产业开发区、江苏昆山经济技术开发区、深圳市高新技术产业园区、洛阳高新技术产业开发区、广州开发区、长沙经济技术开发区、西安高新技术产业开发区、无锡高新技术产业开发区、石家庄高新技术产业开发区、包头稀土高新技术产业开发区、惠州仲恺高新技术产业开发区、烟台经济技术开发区、青岛西海岸新区（原经济技术开发区）、威海火炬高技术产业开发区、淄博高新技术产业开发区、沈阳高新技术产业开发区、张家港经济技术开发区、昆山高新技术产业开发区、江苏省张家港保税区、宁波国家高新技术产业开发区、合肥高新技术产业开发区、烟台高新技术产业开发区、东营经济技术开发区、潍坊高新技术产业开发区、郑州高新技术产业开发区、重庆高新技术产业开发区、长寿经济技术开发区、自贡高新技术产业开发区、杨凌农业高新技术产业示范区、宝鸡高新技术产业开发区、乌鲁木齐经济技术开发区

续表 6－7

国家知识产权试点园区	襄阳高新区、无锡工业设计园、湘潭高新技术产业开发区、国家知识产权创意产业园区、广东肇庆高新区、海口国家高新技术产业开发区、湖南望城经济开发区、泉州高新技术产业开发区、厦门火炬高技术产业开发区、北京经济技术开发区、南宁高新技术产业开发区、柳州高新技术产业开发区、绵阳高新技术产业开发区、贵阳国家高新技术产业开发区、上海紫竹高新技术产业开发区、上海漕河泾新兴技术开发区、江苏新沂经济开发区、海安经济技术开发区、锡山经济技术开发区、芜湖经济技术开发区、温州高新区技术产业开发区、金华经济技术开发区、南京高新技术产业开发区、南通高新技术产业开发区、武汉经济技术开发区、江阴高新技术产业开发区、武进高新技术产业开发区、徐州经济技术开发区、连云港经济技术开发区、南京江宁经济技术开发区、泰兴经济开发区、南通经济技术开发区、靖江经济技术开发区、邳州经济开发区、萍乡经济技术开发区、德州经济技术开发区、东莞松山湖(生态园)高新区、重庆空港工业园区、重庆两江新区、天津市东丽区华明高新技术产业区、天津新技术产业园区武清开发区、上海临港松江科技城、南京经济技术开发区、江苏省盐城高新技术产业开发区、江苏泰州高港高新技术产业园区

资料来源：国家知识产权局网站，国家知识产权试点园区、示范园区创建区，http://www.sipo.gov.cn/zlgls/zhc/yq/yqzcwj/201104/t20110425_600895.html.

4. 知识产权试点单位指数四级指标框架及排名与分析

（1）指标框架

知识产权试点单位指数用企事业知识产权试点单位数来度量（见图 6－59）。

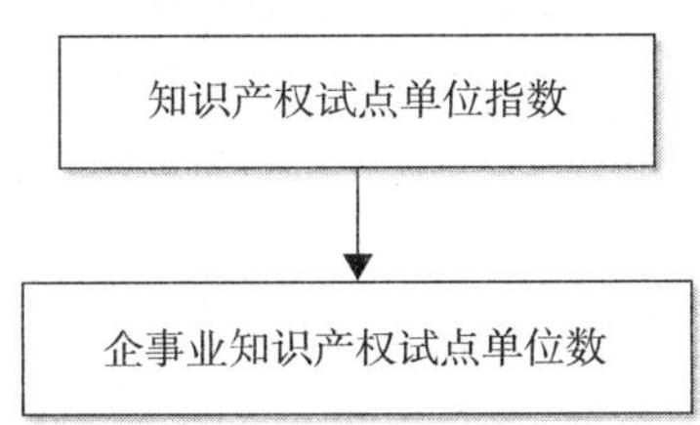

图 6－59　知识产权试点单位指数指标框架图

（2）知识产权试点单位指数具体指标分析

图 6－60 显示，广西—重庆这 10 个省份企事业知识产权试点单位数都较少，是排名后 10 位的地区。北京和广东超过 15 个试点单位，分列第 1 位和第 2 位。

5. 文化产业示范指数四级指标框架及排名与分析

（1）指标框架

文化产业示范指数用国家文化产业示范基地数来度量（见图 6－61、表 6－8）。

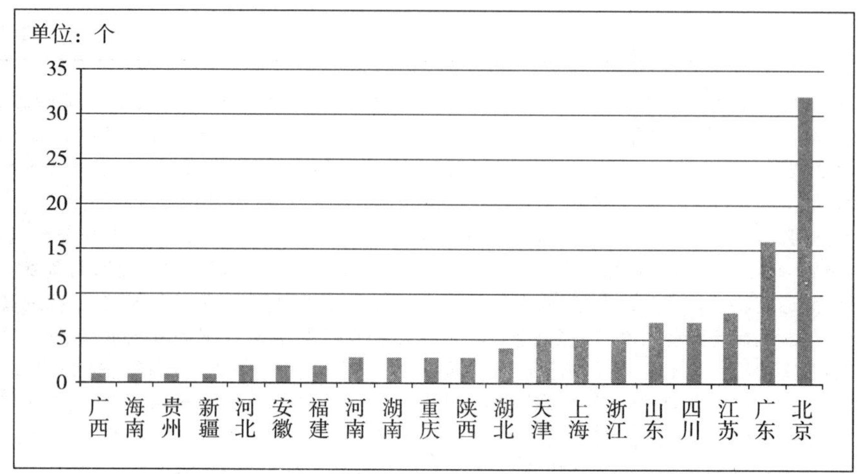

图6－60 企事业知识产权试点单位数排名图

数据来源：国家知识产权局网站，全国企事业知识产权试点单位（第四批），http：//www. sipo. gov. cn/sipo2010/zlgls/zxdt/zxgzdt/201101/t20110126_ 488595. html.

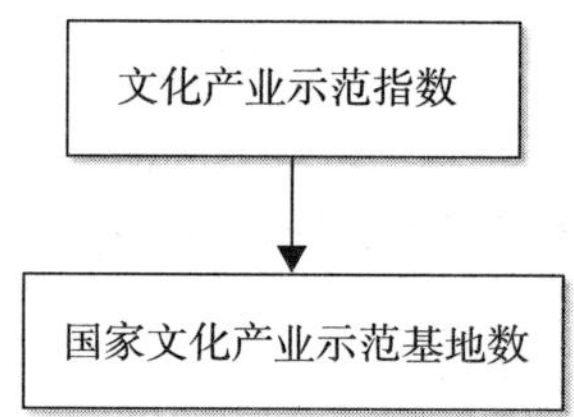

图6－61 文化产业示范指数指标框架图

（2）文化产业示范指数具体指标分析

表6－8 国家文化产业示范基地表（第四批）

1. 北京数字娱乐发展有限公司、2. 北京京都文化投资管理公司、3. 北京贯辰传媒有限公司 4. 北京人大文化科技园建设发展有限公司、5. 北京钧天坊古琴文化艺术传播有限公司 6. 中央新闻纪录电影制片厂（动漫）、7. 北京中外名人文化产业集团有限公司、8. 天津神界漫画有限公司 9. 天津市猛犸科技有限公司、10. 天津市津宝乐器有限公司、11. 大厂评剧歌舞团演艺有限责任公司 12. 河北金音乐器集团有限公司、13. 蔚县圆通文化创意有限责任公司 14. 阳城县皇城相府（集团）实业有限公司、15. 山西晋阳嫦娥文化艺术有限公司 16. 内蒙古鄂尔多斯市达拉特旗响沙湾旅游有限公司（文化旅游）、17. 内蒙古力王工艺美术有限公司 18. 大连圣亚旅游控股股份有限公司（文化旅游）、19. 沈阳三农博览园有限公司 20. 吉林省宇平工艺品制造有限公司、21. 吉林禹硕动漫游戏科技股份有限公司 22. 黑龙江冰尚杂技舞蹈演艺制作有限公司、23. 哈尔滨太阳岛风景区资产经营有限公司 24. 上海天地软件创业园有限公司、25. 上海今日动画影视文化有限公司、26. 扬州智谷投资管理有限公司 27. 江苏周庄文化创意产业投资发展有限公司、28. 江苏金一文化发展有限公司 29. 杭州神采飞扬娱乐有限公司、30. 宁波音王集团有限公司、31. 衢州醉根艺品有限公司 32. 桐城市佛光铜质工艺品有限公司、33. 蚌埠光彩投资有限责任公司、34. 中国宣纸集团公司 35. 艾派集团（中国）有限公司、36. 莆田市集友艺术框业有限公司、37. 福安市珍华工艺品有限公司

续表 6－8

38. 萍乡市升华实业有限公司、39. 同方泰豪动漫产业投资有限公司
40. 山东周村古商城旅游发展有限公司（文化旅游）、41. 威海刘公岛实业发展有限公司
42. 潍坊杨家埠民俗艺术有限公司、43. 开封清明上河园股份有限公司、44. 镇平石佛寺珠宝玉雕有限公司
45. 项城市汝阳刘笔业有限公司、46. 海豚传媒股份有限公司、47. 武汉艾立卡电子有限公司
48. 湖南大剧院、49. 拓维信息系统股份有限公司、50. 广东中凯文化传媒有限公司
51. 广州珠江钢琴集团股份有限公司、52. 羊城创意产业园、53. 深圳华强文化科技集团股份有限公司
54. 深圳市永丰源实业有限公司、55. 深圳市同源南岭文化创意园有限公司
56. 海南天涯在线网络科技有限公司、57. 广西钦州坭兴陶艺有限公司、58. 重庆商界传媒有限公司
59. 凉山文化广播电影电视传媒有限公司、60. 贵州平坝县天龙旅游投资开发有限公司（文化旅游）
61. 大理风花雪月文化传播有限责任公司、62. 拉萨市城关区古艺建筑美术公司
63. 宝鸡市文化旅游产业开发建设有限公司、64. 西安大唐西市文化产业投资有限公司
65. 陕西富平陶艺村有限责任公司、66. 敦煌飞天文化产业发展有限责任公司
67. 青海藏羊地毯集团有限公司
68. 青海工艺美术厂有限责任公司、69. 宁夏华夏西部影视城有限公司（文化旅游）
70. 新疆国际大巴扎开发有限公司

数据来源：国家文化部网站，国家文化产业示范基地（第四批），http：//www. mcprc. gov. cn/sjzz/whcys_ 4769/cys_ gjwhcysfjdm/201112/t20111207_ 351235. htm.

表6－8为第四批国家文化产业示范基地名单，各省份分布较为均衡。经过四批的积累，广东拥有国家文化产业示范基地17个，排名第1位。除广东外，超过10个的省份还有北京（16个）、四川（12个）、辽宁（10个）、上海（10个）、江苏（10个）和浙江（10个）等6省。

六、企业创造潜力指数三级指标框架及排名与分析

1. 企业创造潜力指数三级指标框架及指数排名

（1）指标框架

企业创造潜力指数下设四个三级指标：企业科研基础指数、企业人才投入指数、企业资本投入指数、企业新产品开发指数（见图6－62、表6－9）。

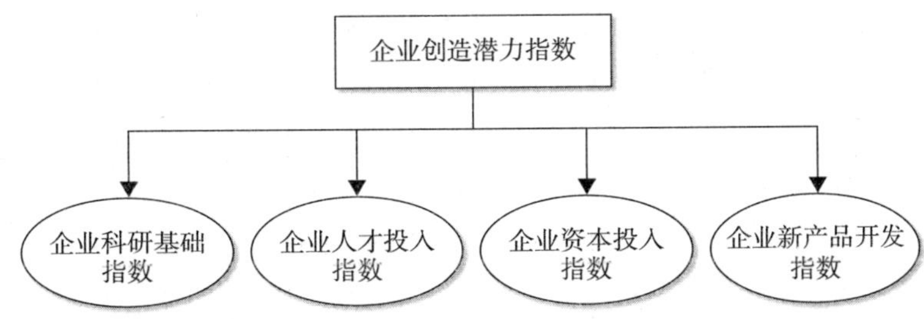

图6－62 企业创造指数指标框架图

（2）指数及排名

表 6－9　企业创造潜力指数及排名表

省　份	企业创造潜力指数		企业科研基础		企业人才投入		企业资本投入		企业新产品开发	
	指数	排名	指数	排名	指数	排名	指数	排名	指数	排名
江　苏	0.774	1	0.940	1	0.573	2	0.616	6	0.967	1
广　东	0.698	2	0.354	7	0.720	1	0.838	4	0.880	2
浙　江	0.664	3	0.701	2	0.352	8	0.874	3	0.727	3
北　京	0.542	4	0.641	4	0.441	6	0.912	2	0.176	8
上　海	0.530	5	0.312	11	0.526	3	1.000	1	0.282	5
天　津	0.476	6	0.692	3	0.237	16	0.815	5	0.159	11
山　东	0.443	7	0.207	17	0.503	4	0.510	10	0.554	4
湖　南	0.352	8	0.342	8	0.331	10	0.589	7	0.146	12
安　徽	0.333	9	0.380	5	0.231	19	0.469	13	0.253	6
湖　北	0.324	10	0.217	16	0.350	9	0.552	9	0.177	7
陕　西	0.309	11	0.244	14	0.403	7	0.507	11	0.083	17
重　庆	0.306	12	0.330	10	0.194	23	0.573	8	0.129	14
福　建	0.282	13	0.277	13	0.190	25	0.495	12	0.166	10
海　南	0.244	14	0.309	12	0.231	20	0.432	14	0.007	29
甘　肃	0.230	15	0.372	6	0.180	27	0.347	17	0.022	26
云　南	0.211	16	0.334	9	0.158	28	0.312	19	0.039	22
黑龙江	0.209	17	0.094	24	0.269	13	0.431	15	0.044	21
辽　宁	0.203	18	0.060	28	0.251	15	0.388	16	0.115	16
河　南	0.199	19	0.156	19	0.275	12	0.196	24	0.169	9
河　北	0.195	20	0.130	20	0.219	21	0.298	21	0.133	13
四　川	0.189	21	0.122	22	0.231	18	0.283	22	0.119	15
山　西	0.178	22	0.095	23	0.233	17	0.347	18	0.035	23
内蒙古	0.162	23	0.061	27	0.251	14	0.307	20	0.028	24
江　西	0.157	24	0.190	18	0.195	22	0.162	26	0.080	18
新　疆	0.149	25	0.129	21	0.290	11	0.162	27	0.017	27
宁　夏	0.148	26	0.221	15	0.089	31	0.267	23	0.013	28
西　藏	0.143	27	0.073	26	0.500	5	0.000	31	0.000	31
广　西	0.095	28	0.087	25	0.138	29	0.106	29	0.049	20
吉　林	0.094	29	0.009	31	0.185	26	0.126	28	0.054	19
贵　州	0.093	30	0.049	30	0.118	30	0.179	25	0.026	25
青　海	0.075	31	0.059	29	0.194	24	0.043	30	0.004	30

分析表 6－9 可以发现，企业创造潜力指数排名前 10 位的省份是江苏、广东、浙江、北京、上海、天津、山东、湖南、安徽和湖北；排名后 10 位的省份是山西、内蒙古、江西、新疆、宁夏、西藏、广西、吉林、贵州和青海。

在两个最基本的投入指标：企业人才投入指数方面，排名第 1 位的是广东。在企业资本投入指数方面，排名第 1 位的是上海。而企业科研基础指数和企业新产品开发指数排名第 1 位的都是江苏。

2. 企业科研基础指数四级指标框架及排名与分析

（1）指标框架

企业科研基础指数用规模以上工业企业中有科技机构的企业占全部企业比重、规模以上工业企业中有 R&D 活动的企业占全部企业比重两个指标来度量（见图 6－63）。

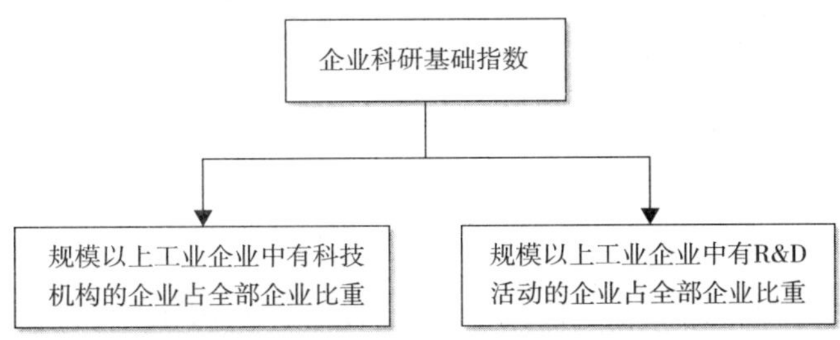

图 6－63　企业科研基础指数指标框架图

（2）企业科研基础指数具体指标分析

图 6－64 显示，西藏—山西是规模以上工业企业中有科技机构的企业占全部企业比重较低的 10 个省份，均不超过 6%。江苏—云南是规模以上工业企业中有科技机构的企业占全部企业比重较高的 10 个省份，除江苏（38.92%）、浙江（21.97）外，各省份之间的差距并不明显。

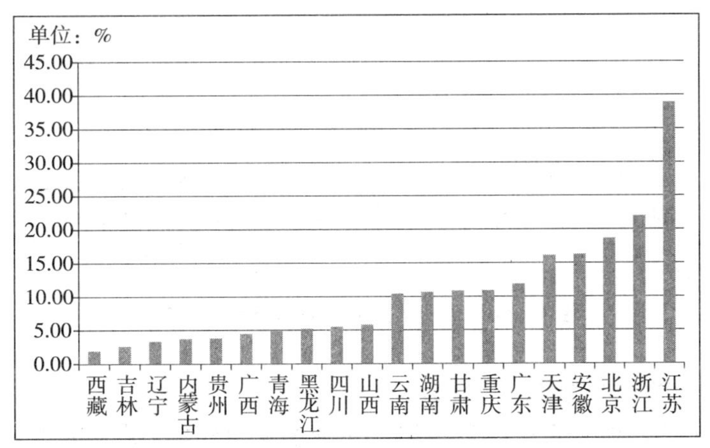

图 6－64　规模以上工业企业中有科技机构的企业占全部企业比重图

数据来源：国家统计局，科学技术部. 2016 中国科技统计年鉴［M］. 北京：中国统计出版社，2016.

图 6－65 显示，吉林—西藏是规模以上工业企业中有 R&D 活动的企业占全部企业比重最低的 10 个省份，均不足 10%。天津—重庆则是排名最高的 10 个省份，其中，天津比重最高，约为 37.72%。此外，北京、浙江和江苏三省市的比重也超过 30%。

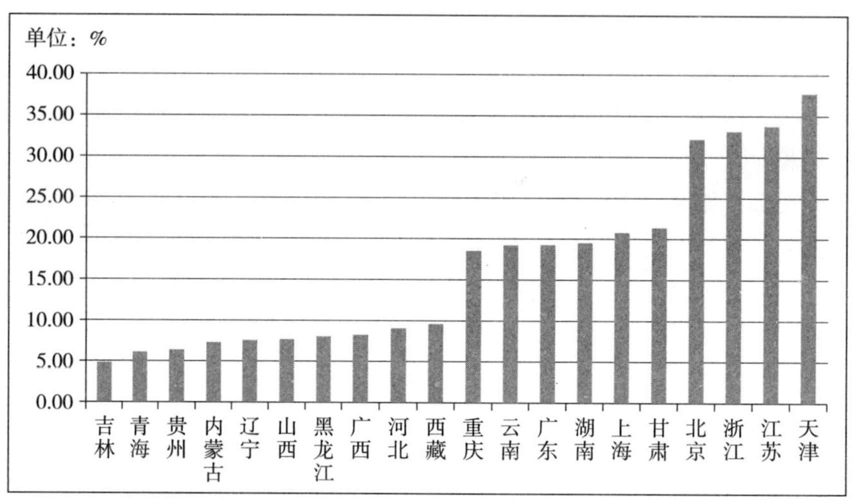

图 6－65 规模以上工业企业中有 R&D 活动的企业占全部企业比重排名图

数据来源：国家统计局，科学技术部．2016 中国科技统计年鉴［M］．北京：中国统计出版社，2016.

3. 企业人才投入指数四级指标框架及排名与分析

（1）指标框架

企业人才投入指数用规模以上工业企业 R&D 人员数量、规模以上工业企业研发机构硕士以上学历人员比重两个指标衡量（见图 6－66）。

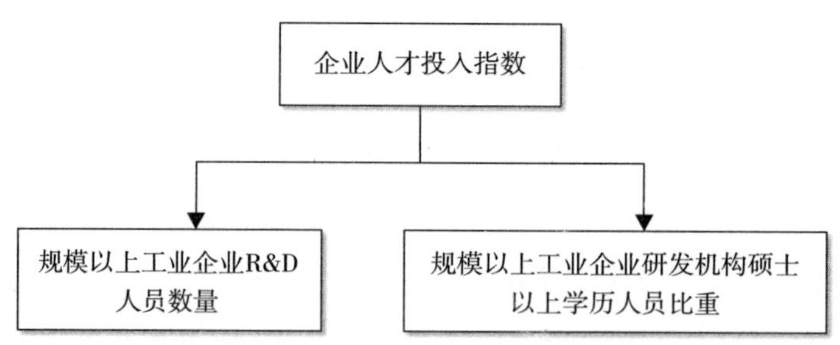

图 6－66 企业人才投入指数指标框架图

（2）企业人才投入指数具体指标分析

图 6－67 显示，西藏—吉林是规模以上工业企业 R&D 人员数量排名最低的 10 个省份，除吉林（33753 人）外均不足 30000 人。江苏—湖南则是排名最高的 10 个省份，其中，江苏（57.1 万人）和广东（53.4 万人）超过 50 万人，分列第 1 位、第 2 位。

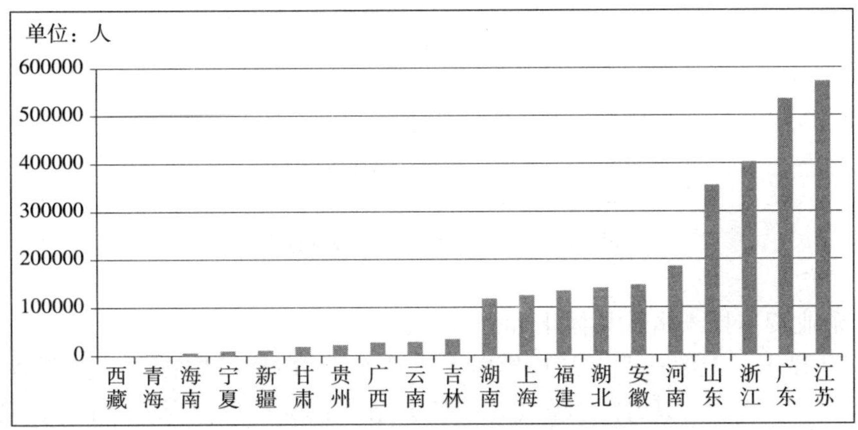

图 6-67 规模以上工业企业 R&D 人员数量排名图

数据来源：国家统计局，科学技术部.2016 中国科技统计年鉴［M］．北京：中国统计出版社，2016.

图 6-68 显示，浙江—云南是规模以上工业企业硕士以上学历人员比重最低的 10 个省份，其中浙江、福建最低，分别为 6.34% 和 9.76%。西藏—海南是比重最高的 10 个省份，西藏最高，达到 30%。

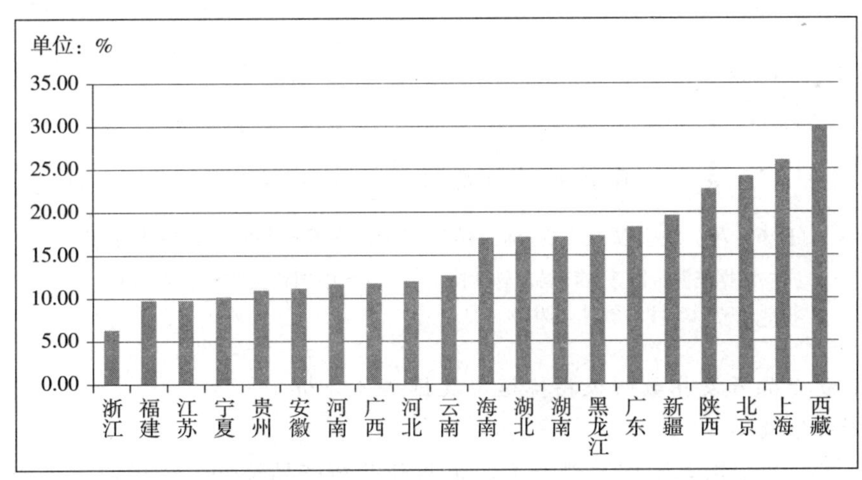

图 6-68 规模以上工业企业硕士以上学历人员比重排名图

数据来源：国家统计局，科学技术部.2016 中国科技统计年鉴［M］．北京：中国统计出版社，2016.

4. 企业资本投入指数四级指标框架及排名与分析

（1）指标框架

企业资本投入指数用规模以上工业企业 R&D 经费占主营业务收入比重指标衡量（见 6-69）。

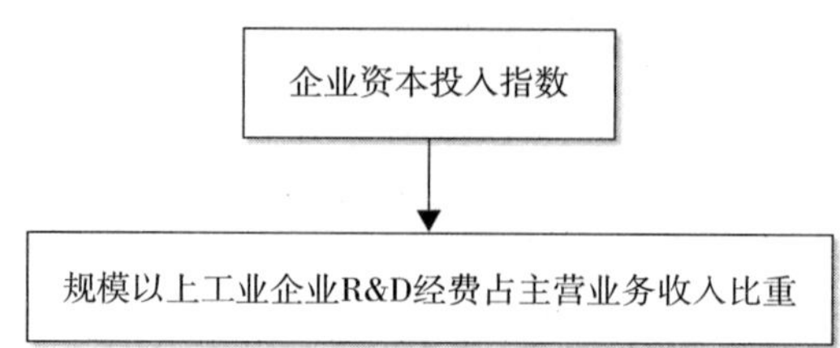

图6－69 企业资本投入指数指标框架图

（2）企业资本投入指数具体指标分析

图6－70显示，上海—西藏是规模以上工业企业R&D经费占主营业务收入比重排名靠前的20个省份，其中上海（1.57%）排名第1位。除上海外，还有北京（1.45%）、浙江（1.40%）、浙江（1.35%）、天津（1.32%）、江苏（1.06%）、湖南（1.03%）、重庆（1.01%）超过1%。

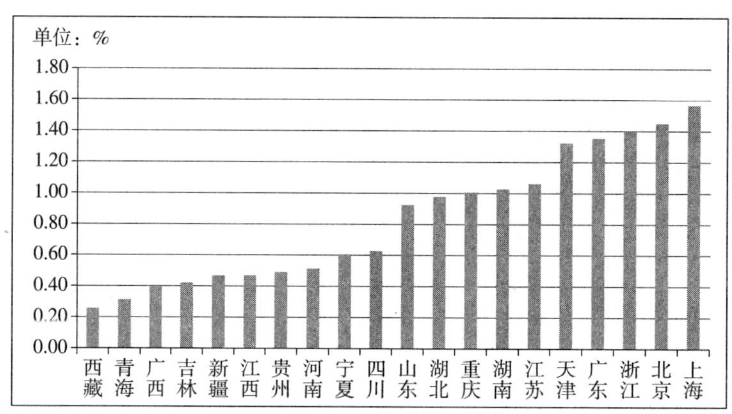

图6－70 规模以上工业企业R&D经费占主营业务收入比重排名图

数据来源：国家统计局，科学技术部．2016中国科技统计年鉴［M］．北京：中国统计出版社，2016.

5．企业新产品开发指数四级指标框架及排名与分析

（1）指标框架

企业新产品开发指数用规模以上工业企业开发新产品经费、规模以上工业企业新产品开发项目数两个指标衡量（见图6－71）。

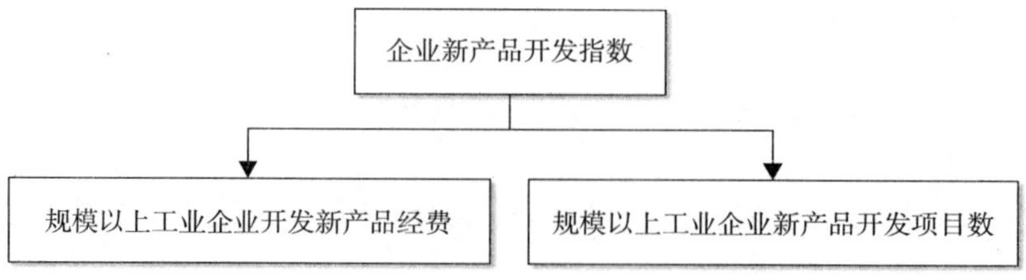

图6－71 企业新产品开发指数指标框架图

（2）企业新产品开发指数具体指标分析

图 6－72 显示，西藏—山西是我国规模以上工业企业开发新产品经费排名最靠后的 10 个省份，西藏和青海的经费都不到 10 亿元。广东—北京是规模以上工业企业开发新产品经费排名最靠前的 10 个省份，均在 300 亿元以上，其中，广东（1831 亿元）、江苏（1711 亿元）和山东（1122 亿元）三省超过 1000 亿元。与 2015 年相比，广东有大幅增长，江苏和山东基本持平。

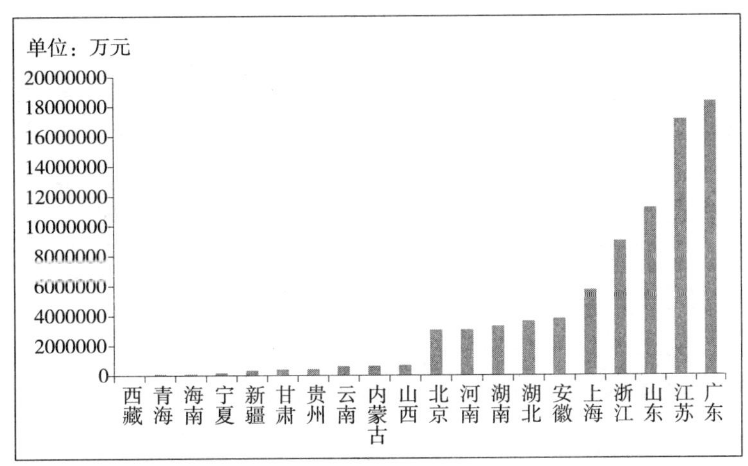

图 6－72　规模以上工业企业开发新产品经费排名图

数据来源：国家统计局，科学技术部．2016 中国科技统计年鉴［M］．北京：中国统计出版社，2016.

通过图 6－73 可以看出，广东、江苏、山东、浙江这四个省是我国规模以上工业企业开发新产品经费占全国比重最高的四个省，四省总和超过 50%。

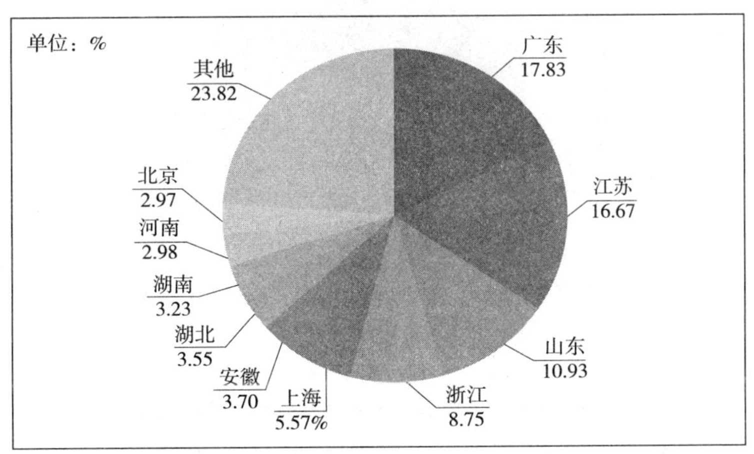

图 6－73　规模以上工业企业开发新产品经费占全国比重图

数据来源：国家统计局，科学技术部．2016 中国科技统计年鉴［M］．北京：中国统计出版社，2016.

图 6－74 显示，规模以上工业企业新产品开发项目数各省份差异非常大，西藏—云南是排名后 10 位的省份，西藏、青海、海南、新疆、宁夏项目数不足 1000 项。江苏—福建则是排名靠前的 10 个省份，江苏以 5. 7 万项领先于其他省份。

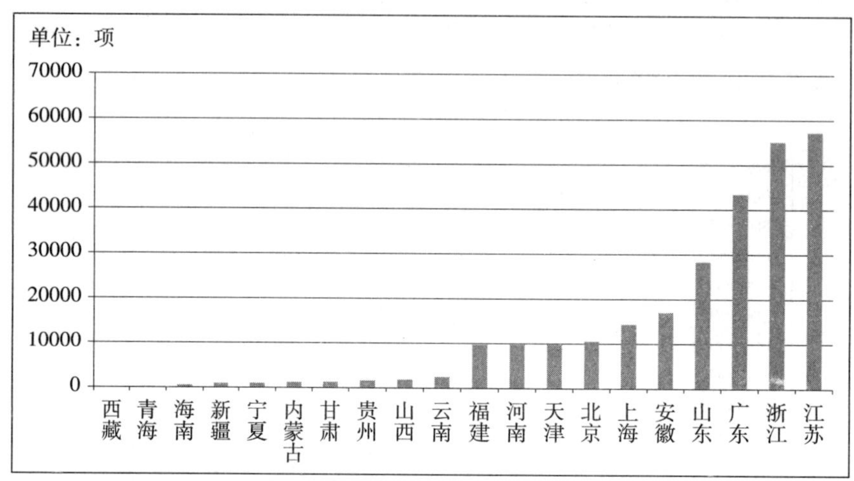

图 6－74　规模以上工业企业新产品开发项目数排名图

数据来源：国家统计局，科学技术部 . 2016 中国科技统计年鉴［M］. 北京：中国统计出版社，2016.

图 6－75 显示，江苏、浙江、广东和山东所占比重较大四个省份总和为 52%，超过一半，比 2015 年基本持平。排名靠前的 10 个省份的总和超过 78%。

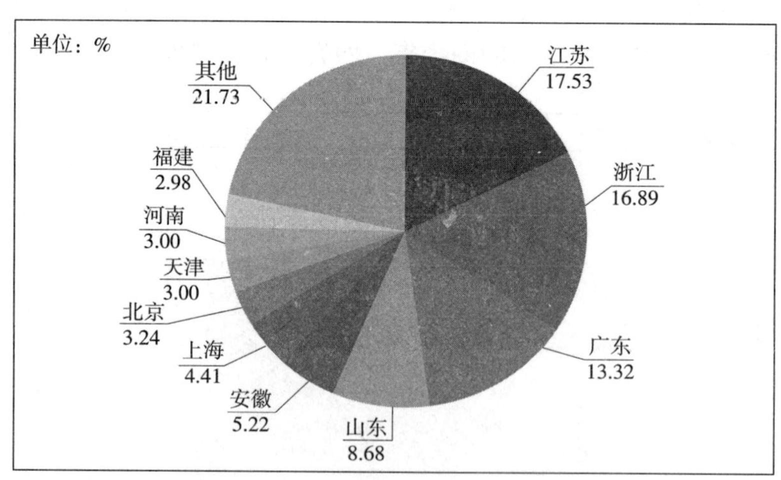

图 6－75　规模以上工业企业新产品开发项目数占全国比重图

数据来源：国家统计局，科学技术部 . 2016 中国科技统计年鉴［M］. 北京：中国统计出版社，2016.

七、知识产权保护指数三级指标框架及排名与分析

1. 知识产权保护指数三级指标框架及指数排名

（1）指标框架

知识产权保护指数下设四个四级指标：专利行政执法指数、商标行政执法指数、行政执法服务能力指数以及司法保护能力指数（见图6－76、表6－10）。

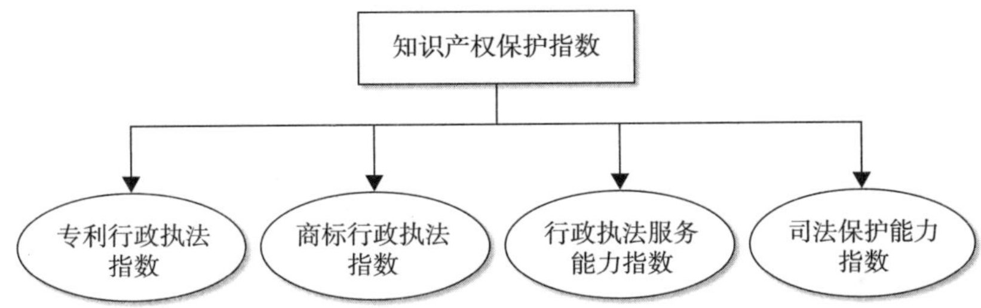

图6－76　知识产权行政保护指数指标框架图

（2）指数及排名

表6－10　知识产权保护指数及排名表

省份	知识产权保护指数		专利行政执法		商标行政执法		行政执法服务能力		司法保护能力	
	指数	排名	指数	排名	指数	排名	指数	排名	指数	排名
江苏	0.690	1	0.545	2	0.521	3	0.694	1	1.000	1
浙江	0.661	2	0.572	1	0.992	1	0.120	21	0.961	2
广东	0.478	3	0.251	5	0.676	2	0.299	6	0.687	4
湖南	0.433	4	0.348	3	0.197	9	0.433	2	0.756	3
山东	0.329	5	0.306	4	0.177	11	0.157	15	0.674	5
湖北	0.278	6	0.160	6	0.477	4	0.228	11	0.248	7
福建	0.258	7	0.142	9	0.276	8	0.371	4	0.244	8
河南	0.233	8	0.157	8	0.342	6	0.111	22	0.322	6
上海	0.190	9	0.014	25	0.361	5	0.348	5	0.038	25
北京	0.185	10	0.072	11	0.153	12	0.420	3	0.094	17
四川	0.163	11	0.093	10	0.183	10	0.190	12	0.185	10
贵州	0.142	12	0.158	7	0.073	17	0.131	18	0.207	9
安徽	0.140	13	0.050	17	0.313	7	0.105	24	0.091	18
天津	0.106	14	0.046	19	0.057	21	0.231	9	0.088	19
河北	0.101	15	0.057	13	0.101	14	0.143	17	0.102	13
重庆	0.100	16	0.034	23	0.045	23	0.252	8	0.070	22
陕西	0.095	17	0.062	12	0.072	18	0.178	13	0.067	23

续表 6-10

省份	知识产权保护指数		专利行政执法		商标行政执法		行政执法服务能力		司法保护能力	
	指数	排名	指数	排名	指数	排名	指数	排名	指数	排名
辽　宁	0.094	18	0.053	15	0.076	16	0.129	19	0.117	11
广　西	0.093	19	0.051	16	0.101	15	0.147	16	0.072	21
吉　林	0.085	20	0.007	26	0.036	25	0.268	7	0.029	26
江　西	0.074	21	0.049	18	0.047	22	0.102	25	0.100	15
内蒙古	0.074	22	0.046	20	0.028	26	0.120	20	0.102	14
山　西	0.070	23	0.004	28	0.041	24	0.231	10	0.003	29
甘　肃	0.066	24	0.038	22	0.064	19	0.160	14	0.002	30
新　疆	0.065	25	0.055	14	0.107	13	0.096	26	0.000	31
黑龙江	0.062	26	0.043	21	0.000	31	0.110	23	0.096	16
西　藏	0.050	27	0.000	31	0.008	29	0.079	27	0.112	12
云　南	0.044	28	0.015	24	0.057	20	0.061	28	0.041	24
宁　夏	0.041	29	0.005	27	0.013	28	0.059	30	0.087	20
海　南	0.025	30	0.004	29	0.027	27	0.061	29	0.009	27
青　海	0.013	31	0.000	30	0.006	30	0.036	31	0.008	28

分析表 6-10 可以发现，知识产权保护指数排名前 10 位的省份是江苏、浙江、广东、湖南、福建、河南、上海和北京；排名后 10 位的省份是内蒙古、山西、甘肃、新疆、黑龙江、西藏、云南、宁夏、海南和青海。总体来看，经济发展越好的地区对知识产权保护的重视程度越高，这也符合知识产权保护的一般规律。

2. 专利行政执法指数四级指标框架及排名与分析

（1）指标框架

专利行政执法指数下设两个四级指标：专利侵权和其他纠纷结案量、查处专利假冒案件结案量（见图 6-77）。

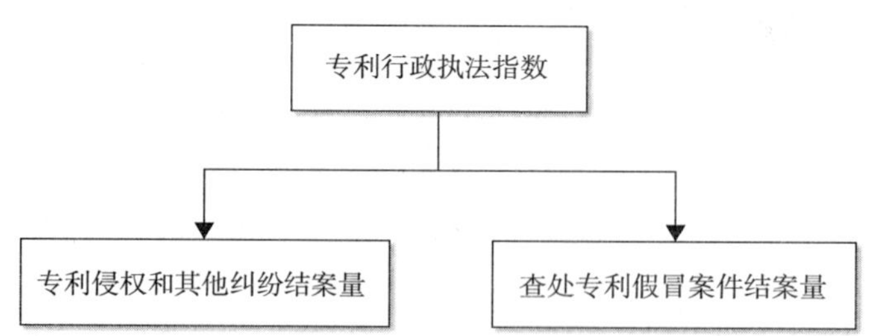

图 6-77　专利行政执法指数指标框架图

（2）专利行政执法指数具体指标分析

图 6-78 显示，西藏—甘肃是专利侵权和其他纠纷结案量排名最靠后的 10 个省份，

其中，西藏、青海二省均为0。浙江—河南是排名靠前的10个省份，其中，浙江排名第1位，约为7969项。

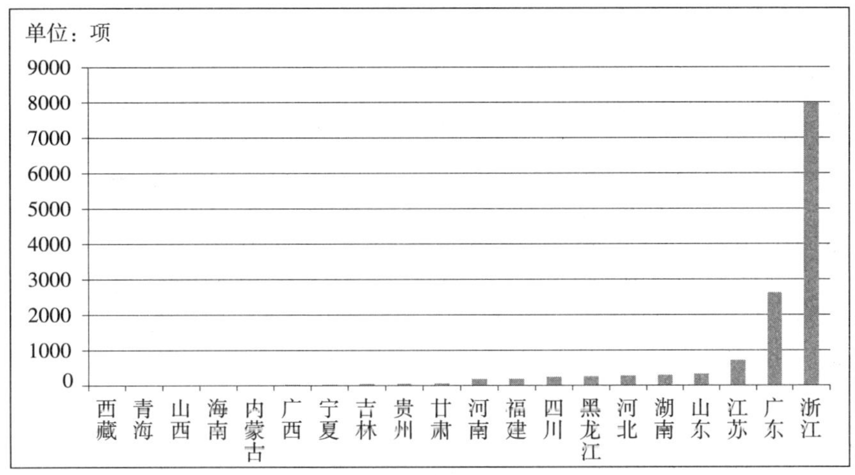

图6-78　专利侵权和其他纠纷结案量排名图

数据来源：国家知识产权局.2015专利统计年报.

图6-79显示，西藏—黑龙江是查处专利假冒案件结案量排名靠后的10个省份，其中西藏为0。江苏—浙江是排名靠前的10个省份，其中，江苏排名第1位，约为4189项。湖南排名第2位，约为2756项，都较2014年有大幅增长。

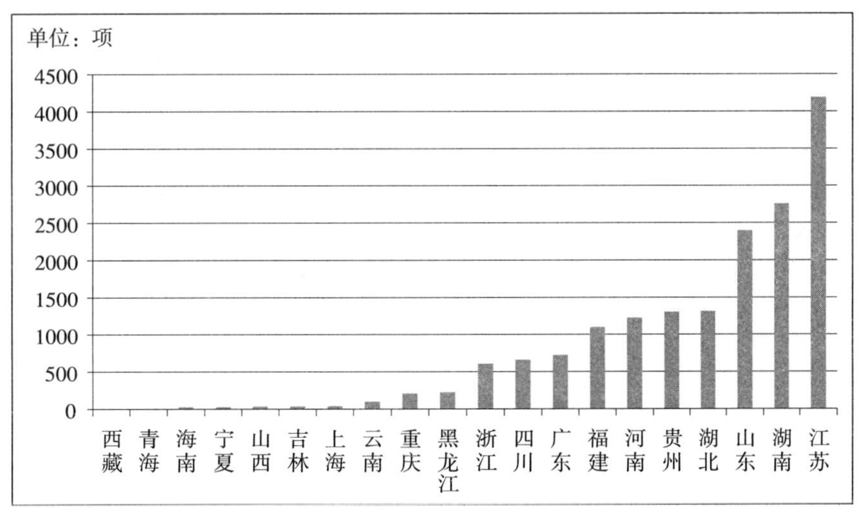

图6-79　查处专利假冒案件结案量排名图

数据来源：国家知识产权局.2015专利统计年报.

3. 商标行政执法指数四级指标框架及排名与分析

（1）指标框架

商标行政执法指数下设两个四级指标：查处商标违法案件总数、查处商标违法案件案值（见图 6－80）。

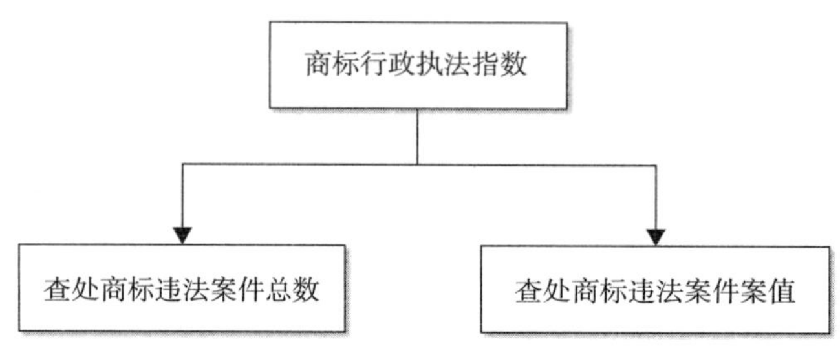

图 6－80　商标行政执法指数指标框架图

（2）商标行政执法指数具体指标分析

图 6－81 显示，黑龙江—江西是查处商标违法案件总数最少的 10 个省份，均不超过 1000 件，其中，黑龙江最低，约为 30 件；广东—山东是查处商标违法案件总数最多的 10 个省份，其中广东（4208 件）、浙江（4138 件）超过 6000 件，领先于国内其他各省份。

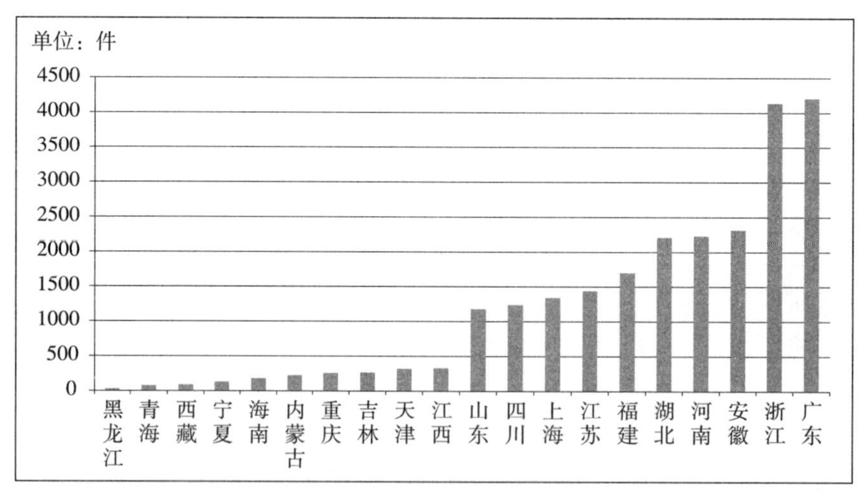

图 6－81　查处商标违法案件总数排名图

数据来源：国家统计局．2015 中国知识产权统计年报［M］．北京：知识产权出版社，2016.

图 6－82 显示，黑龙江—江西是查处商标违法案件案值最少的 10 个省份，均不足 300 万元；浙江—山东是查处商标违法案件案值最多的 10 个省份，其中，浙江的查处力度远远超过全国其他省份，总额高达 1. 19 亿元，排名第 2 位的江苏也超过了 8000 万元。

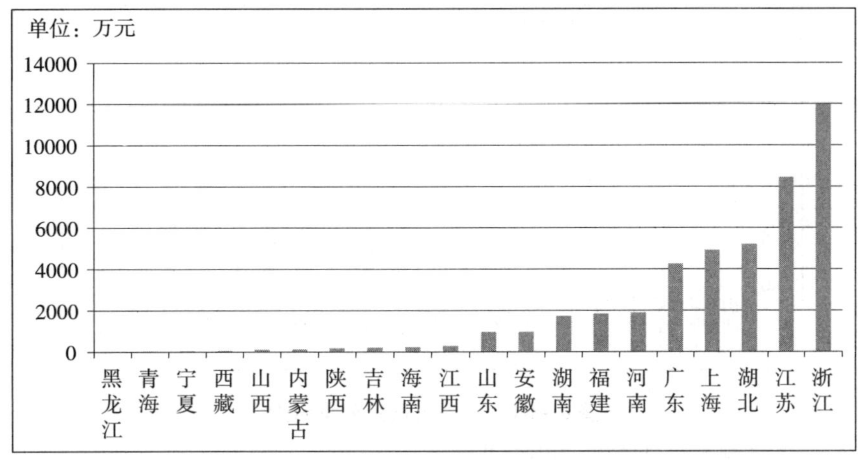

图 6－82　查处商标违法案件案值排名图

数据来源：国家统计局. 2015 中国知识产权统计年报［M］. 北京：知识产权出版社，2016.

4. 行政执法服务能力指数四级指标框架及排名与分析

（1）指标框架

行政执法服务能力指数下设四个四级指标：执法人员素质、执法人员数量、执法经费支持以及接听咨询投诉电话量（见图 6－83）。

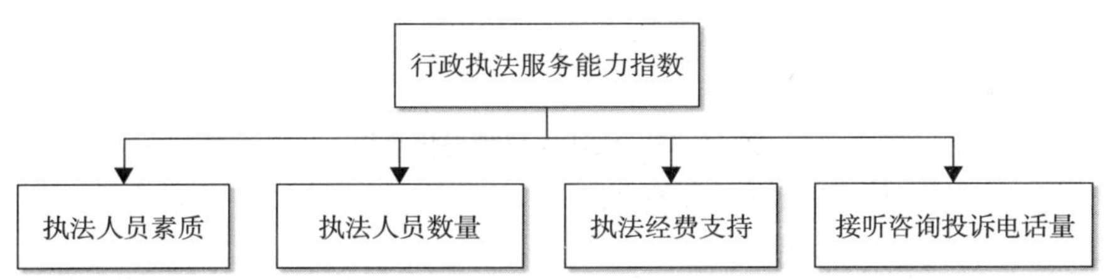

图 6－83　行政执法服务能力指数指标框架图

（2）行政执法服务能力指数具体指标分析

图 6－84 显示，根据课题组所做研究，执法人员素质相对较高的省份是重庆、北京、山东、江苏、广东、上海、江西、陕西、福建和甘肃。

图 6－85 显示，湖南—云南为执法人员数量最多的 20 个省份。全国所有省份都有专门的执法人员，超过（含）10 人的省份有 6 个，其中，湖南最多，达到 49 人。

图 6－86 显示，江苏—宁夏为执法经费支持最多的 20 个省份，江苏（1300 万元）最高，超过 1000 万元，遥遥领先于其他省份。

图 6－87 显示，海南—河北是接听咨询投诉电话量最少的 10 个省份，其中，海南、西藏和青海三省并未开通，咨询电话接听量为 0；上海—福建是接听咨询投诉电话量最多的 10 个省份，其中，上海最多，高达 9308 个。

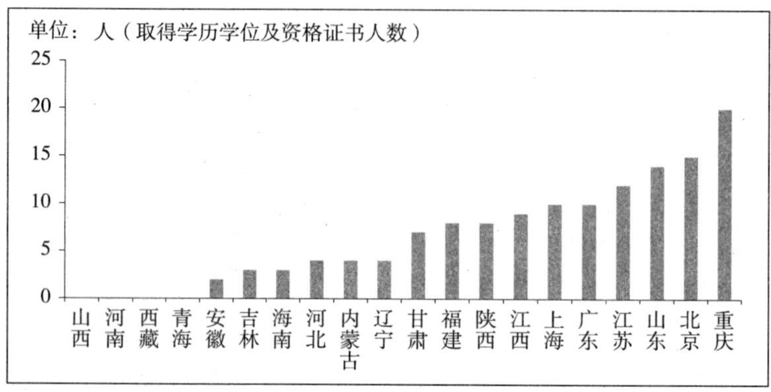

图6－84　执法人员素质排名图

数据来源：国家统知识产权局.

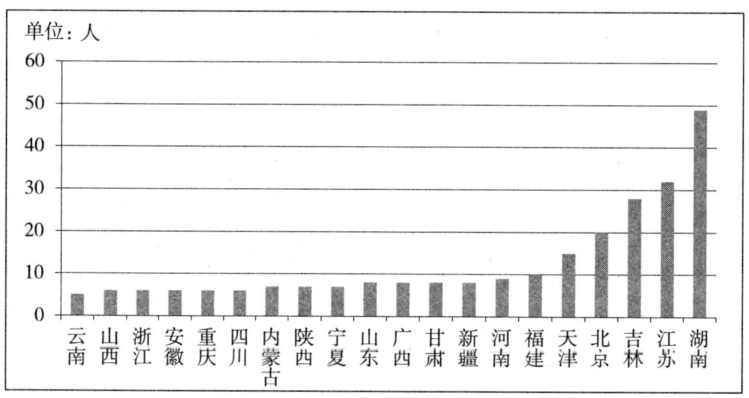

图6－85　执法人员数量排名图

数据来源：国家统知识产权局.

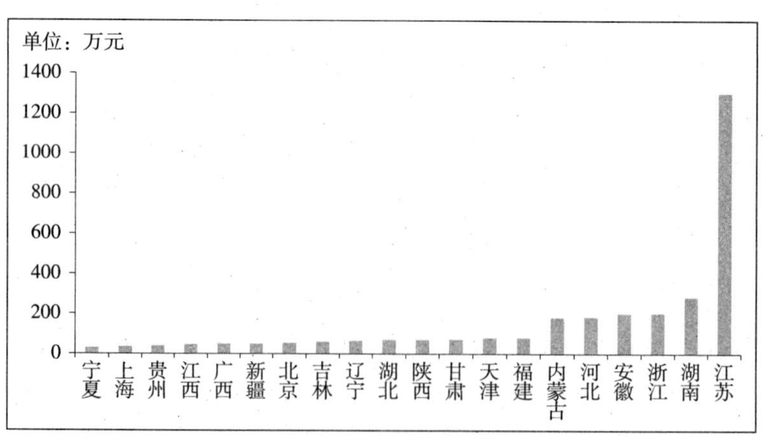

图6－86　执法经费支持排名图

数据来源：国家统知识产权局.

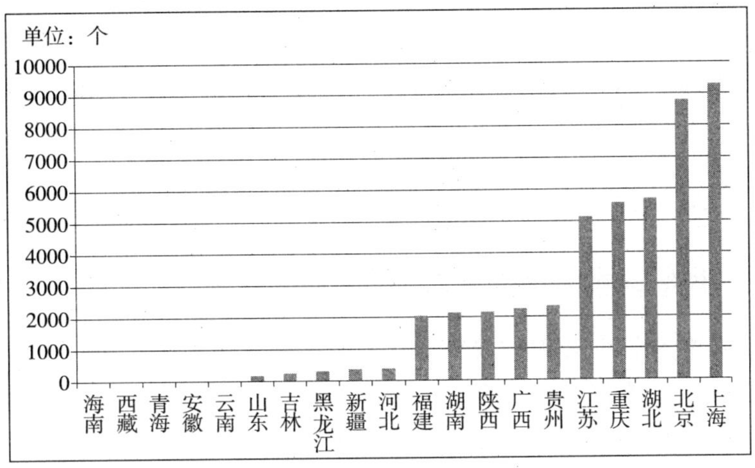

图6-87　接听咨询投诉电话量排名图

数据来源：国家统知识产权局.

5. 司法保护能力指数四级指标框架及排名与分析

（1）指标框架

司法保护能力指数由知识产权一审结案量指标来衡量（见图6-88）。

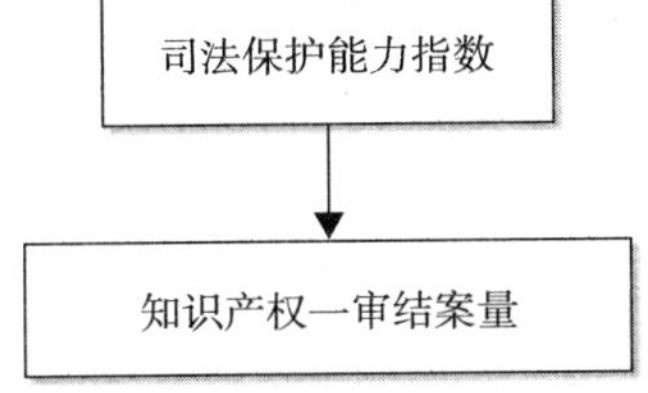

图6-88　司法保护能力指数指标框架图

（2）司法保护能力指数具体指标分析

图6-89显示，新疆—重庆是知识产权一审结案量最少的10个省份，其中，新疆和甘肃甚至低于10件；江苏—四川是该项指标最多的10个省份，其中，江苏（3697件）和浙江（3551件）超过3000件，领先于全国其他省份。

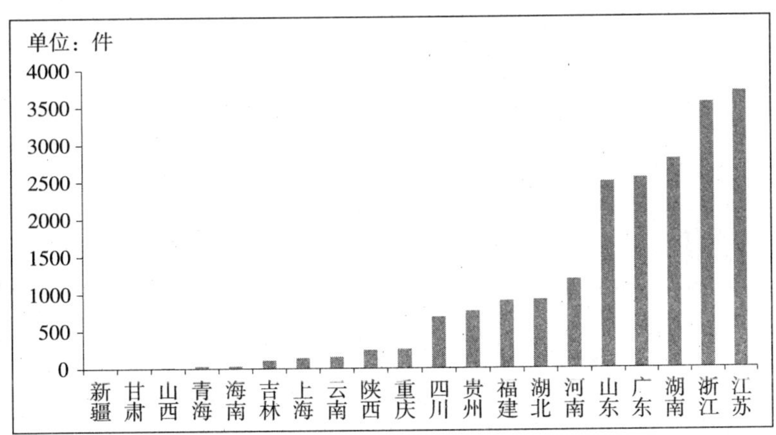

图6-89　知识产权一审结案量排名图

数据来源：国家统知识产权局.

第七章　知识产权综合实力进步指数 2017 排名与分析

一、知识产权综合实力进步指数指标框架

与知识产权指数相比，知识产权综合实力进步指数[1]侧重于考察增量，关注各省份知识产权的进步情况。本报告前六章对中国区域知识产权综合实力各项指标的指数与排名作了较为全面细致的分析，基本完成了对中国区域知识产权发展现状的考察。第七章重点阐述知识产权综合实力进步指数情况。知识产权综合实力进步指数的指标框架如表 7－1 所示，评价方法同样为综合指数法。

表 7－1　　知识产权综合实力进步指数指标框架

知识产权综合实力进步指数	产出水平进步指数	百万人口年度专利申请量增幅
		百万人口年度商标申请量增幅
	流动水平进步指数	技术市场成交合同金额与 GDP 比例增幅
		年度专利申请代理量增幅
	促进经济社会发展进步指数	人均 GDP 增幅
		单位地区生产总值能耗
	创造潜力进步指数	R&D 人员全时当量总计增幅
		人均 R&D 经费内部支出

下面对知识产权综合实力进步指数的计算结果作详细分析（见表 7－2）。

二、知识产权综合实力进步指数排名与分析

表 7－2　　中国区域知识产权综合实力进步指数 2017 排名

省　份	知识产权综合实力进步指数		产出水平		流动水平		促进经济社会发展		创造潜力	
	指数	排名	指数	排名	指数	排名	指数	排名	指数	排名
云　南	0.665	1	0.561	5	0.453	13	0.683	5	0.962	1
重　庆	0.590	2	0.545	8	0.472	11	0.700	2	0.641	2
西　藏	0.555	3	0.795	1	0.431	18	0.441	20	0.553	6

[1] 与 2016 年相比，由于部分数据 2017 年并未公布，因此课题组对个别指标进行替换。

续表7-2

省份	知识产权综合实力进步指数		产出水平		流动水平		促进经济社会发展		创造潜力	
	指数	排名	指数	排名	指数	排名	指数	排名	指数	排名
江　西	0.548	4	0.551	7	0.583	4	0.484	17	0.572	3
湖　北	0.522	5	0.465	16	0.511	7	0.692	3	0.419	21
福　建	0.512	6	0.535	10	0.440	17	0.685	4	0.388	24
湖　南	0.511	7	0.417	19	0.442	16	0.625	8	0.559	5
海　南	0.504	8	0.306	28	0.978	1	0.340	24	0.392	23
河　北	0.503	9	0.532	11	0.530	6	0.403	22	0.549	8
上　海	0.494	10	0.583	4	0.383	21	0.526	15	0.483	14
广　东	0.493	11	0.448	18	0.492	10	0.569	12	0.463	16
四　川	0.488	12	0.410	21	0.510	8	0.581	11	0.452	17
北　京	0.483	13	0.541	9	0.322	28	0.618	9	0.450	18
吉　林	0.474	14	0.478	14	0.347	26	0.634	7	0.438	19
安　徽	0.468	15	0.468	15	0.405	19	0.509	16	0.490	12
山　东	0.458	16	0.414	20	0.457	12	0.460	19	0.500	11
宁　夏	0.452	17	0.615	2	0.562	5	0.236	30	0.396	22
内蒙古	0.451	18	0.482	13	0.496	9	0.293	28	0.534	9
广　西	0.447	19	0.560	6	0.452	14	0.549	13	0.227	28
河　南	0.444	20	0.395	22	0.366	23	0.583	10	0.432	20
青　海	0.440	21	0.607	3	0.712	2	0.439	21	0.000	31
天　津	0.439	22	0.330	27	0.346	27	0.530	14	0.552	7
浙　江	0.438	23	0.352	26	0.359	25	0.478	18	0.562	4
陕　西	0.433	24	0.462	17	0.583	3	0.303	27	0.383	26
江　苏	0.427	25	0.300	29	0.248	29	0.658	6	0.503	10
贵　州	0.399	26	0.123	31	0.143	31	0.866	1	0.464	15
新　疆	0.393	27	0.518	12	0.362	24	0.202	31	0.490	13
甘　肃	0.382	28	0.357	24	0.383	20	0.402	23	0.388	25
黑龙江	0.349	29	0.394	23	0.442	15	0.318	26	0.243	27
辽　宁	0.262	30	0.355	25	0.369	22	0.280	29	0.046	30
山　西	0.206	31	0.193	30	0.202	30	0.331	25	0.097	29

中国区域知识产权综合实力进步指数最高的10个省份是云南、重庆、西藏、江西、湖北、福建、湖南、海南、河北和上海。

纵览历史数据，不难发现，排名前 10 位的一直主要是中西部省份，表明了部分中西部省份起步虽然较晚，但是具备后发优势，正在缩短与发达地区的差距。

重庆是唯一一个排在知识产权综合实力进步指数前 10 位，同时也是知识产权指数前 10 强的省份。这也验证和解释了重庆作为一个西部省份，如何突围并领先于周边地区的。

同时，这些指数也反映了另外一个现象，即同区域内省份逐渐出现分化的趋势，部分西部省份进步显著，也有部分原地踏步，甚至倒退，东部地区也有部分省份呈现疲态。

三、知识产权产出水平进步指数指标与排名

1. 知识产权产出水平进步指数排名与分析（见表 7－3）

表 7－3　知识产权产出水平进步指数及排名

省　份	产出水平进步指数		百万人口年度专利申请量增幅		百万人口年度商标申请量增幅	
	指数	排名	指数	排名	指数	排名
西　藏	0.795	1	0.591	12	1.000	1
宁　夏	0.615	2	0.563	16	0.667	2
青　海	0.607	3	1.000	1	0.213	27
上　海	0.583	4	0.562	17	0.604	4
云　南	0.561	5	0.638	9	0.484	6
广　西	0.560	6	0.718	7	0.402	7
江　西	0.551	7	0.822	3	0.280	17
重　庆	0.545	8	0.877	2	0.212	28
北　京	0.541	9	0.417	27	0.665	3
福　建	0.535	10	0.807	5	0.263	19
河　北	0.532	11	0.819	4	0.245	22
新　疆	0.518	12	0.508	22	0.527	5
内蒙古	0.482	13	0.736	6	0.228	23
吉　林	0.478	14	0.582	15	0.374	9
安　徽	0.468	15	0.619	10	0.318	13
湖　北	0.465	16	0.589	14	0.342	10
陕　西	0.462	17	0.701	8	0.222	24
广　东	0.448	18	0.590	13	0.305	14
湖　南	0.417	19	0.542	19	0.292	15
山　东	0.414	20	0.549	18	0.280	18
四　川	0.410	21	0.493	24	0.327	11
河　南	0.395	22	0.534	20	0.256	20

续表7－3

省 份	产出水平进步指数		百万人口年度专利申请量增幅		百万人口年度商标申请量增幅	
	指数	排名	指数	排名	指数	排名
黑龙江	0.394	23	0.400	28	0.387	8
甘 肃	0.357	24	0.494	23	0.220	25
辽 宁	0.355	25	0.425	26	0.284	16
浙 江	0.352	26	0.490	25	0.215	26
天 津	0.330	27	0.519	21	0.141	30
海 南	0.306	28	0.613	11	0.000	31
江 苏	0.300	29	0.275	29	0.325	12
山 西	0.193	30	0.195	30	0.190	29
贵 州	0.123	31	0.000	31	0.246	21

分析表7－3可以发现，中国区域知识产权产出水平进步指数排名前10位的省份是：西藏、宁夏、青海、上海、云南、广西、江西、重庆、北京和福建。排名后10位的省份是：河南、黑龙江、甘肃、辽宁、浙江、天津、海南、江苏、山西和贵州。与综合实力进步指数趋势类似，仍然是中西部省份靠前，东部省份稍靠后。

2. 知识产权产出水平进步指数具体指标分析

（1）百万人口年度专利申请量增幅指标分析

图7－1表明，青海—安徽是2015年百万人口年度专利申请量增幅最高的10个省份，青海领先于其他省份，增幅接近60%。与2015年的广西相比，增幅略有降低。甘肃—贵州是2015年百万人口年度专利申请量增幅最低的10个省份。

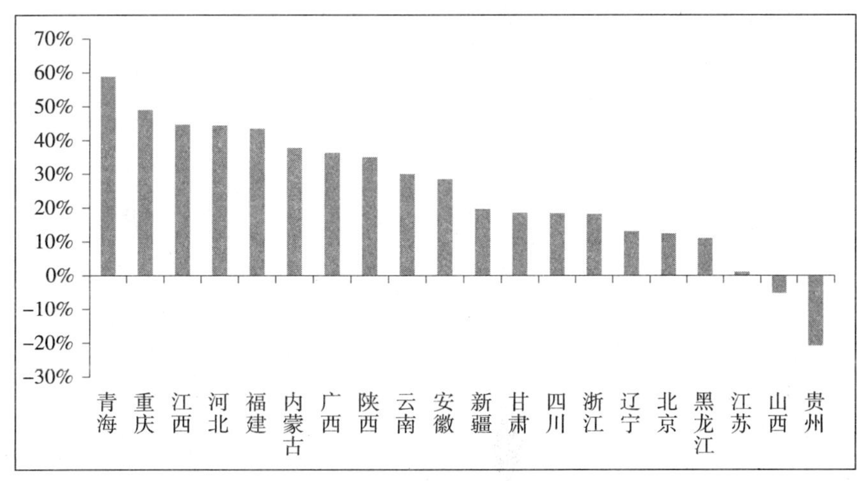

图7－1 百万人口年度专利申请量增幅排名图

数据来源：2015专利统计年报、2016中国统计年鉴，数据年代：2015年.

（2）百万人口年度商标申请量增幅指标分析

图7－2表明，西藏—湖北是2015年百万人口年度商标申请量同期增幅最高的10个省份，其中，西藏增长近90%，领先于其他省份。河北—海南是增幅最低的10个省份。

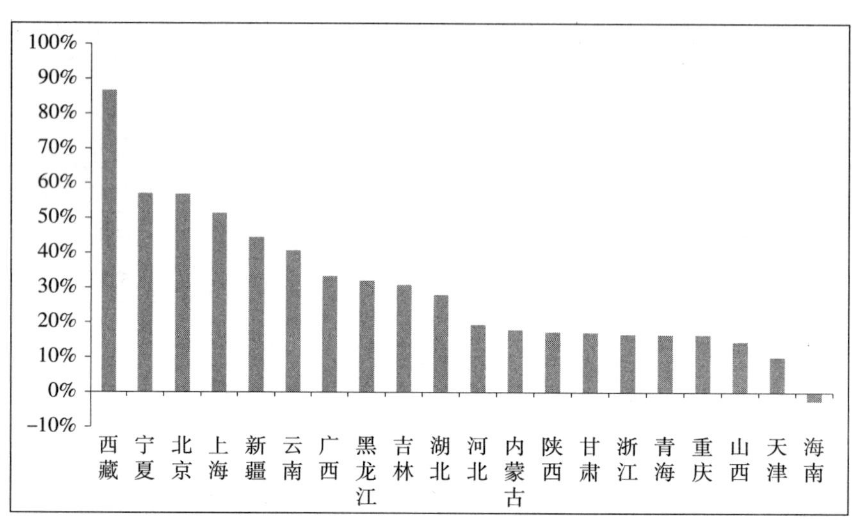

图7－2　百万人口年度商标申请量增幅排名图

数据来源：2015中国知识产权年报、2016中国统计年鉴，数据年代：2015年.

四、知识产权流动水平进步指数指标与排名

1. 知识产权流动水平进步指数排名与分析（见表7－4）

表7－4　知识产权流动水平进步指数及排名

省份	流动水平进步指数		技术市场成交合同金额与GDP比例增幅		年度专利申请代理量增幅	
	指数	排名	指数	排名	指数	排名
海南	0.978	1	1.000	1	0.956	2
青海	0.712	2	0.424	2	1.000	1
陕西	0.583	3	0.273	14	0.893	4
江西	0.583	4	0.306	10	0.860	6
宁夏	0.562	5	0.251	22	0.872	5
河北	0.530	6	0.354	5	0.706	9
湖北	0.511	7	0.327	6	0.694	10
四川	0.510	8	0.358	4	0.663	12
内蒙古	0.496	9	0.271	15	0.721	8

续表 7－4

省　份	流动水平进步指数		技术市场成交合同金额与 GDP 比例增幅		年度专利申请代理量增幅	
	指数	排名	指数	排名	指数	排名
广　东	0.492	10	0.409	3	0.575	17
重　庆	0.472	11	0.000	31	0.944	3
山　东	0.457	12	0.293	11	0.621	16
云　南	0.453	13	0.242	25	0.665	11
广　西	0.452	14	0.090	30	0.814	7
黑龙江	0.442	15	0.255	19	0.630	14
湖　南	0.442	16	0.237	26	0.647	13
福　建	0.440	17	0.317	8	0.564	18
西　藏	0.431	18	0.235	27	0.626	15
安　徽	0.405	19	0.257	17	0.552	19
甘　肃	0.383	20	0.285	13	0.481	23
上　海	0.383	21	0.253	21	0.512	20
辽　宁	0.369	22	0.316	9	0.421	26
河　南	0.366	23	0.250	23	0.481	22
新　疆	0.362	24	0.260	16	0.465	24
浙　江	0.359	25	0.254	20	0.464	25
吉　林	0.347	26	0.203	29	0.491	21
天　津	0.346	27	0.317	7	0.374	28
北　京	0.322	28	0.243	24	0.401	27
江　苏	0.248	29	0.228	28	0.267	29
山　西	0.202	30	0.255	18	0.149	30
贵　州	0.143	31	0.286	12	0.000	31

分析表 7－4 可以发现，中国区域知识产权流动水平进步指数排名靠前的 10 个省份是：海南、青海、陕西、江西、宁夏、河北、湖北、四川、内蒙古和广东。排名后 10 位的省份是：辽宁、河南、新疆、浙江、吉林、天津、北京、江苏、山西和贵州。

总体来看，技术市场成交合同金额与 GDP 比例增幅与年度专利申请代理量增幅两个指标没有表现出较大的一致性，譬如：重庆两项指标的排名分别是第 31 位和第 3 位，两者相差非常大。估计部分原因是因为虽然专利申请量高，但是能够转化为产业化的数量可能并不太理想。

2. 知识产权流动水平进步指数具体指标分析

（1）技术市场成交合同金额与 GDP 比例增幅指标分析

图 7－3 显示，海南—江西是 2015 年技术市场成交合同金额与 GDP 比例增幅排名前 10 位的省份，其中，海南增幅更是超过 200%，这与海南 2015 年基数太低有关系。宁夏—重庆是增幅后 10 位的省份，倒数后 5 名全部为负，其中，广西和重庆降幅超过 50%。

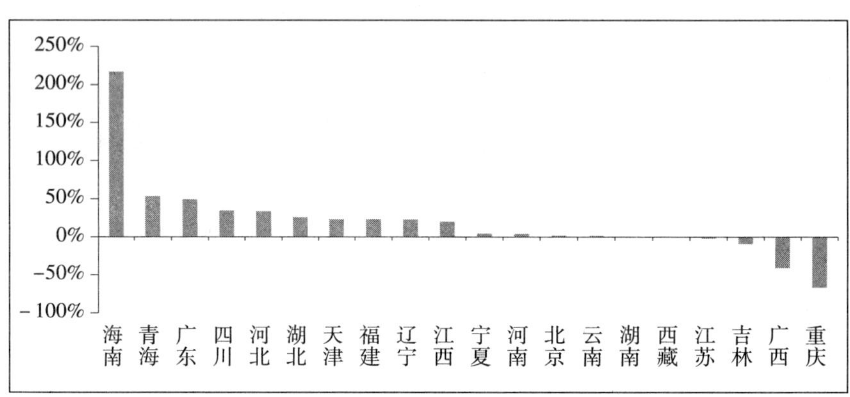

图 7－3　技术市场成交合同金额与 GDP 比例增幅排名图

数据来源：科技部、2016 中国统计年鉴，数据年代：2015 年.

（2）年度专利申请代理量增幅指标分析

图 7－4 显示，青海—湖北是 2015 年年度专利申请代理量增幅排名前 10 位的省份，排名第 1 位的青海增幅接近 60%，其他省份总体上呈现阶梯状分布。河南—贵州是增幅排名后 10 位的省份。

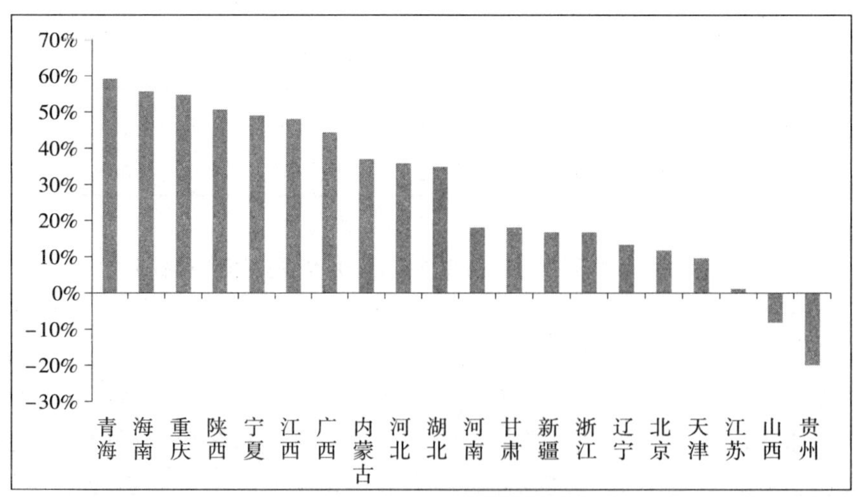

图 7－4　年度专利申请代理量增幅排名图

数据来源：2015 专利统计年报，数据年代：2015 年.

五、知识产权促进经济社会发展进步指数指标与排名

1. 知识产权促进经济社会发展进步指数排名与分析（见表7－5）

表7－5　　知识产权促进经济社会发展进步指数及排名

省份	促进经济社会发展进步指数		人均GDP增幅		单位地区生产总值能耗降幅	
	指数	排名	指数	排名	指数	排名
贵州	0.866	1	1.000	1	0.731	5
重庆	0.700	2	0.770	3	0.630	12
湖北	0.692	3	0.635	5	0.748	3
福建	0.685	4	0.622	7	0.748	3
云南	0.683	5	0.526	14	0.840	2
江苏	0.658	6	0.652	4	0.664	10
吉林	0.634	7	0.267	23	1.000	1
湖南	0.625	8	0.561	10	0.689	9
北京	0.618	9	0.614	8	0.622	13
河南	0.583	10	0.510	15	0.655	11
四川	0.581	11	0.447	20	0.714	7
广东	0.569	12	0.559	12	0.580	15
广西	0.549	13	0.568	9	0.529	18
天津	0.530	14	0.354	22	0.706	8
上海	0.526	15	0.623	6	0.429	22
安徽	0.509	16	0.448	19	0.571	16
江西	0.484	17	0.540	13	0.429	22
浙江	0.478	18	0.560	11	0.395	26
山东	0.460	19	0.508	16	0.412	24
西藏	0.441	20	0.780	2	0.101	30
青海	0.439	21	0.417	21	0.462	19
河北	0.403	22	0.193	26	0.613	14
甘肃	0.402	23	0.072	30	0.731	5
海南	0.340	24	0.471	18	0.210	29
山西	0.331	25	0.115	29	0.546	17
黑龙江	0.318	26	0.199	25	0.437	20
陕西	0.303	27	0.236	24	0.370	28

续表 7 -5

省　份	促进经济社会发展进步指数		人均 GDP 增幅		单位地区生产总值能耗降幅	
	指数	排名	指数	排名	指数	排名
内蒙古	0.293	28	0.149	28	0.437	20
辽　宁	0.280	29	0.166	27	0.395	26
宁　夏	0.236	30	0.471	17	0.000	31
新　疆	0.202	31	0.000	31	0.403	25

分析表 7 -5 可以发现，2015 年中国区域知识产权促进经济社会发展进步指数排名前 10 位的省份是：贵州、重庆、湖北、福建、云南、江苏、吉林、湖南、北京和河南。排名后 10 位的省份是：河北、甘肃、海南、山西、黑龙江、陕西、内蒙古、辽宁、宁夏和新疆。

2. 知识产权促进经济社会发展进步指数具体指标分析

(1) 人均 GDP 增幅指标分析

图 7 -5 显示，贵州—湖南是 2015 年人均 GDP 增幅最高的 10 个省份，其中贵州超过 12%。天津—新疆是人均 GDP 增幅最低的 10 个省份，其中，山西、甘肃和新疆增幅小于 0。

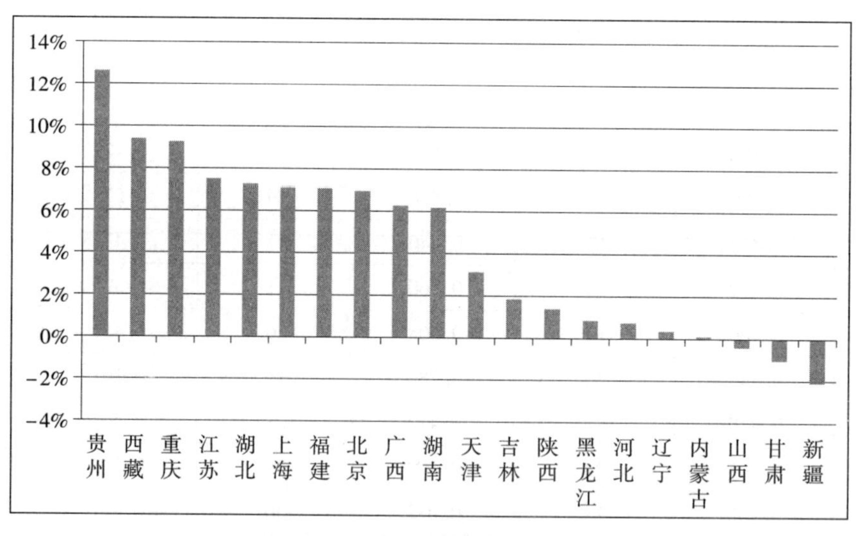

图 7 -5　人均 GDP 增幅排名图

数据来源：2016 中国统计年鉴，数据年代：2015 年.

(2) 单位地区生产总值能耗降幅指标分析

图 7 -6 显示，2015 年全国单位 GDP 能耗有大幅降低。宁夏—江西是单位 GDP 能

耗降幅最低的10个省份，其中宁夏最低。江苏—吉林是降幅最高的10个省份，西藏由于数据没有进行统计，因此显示为零。

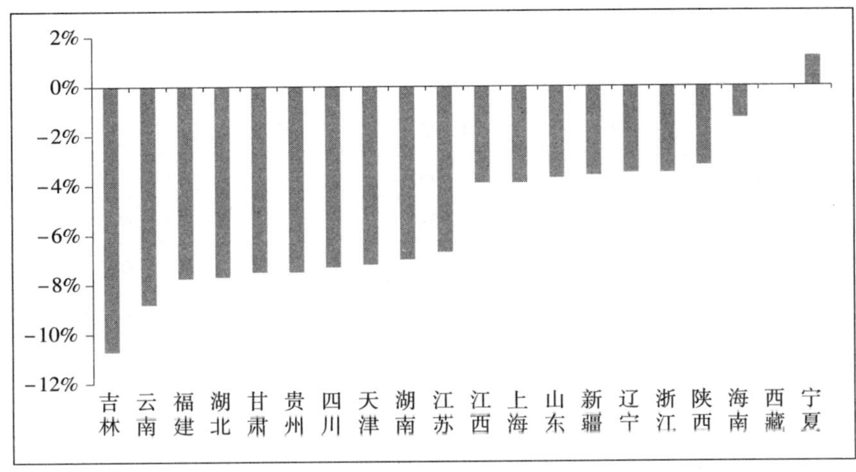

图7-6　单位GDP能耗降幅排名图

数据来源：2016中国统计年鉴，数据年代：2015年.

六、知识产权创造潜力进步指数指标与排名

1. 知识产权创造潜力进步指数排名与分析（见表7-6）

表7-6　知识产权创造潜力进步指数及排名

省份	创造潜力进步指数		R&D人员全时当量总计增幅		人均R&D经费内部支出增幅	
	指数	排名	指数	排名	指数	排名
云南	0.962	1	1.000	1	0.923	2
重庆	0.641	2	0.462	8	0.819	3
江西	0.572	3	0.499	5	0.644	4
浙江	0.562	4	0.515	4	0.609	10
湖南	0.559	5	0.496	6	0.622	7
西藏	0.553	6	0.106	28	1.000	1
天津	0.552	7	0.557	2	0.547	21
河北	0.549	8	0.474	7	0.623	6
内蒙古	0.534	9	0.452	9	0.617	8
江苏	0.503	10	0.437	10	0.569	16
山东	0.500	11	0.431	11	0.570	15

续表 7 – 6

省份	创造潜力进步指数		R&D 人员全时当量总计增幅		人均 R&D 经费内部支出增幅	
	指数	排名	指数	排名	指数	排名
安徽	0.490	12	0.414	12	0.566	17
新疆	0.490	13	0.525	3	0.455	25
上海	0.483	14	0.389	14	0.576	14
贵州	0.464	15	0.301	19	0.626	5
广东	0.463	16	0.318	17	0.608	11
四川	0.452	17	0.288	20	0.615	9
北京	0.450	18	0.344	15	0.557	20
吉林	0.438	19	0.319	16	0.557	19
河南	0.432	20	0.305	18	0.559	18
湖北	0.419	21	0.258	22	0.580	13
宁夏	0.396	22	0.282	21	0.511	24
海南	0.392	23	0.400	13	0.384	26
福建	0.388	24	0.188	25	0.588	12
甘肃	0.388	25	0.237	24	0.539	22
陕西	0.383	26	0.237	23	0.528	23
黑龙江	0.243	27	0.126	27	0.360	27
广西	0.227	28	0.182	26	0.272	28
山西	0.097	29	0.064	29	0.130	29
辽宁	0.046	30	0.022	30	0.069	30
青海	0.000	31	0.000	31	0.000	31

分析表 7 – 6 可以发现，中国区域知识产权创造潜力进步指数排名前 10 位的省份是：云南、重庆、江西、浙江、湖南、西藏、天津、河北、内蒙古和江苏。排名后 10 位的省份是：宁夏、海南、福建、甘肃、陕西、黑龙江、广西、山西、辽宁和青海，除福建、黑龙江和辽宁外，均为中西部省份。

2. 知识产权创造潜力进步指数具体指标分析

（1）R&D 人员全时当量总计增幅指标分析

图 7 – 7 显示，云南—江苏是 2015 年 R&D 人员全时当量总计增幅最高的 10 个省份，其中云南增幅近 30%；湖北—青海是 R&D 人员全时当量总计增幅最低的 10 个省份，均出现负增长，黑龙江已经连续三年负增长。

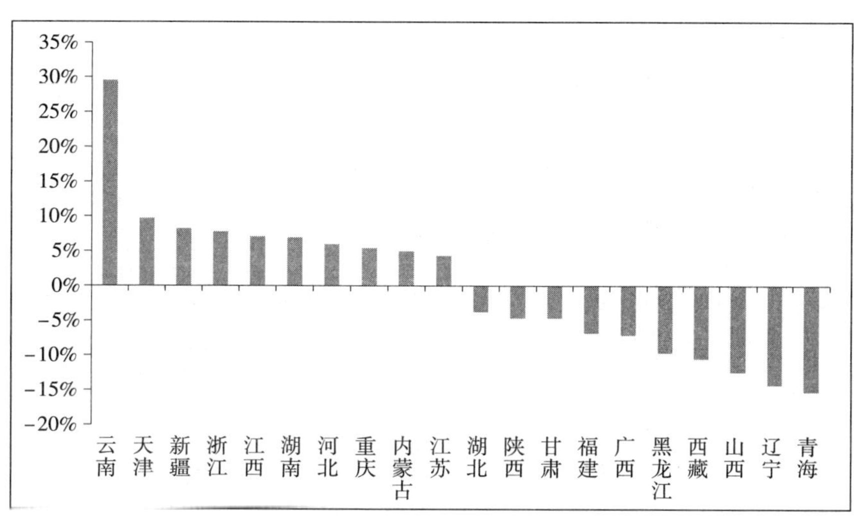

图 7-7 R&D 人员全时当量总计增幅排名图

数据来源：2016 中国统计年鉴，数据年代：2015 年.

（2）R&D 支出占 GDP 比重增幅指标分析

图 7-8 显示，西藏—浙江是 2015 年人均 R&D 经费内部支出增幅排名全国前 10 位的省份，其中，西藏增幅超过了 30%，领先于其他省份。甘肃—青海是排名后 10 位的省份，其中青海下滑至近 -20%。

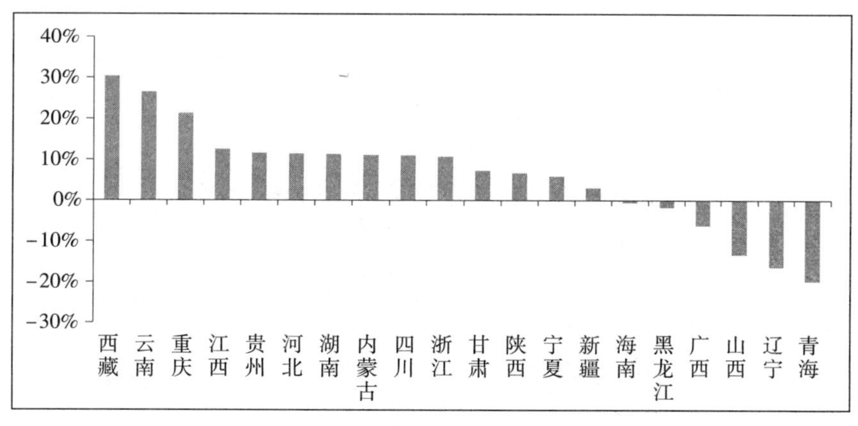

图 7-8 人均 R&D 经费内部支出增幅排名图

数据来源：2016 中国统计年鉴，数据年代：2015 年.

第八章　中国区域专利指数2017排名与分析

一、中国区域专利指数指标框架

从某种意义上讲，专利是知识产权的核心。专利的规模、效率、效益和发展速度可以作为一个地区知识产权总体情况的核心指示。透过专利发展情况，可以知道地区知识产权的核心情况。

基于此，我们构建了中国区域专利指数。指数一共分为3层指标，其中，一级指标有5个，分别是：专利规模指数、专利效率指数、专利效益指数、专利发展速度指数以及专利保护指数，力图全面反映各地区专利发展的情况。具体指标框架见表8－1。

表8－1　　中国区域专利指数指标框架

<table>
<tr><th></th><th>一级指标</th><th>二级指标</th><th>三级指标</th></tr>
<tr><td rowspan="13">专利指数</td><td rowspan="2">专利规模指数</td><td rowspan="2">专利申请情况</td><td>百万人口年度国内专利申请量</td></tr>
<tr><td>百万人口年度PCT专利申请量</td></tr>
<tr><td rowspan="3">专利效率指数</td><td rowspan="2">产出效率</td><td>(人才产出效率)万名专业技术人员年度职务发明专利申请量</td></tr>
<tr><td>(资本产出效率)亿元R&D经费内部支出年度发明专利申请量</td></tr>
<tr><td>流动效率</td><td>年度专利申请代理量</td></tr>
<tr><td rowspan="3">专利效益指数</td><td>专利有效性</td><td>百万人口国内专利有效量</td></tr>
<tr><td>专利金奖</td><td>专利金奖拥有量</td></tr>
<tr><td>技术国际竞争力</td><td>万元生产总值技术国际收入</td></tr>
<tr><td rowspan="2">专利发展速度指数</td><td>专利规模增幅</td><td>百万人口年度国内专利申请量增幅</td></tr>
<tr><td>专利效益增幅</td><td>百万人口年度国内专利有效量增幅</td></tr>
<tr><td rowspan="2">专利保护指数</td><td rowspan="2">专利执法</td><td>专利侵权和其他纠纷结案量</td></tr>
<tr><td>查处专利假冒案件结案量</td></tr>
</table>

下面对专利指数的计算结果作详细分析（见表8－2）。

二、专利指数及排名

表8－2　　**专利指数及排名表**

省份	专利指数		专利规模		专利效率		专利效益		专利发展速度		专利保护	
	指数	排名	指数	排名	指数	排名	指数	排名	指数	排名	指数	排名
北　京	0.586	1	1.000	1	0.479	5	0.959	1	0.419	24	0.072	11
江　苏	0.437	2	0.378	3	0.753	1	0.282	5	0.228	28	0.545	2
浙　江	0.412	3	0.401	2	0.471	6	0.300	4	0.316	26	0.572	1
广　东	0.392	4	0.301	6	0.592	2	0.378	3	0.441	18	0.251	5
上　海	0.347	5	0.368	4	0.325	10	0.632	2	0.398	25	0.014	25
重　庆	0.291	6	0.189	7	0.453	7	0.093	12	0.683	3	0.034	23
山　东	0.265	7	0.127	11	0.330	9	0.136	7	0.426	23	0.306	4
天　津	0.261	8	0.357	5	0.247	14	0.216	6	0.440	19	0.046	19
广　西	0.260	9	0.058	15	0.541	3	0.019	27	0.632	6	0.051	16
安　徽	0.248	10	0.140	9	0.511	4	0.086	13	0.454	16	0.050	17
陕　西	0.245	11	0.133	10	0.307	12	0.116	8	0.606	7	0.062	12
福　建	0.238	12	0.154	8	0.142	21	0.105	10	0.648	5	0.142	9
青　海	0.234	13	0.022	26	0.138	22	0.012	30	1.000	1	0.000	30
江　西	0.221	14	0.050	17	0.091	26	0.026	23	0.890	2	0.049	18
四　川	0.214	15	0.085	12	0.336	8	0.099	11	0.454	17	0.093	10
湖　南	0.212	16	0.049	18	0.148	19	0.083	15	0.432	21	0.348	3
湖　北	0.203	17	0.083	13	0.204	16	0.085	14	0.486	14	0.160	6
河　南	0.184	18	0.048	19	0.155	18	0.060	17	0.497	12	0.157	8
河　北	0.178	19	0.036	21	0.078	28	0.048	18	0.670	4	0.057	13
宁　夏	0.164	20	0.042	20	0.258	13	0.019	26	0.496	13	0.005	27
云　南	0.153	21	0.020	28	0.145	20	0.030	21	0.552	9	0.015	24
贵　州	0.146	22	0.029	25	0.308	11	0.028	22	0.206	30	0.158	7
新　疆	0.144	23	0.029	24	0.109	23	0.023	24	0.505	11	0.055	14
辽　宁	0.143	24	0.064	14	0.170	17	0.116	9	0.310	27	0.053	15
海　南	0.137	25	0.017	30	0.103	25	0.033	19	0.530	10	0.004	29
内蒙古	0.127	26	0.018	29	0.007	31	0.012	29	0.553	8	0.046	20
甘　肃	0.127	27	0.032	22	0.105	24	0.017	28	0.440	20	0.038	22
黑龙江	0.124	28	0.057	16	0.240	15	0.078	16	0.200	31	0.043	21
吉　林	0.117	29	0.030	23	0.087	27	0.031	20	0.430	22	0.007	26
西　藏	0.104	30	0.001	31	0.052	30	0.000	31	0.467	15	0.000	31
山　西	0.069	31	0.022	27	0.076	29	0.020	25	0.223	29	0.004	28

从表8－2可以发现，专利指数排名前10位的省份是：北京、江苏、浙江、广东、上海、重庆、山东、天津、广西、安徽。排名后10位的省份是：贵州、新疆、辽宁、海南、内蒙古、甘肃、黑龙江、吉林、西藏和山西。

从一级指标的表现来看，在专利规模、专利效率和专利效益指数方面，各省份表现基本一致，但是在专利发展速度和专利保护指数上，波动较大。江苏、广东、浙江、上海等4个省份在专利发展速度排名严重落后，不仅落后于中西部后发省份，也落后于北京、天津等省份。

三、专利规模指数及排名

从专利规模指数及排名表（见表8－3）可以看出，专利规模指数排名前10位的省份是：北京、浙江、江苏、上海、天津、广东、重庆、福建、安徽和陕西。与2016年报告相比，陕西取代山东进入专利规模前10强。排名后10位的省份是：甘肃、吉林、新疆、贵州、青海、山西、云南、内蒙古、海南、西藏。

表8－3　　专利规模指数及排名表

省份	专利规模		省份	专利规模	
	指数	排名		指数	排名
北京	1.000	1	江西	0.050	17
浙江	0.401	2	湖南	0.049	18
江苏	0.378	3	河南	0.048	19
上海	0.368	4	宁夏	0.042	20
天津	0.357	5	河北	0.036	21
广东	0.301	6	甘肃	0.032	22
重庆	0.189	7	吉林	0.030	23
福建	0.154	8	新疆	0.029	24
安徽	0.140	9	贵州	0.029	25
陕西	0.133	10	青海	0.022	26
山东	0.127	11	山西	0.022	27
四川	0.085	12	云南	0.020	28
湖北	0.083	13	内蒙古	0.018	29
辽宁	0.064	14	海南	0.017	30
广西	0.058	15	西藏	0.001	31
黑龙江	0.057	16			

四、专利效率指数及排名

从专利效率指数及排名表（见表8－4）可以看出，2013年专利效率指数排名前10位的省份是：江苏、广东、广西、安徽、北京、浙江、重庆、四川、山东和上海，基本上东部和中西部地区各占半壁，表明了中西部一些省份的专利效率同样较高。排名后10位的省份是：青海、新疆、甘肃、海南、江西、吉林、河北、山西、西藏和内蒙古，主要以中西部省份为主，表明专利效率还是存在一定的地域特征。

表8－4　专利效率指数及排名表

省　份	专利效率		产出效率		流动效率	
	指数	排名	指数	排名	指数	排名
江　苏	0.753	1	0.506	7	1.000	1
广　东	0.592	2	0.226	19	0.957	2
广　西	0.541	3	0.964	1	0.119	15
安　徽	0.511	4	0.755	2	0.268	7
北　京	0.479	5	0.514	5	0.445	4
浙　江	0.471	6	0.265	15	0.676	3
重　庆	0.453	7	0.714	3	0.192	10
四　川	0.336	8	0.439	8	0.233	8
山　东	0.330	9	0.334	13	0.325	5
上　海	0.325	10	0.370	11	0.280	6
贵　州	0.308	11	0.561	4	0.054	21
陕　西	0.307	12	0.397	10	0.218	9
宁　夏	0.258	13	0.510	6	0.007	29
天　津	0.247	14	0.350	12	0.145	14
黑龙江	0.240	15	0.422	9	0.059	20
湖　北	0.204	16	0.237	17	0.171	11
辽　宁	0.170	17	0.232	18	0.107	17
河　南	0.155	18	0.157	24	0.153	13
湖　南	0.148	19	0.183	23	0.112	16
云　南	0.145	20	0.252	16	0.038	22
福　建	0.142	21	0.127	26	0.156	12
青　海	0.138	22	0.271	14	0.005	30
新　疆	0.109	23	0.192	21	0.025	25
甘　肃	0.105	24	0.187	22	0.023	26
海　南	0.103	25	0.199	20	0.007	28
江　西	0.091	26	0.110	28	0.072	19

续表 8 –4

省　份	专利效率		产出效率		流动效率	
	指数	排名	指数	排名	指数	排名
吉　林	0.087	27	0.139	25	0.036	24
河　北	0.078	28	0.075	30	0.082	18
山　西	0.076	29	0.115	27	0.036	23
西　藏	0.052	30	0.105	29	0.000	31
内蒙古	0.007	31	0.000	31	0.014	27

五、专利效益指数及排名

从专利效益指数及排名表（见表 8 –5）可以看出，专利效益指数排名前 10 位的省份是：北京、上海、广东、浙江、江苏、天津、山东、陕西、辽宁、福建，与 2016 年报告基本一致。排名后 10 位的省份是：贵州、江西、新疆、山西、宁夏、广西、甘肃、内蒙古、青海、西藏。

表 8 –5　　专利效益指数及排名表

省　份	专利效益		专利有效性		专利金奖		技术国际竞争力	
	指数	排名	指数	排名	指数	排名	指数	排名
北　京	0.959	1	1.000	1	1.000	1	0.876	2
上　海	0.632	2	0.650	3	0.246	4	1.000	1
广　东	0.378	3	0.458	5	0.554	2	0.123	4
浙　江	0.300	4	0.757	2	0.108	10	0.036	9
江　苏	0.282	5	0.525	4	0.262	3	0.060	8
天　津	0.216	6	0.414	6	0.092	12	0.142	3
山　东	0.136	7	0.161	9	0.231	5	0.014	16
陕　西	0.116	8	0.131	11	0.185	6	0.034	10
辽　宁	0.116	9	0.118	12	0.169	7	0.061	7
福　建	0.105	10	0.256	7	0.031	20	0.029	11
四　川	0.099	11	0.117	13	0.077	14	0.104	5
重　庆	0.093	12	0.187	8	0.077	14	0.017	13
安　徽	0.086	13	0.154	10	0.092	12	0.011	18
湖　北	0.085	14	0.116	14	0.123	9	0.017	14
湖　南	0.083	15	0.087	15	0.154	8	0.008	20
黑龙江	0.078	16	0.084	16	0.046	18	0.103	6

续表 8－5

省　份	专利效益		专利有效性		专利金奖		技术国际竞争力	
	指数	排名	指数	排名	指数	排名	指数	排名
河　南	0.060	17	0.071	17	0.108	10	0.002	29
河　北	0.048	18	0.060	18	0.077	14	0.007	21
海　南	0.033	19	0.031	28	0.062	17	0.007	24
吉　林	0.031	20	0.053	20	0.031	20	0.009	19
云　南	0.030	21	0.032	26	0.046	18	0.013	17
贵　州	0.028	22	0.049	21	0.031	20	0.005	28
江　西	0.026	23	0.058	19	0.015	23	0.006	25
新　疆	0.023	24	0.044	23	0.000	28	0.023	12
山　西	0.020	25	0.045	22	0.000	28	0.016	15
宁　夏	0.019	26	0.037	24	0.015	23	0.006	26
广　西	0.019	27	0.035	25	0.015	23	0.007	22
甘　肃	0.017	28	0.031	27	0.015	23	0.006	26
内蒙古	0.012	29	0.028	29	0.000	28	0.007	22
青　海	0.012	30	0.018	30	0.015	23	0.002	30
西　藏	0.000	31	0.000	31	0.000	28	0.000	31

专利效益指数继续维持经济发达地区占优的局面，在分项指标（指标层）专利有效性、专利金奖和技术国际竞争力上，大部分省份表现有较高的一致性，波动较小，个别省市有一定的波动。

六、专利发展速度指数及排名

从专利发展速度指数及排名表（见表 8－6）上，我们可以看出，发展速度指数排名前 10 位的省份是：青海、江西、重庆、河北、福建、广西、陕西、内蒙古、云南、海南。排名后 10 位的省份是：吉林、山东、北京、上海、浙江、辽宁、江苏、山西、贵州、黑龙江。

表 8－6　　专利发展速度指数及排名表

省　份	专利发展速度		专利规模发展		专利效益发展	
	指数	排名	指数	排名	指数	排名
青　海	1.000	1	1.000	1	1.000	1
江　西	0.890	2	0.822	3	0.958	2
重　庆	0.683	3	0.877	2	0.489	7

续表 8 -6

省份	专利发展速度		专利规模发展		专利效益发展	
	指数	排名	指数	排名	指数	排名
河北	0.670	4	0.819	4	0.520	4
福建	0.648	5	0.807	5	0.488	8
广西	0.632	6	0.718	7	0.547	3
陕西	0.606	7	0.701	8	0.511	5
内蒙古	0.553	8	0.736	6	0.369	18
云南	0.552	9	0.638	9	0.467	9
海南	0.530	10	0.613	11	0.448	11
新疆	0.505	11	0.508	22	0.501	6
河南	0.497	12	0.534	20	0.461	10
宁夏	0.496	13	0.563	16	0.429	12
湖北	0.486	14	0.589	14	0.383	17
西藏	0.467	15	0.591	12	0.344	20
安徽	0.454	16	0.619	10	0.289	24
四川	0.454	17	0.493	24	0.415	14
广东	0.441	18	0.590	13	0.291	23
天津	0.440	19	0.519	21	0.362	19
甘肃	0.440	20	0.494	23	0.386	16
湖南	0.432	21	0.542	19	0.322	21
吉林	0.430	22	0.582	15	0.277	25
山东	0.426	23	0.549	18	0.304	22
北京	0.419	24	0.417	27	0.422	13
上海	0.398	25	0.562	17	0.233	27
浙江	0.316	26	0.490	25	0.143	30
辽宁	0.310	27	0.425	26	0.194	28
江苏	0.228	28	0.275	29	0.181	29
山西	0.223	29	0.195	30	0.250	26
贵州	0.206	30	0.000	31	0.413	15
黑龙江	0.200	31	0.400	28	0.000	31

与前些年一样，专利发展速度指数排名靠前的主要以中西部省份为主，部分原因是基数较小，因此虽然绝对增长值尽管可能不大，但是相对的发展速度指标就会较为靠前。但也有部分东部省份表现突出，比如河北位于第 4 位，福建位于第 5 位，走出了

“独立行情”，发展态势十分看好。

而排名靠后的省份则既有东部省份，如北京广东、山东、浙江和上海等，也有黑龙江、贵州等专利规模较小的省份。专利规模小，如果发展速度又缓慢的话，前景堪忧。

七、专利保护指数及排名

从专利保护指数及排名表（见表8－7）上，我们可以看出，专利保护指数排名前10位的省份是：浙江、江苏、湖南、山东、广东、湖北、贵州、河南、福建、四川。与2016年报告相比，仅仅是是在排名上出现微小变化，都是2016年报告中专利保护工作做得较好的省份。排名后10位的省份是：甘肃、重庆、云南、上海、吉林、宁夏、山西、海南、青海、西藏。

表8－7　专利保护指数及排名表

省份	专利保护		省份	专利保护	
	指数	排名		指数	排名
浙江	0.572	1	安徽	0.050	17
江苏	0.545	2	江西	0.049	18
湖南	0.348	3	天津	0.046	19
山东	0.306	4	内蒙古	0.046	20
广东	0.251	5	黑龙江	0.043	21
湖北	0.160	6	甘肃	0.038	22
贵州	0.158	7	重庆	0.034	23
河南	0.157	8	云南	0.015	24
福建	0.142	9	上海	0.014	25
四川	0.093	10	吉林	0.007	26
北京	0.072	11	宁夏	0.005	27
陕西	0.062	12	山西	0.004	28
河北	0.057	13	海南	0.004	29
新疆	0.055	14	青海	0.000	30
辽宁	0.053	15	西藏	0.000	31
广西	0.051	16			

整体上来看，不论是前10位，还是后10位，都缺乏明显的区域特点。而且多年以来，排名变化不大。大致上可以反映专利保护和地区经济关联并不大，主要还是看对知识产权保护的重视程度。

第九章　中国区域商标指数2017排名与分析

一、中国区域商标指数指标框架

商标是知识产权的重要组成部分。商标经常是品牌和商誉的载体，承载着组织、企业以及个人所构建的品牌的内涵和权益，以及长期经营所凝聚的声誉，是重要的无形资产。商标的申请、注册、保护状况是知识产权发展水平的重要体现。

因此，构建单独的商标指数十分有必要。商标指数一共由3层指标构成，其中，一级指标有5个，分别是：商标规模指数、商标活跃指数、商标效益指数、商标发展速度指数、商标保护指数，一级指标又由若干个二三级指标构成。具体如下（见表9－1）：

表9－1　中国区域商标指数指标框架

	一级指标	二级指标	三级指标
商标指数	商标规模指数	商标申请情况	百万人口年度商标申请量
	商标活跃指数	商标申请代理情况	商标代理机构(含律师事务所)数
	商标效益指数	商标有效性	百万人口有效商标量
		中华老字号	中华老字号商标拥有量
	商标发展速度指数	商标规模发展情况	百万人口年度商标申请量增幅
		商标效益发展情况	百万人口有效商标量增幅
	商标保护指数	商标执法	查处商标一般违法案件量
			查处商标侵权假冒案件量

下面对商标指数的计算结果作详细分析（见表9－2）。

二、商标指数及排名

表9－2　商标指数及排名

省　份	商标指数		商标规模		商标活跃		商标效益		商标发展速度		商标保护	
	指数	排名	指数	排名	指数	排名	指数	排名	指数	排名	指数	排名
北　京	0.650	1	1.000	1	0.775	2	0.825	2	0.496	5	0.153	12
广　东	0.536	2	0.320	3	1.000	1	0.387	4	0.295	18	0.676	2
上　海	0.513	3	0.605	2	0.243	5	0.850	1	0.505	3	0.361	5
浙　江	0.452	4	0.279	4	0.311	3	0.571	3	0.107	31	0.992	1

续表 9－2

省　份	商标指数		商标规模		商标活跃		商标效益		商标发展速度		商标保护	
	指数	排名	指数	排名	指数	排名	指数	排名	指数	排名	指数	排名
江　苏	0. 306	5	0. 115	6	0. 275	4	0. 375	5	0. 246	24	0. 521	3
福　建	0. 220	6	0. 210	5	0. 142	7	0. 296	6	0. 174	28	0. 276	8
湖　北	0. 203	7	0. 046	17	0. 071	14	0. 105	15	0. 315	15	0. 477	4
山　东	0. 197	8	0. 071	9	0. 222	6	0. 244	8	0. 275	21	0. 177	11
河　南	0. 194	9	0. 041	20	0. 112	9	0. 089	18	0. 389	10	0. 342	6
安　徽	0. 186	10	0. 043	19	0. 088	12	0. 100	16	0. 384	11	0. 313	7
西　藏	0. 184	11	0. 050	15	0. 000	31	0. 010	31	0. 852	1	0. 008	29
四　川	0. 164	12	0. 056	11	0. 114	8	0. 179	9	0. 288	19	0. 183	10
重　庆	0. 158	13	0. 104	8	0. 090	11	0. 138	11	0. 411	9	0. 045	23
湖　南	0. 154	14	0. 041	21	0. 082	13	0. 084	22	0. 368	12	0. 197	9
云　南	0. 143	15	0. 044	18	0. 052	18	0. 098	17	0. 466	6	0. 057	20
陕　西	0. 133	16	0. 061	10	0. 053	17	0. 126	12	0. 354	13	0. 072	18
青　海	0. 132	17	0. 023	27	0. 001	30	0. 024	30	0. 607	2	0. 006	30
天　津	0. 131	18	0. 106	7	0. 055	16	0. 282	7	0. 155	29	0. 057	21
新　疆	0. 129	19	0. 050	14	0. 028	23	0. 044	25	0. 415	8	0. 107	13
宁　夏	0. 121	20	0. 054	13	0. 008	29	0. 033	28	0. 496	4	0. 013	28
贵　州	0. 120	21	0. 019	28	0. 028	23	0. 037	27	0. 443	7	0. 073	17
河　北	0. 119	22	0. 037	22	0. 093	10	0. 106	14	0. 257	22	0. 101	14
江　西	0. 106	23	0. 034	24	0. 046	19	0. 087	20	0. 317	14	0. 047	22
辽　宁	0. 098	24	0. 048	16	0. 070	15	0. 140	10	0. 154	30	0. 076	16
广　西	0. 096	25	0. 010	30	0. 026	25	0. 032	29	0. 309	16	0. 101	15
吉　林	0. 094	26	0. 037	23	0. 035	20	0. 085	21	0. 276	20	0. 036	25
海　南	0. 089	27	0. 055	12	0. 008	28	0. 054	23	0. 299	17	0. 027	27
黑龙江	0. 086	28	0. 032	26	0. 033	22	0. 116	13	0. 249	23	0. 000	31
山　西	0. 084	29	0. 010	29	0. 034	21	0. 088	19	0. 245	25	0. 041	24
甘　肃	0. 072	30	0. 000	31	0. 012	27	0. 039	26	0. 245	26	0. 064	19
内蒙古	0. 083	31	0. 047	25	0. 017	26	0. 051	24	0. 277	26	0. 024	28

商标指数排名前 10 位的省份是：北京、上海、广东、浙江、江苏、福建、湖北、山东、河南、安徽。商标指数排名后 10 位的省份是：河北、江西、辽宁、广西、吉林、海南、黑龙江、山西、甘肃和内蒙古。与 2016 年报告相比，河北、江西、辽宁、山西、青海都是新面孔。

商标指数与当地经济发展水平有较强的关联关系。经济发达地区经常有更多的企业和产品，因此对应有更多的商标；同时，这些地区的市场竞争水平因此往往较高，因此品牌意识和商标保护意识也很强。

三、商标规模指数及排名

从商标规模指数及排名表（见表9－3）可以看出，商标规模指数排名前10位的省份是：北京、上海、广东、浙江、福建、江苏、天津、重庆、山东和陕西。和2016年报告基本一致，仅仅在排名上出现了微小变化。排名后10位的省份是：河北、吉林、江西、内蒙古、黑龙江、青海、贵州、山西、广西和甘肃。

表9－3 **商标规模指数及排名**

省 份	商标规模		省 份	商标规模	
	指数	排名		指数	排名
北 京	1.000	1	湖 北	0.046	17
上 海	0.605	2	云 南	0.044	18
广 东	0.320	3	安 徽	0.043	19
浙 江	0.279	4	河 南	0.041	20
福 建	0.210	5	湖 南	0.041	21
江 苏	0.115	6	河 北	0.037	22
天 津	0.106	7	吉 林	0.037	23
重 庆	0.104	8	江 西	0.034	24
山 东	0.071	9	内蒙古	0.032	25
陕 西	0.061	10	黑龙江	0.032	26
四 川	0.056	11	青 海	0.023	27
海 南	0.055	12	贵 州	0.019	28
宁 夏	0.054	13	山 西	0.010	29
新 疆	0.050	14	广 西	0.010	30
西 藏	0.050	15	甘 肃	0.000	31
辽 宁	0.048	16			

整体来看，商标规模的区域特征较为明显，排名前10位中主要以东部经济发达地区为主，只有重庆和陕西两个中西部省份。商标规模从一个角度说明经济的活跃度，因此经济发达地区商标规模指数表现更好。

四、商标活跃指数及排名

从商标活跃指数及排名表（见表9－4）可以看出，商标活跃指数排名前10位的省份是：广东、北京、浙江、江苏、上海、山东、福建、四川、河南和安徽。与2016年报告相比，只是安徽取代了河北位置。排名后10位的是黑龙江、贵州、新疆、广西、内蒙古、甘肃、海南、宁夏、青海和西藏。商标活跃指数同样体现了较为明显的东强西弱的趋势，经济发达地区占优，商标规模较大的地区，必然伴随着中介市场的活跃，符合常识逻辑。

表9－4　　**商标活跃指数及排名**

省份	商标活跃		省份	商标活跃	
	指数	排名		指数	排名
广　东	1.000	1	陕　西	0.053	17
北　京	0.775	2	云　南	0.052	18
浙　江	0.311	3	江　西	0.046	19
江　苏	0.275	4	吉　林	0.035	20
上　海	0.243	5	山　西	0.034	21
山　东	0.222	6	黑龙江	0.033	22
福　建	0.142	7	贵　州	0.028	23
四　川	0.114	8	新　疆	0.028	24
河　南	0.112	9	广　西	0.026	25
河　北	0.093	10	内蒙古	0.020	26
重　庆	0.090	11	甘　肃	0.012	27
安　徽	0.088	12	海　南	0.008	28
湖　南	0.082	13	宁　夏	0.008	29
湖　北	0.071	14	青　海	0.001	30
辽　宁	0.070	15	西　藏	0.000	31
天　津	0.055	16			

五、商标效益指数及排名

从商标效益指数及排名表（见表9－5）可以看出，商标效益指数排名前10位的省份是上海、北京、浙江、广东、江苏、福建、天津、山东、四川和辽宁，与2016年报告一致。排名后10位的省份是湖南、海南、内蒙古、新疆、甘肃、贵州、宁夏、广西、贵州、青海和西藏。

表9－5 **商标效益指数及排名**

省份	商标效益		商标有效性		中华老字号	
	指数	排名	指数	排名	指数	排名
上海	0.850	1	0.700	2	1.000	1
北京	0.825	2	1.000	1	0.650	2
浙江	0.571	3	0.636	3	0.506	4
广东	0.387	4	0.457	4	0.317	7
江苏	0.375	5	0.216	6	0.533	3
福建	0.296	6	0.403	5	0.189	9
天津	0.282	7	0.197	7	0.367	5
山东	0.244	8	0.121	9	0.367	5
四川	0.179	9	0.086	13	0.272	8
辽宁	0.140	10	0.091	12	0.189	9
重庆	0.138	11	0.171	8	0.106	22
陕西	0.126	12	0.103	11	0.150	12
黑龙江	0.116	13	0.054	22	0.178	11
河北	0.106	14	0.063	16	0.150	12
湖北	0.105	15	0.065	15	0.144	15
安徽	0.100	16	0.060	18	0.139	17
云南	0.098	17	0.051	25	0.144	15
河南	0.089	18	0.055	21	0.122	18
山西	0.088	19	0.025	27	0.150	12
江西	0.087	20	0.052	24	0.122	18
吉林	0.085	21	0.060	19	0.111	20
湖南	0.084	22	0.057	20	0.111	20
海南	0.054	23	0.108	10	0.000	30
内蒙古	0.050	24	0.061	17	0.039	26
新疆	0.044	25	0.071	14	0.017	27
甘肃	0.039	26	0.000	31	0.078	23
贵州	0.037	27	0.024	28	0.050	24
宁夏	0.033	28	0.054	23	0.011	28
广西	0.032	29	0.015	30	0.050	24
青海	0.024	30	0.042	26	0.006	29
西藏	0.010	31	0.019	29	0.000	30

商标效益指数仍然维持经济发达地区占优的局面，在商标有效性和中华老字号上，各省份有一定的一致性。排名靠前的省份历史上大都积淀深厚，经济富饶，文化灿烂。

六、商标发展速度指数及排名

从商标发展速度指数及排名表（见表9－6）上，商标发展速度指数排名前10位的省份是：西藏、青海、上海、宁夏、北京、云南、贵州、新疆、重庆和河南。排名后10位的省份是：河北、黑龙江、江苏、山西、甘肃、内蒙古、福建、天津、辽宁和浙江。

表9－6　商标发展速度指数及排名

省　份	商标发展速度		商标规模发展		商标效益发展	
	指数	排名	指数	排名	指数	排名
西　藏	0.852	1	1.000	1	0.704	2
青　海	0.607	2	0.213	27	1.000	1
上　海	0.505	3	0.604	4	0.406	11
宁　夏	0.496	4	0.667	2	0.326	14
北　京	0.496	5	0.665	3	0.326	13
云　南	0.466	6	0.484	6	0.448	9
贵　州	0.443	7	0.246	21	0.640	3
新　疆	0.415	8	0.527	5	0.304	15
重　庆	0.411	9	0.212	28	0.610	4
河　南	0.389	10	0.256	20	0.521	6
安　徽	0.384	11	0.318	13	0.451	8
湖　南	0.368	12	0.292	15	0.444	10
陕　西	0.354	13	0.222	24	0.486	7
江　西	0.317	14	0.280	17	0.354	12
湖　北	0.315	15	0.342	10	0.288	17
广　西	0.309	16	0.402	7	0.216	24
海　南	0.299	17	0.000	31	0.599	5
广　东	0.295	18	0.305	14	0.285	18
四　川	0.288	19	0.327	11	0.249	22
吉　林	0.276	20	0.374	9	0.177	25
山　东	0.275	21	0.280	18	0.269	21
河　北	0.257	22	0.245	22	0.269	20
黑龙江	0.249	23	0.387	8	0.110	28

续表 9-6

省份	商标发展速度		商标规模发展		商标效益发展	
	指数	排名	指数	排名	指数	排名
江苏	0.246	24	0.325	12	0.167	27
山西	0.245	25	0.190	29	0.300	16
甘肃	0.245	26	0.220	25	0.269	19
内蒙古	0.229	27	0.228	23	0.229	23
福建	0.174	28	0.263	19	0.085	29
天津	0.155	29	0.141	30	0.168	26
辽宁	0.154	30	0.284	16	0.024	30
浙江	0.107	31	0.215	26	0.000	31

商标发展速度指数与之前几个指数完全相反，排名靠前的大都是中西部地区，这些地区由于发展较晚，基数较小，相对速度较快。东部地区由于基数较大，因此增速相对较慢。但是值得注意的是，黑龙江、内蒙古等省份商标规模并不大，但是增速却较慢，表明当地经济活跃度堪忧。

七、商标保护指数及排名

从商标保护指数及排名表（见表9-7）上，我们可以看出，商标保护指数排名前10位的省份是：浙江、广东、江苏、湖北、上海、河南、安徽、福建、湖南和四川。排名后10位的省份是：江西、重庆、山西、吉林、内蒙古、海南、宁夏、西藏、青海和黑龙江。商标保护指数的高低反映了当地执法机构的重视程度、能力和效果。从排名上来看，重庆、天津等商标指数排名靠前的省份在商标保护方面的表现很不理想，不利于当地营商环境的完善和发展。

表 9-7 商标保护指数及排名

省份	商标保护		查处商标违法案件总数		查处商标违法案件案值	
	指数	排名	指数	排名	指数	排名
浙江	0.992	1	0.983	2	1.000	1
广东	0.676	2	1.000	1	0.353	5
江苏	0.521	3	0.337	7	0.705	2
湖北	0.477	4	0.522	5	0.433	3
上海	0.361	5	0.314	8	0.409	4
河南	0.342	6	0.527	4	0.156	6
安徽	0.313	7	0.547	3	0.079	9

续表9-7

省份	商标保护		查处商标违法案件总数		查处商标违法案件案值	
	指数	排名	指数	排名	指数	排名
福　建	0.276	8	0.400	6	0.152	7
湖　南	0.197	9	0.251	11	0.143	8
四　川	0.183	10	0.289	9	0.077	11
山　东	0.177	11	0.275	10	0.078	10
北　京	0.153	12	0.229	12	0.076	12
新　疆	0.107	13	0.149	15	0.066	13
河　北	0.101	14	0.164	13	0.039	17
广　西	0.101	15	0.161	14	0.041	16
辽　宁	0.076	16	0.090	19	0.061	14
贵　州	0.073	17	0.109	17	0.037	18
陕　西	0.072	18	0.131	16	0.013	25
甘　肃	0.064	19	0.103	18	0.024	21
云　南	0.057	20	0.090	20	0.025	20
天　津	0.057	21	0.069	23	0.045	15
江　西	0.047	22	0.072	22	0.022	22
重　庆	0.045	23	0.054	25	0.035	19
山　西	0.041	24	0.074	21	0.007	27
吉　林	0.036	25	0.056	24	0.016	24
内蒙古	0.028	26	0.047	26	0.009	26
海　南	0.027	27	0.036	27	0.018	23
宁　夏	0.013	28	0.024	28	0.002	29
西　藏	0.008	29	0.014	29	0.003	28
青　海	0.006	30	0.011	30	0.001	30
黑龙江	0.000	31	0.000	31	0.000	31

第十章　中国区域专利质量指数2017

创新是中国经济转型、再发展以及实现可持续发展的关键。专利一直是人们评价创新的关键指针。同时专利也是促进创新发展的关键要素。中国专利申请受理量和授权量自1995年以来的20年间增长了27倍多，自2005年以来的10年间分别增长了近4倍和5倍多。发明专利申请受理量多年来始终位列世界第1位。

但是毋庸讳言，中国专利质量仍需提高，专利发展面临转型问题。中国专利需要从只重视数量，转向质量并重，更好地促进“创新驱动发展”战略实施，推动中国经济转型，实现中国经济可持续发展，进而为人类发展作出更大贡献。在此大背景下，课题组首次推出中国区域专利质量指数报告。

衡量专利质量目前仍然是一个难点。近年来随着大数据技术发展，计算机运行能力提高，专利质量研究开始成为学术界的研究热点问题。在借鉴国际研究基础上，结合中国实际，我们构建了专利质量指数指标框架。

一、中国区域专利质量指数指标框架

中国区域专利质量指数指标体系由8个指标构成，分别是规模以上工业企业新产品销售收入、地方财政科技支出、PCT、专利授权率、每万人专利授权量、技术市场成交额占当地GDP比重、专利侵权案件结案数、专利实施许可合同备案数量。所有指标等权重（见表10－1）。

表10－1　　中国区域专利质量指数指标框架

	序号	指标	权重
中国区域专利质量指数	1	规模以上工业企业新产品销售收入	1/8
	2	地方财政科技支出	1/8
	3	PCT	1/8
	4	专利授权率	1/8
	5	每万人专利授权量	1/8
	6	技术市场成交额占当地GDP比重	1/8
	7	专利侵权案件结案数	1/8
	8	专利实施许可合同备案数量	1/8

下面对专利质量指数的计算结果作详细分析（见表10－2）。

二、中国区域专利质量指数及排名

表 10－2　专利质量指数排名

省　份	专利质量		省　份	专利质量	
	指数	排名		指数	排名
广东	0. 665	1	江西	0. 136	17
北京	0. 562	2	新疆	0. 136	18
浙江	0. 557	3	陕西	0. 124	19
江苏	0. 460	4	重庆	0. 121	20
上海	0. 303	5	山西	0. 117	21
山东	0. 228	6	云南	0. 116	22
福建	0. 207	7	吉林	0. 112	23
天津	0. 199	8	黑龙江	0. 110	24
湖北	0. 177	9	内蒙古	0. 101	25
湖南	0. 169	10	海南	0. 100	26
四川	0. 169	11	甘肃	0. 081	27
河南	0. 156	12	西藏	0. 080	28
贵州	0. 155	13	青海	0. 072	29
河北	0. 149	14	宁夏	0. 044	30
安徽	0. 147	15	广西	0. 029	31
辽宁	0. 138	16			

从专利质量指数排名可以看出，专利质量指数排名前 10 位的省份是：广东、北京、浙江、江苏、上海、山东、福建、天津、湖北和湖南。排名后 10 位的省份是云南、吉林、黑龙江、内蒙古、海南、甘肃、西藏、青海、宁夏和广西。东部省份专利质量指数较高，而东北地区及中西部地区专利质量指数较低。

与知识产权产出水平进行对比发现，专利质量指数排名前 10 位中，福建、天津、湖北、湖南分别位于知识产权产出水平指数排名的第 15、12、16、18 位；排名知识产权产出水平第 8 位的广西省，专利质量指数却排在第 31 位，排在知识产权产出水平第 7 位的重庆和第 10 位的陕西专利质量知识分别排名第 20、19 位，说明中西部省份水平与质量发展不一致。

知识产权产出人均排名前 10 位的省份中，仅安徽省、陕西省排名在专利质量指数排名前 10 位之外，分别位于第 15 位和第 19 位（见图 10－1）。

由图 10－1 看出，在专利质量指数排名前 10 位的省份中，广东省、浙江省、福建省、湖北省和湖南省专利质量指数大于知识产权产出水平指数，北京市、江苏省、上海市、山东省和天津市专利质量指数小于知识产权产出水平指数。

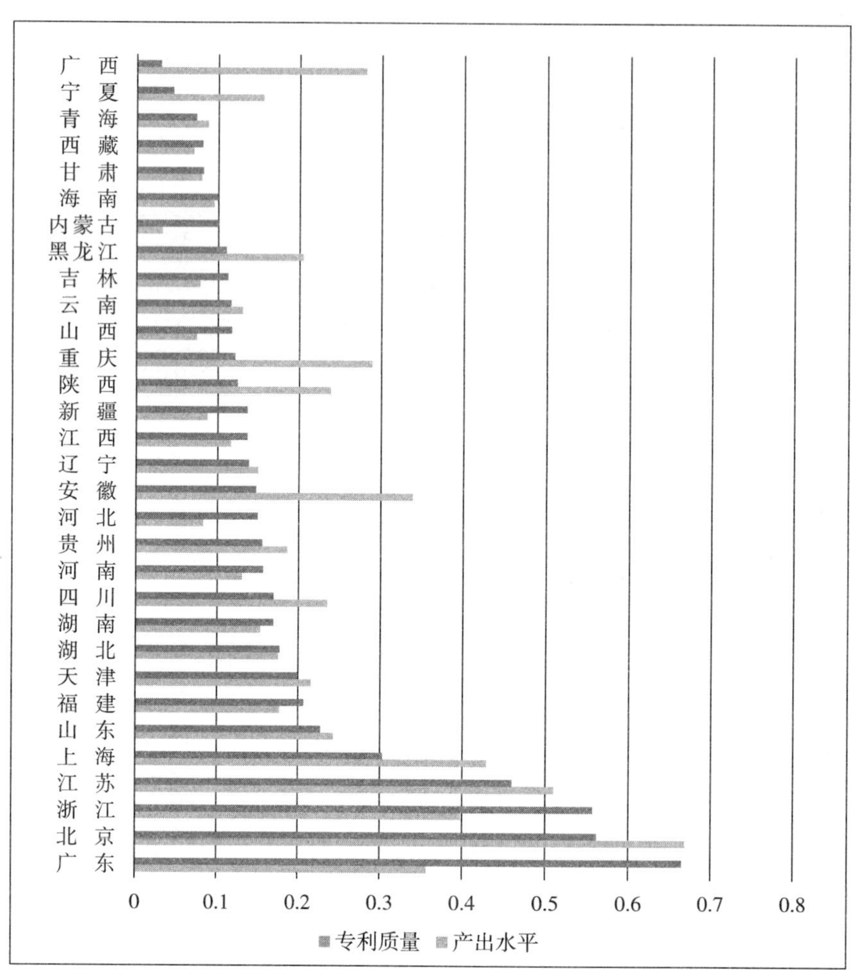

图 10－1　我国 31 个省份专利质量指数与知识产权产出水平指数对比

从表 10－3 可以看出，我国 31 个省份的知识产权综合实力指数均值最大，其次为知识产权产出水平指数，专利质量指数最小；在其极差最小的情况下说明我国各省份知识产权综合实力指数较高，专利质量指数较低。

表 10－3　　知识产权综合实力、产出水平与专利质量指数对比

指标	综合实力	产出水平	专利质量
均值	0. 240	0. 208	0. 191
极差	0. 536	0. 638	0. 636
方差	0. 019	0. 021	0. 025

从极差可以看出，我国 31 个省份知识产权综合实力指数差距（北京—青海）较小，产出水平指数差异（北京—内蒙古）略高于专利质量指数差异（广东—广西）。

从方差看出，我国 31 个省份知识产权综合实力指数波动较小，而专利质量指数各省份之间波动较大。

从地方财政科技支出指数排名表中看出，地方财政科技支出排名前 10 位的省份是：广东江苏北京上海浙江山东湖北安徽天津和四川。排名后 10 位的省份是黑龙江、新疆、吉林、山西、内蒙古、甘肃、宁夏、海南、青海和西藏（见图 10－2）。

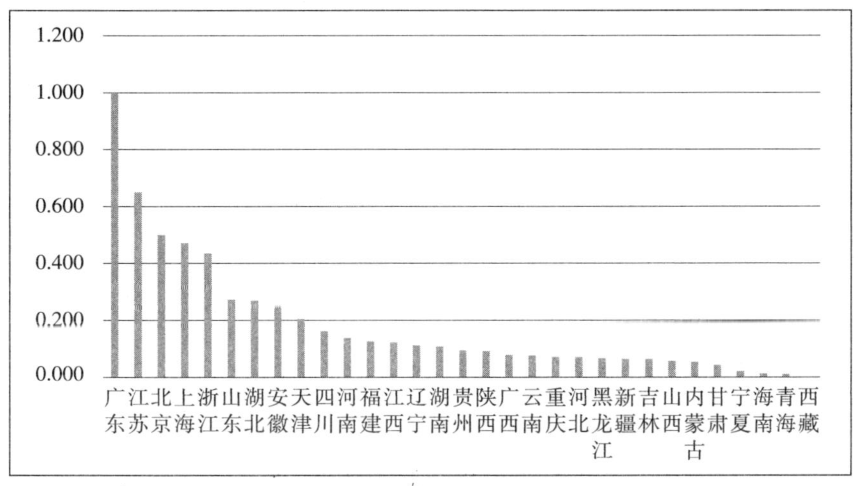

图 10－2　地方财政科技支出指数排名

从规模以上工业企业新产品销售收入指数排名表中看出，排名前 10 位的省份是：江苏、广东、浙江、山东、湖南、安徽、河南、天津、湖北和重庆。排名后 10 位的省份有内蒙古、甘肃、云南、黑龙江、新疆、贵州、宁夏、海南、青海和西藏，除黑龙江外，其余省份均为中西部省份。

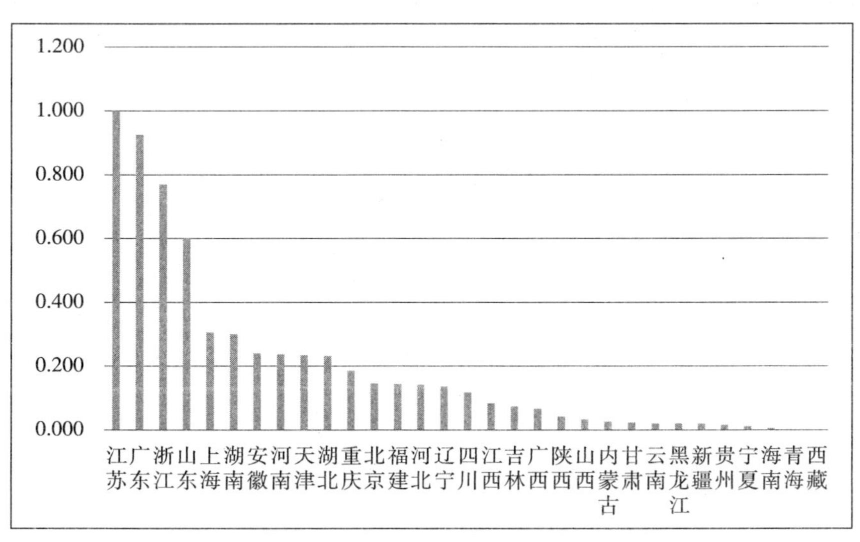

图 10－3　规模以上工业企业新产品销售收入指数排名

由PCT指数排名可以看出，排名前10位的省份有：北京、广东、上海、江苏、浙江、山东、福建、四川、湖北和辽宁。排名后10位的省份是：甘肃、广西、宁夏、新疆、吉林、内蒙古、山西、海南、西藏和青海，其中，排名后10位的省份PCT指数均接近于0（见图10－4）。

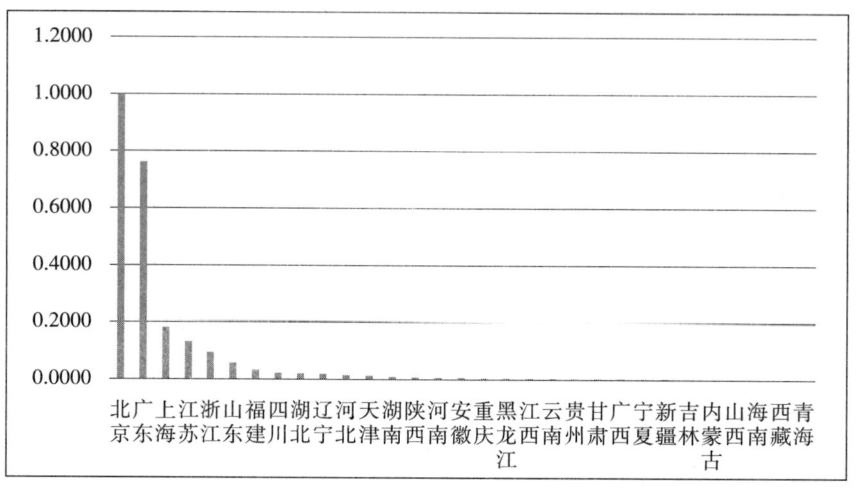

图10－4 PCT指数排名

从专利授权率指数排名看出，专利授权率指数排在前10位的省份是：贵州、浙江、福建、新疆、河北、山西、广东、海南、云南和江西。排在后10位的省份有：山东、湖北、青海、甘肃、天津、重庆、安徽、陕西、宁夏和广西。从这些省份可以看出，专利授权率指数排名受区域的影响不是很明显（见图10－5）。

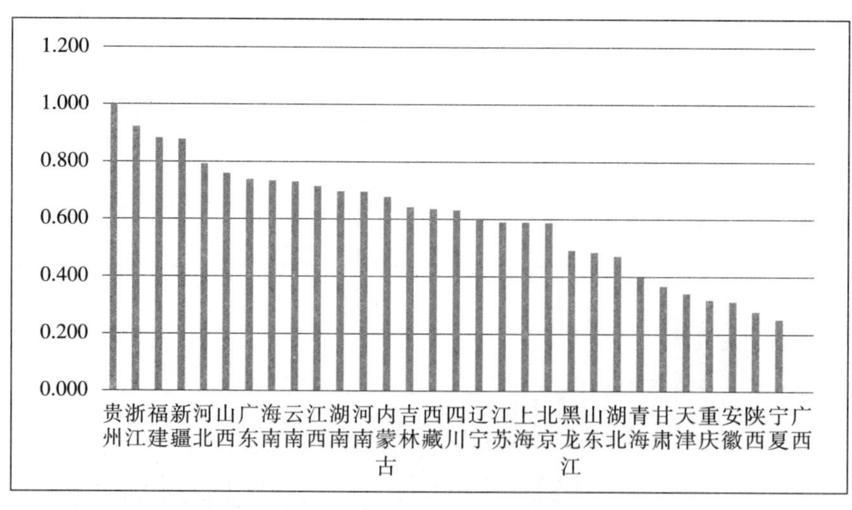

图10－5 专利授权率指数排名

由每万人专利授权量指数排名表看出，排在前 10 位的省份是：北京、浙江、江苏、上海、天津、广东、福建、重庆、山东和安徽，除重庆外其余各省均为东部省份；排名后 10 位的省份是：吉林、广西、宁夏、山西、甘肃、云南、海南、内蒙古、青海和西藏，除吉林省外，均为中西部省份（见图 10－6）。

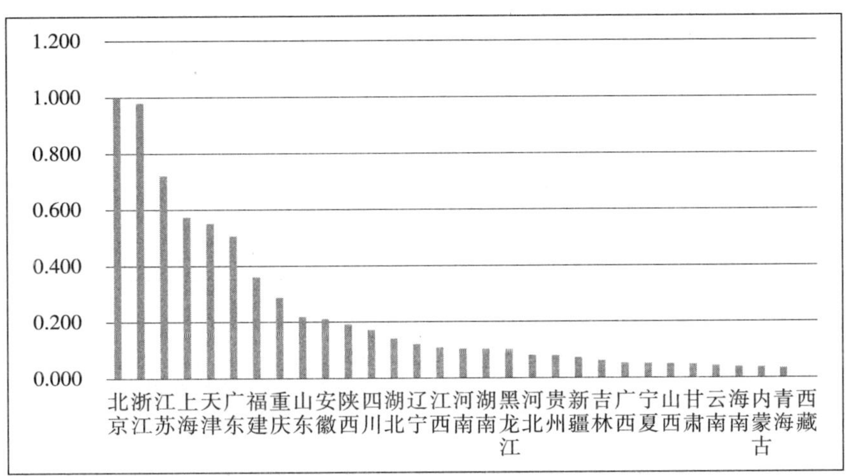

图 10－6　每万人专利授权量指数排名

由技术市场成交额占当地 GDP 比重指数排名表看出，排在前 10 位的省份是北京、陕西、天津、湖北、上海、青海、甘肃、四川、辽宁和广东，其中北京领先优势较为明显；排在后 10 位的省份是：福建、吉林、河北、河南、宁夏、内蒙古、海南、广西、新疆和西藏（见图 10－7）。

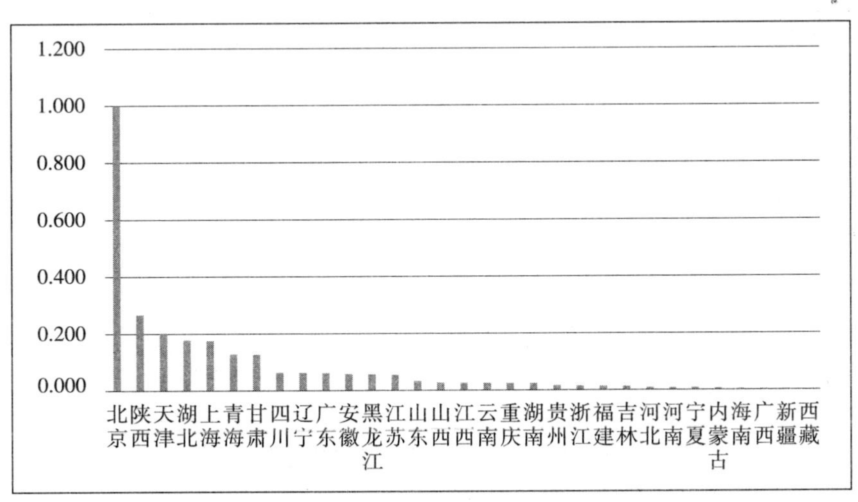

图 10－7　技术市场成交额占当地 GDP 比重指数排名

由专利侵权案件结案数指数排名表看出，排在前 10 位的是：浙江、广东、江苏、山东、湖南、河北、黑龙江、四川、福建和河南，其中浙江、广东领先优势明显；排在后10位的省份是：甘肃、贵州、吉林、宁夏、广西、内蒙古、海南、陕西、西藏和青海（见图10－8）。

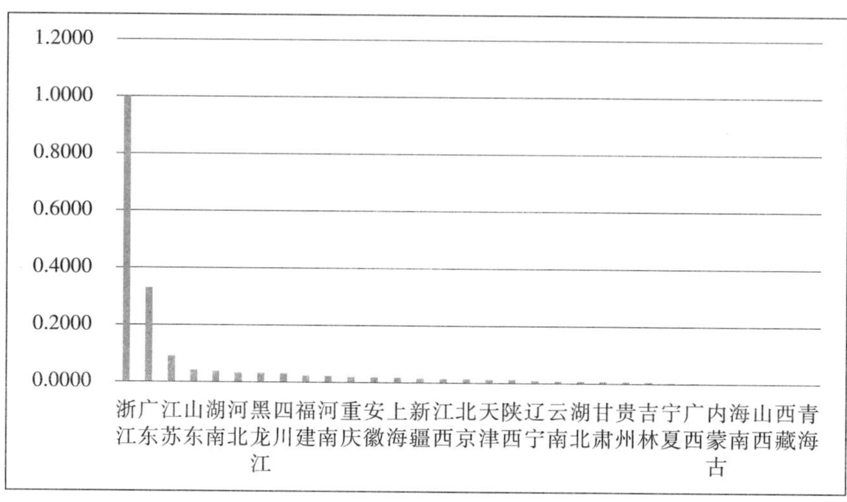

图10－8 专利侵权案件结案数指数排名

由专利实施许可合同备案数量指数排名看出，排名前10位的省份有广东、江苏、北京、浙江、四川、山东、黑龙江、上海、陕西和湖北；排名后10位的省份有：贵州、广西、云南、江西、山西、海南、内蒙古、西藏、青海和宁夏（见图10－9）。

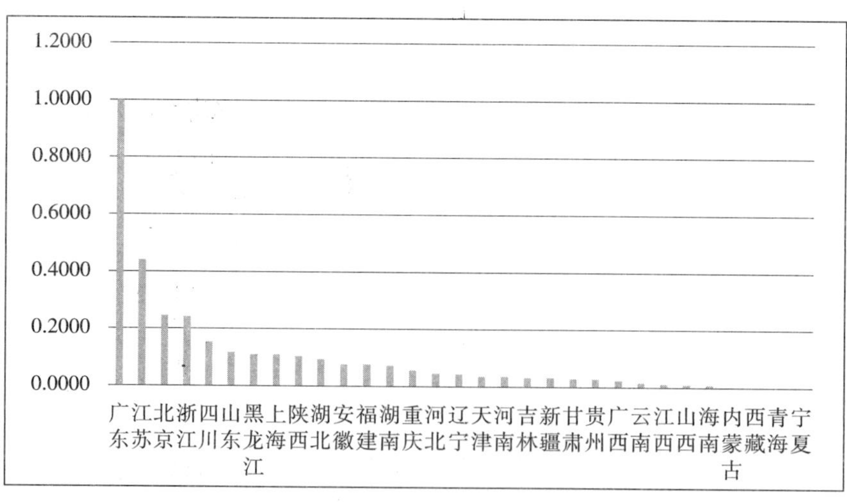

图10－9 专利实施许可合同备案数量指数排名

附录一　各省份知识产权综合实力分项指标指数及排名

（附录）表1－1　　北京知识产权综合实力分项指标指数及排名表

知识产权综合实力指数　0.632			综合排名　1		
指标	指数	排名	指标	指数	排名
知识产权产出水平	0.669	1			
人均产出指数	0.833	1	外贸额与PCT专利比	1.000	1
专利总量指数	0.809	1	产出效率指数	0.514	5
商标总量指数	1.000	1	人才产出效率指数	0.853	4
版权总量指数	1.000	1	资本产出效率指数	0.174	13
集成电路布图设计总量指数	0.355	2	企业产出指数	0.536	4
农业植物新品种总量指数	1.000	1	企业产出规模指数	0.364	4
产出质量指数	0.807	1	企业产出质量指数	0.432	4
专利有效性指数	0.794	1	企业产出效率指数	0.814	2
商标有效性指数	1.000	1	高校和研发机构产出指数	0.657	2
专利金奖指数	1.000	1	高校和研发机构产出规模指数	0.450	3
“中华老字号”商标指数	0.650	2	高校和研发机构产出质量指数	1.000	1
集成电路布图设计登记发证指数	0.396	2	高校和研发机构产出效率指数	0.521	12
知识产权流动水平	0.633	1			
技术市场交易指数	0.783	1	专利代理指数	1.000	1
技术市场规模指数	1.000	1	律师事务所指数	0.931	2
技术市场开放度指数	0.349	4	评估机构指数	1.000	1
技术外溢度指数	0.905	1	企业技改、引进指数	0.190	11
技术国际竞争力指数	0.876	2	技术改造指数	0.083	21
知识产权服务机构指数	0.926	1	国内引进指数	0.083	21
商标代理机构指数	0.775	2	国外引进指数	0.406	5
知识产权综合绩效	0.695	1			
宏观经济绩效指数	0.839	1	社会进步绩效指数	0.852	1
经济发展水平	0.946	2	环境改善	0.565	19
经济增长方式转变	0.620	4	社会发展	0.993	2
经济结构优化	0.952	1	社会生活信息化	1.000	1

续表 1-1

知识产权综合实力指数　0.632			综合排名　1		
指标	指数	排名	指标	指数	排名
文化进步	0.848	3	产品升级指数	0.621	7
企业发展绩效指数	0.395	5	设备更新指数	0.169	12
知识产权创造潜力	0.529	2			
创造投入指数	0.608	1	高新技术开发区指数	0.735	1
人才投入指数	0.376	7	知识产权试点示范指数	0.558	3
资本投入指数	0.300	8	知识产权试点示范城市指数	0.154	10
文化投入指数	0.157	23	知识产权试点示范园区指数	0.077	14
创造成果指数	0.559	2	知识产权试点单位指数	1.000	1
论文指数	0.841	1	文化产业示范指数	1.000	1
国家产业化项目指数	0.098	10	企业创造潜力指数	0.542	4
科技成果指数	1.000	1	企业科研基础指数	0.641	4
高新技术产业科技项目指数	0.296	5	企业人才投入指数	0.441	6
创造环境指数	0.722	1	企业资本投入指数	0.912	2
财政支持指数	0.945	2	企业新产品开发指数	0.176	8
金融环境指数	1.000	1	知识产权保护指数	0.185	10
开放程度指数	0.429	5	专利行政执法指数	0.072	11
教育环境指数	0.599	7	商标行政执法指数	0.153	12
文化环境指数	0.345	11	行政执法服务能力指数	0.420	3
科普指数	1.000	1	司法保护能力指数	0.094	17

(附录)表 1-2　　江苏知识产权综合实力分项指标指数及排名表

知识产权综合实力指数　0.535			综合排名　2		
指标	指数	排名	指标	指数	排名
知识产权产出水平	0.510	2			
人均产出指数	0.174	4	商标有效性指数	0.216	6
专利总量指数	0.507	3	专利金奖指数	0.262	3
商标总量指数	0.115	6	“中华老字号”商标指数	0.533	3
版权总量指数	0.041	3	集成电路布图设计登记发证指数	0.136	4
集成电路布图设计总量指数	0.131	4	外贸额与 PCT 专利比	0.021	14
农业植物新品种总量指数	0.075	11	产出效率指数	0.506	7
产出质量指数	0.270	5	人才产出效率指数	0.772	5
专利有效性指数	0.449	4	资本产出效率指数	0.240	8

续表 1－2

知识产权综合实力指数　0.535			综合排名　2		
指标	指数	排名	指标	指数	排名
企业产出指数	0.730	2	高校和研发机构产出指数	0.871	1
企业产出规模指数	1.000	1	高校和研发机构产出规模指数	1.000	1
企业产出质量指数	0.800	2	高校和研发机构产出质量指数	0.675	2
企业产出效率	0.389	10	高校和研发机构产出效率指数	0.939	1
知识产权流动水平	0.484	3			
技术市场交易指数	0.293	5	专利代理指数	0.178	4
技术市场规模指数	0.223	5	律师事务所指数	0.619	4
技术市场开放度指数	0.547	3	评估机构指数	0.200	5
技术外溢度指数	0.343	14	企业技改、引进指数	0.842	1
技术国际竞争力指数	0.060	8	技术改造指数	1.000	1
知识产权服务机构指数	0.318	4	国内引进指数	1.000	1
商标代理机构指数	0.275	4	国外引进指数	0.526	3
知识产权综合绩效	0.505	6			
宏观经济绩效指数	0.576	5	社会发展	0.700	5
经济发展水平	0.693	5	社会生活信息化	0.378	8
经济增长方式转变	0.527	6	文化进步	1.000	1
经济结构优化	0.508	7	企业发展绩效指数	0.289	11
社会进步绩效指数	0.651	4	产品升级指数	0.542	8
环境改善	0.527	22	设备更新指数	0.035	29
知识产权创造潜力	0.639	1			
创造投入指数	0.588	2	开放程度指数	0.467	4
人才投入指数	0.421	5	教育环境指数	0.624	5
资本投入指数	0.231	14	文化环境指数	0.662	1
文化投入指数	0.736	2	科普指数	0.431	3
创造成果指数	0.574	1	高新技术开发区指数	0.692	2
论文指数	0.326	9	知识产权试点示范指数	0.700	1
国家产业化项目指数	0.979	1	知识产权试点示范城市指数	1.000	1
科技成果指数	0.131	13	知识产权试点示范园区指数	1.000	1
高新技术产业科技项目指数	0.861	2	知识产权试点单位指数	0.250	3
创造环境指数	0.506	3	文化产业示范指数	0.550	4
财政支持指数	0.360	4	企业创造潜力指数	0.774	1
金融环境指数	0.307	5	企业科研基础指数	0.940	1

续表 1－2

知识产权综合实力指数 0.535			综合排名 2		
指标	指数	排名	指标	指数	排名
企业人才投入指数	0.573	2	专利行政执法指数	0.545	2
企业资本投入指数	0.616	6	商标行政执法指数	0.521	3
企业新产品开发指数	0.967	1	行政执法服务能力指数	0.694	1
知识产权保护指数	0.690	1	司法保护能力指数	1.000	1

（附录）表 1－3　　广东知识产权综合实力分项指标指数及排名表

知识产权综合实力指数 0.482			综合排名 3		
指标	指数	排名	指标	指数	排名
知识产权产出水平	0.357	5			
人均产出指数	0.169	5	外贸额与 PCT 专利比	0.065	2
专利总量指数	0.366	6	产出效率指数	0.226	19
商标总量指数	0.320	3	人才产出效率指数	0.303	18
版权总量指数	0.008	15	资本产出效率指数	0.150	14
集成电路布图设计总量指数	0.117	5	企业产出指数	0.745	1
农业植物新品种总量指数	0.033	23	企业产出规模指数	0.748	2
产出质量指数	0.322	4	企业产出质量指数	0.939	1
专利有效性指数	0.415	5	企业产出效率指数	0.549	6
商标有效性指数	0.457	4	高校和研发机构产出指数	0.322	9
专利金奖指数	0.554	2	高校和研发机构产出规模指数	0.318	7
“中华老字号”商标指数	0.317	7	高校和研发机构产出质量指数	0.256	6
集成电路布图设计登记发证指数	0.126	5	高校和研发机构产出效率指数	0.392	17
知识产权流动水平	0.525	2			
技术市场交易指数	0.343	3	专利代理指数	0.351	2
技术市场规模指数	0.164	7	律师事务所指数	1.000	1
技术市场开放度指数	0.701	2	评估机构指数	0.343	2
技术外溢度指数	0.386	11	企业技改、引进指数	0.559	2
技术国际竞争力指数	0.123	4	技术改造指数	0.339	5
知识产权服务机构指数	0.673	2	国内引进指数	0.339	5
商标代理机构指数	1.000	1	国外引进指数	1.000	1
知识产权综合绩效	0.552	3			
宏观经济绩效指数	0.642	4	经济增长方式转变	0.711	1
经济发展水平	0.630	6	经济结构优化	0.585	5

续表1-3

知识产权综合实力指数　0.482			综合排名　3		
指标	指数	排名	指标	指数	排名
社会进步绩效指数	0.670	3	文化进步	0.568	8
环境改善	0.686	5	企业发展绩效指数	0.344	9
社会发展	0.688	6	产品升级指数	0.624	6
社会生活信息化	0.738	2	设备更新指数	0.063	26
知识产权创造潜力	0.493	3			
创造投入指数	0.409	6	高新技术开发区指数	0.500	8
人才投入指数	0.168	20	知识产权试点示范指数	0.564	2
资本投入指数	0.068	30	知识产权试点示范城市指数	0.462	3
文化投入指数	0.373	6	知识产权试点示范园区指数	0.346	2
创造成果指数	0.354	4	知识产权试点单位指数	0.500	2
论文指数	0.148	25	文化产业示范指数	0.950	2
国家产业化项目指数	0.222	5	企业创造潜力指数	0.698	2
科技成果指数	0.047	26	企业科研基础指数	0.354	7
高新技术产业科技项目指数	1.000	1	企业人才投入指数	0.720	1
创造环境指数	0.454	4	企业资本投入指数	0.838	4
财政支持指数	0.289	6	企业新产品开发指数	0.880	2
金融环境指数	0.257	6	知识产权保护指数	0.478	3
开放程度指数	0.656	2	专利行政执法指数	0.251	5
教育环境指数	0.421	23	商标行政执法指数	0.676	2
文化环境指数	0.472	5	行政执法服务能力指数	0.299	6
科普指数	0.586	2	司法保护能力指数	0.687	4

(附录)表1-4　　上海知识产权综合实力分项指标指数及排名表

知识产权综合实力指数　0.481			综合排名　4		
指标	指数	排名	指标	指数	排名
知识产权产出水平	0.429	3			
人均产出指数	0.461	2	产出质量指数	0.586	2
专利总量指数	0.376	5	专利有效性指数	0.517	3
商标总量指数	0.605	2	商标有效性指数	0.700	2
版权总量指数	0.213	2	专利金奖指数	0.246	4
集成电路布图设计总量指数	1.000	1	“中华老字号”商标指数	1.000	1
农业植物新品种总量指数	0.112	6	集成电路布图设计登记发证指数	1.000	1

续表 1-4

知识产权综合实力指数 0.481			综合排名 4		
指标	指数	排名	指标	指数	排名
外贸额与 PCT 专利比	0.051	3	企业产出质量指数	0.334	5
产出效率指数	0.370	11	企业产出效率指数	0.397	9
人才产出效率指数	0.614	10	高校和研发机构产出指数	0.404	6
资本产出效率指数	0.126	20	高校和研发机构产出规模指数	0.320	6
企业产出指数	0.327	7	高校和研发机构产出质量指数	0.406	4
企业产出规模指数	0.249	8	高校和研发机构产出效率指数	0.485	16
知识产权流动水平	0.456	4			
技术市场交易指数	0.613	2	专利代理指数	0.222	3
技术市场规模指数	0.225	4	律师事务所指数	0.587	5
技术市场开放度指数	0.737	1	评估机构指数	0.229	4
技术外溢度指数	0.490	6	企业技改、引进指数	0.436	4
技术国际竞争力指数	1.000	1	技术改造指数	0.241	9
知识产权服务机构指数	0.320	3	国内引进指数	0.241	9
商标代理机构指数	0.243	5	国外引进指数	0.826	2
知识产权综合绩效	0.651	2			
宏观经济绩效指数	0.789	2	社会发展	1.000	1
经济发展水平	0.988	1	社会生活信息化	0.731	3
经济增长方式转变	0.709	2	文化进步	0.767	4
经济结构优化	0.671	2	企业发展绩效指数	0.370	7
社会进步绩效指数	0.794	2	产品升级指数	0.724	3
环境改善	0.679	6	设备更新指数	0.016	30
知识产权创造潜力	0.387	6			
创造投入指数	0.425	4	财政支持指数	1.000	1
人才投入指数	0.588	2	金融环境指数	0.878	2
资本投入指数	0.421	5	开放程度指数	0.939	1
文化投入指数	0.122	25	教育环境指数	0.327	27
创造成果指数	0.283	6	文化环境指数	0.565	2
论文指数	0.435	6	科普指数	0.322	6
国家产业化项目指数	0.054	19	高新技术开发区指数	0.579	5
科技成果指数	0.412	2	知识产权试点示范指数	0.234	8
高新技术产业科技项目指数	0.233	6	知识产权试点示范城市指数	0.077	12
创造环境指数	0.659	2	知识产权试点示范园区指数	0.154	6

续表 1-4

知识产权综合实力指数 0.481			综合排名 4		
指标	指数	排名	指标	指数	排名
知识产权试点单位指数	0.156	6	企业新产品开发指数	0.282	5
文化产业示范指数	0.550	4	知识产权保护指数	0.190	9
企业创造潜力指数	0.530	5	专利行政执法指数	0.014	25
企业科研基础指数	0.312	11	商标行政执法指数	0.361	5
企业人才投入指数	0.526	3	行政执法服务能力指数	0.348	5
企业资本投入指数	1.000	1	司法保护能力指数	0.038	25

(附录)表 1-5 浙江知识产权综合实力分项指标指数及排名表

知识产权综合实力指数 0.424			综合排名 5		
指标	指数	排名	指标	指数	排名
知识产权产出水平	0.398	4			
人均产出指数	0.218	3	外贸额与 PCT 专利比	0.019	16
专利总量指数	0.562	2	产出效率指数	0.265	15
商标总量指数	0.279	4	人才产出效率指数	0.353	15
版权总量指数	0.017	8	资本产出效率指数	0.178	12
集成电路布图设计总量指数	0.167	3	企业产出指数	0.562	3
农业植物新品种总量指数	0.067	13	企业产出规模指数	0.740	3
产出质量指数	0.347	3	企业产出质量指数	0.755	3
专利有效性指数	0.669	2	企业产出效率指数	0.191	22
商标有效性指数	0.636	3	高校和研发机构产出指数	0.598	3
专利金奖指数	0.108	10	高校和研发机构产出规模指数	0.537	2
“中华老字号”商标指数	0.506	4	高校和研发机构产出质量指数	0.437	3
集成电路布图设计登记发证指数	0.143	3	高校和研发机构产出效率指数	0.819	3
知识产权流动水平	0.265	6			
技术市场交易指数	0.159	12	专利代理指数	0.127	5
技术市场规模指数	0.067	13	律师事务所指数	0.513	6
技术市场开放度指数	0.241	6	评估机构指数	0.143	7
技术外溢度指数	0.292	16	企业技改、引进指数	0.364	6
技术国际竞争力指数	0.036	9	技术改造指数	0.461	4
知识产权服务机构指数	0.273	5	国内引进指数	0.461	4
商标代理机构指数	0.311	3	国外引进指数	0.170	11

续表 1－5

知识产权综合实力指数 0.424			综合排名 5		
指标	指数	排名	指标	指数	排名
知识产权综合绩效	0.539	5			
宏观经济绩效指数	0.500	6	社会发展	0.791	4
经济发展水平	0.742	4	社会生活信息化	0.639	4
经济增长方式转变	0.527	5	文化进步	0.398	15
经济结构优化	0.232	16	企业发展绩效指数	0.527	2
社会进步绩效指数	0.591	6	产品升级指数	1.000	1
环境改善	0.535	21	设备更新指数	0.054	28
知识产权创造潜力	0.492	4			
创造投入指数	0.421	5	高新技术开发区指数	0.437	11
人才投入指数	0.231	14	知识产权试点示范指数	0.362	5
资本投入指数	0.263	11	知识产权试点示范城市指数	0.462	3
文化投入指数	0.398	5	知识产权试点示范园区指数	0.231	4
创造成果指数	0.403	3	知识产权试点单位指数	0.156	6
论文指数	0.164	23	文化产业示范指数	0.600	3
国家产业化项目指数	0.747	2	企业创造潜力指数	0.664	3
科技成果指数	0.080	20	企业科研基础指数	0.701	2
高新技术产业科技项目指数	0.621	3	企业人才投入指数	0.352	8
创造环境指数	0.444	5	企业资本投入指数	0.874	3
财政支持指数	0.291	5	企业新产品开发指数	0.727	3
金融环境指数	0.490	4	知识产权保护指数	0.661	2
开放程度指数	0.476	3	专利行政执法指数	0.572	1
教育环境指数	0.599	8	商标行政执法指数	0.992	1
文化环境指数	0.558	3	行政执法服务能力指数	0.120	21
科普指数	0.255	7	司法保护能力指数	0.961	2

(附录)表 1－6 山东知识产权综合实力分项指标指数及排名表

知识产权综合实力指数 0.320			综合排名 6		
指标	指数	排名	指标	指数	排名
知识产权产出水平	0.244	9			
人均产出指数	0.060	12	版权总量指数	0.014	10
专利总量指数	0.140	11	集成电路布图设计总量指数	0.011	15
商标总量指数	0.071	9	农业植物新品种总量指数	0.065	14

续表 1－6

知识产权综合实力指数　0.320			综合排名　6		
指标	指数	排名	指标	指数	排名
产出质量指数	0.146	8	资本产出效率指数	0.145	15
专利有效性指数	0.121	9	企业产出指数	0.258	9
商标有效性指数	0.121	9	企业产出规模指数	0.312	5
专利金奖指数	0.231	5	企业产出质量指数	0.264	6
“中华老字号”商标指数	0.367	5	企业产出效率指数	0.197	21
集成电路布图设计登记发证指数	0.013	16	高校和研发机构产出指数	0.420	5
外贸额与 PCT 专利比	0.022	13	高校和研发机构产出规模指数	0.417	4
产出效率指数	0.334	13	高校和研发机构产出质量指数	0.217	8
人才产出效率指数	0.524	13	高校和研发机构产出效率指数	0.627	6
知识产权流动水平	0.307	5			
技术市场交易指数	0.210	8	专利代理指数	0.100	6
技术市场规模指数	0.135	8	律师事务所指数	0.660	3
技术市场开放度指数	0.298	5	评估机构指数	0.029	11
技术外溢度指数	0.395	10	企业技改、引进指数	0.459	3
技术国际竞争力指数	0.014	16	技术改造指数	0.545	2
知识产权服务机构指数	0.253	6	国内引进指数	0.545	2
商标代理机构指数	0.222	6	国外引进指数	0.285	7
知识产权综合绩效	0.333	13			
宏观经济绩效指数	0.368	10	社会发展	0.686	7
经济发展水平	0.504	8	社会生活信息化	0.259	16
经济增长方式转变	0.404	10	文化进步	0.230	24
经济结构优化	0.195	19	企业发展绩效指数	0.272	12
社会进步绩效指数	0.360	25	产品升级指数	0.314	11
环境改善	0.264	31	设备更新指数	0.229	4
知识产权创造潜力	0.396	5			
创造投入指数	0.553	3	科技成果指数	0.068	22
人才投入指数	0.271	10	高新技术产业科技项目指数	0.415	4
资本投入指数	0.272	9	创造环境指数	0.372	7
文化投入指数	1.000	1	财政支持指数	0.138	12
创造成果指数	0.288	5	金融环境指数	0.125	15
论文指数	0.143	28	开放程度指数	0.166	11
国家产业化项目指数	0.527	3	教育环境指数	0.704	3

续表 1 -6

知识产权综合实力指数 0. 320			综合排名 6		
指标	指数	排名	指标	指数	排名
文化环境指数	0. 528	4	企业科研基础指数	0. 207	17
科普指数	0. 353	5	企业人才投入指数	0. 503	4
高新技术开发区指数	0. 592	4	企业资本投入指数	0. 510	10
知识产权试点示范指数	0. 388	4	企业新产品开发指数	0. 554	4
知识产权试点示范城市指数	0. 538	2	知识产权保护指数	0. 329	5
知识产权试点示范园区指数	0. 346	2	专利行政执法指数	0. 306	4
知识产权试点单位指数	0. 219	4	商标行政执法指数	0. 177	11
文化产业示范指数	0. 450	7	行政执法服务能力指数	0. 157	15
企业创造潜力指数	0. 443	7	司法保护能力指数	0. 674	5

(附录)表 1 -7　　天津知识产权综合实力分项指标指数及排名表

知识产权综合实力指数 0. 298			综合排名 7		
指标	指数	排名	指标	指数	排名
知识产权产出水平	0. 216	12			
人均产出指数	0. 138	6	外贸额与 PCT 专利比	0. 014	21
专利总量指数	0. 405	4	产出效率指数	0. 350	12
商标总量指数	0. 106	7	人才产出效率指数	0. 561	12
版权总量指数	0. 024	5	资本产出效率指数	0. 139	18
集成电路布图设计总量指数	0. 059	9	企业产出指数	0. 181	13
农业植物新品种总量指数	0. 093	8	企业产出规模指数	0. 201	10
产出质量指数	0. 168	6	企业产出质量指数	0. 114	12
专利有效性指数	0. 310	6	企业产出效率指数	0. 228	17
商标有效性指数	0. 197	7	高校和研发机构产出指数	0. 243	18
专利金奖指数	0. 092	12	高校和研发机构产出规模指数	0. 191	15
“中华老字号”商标指数	0. 367	5	高校和研发机构产出质量指数	0. 163	12
集成电路布图设计登记发证指数	0. 030	10	高校和研发机构产出效率指数	0. 375	19
知识产权流动水平	0. 148	15			
技术市场交易指数	0. 270	6	知识产权服务机构指数	0. 094	17
技术市场规模指数	0. 174	6	商标代理机构指数	0. 055	16
技术市场开放度指数	0. 141	8	专利代理指数	0. 045	12
技术外溢度指数	0. 624	4	律师事务所指数	0. 217	19
技术国际竞争力指数	0. 142	3	评估机构指数	0. 057	10

续表 1－7

知识产权综合实力指数　0. 298			综合排名　7		
指标	指数	排名	指标	指数	排名
企业技改、引进指数	0. 080	25	国内引进指数	0. 063	25
技术改造指数	0. 063	25	国外引进指数	0. 113	13
知识产权综合绩效	0. 548	4			
宏观经济绩效指数	0. 675	3	社会发展	0. 887	3
经济发展水平	0. 833	3	社会生活信息化	0. 423	7
经济增长方式转变	0. 636	3	文化进步	0. 180	28
经济结构优化	0. 555	6	企业发展绩效指数	0. 452	4
社会进步绩效指数	0. 518	9	产品升级指数	0. 676	5
环境改善	0. 583	15	设备更新指数	0. 229	5
知识产权创造潜力	0. 281	7			
创造投入指数	0. 376	7	高新技术开发区指数	0. 125	25
人才投入指数	0. 300	8	知识产权试点示范指数	0. 162	12
资本投入指数	0. 196	18	知识产权试点示范城市指数	0. 077	12
文化投入指数	0. 102	26	知识产权试点示范园区指数	0. 115	8
创造成果指数	0. 158	14	知识产权试点单位指数	0. 156	6
论文指数	0. 189	21	文化产业示范指数	0. 300	12
国家产业化项目指数	0. 063	16	企业创造潜力指数	0. 476	6
科技成果指数	0. 254	5	企业科研基础指数	0. 692	3
高新技术产业科技项目指数	0. 128	11	企业人才投入指数	0. 237	16
创造环境指数	0. 411	6	企业资本投入指数	0. 815	5
财政支持指数	0. 719	3	企业新产品开发指数	0. 159	11
金融环境指数	0. 630	3	知识产权保护指数	0. 106	14
开放程度指数	0. 361	7	专利行政执法指数	0. 046	19
教育环境指数	0. 753	1	商标行政执法指数	0. 057	21
文化环境指数	0. 164	22	行政执法服务能力指数	0. 231	9
科普指数	0. 122	14	司法保护能力指数	0. 088	19

(附录)表 1－8　　重庆知识产权综合实力分项指标指数及排名表

知识产权综合实力指数　0. 276			综合排名　8		
指标	指数	排名	指标	指数	排名
知识产权产出水平	0. 289	7			
人均产出指数	0. 083	9	专利总量指数	0. 222	7

续表 1-8

知识产权综合实力指数 0.276			综合排名 8		
指标	指数	排名	指标	指数	排名
商标总量指数	0.104	8	产出效率指数	0.714	3
版权总量指数	0.039	4	人才产出效率指数	0.973	2
集成电路布图设计总量指数	0.032	12	资本产出效率指数	0.455	3
农业植物新品种总量指数	0.018	28	企业产出指数	0.297	8
产出质量指数	0.090	12	企业产出规模指数	0.205	9
专利有效性指数	0.151	8	企业产出质量指数	0.109	14
商标有效性指数	0.171	8	企业产出效率指数	0.577	5
专利金奖指数	0.077	14	高校和研发机构产出指数	0.263	15
“中华老字号”商标指数	0.106	22	高校和研发机构产出规模指数	0.137	19
集成电路布图设计登记发证指数	0.029	11	高校和研发机构产出质量指数	0.110	15
外贸额与 PCT 专利比	0.005	29	高校和研发机构产出效率指数	0.541	8
知识产权流动水平	0.182	10			
技术市场交易指数	0.115	15	专利代理指数	0.029	18
技术市场规模指数	0.026	18	律师事务所指数	0.454	7
技术市场开放度指数	0.143	7	评估机构指数	0.257	3
技术外溢度指数	0.274	18	企业技改、引进指数	0.223	7
技术国际竞争力指数	0.017	13	技术改造指数	0.124	18
知识产权服务机构指数	0.208	7	国内引进指数	0.124	18
商标代理机构指数	0.090	11	国外引进指数	0.422	4
知识产权综合绩效	0.444	7			
宏观经济绩效指数	0.476	7	社会发展	0.623	13
经济发展水平	0.423	11	社会生活信息化	0.245	17
经济增长方式转变	0.348	16	文化进步	0.000	31
经济结构优化	0.657	3	企业发展绩效指数	0.464	3
社会进步绩效指数	0.393	19	产品升级指数	0.729	2
环境改善	0.704	4	设备更新指数	0.199	10
知识产权创造潜力	0.187	15			
创造投入指数	0.185	19	论文指数	0.330	7
人才投入指数	0.227	15	国家产业化项目指数	0.038	22
资本投入指数	0.110	27	科技成果指数	0.132	12
文化投入指数	0.169	21	高新技术产业科技项目指数	0.105	12
创造成果指数	0.151	16	创造环境指数	0.246	11

续表1－8

知识产权综合实力指数 0.276			综合排名 8		
指标	指数	排名	指标	指数	排名
财政支持指数	0.214	8	文化产业示范指数	0.200	23
金融环境指数	0.201	11	企业创造潜力指数	0.306	12
开放程度指数	0.268	8	企业科研基础指数	0.330	10
教育环境指数	0.472	18	企业人才投入指数	0.194	23
文化环境指数	0.222	16	企业资本投入指数	0.573	8
科普指数	0.085	20	企业新产品开发指数	0.129	14
高新技术开发区指数	0.262	17	知识产权保护指数	0.100	16
知识产权试点示范指数	0.131	16	专利行政执法指数	0.034	23
知识产权试点示范城市指数	0.077	12	商标行政执法指数	0.045	23
知识产权试点示范园区指数	0.154	6	行政执法服务能力指数	0.252	8
知识产权试点单位指数	0.094	10	司法保护能力指数	0.070	22

(附录)表1－9　　安徽知识产权综合实力分项指标指数及排名表

知识产权综合实力指数 0.259			综合排名 9		
指标	指数	排名	指标	指数	排名
知识产权产出水平	0.339	6			
人均产出指数	0.083	8	外贸额与PCT专利比	0.011	23
专利总量指数	0.152	10	产出效率指数	0.755	2
商标总量指数	0.043	19	人才产出效率指数	1.000	1
版权总量指数	0.007	18	资本产出效率指数	0.509	2
集成电路布图设计总量指数	0.078	6	企业产出指数	0.482	5
农业植物新品种总量指数	0.135	4	企业产出规模指数	0.279	6
产出质量指数	0.084	13	企业产出质量指数	0.188	8
专利有效性指数	0.115	10	企业产出效率指数	0.979	1
商标有效性指数	0.060	18	高校和研发机构产出指数	0.294	11
专利金奖指数	0.092	12	高校和研发机构产出规模指数	0.287	10
“中华老字号”商标指数	0.139	17	高校和研发机构产出质量指数	0.094	17
集成电路布图设计登记发证指数	0.086	6	高校和研发机构产出效率指数	0.501	15
知识产权流动水平	0.163	11			
技术市场交易指数	0.168	11	技术外溢度指数	0.463	7
技术市场规模指数	0.095	11	技术国际竞争力指数	0.011	18
技术市场开放度指数	0.102	11	知识产权服务机构指数	0.107	13

续表 1-9

知识产权综合实力指数 0.259			综合排名 9		
指标	指数	排名	指标	指数	排名
商标代理机构指数	0.088	12	企业技改、引进指数	0.213	8
专利代理指数	0.043	14	技术改造指数	0.283	6
律师事务所指数	0.268	15	国内引进指数	0.283	6
评估机构指数	0.029	11	国外引进指数	0.073	18
知识产权综合绩效	0.312	18			
宏观经济绩效指数	0.265	20	社会发展	0.571	15
经济发展水平	0.271	21	社会生活信息化	0.033	30
经济增长方式转变	0.358	12	文化进步	0.312	21
经济结构优化	0.166	22	企业发展绩效指数	0.294	10
社会进步绩效指数	0.378	22	产品升级指数	0.488	9
环境改善	0.597	11	设备更新指数	0.100	22
知识产权创造潜力	0.220	12			
创造投入指数	0.231	14	高新技术开发区指数	0.437	12
人才投入指数	0.263	11	知识产权试点示范指数	0.206	9
资本投入指数	0.206	17	知识产权试点示范城市指数	0.231	7
文化投入指数	0.252	13	知识产权试点示范园区指数	0.231	4
创造成果指数	0.170	12	知识产权试点单位指数	0.063	14
论文指数	0.144	27	文化产业示范指数	0.300	12
国家产业化项目指数	0.337	4	企业创造潜力指数	0.333	9
科技成果指数	0.036	29	企业科研基础指数	0.380	5
高新技术产业科技项目指数	0.164	7	企业人才投入指数	0.231	19
创造环境指数	0.241	14	企业资本投入指数	0.469	13
财政支持指数	0.057	24	企业新产品开发指数	0.253	6
金融环境指数	0.039	27	知识产权保护指数	0.140	13
开放程度指数	0.145	13	专利行政执法指数	0.050	17
教育环境指数	0.472	19	商标行政执法指数	0.313	7
文化环境指数	0.403	9	行政执法服务能力指数	0.105	24
科普指数	0.133	13	司法保护能力指数	0.091	18

(附录)表1-10 湖北知识产权综合实力分项指标指数及排名表

知识产权综合实力指数 0.247			综合排名 10		
指标	指数	排名	指标	指数	排名
知识产权产出水平	0.175	16			
人均产出指数	0.046	16	外贸额与PCT专利比	0.038	5
专利总量指数	0.096	13	产出效率指数	0.237	17
商标总量指数	0.046	17	人才产出效率指数	0.351	16
版权总量指数	0.011	11	资本产出效率指数	0.122	21
集成电路布图设计总量指数	0.043	10	企业产出指数	0.149	17
农业植物新品种总量指数	0.034	22	企业产出规模指数	0.119	13
产出质量指数	0.080	14	企业产出质量指数	0.123	10
专利有效性指数	0.087	14	企业产出效率指数	0.204	20
商标有效性指数	0.065	15	高校和研发机构产出指数	0.365	8
专利金奖指数	0.123	9	高校和研发机构产出规模指数	0.334	5
"中华老字号"商标指数	0.144	15	高校和研发机构产出质量指数	0.230	7
集成电路布图设计登记发证指数	0.020	13	高校和研发机构产出效率指数	0.532	9
知识产权流动水平	0.185	9			
技术市场交易指数	0.270	7	专利代理指数	0.055	10
技术市场规模指数	0.239	3	律师事务所指数	0.256	18
技术市场开放度指数	0.131	10	评估机构指数	0.029	11
技术外溢度指数	0.692	3	企业技改、引进指数	0.182	13
技术国际竞争力指数	0.017	14	技术改造指数	0.175	14
知识产权服务机构指数	0.103	15	国内引进指数	0.175	14
商标代理机构指数	0.071	14	国外引进指数	0.197	9
知识产权综合绩效	0.374	9			
宏观经济绩效指数	0.330	13	社会发展	0.554	18
经济发展水平	0.328	15	社会生活信息化	0.168	21
经济增长方式转变	0.356	14	文化进步	0.392	16
经济结构优化	0.305	10	企业发展绩效指数	0.354	8
社会进步绩效指数	0.438	15	产品升级指数	0.421	10
环境改善	0.638	9	设备更新指数	0.287	3
知识产权创造潜力	0.256	9			
创造投入指数	0.272	9	文化投入指数	0.368	7
人才投入指数	0.223	16	创造成果指数	0.209	8
资本投入指数	0.409	6	论文指数	0.328	8

续表 1－10

知识产权综合实力指数 0.247			综合排名 10		
指标	指数	排名	指标	指数	排名
国家产业化项目指数	0.154	7	知识产权试点示范园区指数	0.115	8
科技成果指数	0.210	6	知识产权试点单位指数	0.125	9
高新技术产业科技项目指数	0.143	9	文化产业示范指数	0.250	17
创造环境指数	0.290	9	企业创造潜力指数	0.324	10
财政支持指数	0.114	15	企业科研基础指数	0.217	16
金融环境指数	0.081	21	企业人才投入指数	0.350	9
开放程度指数	0.081	19	企业资本投入指数	0.552	9
教育环境指数	0.518	15	企业新产品开发指数	0.177	7
文化环境指数	0.274	13	知识产权保护指数	0.278	6
科普指数	0.393	4	专利行政执法指数	0.160	6
高新技术开发区指数	0.568	6	商标行政执法指数	0.477	4
知识产权试点示范指数	0.161	13	行政执法服务能力指数	0.228	11
知识产权试点示范城市指数	0.154	10	司法保护能力指数	0.248	7

（附录）表 1－11　福建知识产权综合实力分项指标指数及排名表

知识产权综合实力指数 0.245			综合排名 11		
指标	指数	排名	指标	指数	排名
知识产权产出水平	0.177	15			
人均产出指数	0.119	7	外贸额与 PCT 专利比	0.016	19
专利总量指数	0.207	9	产出效率指数	0.127	26
商标总量指数	0.210	5	人才产出效率指数	0.152	27
版权总量指数	0.020	7	资本产出效率指数	0.101	25
集成电路布图设计总量指数	0.064	8	企业产出指数	0.192	12
农业植物新品种总量指数	0.094	7	企业产出规模指数	0.177	11
产出质量指数	0.156	7	企业产出质量指数	0.176	9
专利有效性指数	0.220	7	企业产出效率指数	0.223	18
商标有效性指数	0.403	5	高校和研发机构产出指数	0.293	13
专利金奖指数	0.031	20	高校和研发机构产出规模指数	0.143	18
“中华老字号”商标指数	0.189	9	高校和研发机构产出质量指数	0.119	14
集成电路布图设计登记发证指数	0.076	7	高校和研发机构产出效率指数	0.618	7
知识产权流动水平	0.151	13			
技术市场交易指数	0.086	19	技术市场规模指数	0.029	17

续表 1－11

知识产权综合实力指数　0.245			综合排名　11		
指标	指数	排名	指标	指数	排名
技术市场开放度指数	0.058	13	律师事务所指数	0.263	17
技术外溢度指数	0.230	21	评估机构指数	0.200	5
技术国际竞争力指数	0.029	11	企业技改、引进指数	0.204	10
知识产权服务机构指数	0.163	8	技术改造指数	0.210	10
商标代理机构指数	0.142	7	国内引进指数	0.210	10
专利代理指数	0.045	13	国外引进指数	0.194	10
知识产权综合绩效	0.425	8			
宏观经济绩效指数	0.433	9	社会发展	0.628	12
经济发展水平	0.550	7	社会生活信息化	0.593	5
经济增长方式转变	0.474	7	文化进步	0.388	18
经济结构优化	0.277	11	企业发展绩效指数	0.244	13
社会进步绩效指数	0.599	5	产品升级指数	0.273	13
环境改善	0.786	2	设备更新指数	0.215	7
知识产权创造潜力	0.225	11			
创造投入指数	0.263	11	高新技术开发区指数	0.249	18
人才投入指数	0.206	17	知识产权试点示范指数	0.155	14
资本投入指数	0.553	3	知识产权试点示范城市指数	0.231	7
文化投入指数	0.336	10	知识产权试点示范园区指数	0.077	14
创造成果指数	0.099	26	知识产权试点单位指数	0.063	14
论文指数	0.065	30	文化产业示范指数	0.250	17
国家产业化项目指数	0.082	13	企业创造潜力指数	0.282	13
科技成果指数	0.109	19	企业科研基础指数	0.277	13
高新技术产业科技项目指数	0.141	10	企业人才投入指数	0.190	25
创造环境指数	0.290	10	企业资本投入指数	0.495	12
财政支持指数	0.188	10	企业新产品开发指数	0.166	10
金融环境指数	0.255	7	知识产权保护指数	0.258	7
开放程度指数	0.367	6	专利行政执法指数	0.142	9
教育环境指数	0.633	4	商标行政执法指数	0.276	8
文化环境指数	0.215	17	行政执法服务能力指数	0.371	4
科普指数	0.119	15	司法保护能力指数	0.244	8

(附录)表 1－12 湖南知识产权综合实力分项指标指数及排名表

知识产权综合实力指数 0.242			综合排名 12		
指标	指数	排名	指标	指数	排名
知识产权产出水平	0.153	18			
人均产出指数	0.039	18	外贸额与 PCT 专利比	0.026	9
专利总量指数	0.062	17	产出效率指数	0.183	23
商标总量指数	0.041	21	人才产出效率指数	0.262	20
版权总量指数	0.004	20	资本产出效率指数	0.105	23
集成电路布图设计总量指数	0.018	14	企业产出指数	0.165	15
农业植物新品种总量指数	0.072	12	企业产出规模指数	0.092	14
产出质量指数	0.074	15	企业产出质量指数	0.110	13
专利有效性指数	0.069	15	企业产出效率指数	0.295	15
商标有效性指数	0.057	20	高校和研发机构产出指数	0.304	10
专利金奖指数	0.154	8	高校和研发机构产出规模指数	0.250	11
“中华老字号”商标指数	0.111	20	高校和研发机构产出质量指数	0.139	13
集成电路布图设计登记发证指数	0.024	12	高校和研发机构产出效率指数	0.522	11
知识产权流动水平	0.195	7			
技术市场交易指数	0.105	16	专利代理指数	0.056	9
技术市场规模指数	0.035	16	律师事务所指数	0.271	14
技术市场开放度指数	0.020	17	评估机构指数	0.000	18
技术外溢度指数	0.358	13	企业技改、引进指数	0.379	5
技术国际竞争力指数	0.008	20	技术改造指数	0.528	3
知识产权服务机构指数	0.102	16	国内引进指数	0.528	3
商标代理机构指数	0.082	13	国外引进指数	0.080	17
知识产权综合绩效	0.360	10			
宏观经济绩效指数	0.279	17	社会发展	0.540	20
经济发展水平	0.298	17	社会生活信息化	0.044	29
经济增长方式转变	0.357	13	文化进步	0.529	10
经济结构优化	0.182	21	企业发展绩效指数	0.379	6
社会进步绩效指数	0.422	16	产品升级指数	0.685	4
环境改善	0.574	18	设备更新指数	0.073	24
知识产权创造潜力	0.258	8			
创造投入指数	0.223	16	文化投入指数	0.356	8
人才投入指数	0.409	6	创造成果指数	0.125	20
资本投入指数	0.168	20	论文指数	0.227	18

续表 1－12

知识产权综合实力指数 0.242			综合排名 12		
指标	指数	排名	指标	指数	排名
国家产业化项目指数	0.064	15	知识产权试点示范园区指数	0.115	8
科技成果指数	0.110	18	知识产权试点单位指数	0.094	10
高新技术产业科技项目指数	0.098	14	文化产业示范指数	0.300	12
创造环境指数	0.233	16	企业创造潜力指数	0.352	8
财政支持指数	0.042	26	企业科研基础指数	0.342	8
金融环境指数	0.012	30	企业人才投入指数	0.331	10
开放程度指数	0.038	26	企业资本投入指数	0.589	7
教育环境指数	0.443	21	企业新产品开发指数	0.146	12
文化环境指数	0.408	7	知识产权保护指数	0.433	4
科普指数	0.160	10	专利行政执法指数	0.348	3
高新技术开发区指数	0.529	7	商标行政执法指数	0.197	9
知识产权试点示范指数	0.185	10	行政执法服务能力指数	0.433	2
知识产权试点示范城市指数	0.231	7	司法保护能力指数	0.756	3

(附录)表 1－13 四川知识产权综合实力分项指标指数及排名表

知识产权综合实力指数 13.000			综合排名 13		
指标	指数	排名	指标	指数	排名
知识产权产出水平	0.236	11			
人均产出指数	0.050	13	外贸额与 PCT 专利比	0.036	6
专利总量指数	0.114	12	产出效率指数	0.439	8
商标总量指数	0.056	11	人才产出效率指数	0.667	9
版权总量指数	0.005	19	资本产出效率指数	0.210	9
集成电路布图设计总量指数	0.033	11	企业产出指数	0.333	6
农业植物新品种总量指数	0.040	19	企业产出规模指数	0.271	7
产出质量指数	0.101	10	企业产出质量指数	0.208	7
专利有效性指数	0.100	12	企业产出效率指数	0.522	7
商标有效性指数	0.086	13	高校和研发机构产出指数	0.255	17
专利金奖指数	0.077	14	高校和研发机构产出规模指数	0.245	12
“中华老字号”商标指数	0.272	8	高校和研发机构产出质量指数	0.170	11
集成电路布图设计登记发证指数	0.036	9	高校和研发机构产出效率指数	0.349	20
知识产权流动水平	0.152	12			
技术市场交易指数	0.187	10	技术市场规模指数	0.100	10

续表 1－13

知识产权综合实力指数　13.000			综合排名　13		
指标	指数	排名	指标	指数	排名
技术市场开放度指数	0.100	12	律师事务所指数	0.284	12
技术外溢度指数	0.442	9	评估机构指数	0.029	11
技术国际竞争力指数	0.104	5	企业技改、引进指数	0.143	15
知识产权服务机构指数	0.127	11	技术改造指数	0.189	12
商标代理机构指数	0.114	8	国内引进指数	0.189	12
专利代理指数	0.082	7	国外引进指数	0.051	22
知识产权综合绩效	0.317	16			
宏观经济绩效指数	0.440	8	社会发展	0.544	19
经济发展水平	0.249	23	社会生活信息化	0.105	24
经济增长方式转变	0.423	9	文化进步	0.280	22
经济结构优化	0.649	4	企业发展绩效指数	0.148	25
社会进步绩效指数	0.364	24	产品升级指数	0.226	20
环境改善	0.527	23	设备更新指数	0.069	25
知识产权创造潜力	0.218	13			
创造投入指数	0.227	15	高新技术开发区指数	0.405	13
人才投入指数	0.110	27	知识产权试点示范指数	0.298	6
资本投入指数	0.127	26	知识产权试点示范城市指数	0.308	6
文化投入指数	0.252	14	知识产权试点示范园区指数	0.115	8
创造成果指数	0.187	9	知识产权试点单位指数	0.219	4
论文指数	0.324	10	文化产业示范指数	0.550	4
国家产业化项目指数	0.135	9	企业创造潜力指数	0.189	21
科技成果指数	0.139	10	企业科研基础指数	0.122	22
高新技术产业科技项目指数	0.150	8	企业人才投入指数	0.231	18
创造环境指数	0.244	12	企业资本投入指数	0.283	22
财政支持指数	0.061	23	企业新产品开发指数	0.119	15
金融环境指数	0.062	22	知识产权保护指数	0.163	11
开放程度指数	0.086	16	专利行政执法指数	0.093	10
教育环境指数	0.458	20	商标行政执法指数	0.183	10
文化环境指数	0.407	8	行政执法服务能力指数	0.190	12
科普指数	0.229	8	司法保护能力指数	0.185	10

（附录）表 1－14　陕西知识产权综合实力分项指标指数及排名表

知识产权综合实力指数　0.231			综合排名　14		
指标	指数	排名	指标	指数	排名
知识产权产出水平	0.239	10			
人均产出指数	0.080	10	外贸额与 PCT 专利比	0.028	8
专利总量指数	0.219	8	产出效率指数	0.397	10
商标总量指数	0.061	10	人才产出效率指数	0.691	8
版权总量指数	0.021	6	资本产出效率指数	0.103	24
集成电路布图设计总量指数	0.070	7	企业产出指数	0.110	22
农业植物新品种总量指数	0.027	25	企业产出规模指数	0.082	15
产出质量指数	0.106	9	企业产出质量指数	0.068	17
专利有效性指数	0.104	11	企业产出效率指数	0.179	24
商标有效性指数	0.103	11	高校和研发机构产出指数	0.504	4
专利金奖指数	0.185	6	高校和研发机构产出规模指数	0.301	9
“中华老字号”商标指数	0.150	12	高校和研发机构产出质量指数	0.332	5
集成电路布图设计登记发证指数	0.067	8	高校和研发机构产出效率指数	0.878	2
知识产权流动水平	0.150	14			
技术市场交易指数	0.301	4	专利代理指数	0.041	15
技术市场规模指数	0.262	2	律师事务所指数	0.023	30
技术市场开放度指数	0.005	26	评估机构指数	0.114	8
技术外溢度指数	0.902	2	企业技改、引进指数	0.090	24
技术国际竞争力指数	0.034	10	技术改造指数	0.112	20
知识产权服务机构指数	0.058	24	国内引进指数	0.112	20
商标代理机构指数	0.053	17	国外引进指数	0.046	23
知识产权综合绩效	0.306	21			
宏观经济绩效指数	0.334	12	社会发展	0.538	21
经济发展水平	0.350	12	社会生活信息化	0.281	14
经济增长方式转变	0.301	20	文化进步	0.551	9
经济结构优化	0.352	9	企业发展绩效指数	0.119	28
社会进步绩效指数	0.465	14	产品升级指数	0.147	25
环境改善	0.491	26	设备更新指数	0.092	23
知识产权创造潜力	0.228	10			
创造投入指数	0.259	12	文化投入指数	0.347	9
人才投入指数	0.157	21	创造成果指数	0.236	7
资本投入指数	0.132	24	论文指数	0.480	3

续表 1－14

知识产权综合实力指数 0.231			综合排名 14		
指标	指数	排名	指标	指数	排名
国家产业化项目指数	0.084	11	知识产权试点示范园区指数	0.115	8
科技成果指数	0.300	4	知识产权试点单位指数	0.094	10
高新技术产业科技项目指数	0.079	17	文化产业示范指数	0.400	9
创造环境指数	0.296	8	企业创造潜力指数	0.309	11
财政支持指数	0.129	14	企业科研基础指数	0.244	14
金融环境指数	0.117	16	企业人才投入指数	0.403	7
开放程度指数	0.068	22	企业资本投入指数	0.507	11
教育环境指数	0.748	2	企业新产品开发指数	0.083	17
文化环境指数	0.357	10	知识产权保护指数	0.095	17
科普指数	0.210	9	专利行政执法指数	0.062	12
高新技术开发区指数	0.440	9	商标行政执法指数	0.072	18
知识产权试点示范指数	0.172	11	行政执法服务能力指数	0.178	13
知识产权试点示范城市指数	0.077	12	司法保护能力指数	0.067	23

(附录)表 1－15　　辽宁知识产权综合实力分项指标指数及排名表

知识产权综合实力指数 0.216			综合排名 15		
指标	指数	排名	指标	指数	排名
知识产权产出水平	0.149	19			
人均产出指数	0.040	17	外贸额与 PCT 专利比	0.021	15
专利总量指数	0.069	15	产出效率指数	0.232	18
商标总量指数	0.048	16	人才产出效率指数	0.334	17
版权总量指数	0.009	13	资本产出效率指数	0.130	19
集成电路布图设计总量指数	0.000	22	企业产出指数	0.118	19
农业植物新品种总量指数	0.075	10	企业产出规模指数	0.058	18
产出质量指数	0.096	11	企业产出质量指数	0.087	15
专利有效性指数	0.087	13	企业产出效率指数	0.209	19
商标有效性指数	0.091	12	高校和研发机构产出指数	0.261	16
专利金奖指数	0.169	7	高校和研发机构产出规模指数	0.212	13
“中华老字号”商标指数	0.189	9	高校和研发机构产出质量指数	0.182	10
集成电路布图设计登记发证指数	0.019	14	高校和研发机构产出效率指数	0.388	18
知识产权流动水平	0.185	8			
技术市场交易指数	0.198	9	技术市场规模指数	0.101	9

续表 1－15

知识产权综合实力指数 0.216			综合排名 15		
指标	指数	排名	指标	指数	排名
技术市场开放度指数	0.131	9	律师事务所指数	0.350	10
技术外溢度指数	0.499	5	评估机构指数	0.114	8
技术国际竞争力指数	0.061	7	企业技改、引进指数	0.204	9
知识产权服务机构指数	0.154	9	技术改造指数	0.259	7
商标代理机构指数	0.070	15	国内引进指数	0.259	7
专利代理指数	0.081	8	国外引进指数	0.096	15
知识产权综合绩效	0.345	11			
宏观经济绩效指数	0.335	11	社会发展	0.679	8
经济发展水平	0.468	10	社会生活信息化	0.454	6
经济增长方式转变	0.389	11	文化进步	0.441	13
经济结构优化	0.149	25	企业发展绩效指数	0.156	23
社会进步绩效指数	0.542	8	产品升级指数	0.313	12
环境改善	0.593	13	设备更新指数	0.000	31
知识产权创造潜力	0.183	16			
创造投入指数	0.235	13	高新技术开发区指数	0.326	15
人才投入指数	0.135	23	知识产权试点示范指数	0.141	15
资本投入指数	0.156	22	知识产权试点示范城市指数	0.077	12
文化投入指数	0.222	16	知识产权试点示范园区指数	0.038	18
创造成果指数	0.185	10	知识产权试点单位指数	0.000	25
论文指数	0.320	11	文化产业示范指数	0.450	7
国家产业化项目指数	0.149	8	企业创造潜力指数	0.203	18
科技成果指数	0.207	7	企业科研基础指数	0.060	28
高新技术产业科技项目指数	0.064	18	企业人才投入指数	0.251	15
创造环境指数	0.241	15	企业资本投入指数	0.388	16
财政支持指数	0.100	16	企业新产品开发指数	0.115	16
金融环境指数	0.232	9	知识产权保护指数	0.094	18
开放程度指数	0.209	9	专利行政执法指数	0.053	15
教育环境指数	0.428	22	商标行政执法指数	0.076	16
文化环境指数	0.231	14	行政执法服务能力指数	0.129	19
科普指数	0.158	12	司法保护能力指数	0.117	11

(附录)表 1-16 广西知识产权综合实力分项指标指数及排名表

知识产权综合实力指数 0.200			综合排名 16		
指标	指数	排名	指标	指数	排名
知识产权产出水平	0.281	8			
人均产出指数	0.026	23	外贸额与 PCT 专利比	0.006	28
专利总量指数	0.059	19	产出效率指数	0.964	1
商标总量指数	0.010	30	人才产出效率指数	0.928	3
版权总量指数	0.007	16	资本产出效率指数	1.000	1
集成电路布图设计总量指数	0.008	17	企业产出指数	0.155	16
农业植物新品种总量指数	0.046	18	企业产出规模指数	0.054	19
产出质量指数	0.020	29	企业产出质量指数	0.033	22
专利有效性指数	0.027	24	企业产出效率指数	0.378	11
商标有效性指数	0.015	30	高校和研发机构产出指数	0.241	19
专利金奖指数	0.015	23	高校和研发机构产出规模指数	0.146	16
“中华老字号”商标指数	0.050	24	高校和研发机构产出质量指数	0.065	20
集成电路布图设计登记发证指数	0.009	18	高校和研发机构产出效率指数	0.511	14
知识产权流动水平	0.081	23			
技术市场交易指数	0.046	25	专利代理指数	0.023	21
技术市场规模指数	0.009	26	律师事务所指数	0.214	20
技术市场开放度指数	0.012	20	评估机构指数	0.029	11
技术外溢度指数	0.155	24	企业技改、引进指数	0.123	17
技术国际竞争力指数	0.007	22	技术改造指数	0.180	13
知识产权服务机构指数	0.073	20	国内引进指数	0.180	13
商标代理机构指数	0.026	25	国外引进指数	0.009	27
知识产权综合绩效	0.321	15			
宏观经济绩效指数	0.252	21	社会发展	0.574	14
经济发展水平	0.210	25	社会生活信息化	0.106	23
经济增长方式转变	0.273	23	文化进步	0.594	6
经济结构优化	0.272	12	企业发展绩效指数	0.196	17
社会进步绩效指数	0.515	10	产品升级指数	0.242	17
环境改善	0.785	3	设备更新指数	0.149	14
知识产权创造潜力	0.116	25			
创造投入指数	0.168	20	文化投入指数	0.220	17
人才投入指数	0.068	30	创造成果指数	0.092	27
资本投入指数	0.185	19	论文指数	0.258	16

续表 1－16

知识产权综合实力指数　0.200			综合排名　16		
指标	指数	排名	指标	指数	排名
国家产业化项目指数	0.036	23	知识产权试点示范园区指数	0.077	14
科技成果指数	0.046	27	知识产权试点单位指数	0.031	17
高新技术产业科技项目指数	0.028	23	文化产业示范指数	0.150	25
创造环境指数	0.184	20	企业创造潜力指数	0.095	28
财政支持指数	0.015	29	企业科研基础指数	0.087	25
金融环境指数	0.022	29	企业人才投入指数	0.138	29
开放程度指数	0.111	14	企业资本投入指数	0.106	29
教育环境指数	0.571	11	企业新产品开发指数	0.049	20
文化环境指数	0.204	18	知识产权保护指数	0.093	19
科普指数	0.117	16	专利行政执法指数	0.051	16
高新技术开发区指数	0.247	20	商标行政执法指数	0.101	15
知识产权试点示范指数	0.065	23	行政执法服务能力指数	0.147	16
知识产权试点示范城市指数	0.000	22	司法保护能力指数	0.072	21

（附录）表 1－17　　河南知识产权综合实力分项指标指数及排名表

知识产权综合实力指数　0.196			综合排名　17		
指标	指数	排名	指标	指数	排名
知识产权产出水平	0.130	21			
人均产出指数	0.048	14	外贸额与 PCT 专利比	0.008	25
专利总量指数	0.061	18	产出效率指数	0.157	24
商标总量指数	0.041	20	人才产出效率指数	0.201	23
版权总量指数	0.007	17	资本产出效率指数	0.114	22
集成电路布图设计总量指数	0.000	21	企业产出指数	0.109	24
农业植物新品种总量指数	0.131	5	企业产出规模指数	0.133	12
产出质量指数	0.058	18	企业产出质量指数	0.122	11
专利有效性指数	0.053	17	企业产出效率指数	0.073	28
商标有效性指数	0.055	21	高校和研发机构产出指数	0.275	14
专利金奖指数	0.108	10	高校和研发机构产出规模指数	0.195	14
“中华老字号”商标指数	0.122	18	高校和研发机构产出质量指数	0.100	16
集成电路布图设计登记发证指数	0.001	22	高校和研发机构产出效率指数	0.530	10
知识产权流动水平	0.128	16			
技术市场交易指数	0.074	21	技术市场规模指数	0.023	20

续表 1 -17

知识产权综合实力指数 0.196			综合排名 17		
指标	指数	排名	指标	指数	排名
技术市场开放度指数	0.018	18	律师事务所指数	0.417	8
技术外溢度指数	0.251	19	评估机构指数	0.029	11
技术国际竞争力指数	0.002	29	企业技改、引进指数	0.157	14
知识产权服务机构指数	0.152	10	技术改造指数	0.207	11
商标代理机构指数	0.112	9	国内引进指数	0.207	11
专利代理指数	0.051	11	国外引进指数	0.057	21
知识产权综合绩效	0.312	19			
宏观经济绩效指数	0.323	14	社会发展	0.530	22
经济发展水平	0.272	20	社会生活信息化	0.080	27
经济增长方式转变	0.275	22	文化进步	0.498	11
经济结构优化	0.422	8	企业发展绩效指数	0.227	15
社会进步绩效指数	0.385	20	产品升级指数	0.237	18
环境改善	0.435	28	设备更新指数	0.217	6
知识产权创造潜力	0.216	14			
创造投入指数	0.271	10	高新技术开发区指数	0.438	10
人才投入指数	0.272	9	知识产权试点示范指数	0.236	7
资本投入指数	0.223	16	知识产权试点示范城市指数	0.385	5
文化投入指数	0.479	4	知识产权试点示范园区指数	0.115	8
创造成果指数	0.116	21	知识产权试点单位指数	0.094	10
论文指数	0.135	29	文化产业示范指数	0.350	11
国家产业化项目指数	0.164	6	企业创造潜力指数	0.199	19
科技成果指数	0.064	24	企业科研基础指数	0.156	19
高新技术产业科技项目指数	0.101	13	企业人才投入指数	0.275	12
创造环境指数	0.242	13	企业资本投入指数	0.196	24
财政支持指数	0.016	28	企业新产品开发指数	0.169	9
金融环境指数	0.000	31	知识产权保护指数	0.233	8
开放程度指数	0.068	21	专利行政执法指数	0.157	8
教育环境指数	0.597	9	商标行政执法指数	0.342	6
文化环境指数	0.418	6	行政执法服务能力指数	0.111	22
科普指数	0.159	11	司法保护能力指数	0.322	6

(附录)表 1－18　　黑龙江知识产权综合实力分项指标指数及排名表

知识产权综合实力指数 0.165			综合排名 18		
指标	指数	排名	指标	指数	排名
知识产权产出水平	0.205	13			
人均产出指数	0.063	11	外贸额与 PCT 专利比	0.026	10
专利总量指数	0.065	16	产出效率指数	0.422	9
商标总量指数	0.032	26	人才产出效率指数	0.567	11
版权总量指数	0.003	22	资本产出效率指数	0.276	6
集成电路布图设计总量指数	0.000	22	企业产出指数	0.085	26
农业植物新品种总量指数	0.218	2	企业产出规模指数	0.045	20
产出质量指数	0.061	17	企业产出质量指数	0.029	23
专利有效性指数	0.064	16	企业产出效率指数	0.179	25
商标有效性指数	0.054	22	高校和研发机构产出指数	0.394	7
专利金奖指数	0.046	18	高校和研发机构产出规模指数	0.313	8
“中华老字号”商标指数	0.178	11	高校和研发机构产出质量指数	0.212	9
集成电路布图设计登记发证指数	0.000	23	高校和研发机构产出效率指数	0.658	5
知识产权流动水平	0.096	19			
技术市场交易指数	0.129	14	专利代理指数	0.033	17
技术市场规模指数	0.040	15	律师事务所指数	0.354	9
技术市场开放度指数	0.011	22	评估机构指数	0.000	18
技术外溢度指数	0.362	12	企业技改、引进指数	0.055	28
技术国际竞争力指数	0.103	6	技术改造指数	0.060	26
知识产权服务机构指数	0.105	14	国内引进指数	0.060	26
商标代理机构指数	0.033	22	国外引进指数	0.046	24
知识产权综合绩效	0.230	27			
宏观经济绩效指数	0.203	24	社会发展	0.646	11
经济发展水平	0.147	29	社会生活信息化	0.182	20
经济增长方式转变	0.337	17	文化进步	0.029	30
经济结构优化	0.125	26	企业发展绩效指数	0.109	29
社会进步绩效指数	0.379	21	产品升级指数	0.115	27
环境改善	0.658	7	设备更新指数	0.104	19
知识产权创造潜力	0.126	21			
创造投入指数	0.156	22	文化投入指数	0.186	20
人才投入指数	0.425	4	创造成果指数	0.130	19
资本投入指数	0.588	2	论文指数	0.281	14

续表 1－18

知识产权综合实力指数 0.165			综合排名 18		
指标	指数	排名	指标	指数	排名
国家产业化项目指数	0.057	17	知识产权试点示范园区指数	0.000	26
科技成果指数	0.122	14	知识产权试点单位指数	0.031	17
高新技术产业科技项目指数	0.061	19	文化产业示范指数	0.250	17
创造环境指数	0.111	28	企业创造潜力指数	0.209	17
财政支持指数	0.010	30	企业科研基础指数	0.094	24
金融环境指数	0.044	26	企业人才投入指数	0.269	13
开放程度指数	0.024	30	企业资本投入指数	0.431	15
教育环境指数	0.353	25	企业新产品开发指数	0.044	21
文化环境指数	0.138	25	知识产权保护指数	0.062	26
科普指数	0.096	18	专利行政执法指数	0.043	21
高新技术开发区指数	0.112	26	商标行政执法指数	0.000	31
知识产权试点示范指数	0.090	20	行政执法服务能力指数	0.110	23
知识产权试点示范城市指数	0.077	12	司法保护能力指数	0.096	16

（附录）表 1－19 河北知识产权综合实力分项指标指数及排名表

知识产权综合实力指数 0.158			综合排名 19		
指标	指数	排名	指标	指数	排名
知识产权产出水平	0.082	26			
人均产出指数	0.031	20	外贸额与 PCT 专利比	0.024	11
专利总量指数	0.046	20	产出效率指数	0.075	30
商标总量指数	0.037	22	人才产出效率指数	0.102	30
版权总量指数	0.002	23	资本产出效率指数	0.048	30
集成电路布图设计总量指数	0.009	16	企业产出指数	0.073	27
农业植物新品种总量指数	0.062	16	企业产出规模指数	0.079	16
产出质量指数	0.061	16	企业产出质量指数	0.082	16
专利有效性指数	0.045	19	企业产出效率指数	0.058	29
商标有效性指数	0.063	16	高校和研发机构产出指数	0.168	21
专利金奖指数	0.077	14	高校和研发机构产出规模指数	0.106	20
“中华老字号”商标指数	0.150	12	高校和研发机构产出质量指数	0.053	22
集成电路布图设计登记发证指数	0.010	17	高校和研发机构产出效率指数	0.346	21
知识产权流动水平	0.122	17			
技术市场交易指数	0.064	23	技术市场规模指数	0.022	21

续表 1－19

知识产权综合实力指数 0.158			综合排名 19		
指标	指数	排名	指标	指数	排名
技术市场开放度指数	0.027	16	律师事务所指数	0.350	11
技术外溢度指数	0.200	23	评估机构指数	0.000	18
技术国际竞争力指数	0.007	21	企业技改、引进指数	0.184	12
知识产权服务机构指数	0.120	12	技术改造指数	0.244	8
商标代理机构指数	0.093	10	国内引进指数	0.244	8
专利代理指数	0.037	16	国外引进指数	0.063	20
知识产权综合绩效	0.259	25			
宏观经济绩效指数	0.216	23	社会发展	0.562	16
经济发展水平	0.276	19	社会生活信息化	0.238	19
经济增长方式转变	0.298	21	文化进步	0.262	23
经济结构优化	0.073	29	企业发展绩效指数	0.219	16
社会进步绩效指数	0.342	26	产品升级指数	0.228	19
环境改善	0.306	29	设备更新指数	0.210	8
知识产权创造潜力	0.170	17			
创造投入指数	0.300	8	高新技术开发区指数	0.273	16
人才投入指数	0.196	18	知识产权试点示范指数	0.125	17
资本投入指数	0.131	25	知识产权试点示范城市指数	0.000	22
文化投入指数	0.602	3	知识产权试点示范园区指数	0.038	18
创造成果指数	0.101	23	知识产权试点单位指数	0.063	14
论文指数	0.234	17	文化产业示范指数	0.400	9
国家产业化项目指数	0.032	27	企业创造潜力指数	0.195	20
科技成果指数	0.049	25	企业科研基础指数	0.130	20
高新技术产业科技项目指数	0.092	15	企业人才投入指数	0.219	21
创造环境指数	0.195	19	企业资本投入指数	0.298	21
财政支持指数	0.035	27	企业新产品开发指数	0.133	13
金融环境指数	0.047	24	知识产权保护指数	0.101	15
开放程度指数	0.077	20	专利行政执法指数	0.057	13
教育环境指数	0.527	13	商标行政执法指数	0.101	14
文化环境指数	0.315	12	行政执法服务能力指数	0.143	17
科普指数	0.091	19	司法保护能力指数	0.102	13

（附录）表1－20　江西知识产权综合实力分项指标指数及排名表

知识产权综合实力指数　0.158			综合排名　20		
指标	指数	排名	指标	指数	排名
知识产权产出水平	0.116	22			
人均产出指数	0.032	19	外贸额与PCT专利比	0.006	27
专利总量指数	0.076	14	产出效率指数	0.110	28
商标总量指数	0.034	24	人才产出效率指数	0.162	26
版权总量指数	0.010	12	资本产出效率指数	0.059	29
集成电路布图设计总量指数	0.031	13	企业产出指数	0.098	25
农业植物新品种总量指数	0.008	30	企业产出规模指数	0.067	17
产出质量指数	0.044	21	企业产出质量指数	0.041	18
专利有效性指数	0.049	18	企业产出效率指数	0.187	23
商标有效性指数	0.052	24	高校和研发机构产出指数	0.293	12
专利金奖指数	0.015	23	高校和研发机构产出规模指数	0.143	17
“中华老字号”商标指数	0.122	18	高校和研发机构产出质量指数	0.062	21
集成电路布图设计登记发证指数	0.018	15	高校和研发机构产出效率指数	0.675	4
知识产权流动水平	0.082	22			
技术市场交易指数	0.077	20	专利代理指数	0.021	22
技术市场规模指数	0.020	22	律师事务所指数	0.162	24
技术市场开放度指数	0.048	15	评估机构指数	0.000	18
技术外溢度指数	0.236	20	企业技改、引进指数	0.112	20
技术国际竞争力指数	0.006	25	技术改造指数	0.126	17
知识产权服务机构指数	0.057	25	国内引进指数	0.126	17
商标代理机构指数	0.046	19	国外引进指数	0.084	16
知识产权综合绩效	0.294	23			
宏观经济绩效指数	0.314	15	社会发展	0.509	24
经济发展水平	0.266	22	社会生活信息化	0.017	31
经济增长方式转变	0.425	8	文化进步	0.370	20
经济结构优化	0.252	14	企业发展绩效指数	0.194	19
社会进步绩效指数	0.374	23	产品升级指数	0.181	22
环境改善	0.600	10	设备更新指数	0.208	9
知识产权创造潜力	0.141	18			
创造投入指数	0.206	17	文化投入指数	0.330	11
人才投入指数	0.553	3	创造成果指数	0.100	25
资本投入指数	0.271	10	论文指数	0.149	24

续表 1－20

知识产权综合实力指数　0. 158			综合排名　20		
指标	指数	排名	指标	指数	排名
国家产业化项目指数	0. 084	12	知识产权试点示范园区指数	0. 077	14
科技成果指数	0. 078	21	知识产权试点单位指数	0. 031	17
高新技术产业科技项目指数	0. 090	16	文化产业示范指数	0. 200	23
创造环境指数	0. 210	17	企业创造潜力指数	0. 157	24
财政支持指数	0. 094	17	企业科研基础指数	0. 190	18
金融环境指数	0. 033	28	企业人才投入指数	0. 195	22
开放程度指数	0. 165	12	企业资本投入指数	0. 162	26
教育环境指数	0. 623	6	企业新产品开发指数	0. 080	18
文化环境指数	0. 227	15	知识产权保护指数	0. 074	21
科普指数	0. 083	21	专利行政执法指数	0. 049	18
高新技术开发区指数	0. 249	19	商标行政执法指数	0. 047	22
知识产权试点示范指数	0. 096	19	行政执法服务能力指数	0. 102	25
知识产权试点示范城市指数	0. 077	12	司法保护能力指数	0. 100	15

（附录）表 1－21　　山西知识产权综合实力分项指标指数及排名表

知识产权综合实力指数　21. 000			综合排名　18		
指标	指数	排名	指标	指数	排名
知识产权产出水平	0. 073	29			
人均产出指数	0. 020	27	外贸额与 PCT 专利比	0. 009	24
专利总量指数	0. 024	27	产出效率指数	0. 115	27
商标总量指数	0. 010	29	人才产出效率指数	0. 140	28
版权总量指数	0. 001	25	资本产出效率指数	0. 091	27
集成电路布图设计总量指数	0. 001	19	企业产出指数	0. 045	29
农业植物新品种总量指数	0. 062	15	企业产出规模指数	0. 022	24
产出质量指数	0. 036	22	企业产出质量指数	0. 034	20
专利有效性指数	0. 032	23	企业产出效率指数	0. 081	27
商标有效性指数	0. 025	27	高校和研发机构产出指数	0. 148	22
专利金奖指数	0. 000	28	高校和研发机构产出规模指数	0. 048	23
“中华老字号”商标指数	0. 150	12	高校和研发机构产出质量指数	0. 051	23
集成电路布图设计登记发证指数	0. 001	20	高校和研发机构产出效率指数	0. 345	22
知识产权流动水平	0. 083	21			
技术市场交易指数	0. 048	24	技术市场规模指数	0. 017	24

续表 1－21

知识产权综合实力指数 21.000			综合排名 18		
指标	指数	排名	指标	指数	排名
技术市场开放度指数	0.007	23	律师事务所指数	0.268	16
技术外溢度指数	0.153	25	评估机构指数	0.000	18
技术国际竞争力指数	0.016	15	企业技改、引进指数	0.120	18
知识产权服务机构指数	0.080	18	技术改造指数	0.146	16
商标代理机构指数	0.034	21	国内引进指数	0.146	16
专利代理指数	0.017	23	国外引进指数	0.069	19
知识产权综合绩效	0.331	14			
宏观经济绩效指数	0.265	19	社会发展	0.558	17
经济发展水平	0.332	13	社会生活信息化	0.311	11
经济增长方式转变	0.234	25	文化进步	0.929	2
经济结构优化	0.230	17	企业发展绩效指数	0.163	22
社会进步绩效指数	0.565	7	产品升级指数	0.156	24
环境改善	0.463	27	设备更新指数	0.170	11
知识产权创造潜力	0.126	22			
创造投入指数	0.196	18	高新技术开发区指数	0.159	24
人才投入指数	0.131	25	知识产权试点示范指数	0.070	22
资本投入指数	0.235	13	知识产权试点示范城市指数	0.000	22
文化投入指数	0.241	15	知识产权试点示范园区指数	0.000	26
创造成果指数	0.066	29	知识产权试点单位指数	0.031	17
论文指数	0.146	26	文化产业示范指数	0.250	17
国家产业化项目指数	0.056	18	企业创造潜力指数	0.178	22
科技成果指数	0.043	28	企业科研基础指数	0.095	23
高新技术产业科技项目指数	0.021	25	企业人才投入指数	0.233	17
创造环境指数	0.173	21	企业资本投入指数	0.347	18
财政支持指数	0.081	19	企业新产品开发指数	0.035	23
金融环境指数	0.082	20	知识产权保护指数	0.070	23
开放程度指数	0.066	23	专利行政执法指数	0.004	28
教育环境指数	0.575	10	商标行政执法指数	0.041	24
文化环境指数	0.204	19	行政执法服务能力指数	0.231	10
科普指数	0.046	23	司法保护能力指数	0.003	29

(附录)表 1－22　　吉林知识产权综合实力分项指标指数及排名表

知识产权综合实力指数　0.149			综合排名　22		
指标	指数	排名	指标	指数	排名
知识产权产出水平	0.077	28			
人均产出指数	0.047	15	外贸额与 PCT 专利比	0.023	12
专利总量指数	0.033	25	产出效率指数	0.139	25
商标总量指数	0.037	23	人才产出效率指数	0.189	25
版权总量指数	0.009	14	资本产出效率指数	0.090	28
集成电路布图设计总量指数	0.002	18	企业产出指数	0.012	31
农业植物新品种总量指数	0.155	3	企业产出规模指数	0.012	25
产出质量指数	0.044	20	企业产出质量指数	0.021	24
专利有效性指数	0.039	21	企业产出效率指数	0.004	31
商标有效性指数	0.060	19	高校和研发机构产出指数	0.141	23
专利金奖指数	0.031	20	高校和研发机构产出规模指数	0.101	21
“中华老字号”商标指数	0.111	20	高校和研发机构产出质量指数	0.069	19
集成电路布图设计登记发证指数	0.002	19	高校和研发机构产出效率指数	0.252	26
知识产权流动水平	0.096	20			
技术市场交易指数	0.089	18	专利代理指数	0.027	19
技术市场规模指数	0.018	23	律师事务所指数	0.187	22
技术市场开放度指数	0.049	14	评估机构指数	0.000	18
技术外溢度指数	0.278	17	企业技改、引进指数	0.137	16
技术国际竞争力指数	0.009	19	技术改造指数	0.056	27
知识产权服务机构指数	0.062	22	国内引进指数	0.056	27
商标代理机构指数	0.035	20	国外引进指数	0.297	6
知识产权综合绩效	0.308	20			
宏观经济绩效指数	0.282	16	社会发展	0.662	10
经济发展水平	0.320	16	社会生活信息化	0.239	18
经济增长方式转变	0.331	18	文化进步	0.382	19
经济结构优化	0.194	20	企业发展绩效指数	0.174	21
社会进步绩效指数	0.468	13	产品升级指数	0.247	14
环境改善	0.589	14	设备更新指数	0.100	21
知识产权创造潜力	0.114	26			
创造投入指数	0.135	23	文化投入指数	0.128	24
人才投入指数	0.156	22	创造成果指数	0.110	22
资本投入指数	0.425	4	论文指数	0.281	13

续表 1－22

知识产权综合实力指数 0.149			综合排名 22		
指标	指数	排名	指标	指数	排名
国家产业化项目指数	0.048	21	知识产权试点示范园区指数	0.038	18
科技成果指数	0.068	23	知识产权试点单位指数	0.031	17
高新技术产业科技项目指数	0.045	21	文化产业示范指数	0.300	12
创造环境指数	0.147	26	企业创造潜力指数	0.094	29
财政支持指数	0.080	20	企业科研基础指数	0.009	31
金融环境指数	0.105	17	企业人才投入指数	0.185	26
开放程度指数	0.032	29	企业资本投入指数	0.126	28
教育环境指数	0.492	16	企业新产品开发指数	0.054	19
文化环境指数	0.174	21	知识产权保护指数	0.085	20
科普指数	0.116	17	专利行政执法指数	0.007	26
高新技术开发区指数	0.031	29	商标行政执法指数	0.036	25
知识产权试点示范指数	0.112	18	行政执法服务能力指数	0.268	7
知识产权试点示范城市指数	0.077	12	司法保护能力指数	0.029	26

（附录）表 1－23 贵州知识产权综合实力分项指标指数及排名表

知识产权综合实力指数 0.145			综合排名 23		
指标	指数	排名	指标	指数	排名
知识产权产出水平	0.186	14			
人均产出指数	0.013	29	外贸额与 PCT 专利比	0.017	17
专利总量指数	0.034	24	产出效率指数	0.561	4
商标总量指数	0.019	28	人才产出效率指数	0.766	6
版权总量指数	0.001	27	资本产出效率指数	0.356	4
集成电路布图设计总量指数	0.000	22	企业产出指数	0.222	11
农业植物新品种总量指数	0.014	29	企业产出规模指数	0.039	21
产出质量指数	0.027	24	企业产出质量指数	0.038	19
专利有效性指数	0.040	20	企业产出效率指数	0.589	4
商标有效性指数	0.024	28	高校和研发机构产出指数	0.109	25
专利金奖指数	0.031	20	高校和研发机构产出规模指数	0.047	24
“中华老字号”商标指数	0.050	24	高校和研发机构产出质量指数	0.018	25
集成电路布图设计登记发证指数	0.000	23	高校和研发机构产出效率指数	0.262	25
知识产权流动水平	0.051	27			
技术市场交易指数	0.031	27	技术市场规模指数	0.011	25

续表 1－23

知识产权综合实力指数　0. 145			综合排名　23		
指标	指数	排名	指标	指数	排名
技术市场开放度指数	0. 005	25	律师事务所指数	0. 000	31
技术外溢度指数	0. 102	27	评估机构指数	0. 000	18
技术国际竞争力指数	0. 005	28	企业技改、引进指数	0. 111	21
知识产权服务机构指数	0. 011	29	技术改造指数	0. 162	15
商标代理机构指数	0. 028	23	国内引进指数	0. 162	15
专利代理指数	0. 016	24	国外引进指数	0. 011	26
知识产权综合绩效	0. 238	26			
宏观经济绩效指数	0. 155	30	社会发展	0. 242	28
经济发展水平	0. 148	28	社会生活信息化	0. 086	25
经济增长方式转变	0. 156	28	文化进步	0. 704	5
经济结构优化	0. 162	24	企业发展绩效指数	0. 081	30
社会进步绩效指数	0. 477	12	产品升级指数	0. 101	29
环境改善	0. 875	1	设备更新指数	0. 060	27
知识产权创造潜力	0. 106	27			
创造投入指数	0. 110	27	高新技术开发区指数	0. 178	23
人才投入指数	0. 127	26	知识产权试点示范指数	0. 062	26
资本投入指数	0. 008	31	知识产权试点示范城市指数	0. 077	12
文化投入指数	0. 201	19	知识产权试点示范园区指数	0. 038	18
创造成果指数	0. 075	28	知识产权试点单位指数	0. 031	17
论文指数	0. 207	20	文化产业示范指数	0. 100	27
国家产业化项目指数	0. 035	24	企业创造潜力指数	0. 093	30
科技成果指数	0. 000	31	企业科研基础指数	0. 049	30
高新技术产业科技项目指数	0. 058	20	企业人才投入指数	0. 118	30
创造环境指数	0. 154	25	企业资本投入指数	0. 179	25
财政支持指数	0. 070	21	企业新产品开发指数	0. 026	25
金融环境指数	0. 044	25	知识产权保护指数	0. 142	12
开放程度指数	0. 053	25	专利行政执法指数	0. 158	7
教育环境指数	0. 549	12	商标行政执法指数	0. 073	17
文化环境指数	0. 111	26	行政执法服务能力指数	0. 131	18
科普指数	0. 074	22	司法保护能力指数	0. 207	9

(附录)表 1－24　　宁夏知识产权综合实力分项指标指数及排名表

知识产权综合实力指数　0.142			综合排名　24		
指标	指数	排名	指标	指数	排名
知识产权产出水平	0.155	17			
人均产出指数	0.026	22	外贸额与 PCT 专利比	0.047	4
专利总量指数	0.041	21	产出效率指数	0.510	6
商标总量指数	0.054	13	人才产出效率指数	0.712	7
版权总量指数	0.001	26	资本产出效率指数	0.308	5
集成电路布图设计总量指数	0.000	22	企业产出指数	0.175	14
农业植物新品种总量指数	0.036	20	企业产出规模指数	0.010	28
产出质量指数	0.025	25	企业产出质量指数	0.005	29
专利有效性指数	0.025	25	企业产出效率指数	0.510	8
商标有效性指数	0.054	23	高校和研发机构产出指数	0.039	29
专利金奖指数	0.015	23	高校和研发机构产出规模指数	0.003	29
“中华老字号”商标指数	0.011	28	高校和研发机构产出质量指数	0.003	29
集成电路布图设计登记发证指数	0.000	23	高校和研发机构产出效率指数	0.111	29
知识产权流动水平	0.055	26			
技术市场交易指数	0.040	26	专利代理指数	0.006	28
技术市场规模指数	0.006	27	律师事务所指数	0.029	29
技术市场开放度指数	0.001	28	评估机构指数	0.000	18
技术外溢度指数	0.149	26	企业技改、引进指数	0.114	19
技术国际竞争力指数	0.006	26	技术改造指数	0.050	28
知识产权服务机构指数	0.011	30	国内引进指数	0.050	28
商标代理机构指数	0.008	29	国外引进指数	0.242	8
知识产权综合绩效	0.266	24			
宏观经济绩效指数	0.183	26	社会发展	0.430	25
经济发展水平	0.330	14	社会生活信息化	0.278	15
经济增长方式转变	0.126	30	文化进步	0.390	17
经济结构优化	0.092	27	企业发展绩效指数	0.195	18
社会进步绩效指数	0.419	17	产品升级指数	0.247	15
环境改善	0.578	16	设备更新指数	0.144	15
知识产权创造潜力	0.093	29			
创造投入指数	0.093	29	文化投入指数	0.004	30
人才投入指数	0.108	28	创造成果指数	0.142	18
资本投入指数	0.000	0	论文指数	0.218	19

续表 1 - 24

知识产权综合实力指数　0.142			综合排名　24		
指标	指数	排名	指标	指数	排名
国家产业化项目指数	0.023	29	知识产权试点示范园区指数	0.000	26
科技成果指数	0.310	3	知识产权试点单位指数	0.000	25
高新技术产业科技项目指数	0.015	26	文化产业示范指数	0.100	27
创造环境指数	0.109	29	企业创造潜力指数	0.148	26
财政支持指数	0.137	13	企业科研基础指数	0.221	15
金融环境指数	0.205	10	企业人才投入指数	0.089	31
开放程度指数	0.084	17	企业资本投入指数	0.267	23
教育环境指数	0.249	28	企业新产品开发指数	0.013	28
文化环境指数	0.054	28	知识产权保护指数	0.041	29
科普指数	0.008	29	专利行政执法指数	0.005	27
高新技术开发区指数	0.028	30	商标行政执法指数	0.013	28
知识产权试点示范指数	0.025	30	行政执法服务能力指数	0.059	30
知识产权试点示范城市指数	0.000	22	司法保护能力指数	0.087	20

（附录）表 1 - 25　　云南知识产权综合实力分项指标指数及排名表

知识产权综合实力指数　0.138			综合排名　25		
指标	指数	排名	指标	指数	排名
知识产权产出水平	0.130	20			
人均产出指数	0.021	26	外贸额与 PCT 专利比	0.011	22
专利总量指数	0.023	28	产出效率指数	0.252	16
商标总量指数	0.044	18	人才产出效率指数	0.363	14
版权总量指数	0.003	21	资本产出效率指数	0.142	17
集成电路布图设计总量指数	0.001	20	企业产出指数	0.111	20
农业植物新品种总量指数	0.036	21	企业产出规模指数	0.032	22
产出质量指数	0.046	19	企业产出质量指数	0.033	21
专利有效性指数	0.023	27	企业产出效率指数	0.268	16
商标有效性指数	0.051	25	高校和研发机构产出指数	0.219	20
专利金奖指数	0.046	18	高校和研发机构产出规模指数	0.073	22
“中华老字号”商标指数	0.144	15	高校和研发机构产出质量指数	0.071	18
集成电路布图设计登记发证指数	0.001	21	高校和研发机构产出效率指数	0.513	13
知识产权流动水平	0.065	24			
技术市场交易指数	0.069	22	技术市场规模指数	0.026	19

续表 1－25

知识产权综合实力指数 0.138			综合排名 25		
指标	指数	排名	指标	指数	排名
技术市场开放度指数	0.012	21	律师事务所指数	0.202	21
技术外溢度指数	0.225	22	评估机构指数	0.000	18
技术国际竞争力指数	0.013	17	企业技改、引进指数	0.056	26
知识产权服务机构指数	0.070	21	技术改造指数	0.069	24
商标代理机构指数	0.052	18	国内引进指数	0.069	24
专利代理指数	0.025	20	国外引进指数	0.032	25
知识产权综合绩效	0.219	28			
宏观经济绩效指数	0.197	25	社会发展	0.113	30
经济发展水平	0.186	26	社会生活信息化	0.054	28
经济增长方式转变	0.201	27	文化进步	0.590	7
经济结构优化	0.204	18	企业发展绩效指数	0.127	27
社会进步绩效指数	0.333	27	产品升级指数	0.145	26
环境改善	0.576	17	设备更新指数	0.109	17
知识产权创造潜力	0.136	20			
创造投入指数	0.127	26	高新技术开发区指数	0.654	3
人才投入指数	0.008	31	知识产权试点示范指数	0.085	21
资本投入指数	0.259	12	知识产权试点示范城市指数	0.000	22
文化投入指数	0.215	18	知识产权试点示范园区指数	0.038	18
创造成果指数	0.149	17	知识产权试点单位指数	0.000	25
论文指数	0.310	12	文化产业示范指数	0.300	12
国家产业化项目指数	0.053	20	企业创造潜力指数	0.211	16
科技成果指数	0.201	8	企业科研基础指数	0.334	9
高新技术产业科技项目指数	0.032	22	企业人才投入指数	0.158	28
创造环境指数	0.202	18	企业资本投入指数	0.312	19
财政支持指数	0.048	25	企业新产品开发指数	0.039	22
金融环境指数	0.050	23	知识产权保护指数	0.044	28
开放程度指数	0.082	18	专利行政执法指数	0.015	24
教育环境指数	0.352	26	商标行政执法指数	0.057	20
文化环境指数	0.198	20	行政执法服务能力指数	0.061	28
科普指数	0.029	27	司法保护能力指数	0.041	24

（附录）表 1－26　　海南知识产权综合实力分项指标指数及排名表

知识产权综合实力指数 0.135			综合排名 26		
指标	指数	排名	指标	指数	排名
知识产权产出水平	0.095	23			
人均产出指数	0.029	21	外贸额与 PCT 专利比	0.004	30
专利总量指数	0.020	30	产出效率指数	0.199	20
商标总量指数	0.055	12	人才产出效率指数	0.212	22
版权总量指数	0.015	9	资本产出效率指数	0.187	10
集成电路布图设计总量指数	0.000	22	企业产出指数	0.109	23
农业植物新品种总量指数	0.053	17	企业产出规模指数	0.003	30
产出质量指数	0.033	23	企业产出质量指数	0.006	28
专利有效性指数	0.024	26	企业产出效率指数	0.319	14
商标有效性指数	0.108	10	高校和研发机构产出指数	0.102	26
专利金奖指数	0.062	17	高校和研发机构产出规模指数	0.014	28
“中华老字号”商标指数	0.000	30	高校和研发机构产出质量指数	0.004	28
集成电路布图设计登记发证指数	0.000	23	高校和研发机构产出效率指数	0.288	24
知识产权流动水平	0.012	30			
技术市场交易指数	0.022	29	专利代理指数	0.004	30
技术市场规模指数	0.003	30	律师事务所指数	0.031	28
技术市场开放度指数	0.016	19	评估机构指数	0.000	18
技术外溢度指数	0.064	30	企业技改、引进指数	0.004	30
技术国际竞争力指数	0.007	24	技术改造指数	0.003	30
知识产权服务机构指数	0.011	31	国内引进指数	0.003	30
商标代理机构指数	0.008	28	国外引进指数	0.004	29
知识产权综合绩效	0.314	17			
宏观经济绩效指数	0.246	22	社会发展	0.673	9
经济发展水平	0.113	31	社会生活信息化	0.319	9
经济增长方式转变	0.355	15	文化进步	0.411	14
经济结构优化	0.271	13	企业发展绩效指数	0.183	20
社会进步绩效指数	0.512	11	产品升级指数	0.242	16
环境改善	0.644	8	设备更新指数	0.124	16
知识产权创造潜力	0.118	24			
创造投入指数	0.068	30	文化投入指数	0.070	28
人才投入指数	0.185	19	创造成果指数	0.157	15
资本投入指数	0.227	15	论文指数	0.458	4

续表 1-26

知识产权综合实力指数 0.135			综合排名 26		
指标	指数	排名	指标	指数	排名
国家产业化项目指数	0.016	30	知识产权试点示范园区指数	0.038	18
科技成果指数	0.134	11	知识产权试点单位指数	0.031	17
高新技术产业科技项目指数	0.023	24	文化产业示范指数	0.100	27
创造环境指数	0.173	22	企业创造潜力指数	0.244	14
财政支持指数	0.202	9	企业科研基础指数	0.309	12
金融环境指数	0.186	12	企业人才投入指数	0.231	20
开放程度指数	0.188	10	企业资本投入指数	0.432	14
教育环境指数	0.525	14	企业新产品开发指数	0.007	29
文化环境指数	0.047	29	知识产权保护指数	0.025	30
科普指数	0.009	28	专利行政执法指数	0.004	29
高新技术开发区指数	0.052	28	商标行政执法指数	0.027	27
知识产权试点示范指数	0.042	29	行政执法服务能力指数	0.061	29
知识产权试点示范城市指数	0.000	22	司法保护能力指数	0.009	27

(附录)表 1-27 甘肃知识产权综合实力分项指标指数及排名表

知识产权综合实力指数 0.133			综合排名 27		
指标	指数	排名	指标	指数	排名
知识产权产出水平	0.079	27			
人均产出指数	0.012	30	外贸额与 PCT 专利比	0.029	7
专利总量指数	0.038	23	产出效率指数	0.187	22
商标总量指数	0.000	31	人才产出效率指数	0.197	24
版权总量指数	0.000	30	资本产出效率指数	0.178	11
集成电路布图设计总量指数	0.000	22	企业产出指数	0.046	28
农业植物新品种总量指数	0.023	26	企业产出规模指数	0.012	26
产出质量指数	0.024	26	企业产出质量指数	0.014	26
专利有效性指数	0.022	28	企业产出效率指数	0.111	26
商标有效性指数	0.000	31	高校和研发机构产出指数	0.128	24
专利金奖指数	0.015	23	高校和研发机构产出规模指数	0.029	25
“中华老字号”商标指数	0.078	23	高校和研发机构产出质量指数	0.029	24
集成电路布图设计登记发证指数	0.000	23	高校和研发机构产出效率指数	0.325	23
知识产权流动水平	0.105	18			
技术市场交易指数	0.134	13	技术市场规模指数	0.077	12

续表 1－27

知识产权综合实力指数　0.133			综合排名　27		
指标	指数	排名	指标	指数	排名
技术市场开放度指数	0.001	30	律师事务所指数	0.272	13
技术外溢度指数	0.455	8	评估机构指数	0.000	18
技术国际竞争力指数	0.006	26	企业技改、引进指数	0.108	22
知识产权服务机构指数	0.073	19	技术改造指数	0.113	19
商标代理机构指数	0.012	27	国内引进指数	0.113	19
专利代理指数	0.007	26	国外引进指数	0.098	14
知识产权综合绩效	0.208	29			
宏观经济绩效指数	0.180	27	社会发展	0.335	27
经济发展水平	0.133	30	社会生活信息化	0.081	26
经济增长方式转变	0.246	24	文化进步	0.211	25
经济结构优化	0.163	23	企业发展绩效指数	0.149	24
社会进步绩效指数	0.295	28	产品升级指数	0.195	21
环境改善	0.553	20	设备更新指数	0.102	20
知识产权创造潜力	0.140	19			
创造投入指数	0.157	21	高新技术开发区指数	0.348	14
人才投入指数	0.132	24	知识产权试点示范指数	0.063	24
资本投入指数	0.093	29	知识产权试点示范城市指数	0.000	22
文化投入指数	0.253	12	知识产权试点示范园区指数	0.000	26
创造成果指数	0.160	13	知识产权试点单位指数	0.000	25
论文指数	0.445	5	文化产业示范指数	0.250	17
国家产业化项目指数	0.034	25	企业创造潜力指数	0.230	15
科技成果指数	0.149	9	企业科研基础指数	0.372	6
高新技术产业科技项目指数	0.011	27	企业人才投入指数	0.180	27
创造环境指数	0.162	24	企业资本投入指数	0.347	17
财政支持指数	0.000	31	企业新产品开发指数	0.022	26
金融环境指数	0.092	19	知识产权保护指数	0.066	24
开放程度指数	0.036	27	专利行政执法指数	0.038	22
教育环境指数	0.474	17	商标行政执法指数	0.064	19
文化环境指数	0.139	24	行政执法服务能力指数	0.160	14
科普指数	0.044	24	司法保护能力指数	0.002	30

(附录)表1-28　内蒙古知识产权综合实力分项指标指数及排名表

知识产权综合实力指数　0.122			综合排名　28		
指标	指数	排名	指标	指数	排名
知识产权产出水平	0.031	31			
人均产出指数	0.026	24	外贸额与PCT专利比	0.016	18
专利总量指数	0.021	29	产出效率指数	0.000	31
商标总量指数	0.032	25	人才产出效率指数	0.000	31
版权总量指数	0.000	29	资本产出效率指数	0.000	31
集成电路布图设计总量指数	0.000	22	企业产出指数	0.016	30
农业植物新品种总量指数	0.077	9	企业产出规模指数	0.011	27
产出质量指数	0.023	27	企业产出质量指数	0.014	27
专利有效性指数	0.020	29	企业产出效率指数	0.023	30
商标有效性指数	0.061	17	高校和研发机构产出指数	0.092	27
专利金奖指数	0.000	28	高校和研发机构产出规模指数	0.019	27
“中华老字号”商标指数	0.039	26	高校和研发机构产出质量指数	0.010	26
集成电路布图设计登记发证指数	0.000	23	高校和研发机构产出效率指数	0.249	27
知识产权流动水平	0.055	25			
技术市场交易指数	0.021	30	专利代理指数	0.007	27
技术市场规模指数	0.006	28	律师事务所指数	0.149	25
技术市场开放度指数	0.004	27	评估机构指数	0.000	18
技术外溢度指数	0.067	29	企业技改、引进指数	0.101	23
技术国际竞争力指数	0.007	22	技术改造指数	0.081	22
知识产权服务机构指数	0.044	26	国内引进指数	0.081	22
商标代理机构指数	0.020	26	国外引进指数	0.140	12
知识产权综合绩效	0.300	22			
宏观经济绩效指数	0.270	18	社会发展	0.518	23
经济发展水平	0.479	9	社会生活信息化	0.288	13
经济增长方式转变	0.308	19	文化进步	0.200	26
经济结构优化	0.024	31	企业发展绩效指数	0.230	14
社会进步绩效指数	0.401	18	产品升级指数	0.086	30
环境改善	0.597	12	设备更新指数	0.374	2
知识产权创造潜力	0.102	28			
创造投入指数	0.131	25	文化投入指数	0.160	22
人才投入指数	0.235	13	创造成果指数	0.052	30
资本投入指数	0.135	23	论文指数	0.049	31

续表 1－28

知识产权综合实力指数　0.122			综合排名　28		
指标	指数	排名	指标	指数	排名
国家产业化项目指数	0.034	26	知识产权试点示范园区指数	0.038	18
科技成果指数	0.120	15	知识产权试点单位指数	0.000	25
高新技术产业科技项目指数	0.007	28	文化产业示范指数	0.150	25
创造环境指数	0.147	27	企业创造潜力指数	0.162	23
财政支持指数	0.248	7	企业科研基础指数	0.061	27
金融环境指数	0.164	13	企业人才投入指数	0.251	14
开放程度指数	0.021	31	企业资本投入指数	0.307	20
教育环境指数	0.244	29	企业新产品开发指数	0.028	24
文化环境指数	0.105	27	知识产权保护指数	0.074	22
科普指数	0.038	25	专利行政执法指数	0.046	20
高新技术开发区指数	0.210	22	商标行政执法指数	0.028	26
知识产权试点示范指数	0.047	28	行政执法服务能力指数	0.120	20
知识产权试点示范城市指数	0.000	22	司法保护能力指数	0.102	14

（附录）表 1－29　西藏知识产权综合实力分项指标指数及排名表

知识产权综合实力指数　0.117			综合排名　29		
指标	指数	排名	指标	指数	排名
知识产权产出水平	0.069	30			
人均产出指数	0.010	31	外贸额与 PCT 专利比	0.015	20
专利总量指数	0.001	31	产出效率指数	0.105	29
商标总量指数	0.050	15	人才产出效率指数	0.118	29
版权总量指数	0.000	31	资本产出效率指数	0.092	26
集成电路布图设计总量指数	0.000	22	企业产出指数	0.227	10
农业植物新品种总量指数	0.000	31	企业产出规模指数	0.000	31
产出质量指数	0.006	31	企业产出质量指数	0.000	31
专利有效性指数	0.000	31	企业产出效率指数	0.680	3
商标有效性指数	0.019	29	高校和研发机构产出指数	0.000	31
专利金奖指数	0.000	28	高校和研发机构产出规模指数	0.000	31
“中华老字号”商标指数	0.000	30	高校和研发机构产出质量指数	0.000	31
集成电路布图设计登记发证指数	0.000	23	高校和研发机构产出效率指数	0.000	31
知识产权流动水平	0.010	31			
技术市场交易指数	0.000	31	技术市场规模指数	0.000	31

续表 1 -29

知识产权综合实力指数 0.117			综合排名 29		
指标	指数	排名	指标	指数	排名
技术市场开放度指数	0.000	31	律师事务所指数	0.124	27
技术外溢度指数	0.000	31	评估机构指数	0.000	18
技术国际竞争力指数	0.000	31	企业技改、引进指数	0.000	31
知识产权服务机构指数	0.031	28	技术改造指数	0.000	31
商标代理机构指数	0.000	31	国内引进指数	0.000	31
专利代理指数	0.000	31	国外引进指数	0.000	30
知识产权综合绩效	0.336	12			
宏观经济绩效指数	0.173	28	社会发展	0.000	31
经济发展水平	0.236	24	社会生活信息化	0.164	22
经济增长方式转变	0.048	31	文化进步	0.465	12
经济结构优化	0.234	15	企业发展绩效指数	0.554	1
社会进步绩效指数	0.282	30	产品升级指数	0.107	28
环境改善	0.500	25	设备更新指数	1.000	1
知识产权创造潜力	0.050	31			
创造投入指数	0.008	31	高新技术开发区指数	0.008	31
人才投入指数	0.259	12	知识产权试点示范指数	0.000	31
资本投入指数	0.157	21	知识产权试点示范城市指数	0.000	22
文化投入指数	0.000	31	知识产权试点示范园区指数	0.000	26
创造成果指数	0.050	31	知识产权试点单位指数	0.000	25
论文指数	0.185	22	文化产业示范指数	0.000	31
国家产业化项目指数	0.000	31	企业创造潜力指数	0.143	27
科技成果指数	0.015	30	企业科研基础指数	0.073	26
高新技术产业科技项目指数	0.000	31	企业人才投入指数	0.500	5
创造环境指数	0.052	31	企业资本投入指数	0.000	31
财政支持指数	0.069	22	企业新产品开发指数	0.000	31
金融环境指数	0.151	14	知识产权保护指数	0.050	27
开放程度指数	0.035	28	专利行政执法指数	0.000	31
教育环境指数	0.085	30	商标行政执法指数	0.008	29
文化环境指数	0.016	31	行政执法服务能力指数	0.079	27
科普指数	0.000	31	司法保护能力指数	0.112	12

（附录）表 1－30 新疆知识产权综合实力分项指标指数及排名表

知识产权综合实力指数 0.109			综合排名 30		
指标	指数	排名	指标	指数	排名
知识产权产出水平	0.087	25			
人均产出指数	0.025	25	外贸额与 PCT 专利比	0.007	26
专利总量指数	0.040	22	产出效率指数	0.192	21
商标总量指数	0.050	14	人才产出效率指数	0.241	21
版权总量指数	0.002	24	资本产出效率指数	0.143	16
集成电路布图设计总量指数	0.000	22	企业产出指数	0.122	18
农业植物新品种总量指数	0.031	24	企业产出规模指数	0.023	23
产出质量指数	0.022	28	企业产出质量指数	0.019	25
专利有效性指数	0.034	22	企业产出效率指数	0.323	12
商标有效性指数	0.071	14	高校和研发机构产出指数	0.075	28
专利金奖指数	0.000	28	高校和研发机构产出规模指数	0.024	26
“中华老字号”商标指数	0.017	27	高校和研发机构产出质量指数	0.010	27
集成电路布图设计登记发证指数	0.000	23	高校和研发机构产出效率指数	0.190	28
知识产权流动水平	0.047	28			
技术市场交易指数	0.027	28	专利代理指数	0.010	25
技术市场规模指数	0.004	29	律师事务所指数	0.168	23
技术市场开放度指数	0.006	24	评估机构指数	0.029	11
技术外溢度指数	0.073	28	企业技改、引进指数	0.056	27
技术国际竞争力指数	0.023	12	技术改造指数	0.080	23
知识产权服务机构指数	0.059	23	国内引进指数	0.080	23
商标代理机构指数	0.028	23	国外引进指数	0.007	28
知识产权综合绩效	0.182	30			
宏观经济绩效指数	0.133	31	社会发展	0.345	26
经济发展水平	0.161	27	社会生活信息化	0.309	12
经济增长方式转变	0.204	26	文化进步	0.129	29
经济结构优化	0.034	30	企业发展绩效指数	0.141	26
社会进步绩效指数	0.272	31	产品升级指数	0.173	23
环境改善	0.304	30	设备更新指数	0.108	18
知识产权创造潜力	0.121	23			
创造投入指数	0.108	28	文化投入指数	0.085	27
人才投入指数	0.000	0	创造成果指数	0.178	11
资本投入指数	0.000	0	论文指数	0.511	2

续表 1 –30

知识产权综合实力指数 0.109			综合排名 30		
指标	指数	排名	指标	指数	排名
国家产业化项目指数	0.081	14	知识产权试点示范园区指数	0.038	18
科技成果指数	0.114	16	知识产权试点单位指数	0.031	17
高新技术产业科技项目指数	0.005	29	文化产业示范指数	0.100	27
创造环境指数	0.163	23	企业创造潜力指数	0.149	25
财政支持指数	0.139	11	企业科研基础指数	0.129	21
金融环境指数	0.103	18	企业人才投入指数	0.290	11
开放程度指数	0.092	15	企业资本投入指数	0.162	27
教育环境指数	0.389	24	企业新产品开发指数	0.017	27
文化环境指数	0.153	23	知识产权保护指数	0.065	25
科普指数	0.035	26	专利行政执法指数	0.055	14
高新技术开发区指数	0.230	21	商标行政执法指数	0.107	13
知识产权试点示范指数	0.062	26	行政执法服务能力指数	0.096	26
知识产权试点示范城市指数	0.077	12	司法保护能力指数	0.000	31

(附录)表 1 –31 青海知识产权综合实力分项指标指数及排名表

知识产权综合实力指数 0.096			综合排名 31		
指标	指数	排名	指标	指数	排名
知识产权产出水平	0.087	24			
人均产出指数	0.014	28	外贸额与 PCT 专利比	0.000	31
专利总量指数	0.025	26	产出效率指数	0.271	14
商标总量指数	0.023	27	人才产出效率指数	0.269	19
版权总量指数	0.000	28	资本产出效率指数	0.274	7
集成电路布图设计总量指数	0.000	22	企业产出指数	0.110	21
农业植物新品种总量指数	0.020	27	企业产出规模指数	0.005	29
产出质量指数	0.013	30	企业产出质量指数	0.002	30
专利有效性指数	0.014	30	企业产出效率指数	0.323	13
商标有效性指数	0.042	26	高校和研发机构产出指数	0.029	30
专利金奖指数	0.015	23	高校和研发机构产出规模指数	0.001	30
“中华老字号”商标指数	0.006	29	高校和研发机构产出质量指数	0.001	30
集成电路布图设计登记发证指数	0.000	23	高校和研发机构产出效率指数	0.083	30
知识产权流动水平	0.045	29			
技术市场交易指数	0.089	17	技术市场规模指数	0.052	14

续表 1-31

指标	指数	排名	指标	指数	排名
知识产权综合实力指数 0.096			综合排名 31		
技术市场开放度指数	0.001	29	律师事务所指数	0.138	26
技术外溢度指数	0.299	15	评估机构指数	0.000	18
技术国际竞争力指数	0.002	30	企业技改、引进指数	0.012	29
知识产权服务机构指数	0.036	27	技术改造指数	0.017	29
商标代理机构指数	0.001	30	国内引进指数	0.017	29
专利代理指数	0.004	29	国外引进指数	0.000	30
知识产权综合绩效	0.177	31			
宏观经济绩效指数	0.167	29	社会发展	0.148	29
经济发展水平	0.282	18	社会生活信息化	0.312	10
经济增长方式转变	0.130	29	文化进步	0.185	27
经济结构优化	0.088	28	企业发展绩效指数	0.075	31
社会进步绩效指数	0.289	29	产品升级指数	0.000	31
环境改善	0.509	24	设备更新指数	0.150	13
知识产权创造潜力	0.076	30			
创造投入指数	0.132	24	高新技术开发区指数	0.060	27
人才投入指数	0.093	29	知识产权试点示范指数	0.063	24
资本投入指数	0.108	28	知识产权试点示范城市指数	0.000	22
文化投入指数	0.013	29	知识产权试点示范园区指数	0.000	26
创造成果指数	0.101	24	知识产权试点单位指数	0.000	25
论文指数	0.268	15	文化产业示范指数	0.250	17
国家产业化项目指数	0.026	28	企业创造潜力指数	0.075	31
科技成果指数	0.111	17	企业科研基础指数	0.059	29
高新技术产业科技项目指数	0.001	30	企业人才投入指数	0.194	24
创造环境指数	0.071	30	企业资本投入指数	0.043	30
财政支持指数	0.084	18	企业新产品开发指数	0.004	30
金融环境指数	0.252	8	知识产权保护指数	0.013	31
开放程度指数	0.064	24	专利行政执法指数	0.000	30
教育环境指数	0.000	31	商标行政执法指数	0.006	30
文化环境指数	0.032	30	行政执法服务能力指数	0.036	31
科普指数	0.003	30	司法保护能力指数	0.008	28

附录二 指标体系的构建

一、指标体系建立原则

1. 从少从简，有的放矢

指标选取并非多多益善，关键在于评价的目的性与指标的重要性，即指标对于指数的影响程度大小。在选取知识产权指标时，我们尽量选择那些影响大，较为重要的指标，遵循少而精的原则。

2. 具代表性，存差异性

毋庸置疑，指标应具有代表性，能很好地反映研究对象某方面的特性。同时，指标也应该有明显的差异性，同质的指标没有意义，会对指数最终的赋权产生一定的影响。

3. 数据可得，资料客观

知识产权综合实力指数2017在构建时，遵循之前的惯例，全部选取客观指标，从《中国统计年鉴》、《中国科技统计年鉴》、《专利年报》、《专利统计年鉴》等资料中获得客观数据。

二、指标体系的构成

中国区域知识产权指数报告2017指标体系由四个二级指标构成，即：知识产权产出水平、知识产权流动水平、知识产权综合绩效与知识产权创造潜力（见（附录）图2－1）。二级指标又由若干个三级指标解释，详见附录四。

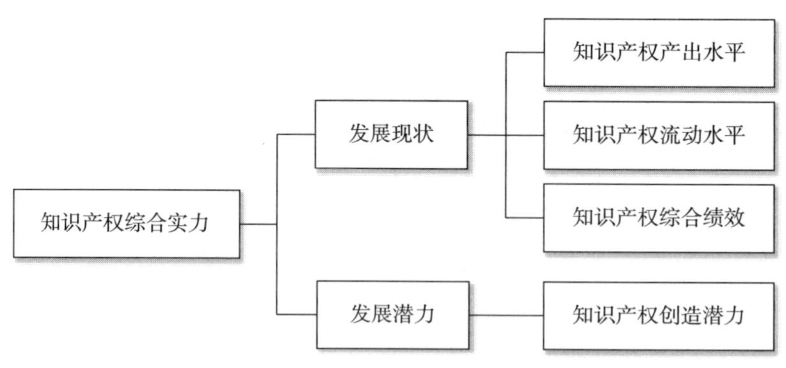

（附录）图2－1 指标设计思路图

附录三 数据处理

1. 样本选取

本文选取的样本是中国内地 31 个省、市、自治区（以下简称省份），以省份为单位进行区域知识产权综合实力的比较，是因为我国的省级行政区实在政治、经济、人文、地理等多种因素作用下，经过长期历史演变而形成的具有特色的地区单元，省级政府既是国家宏观经济政策的承受着优势发展省级经济的责任者，并且目前我国的知识产权管理机构设置在省一级较为完备。由于历史原因，中国台湾、中国香港、中国澳门等地区的统计数据与中国内地各省份的数据具有不用程度的差异，因此不在本报告研究范围之内。

2. 数据搜集

为保障数据的科学、准确，本报告采用的基础数据全部来源丁公开出版的年鉴或者相关部门公布的权威指标数据，具体如下：《中国统计年鉴 2016》、《中国知识产权统计年报 2015》、《专利统计年报 2015》、《中国科技统计年鉴 2016》、2015 年各省市统计公报、中华老字号评选委员会（第二届）、《中国科技统计资料汇编 2015》、中国商标网、国家知识产权局网站。

数据年代主要以 2015 年为主，个别采用 2014 年数据。

3. 数据标准化

数据标准化主要是指数据无量纲化处理。

由于各项指标数据的量纲不同，因此，要对这些指标进行综合集成，所有指标数据都必须进行无量纲化处理。对于客观指标原始数据无量纲处理，本文主要采取阀值法对数据进行无量纲化处理。

阀值法的计算公式为：$X_i = \frac{(x_i - x_{\min})}{(x_{\max} - x_{\min})}$，$X_i$ 为转换后的值，$x_{\max}$ 为最大样本值，$x_{\min}$ 为最小样本值，x_i 为原始值。

逆向指标的计算公式为：$X_i = \frac{x_{\max} - x_i}{x_{\max} - x_{\min}}$，$X_i$ 为转换后的值，$x_{\max}$ 为最大样本值，$x_{\min}$ 为最小样本值，x_i 为原始值。

附录四　综合评价指数的计算

本报告结合国内外通用规则以及报告的具体目标，拟采用综合评价指数法对我国区域知识产权综合实力进行评价。综合指数法分为线性加权模型、乘法评价模型、加乘混合评价模型等几种形式。本报告的指标体系各指标的重要程度较大，指标值的差异不大，而且各个指标间基本相互独立，各指标只影响综合评价值而指标之间不相互影响，因此采用线性加权模型进行计算。

各指标度量了区域知识产权综合实力的不同层面，其重要程度难以精确区分，因此在确定权重时各类指标按照不同层级取相等权重。各指标的具体权重见附录表 4－1。

附录表 4－1　　知识产权综合实力指标权重

<table>
<tr><td rowspan="23">知识产权产出水平</td><td rowspan="10">人均产出指数</td><td rowspan="4">专利总量指数</td><td>百万人口年度国内发明专利申请量</td><td>1/400</td></tr>
<tr><td>百万人口年度国内实用新型专利申请量</td><td>1/400</td></tr>
<tr><td>百万人口年度国内外观设计专利申请量</td><td>1/400</td></tr>
<tr><td>百万人口年度 PCT 专利申请量</td><td>1/400</td></tr>
<tr><td>商标总量指数</td><td>百万人口年度商标申请量</td><td>1/100</td></tr>
<tr><td rowspan="2">版权总量指数</td><td>百万人口年度版权合同登记量</td><td>1/200</td></tr>
<tr><td>百万人口年度作品自愿登记量</td><td>1/200</td></tr>
<tr><td>集成电路布图设计总量指数</td><td>百万人口年度集成电路布图设计登记申请量</td><td>1/100</td></tr>
<tr><td>农业植物新品种总量指数</td><td>百万人口年度农业植物新品种申请量</td><td>1/100</td></tr>
<tr><td rowspan="3">专利有效性指数</td><td>百万人口国内发明专利有效量</td><td>1/360</td></tr>
<tr><td rowspan="8">产出质量指数</td><td>百万人口国内实用新型专利有效量</td><td>1/360</td></tr>
<tr><td>百万人口国内外观设计专利有效量</td><td>1/360</td></tr>
<tr><td>商标有效性指数</td><td>百万人口有效商标量</td><td>1/120</td></tr>
<tr><td>专利金奖指数</td><td>专利金奖拥有量</td><td>1/120</td></tr>
<tr><td>“中华老字号”商标指数</td><td>“中华老字号”商标拥有量(三批,共 1000 多家)</td><td>1/120</td></tr>
<tr><td>集成电路布图设计登记发证指数</td><td>百万人口年度集成电路布图设计登记发证量</td><td>1/120</td></tr>
<tr><td>外贸额与 PCT 专利比</td><td>每十亿美元对外贸易出口额 PCT 专利申请量(件/十亿美元)</td><td>1/120</td></tr>
<tr><td rowspan="2">产出效率指数</td><td>人才产出效率指数</td><td>万名 R&D 活动人员年度职务发明专利申请量</td><td>1/40</td></tr>
<tr><td>资本产出效率指数</td><td>亿元 R&D 经费内部支出年度发明专利申请量</td><td>1/40</td></tr>
</table>

续附录表 4－1

知识产权产出水平	企业产出指数	企业产出规模指数	年度企业职务发明专利受理量	1/180
			年度企业职务实用新型专利受理量	1/180
			年度企业职务外观设计专利受理量	1/180
		企业产出质量指数	企业职务发明专利有效量	1/180
			企业职务实用新型专利有效量	1/180
			企业职务外观设计专利有效量	1/180
		企业产出效率指数	规上工业企业万名 R&D 人员年度发明专利申请量	1/120
			规上工业企业亿元 R&D 经费内部支出年度发明专利申请量	1/120
	高校和研发机构产出指数	高校和研发机构产出规模指数	各地区高校和研发机构专利年度申请量	1/60
		高校和研发机构产出质量指数	各地区高校和研发机构有效发明专利量	1/60
		高校和研发机构产出效率指数	高校和研发机构万名 R&D 人员专利年度申请量	1/120
			高校和研发机构亿元 R&D 经费内部支出专利年度申请量	1/120
知识产权流动水平	技术市场交易指数	技术市场规模指数	技术市场签订合同数	1/144
			技术市场成交合同金额	1/144
			技术市场成交合同金额与 GDP 比例	1/144
		技术市场开放度指数	国外引进合同数	1/96
			国外引进合同金额	1/96
		技术外溢度指数	技术市场成交合同数与技术流向地域合同数比值	1/96
			技术市场成交合同金额与技术流向地域合同金额比值	1/96
		技术国际竞争力指数	万元生产总值技术国际收入	1/48
	知识产权服务机构指数	商标代理机构指数	商标代理机构数	1/48
		专利代理指数	专利代理机构数量	1/96
			专利代理人数	1/96
		律师事务所指数	律师事务所数量	1/48
		评估机构指数	财政部百强评估机构数量	1/48
	企业技改、引进指数	技术改造指数	规上工业企业技术改造经费支出	1/36
		国内引进指数	规上工业企业购买国内技术经费支出	1/36
		国外引进指数	规上工业企业技术引进、消化吸收经费	1/36

续附录表 4－1

知识产权综合绩效	宏观经济绩效指数	经济发展水平	非农经济比重	1/108
			人均 GDP	1/108
			城镇居民平均每年家庭可支配收入	1/108
		经济增长方式转变	劳动生产率	1/108
			资本生产率	1/108
			综合能耗产出率	1/108
		经济结构优化	高技术产业增加值占工业增加值比重	1/108
			高技术产品出口额占商品出口额比重	1/108
			知识密集型服务业增加值占生产总值比重	1/108
	社会进步绩效指数	环境改善	环境质量指数	1/96
			环境污染治理指数	1/96
		社会发展	人口平均预期寿命	1/48
		社会生活信息化	互联网普及率	1/96
			移动电话普及率	1/96
		文化进步	各地区城镇居民家庭每人全年消费支出中文化领域占比	1/48
	企业进步绩效指数	产品升级指数	规上工业企业新产品销售收入占主营业务收入比重	1/24
		设备更新指数	规上工业企业 R&D 仪器和设备更新情况	1/24
知识产权创造潜力	创造投入指数	人才投入指数	R&D 人员全时当量总计	1/216
			万人口 R&D 活动人员数	1/216
			万人口大专以上学历人数	1/216
		资本投入指数	R&D 经费支出占 GDP 比重	1/288
			地方财政科技拨款占地方财政支出比重	1/288
			人均 R&D 经费内部支出	1/288
			每名 R&D 活动人员新增仪器设备费	1/288
		文化投入指数	各地区文化产业固定资产投入	1/72
	创造成果指数	论文指数	万名 R&D 人员科技论文数	1/192
			国外主要检索工具收录我国科技论文数	1/192
		国家产业化项目指数	国家产业化计划项目数	1/192
			国家产业化计划项目落实资金	1/192
		科技成果指数	万人吸纳技术成果金额	1/192
			获国家级科技成果奖系数	1/192
		高新技术产业科技项目指数	高技术产业新产品开发项目数	1/96

续附录表 4－1

知识产权创造潜力	创造环境指数	财政支持指数	人均地方政府财政收入	1/168
		金融环境指数	人均年末金融机构贷款余额	1/168
		开放程度指数	外商投资总额占 GDP 比重	1/336
			出口占 GDP 比重	1/336
		教育环境指数	地方政府财政支出中教育支出比重	1/336
			每十万人口高等学校在校生数	1/336
		文化环境指数	文化产业法人单位数	1/1008
			文化产业从业人员数量	1/1008
			图书出版量	1/1008
			录像、录音、电子出版物出版数量	1/1008
			出版发行机构数量	1/1008
			有线广播电视入户率	1/1008
		高新技术开发区指数	国家高新技术开发区从业人员数	1/336
			国家高新技术开发区技术性收入	1/336
		科普指数	科普专职人员数量	1/336
			科普年度筹集经费	1/336
	知识产权试点示范指数	知识产权试点示范城市指数	知识产权试点、示范城市	1/96
		知识产权试点示范园区指数	国家知识产权试点园区、示范园区	1/96
		知识产权试点单位指数	国家专利运营试点企业数量	1/96
		文化产业示范指数	国家文化产业示范基地	1/96
	企业创造潜力指数	企业科研基础指数	规上工业企业中有科技机构的企业占全部企业比重	1/192
			规上工业企业中有 R&D 活动的企业占全部企业比重	1/192
		企业人才投入指数	规上工业企业 R&D 人员数	1/192
			规上工业企业研发机构硕士以上学位人数占比	1/192
		企业资本投入指数	规上工业企业 R&D 经费占主营业务收入比重	1/96
		企业新产品开发指数	规上工业企业开发新产品经费	1/192
			规上工业企业新产品开发项目数	1/192

续附录表 4－1

知识产权创造潜力	知识产权保护指数	专利行政执法指数	专利侵权和其他纠纷结案量	1/192
			查处专利假冒案件结案量	1/192
		商标行政执法指数	查处商标违法案件总数	1/192
			查处商标违法案件案值	1/192
		行政执法服务能力指数	执法人员素质	1/384
			执法人员数量	1/384
			执法经费支持	1/384
			接听咨询投诉电话量	1/384
		司法保护能力指数	知识产权一审数量	1/96

北京知识产权诉讼报告 2017

统计说明

1. 为统计的准确和一致，主要采集生效判决。

2. 采集判决总数共计 806 份，其中侵害著作权案件判决书 300 份（2014、2015 和 2016 年各 100 件）；侵害商标权案件判决书 347 份；侵害专利权案件判决书 159 份。因法院通过网站上传判决书具有随机性，故基于随机选取的上述判决书内容而采集的数据不一定综合或平均反映各类案件的情况。

3. 数据计算仅保留个位；金额均为人民币，单位均为元。

4. 因研究项目采集量较大，据以统计的部分判决数摘录可能存在误差。尽管研究过程中已采取有效手段控制，囿于研究水平限制，谬误难免存在。敬请阅览指正。

判决书来源：最高人民法院、中国知识产权裁判文书网，ipr. court. gov. cn。北京法院、审判信息网，http：//www. bjcourt. gov. cn/cpws/index. htm。OpenLaw openlaw. cn。

侵害商标权案件判决书分析报告

研究采集2014年、2015年、2016年共计347份判决书，其中，一审判决书228份，二审判决书119份。为便于比较分析，本报告仅分析一审判决中的主要信息，对二审判决仅分析判决结果。

一、审理法院分布

海淀	朝阳	石景山	东城	西城	丰台	昌平	大兴
30	58	2	20	20	39	12	4
13.2%	25.4%	0.9%	8.8%	8.8%	17.1%	5.3%	1.8%

房山	怀柔	顺义	一中	二中	三中	知产
6	8	10	4	6	8	1
2.6%	3.5%	4.4%	1.8%	2.6%	3.5%	0.4%

分析：

1. 根据2016年1月1日起施行的《北京市高级人民法院关于北京市基层人民法院知识产权民事案件管辖调整的规定》，自2016年1月1日可以审理侵害商标权案件的北京市基层法院有：

	管辖法院	管辖区域
北京知识产权法院	海淀区人民法院	海淀区
	石景山区人民法院	石景山区、门头沟区、昌平区、延庆区
	朝阳区人民法院	朝阳区
	东城区人民法院	东城区、通州区、顺义区、怀柔区、平谷区、密云区
	西城区人民法院	西城区、大兴区
	丰台区人民法院	丰台区、房山区

2. 管辖范围：诉讼标的额在500万元以下的第一审一般知识产权民事案件以及诉讼标的额在500万元以上1000万元以下且当事人住所地均在北京市高级人民法院辖区的第一审一般知识产权民事案件。

资料来源：北京法院网，http：//bjgy.chinacourt.org/article/detail/2015/12/id/1770294.shtml。

二、案件类型（案由）

侵害商标权案件的案由主要有两类，即侵害商标权纠纷和侵害商标专用权及不正当竞争纠纷，研究采集的一审判决书中，侵害商标权纠纷案件为 206 件，占比 90.4%，侵害商标专利权及不正当竞争纠纷案件为 22 件，占比 9.6%。

	侵害商标权纠纷	侵害商标专用权及不正当竞争纠纷
数量	206	22
占比	90.4%	9.6%

三、当事人涉外案件的情况

	原告	被告
涉外	12	1
非涉外	216	227

研究选取的 228 份一审判决书中，原告涉外的案件共有 12 件，被告涉外案件有 1 件。

这一统计结论表明，当事人涉外的侵害商标权案件中，中国当事人一般充当被告，说明我国市场主体对知识产权品牌意识尚不重视，避免侵害他人商标专用权和使用权尚未成为市场共识。侵害外国企业商标权是中国目前的市场问题，探究原因，大致有以下几点：高额利润诱惑；现行政策法规尚不完善，执法力度有待加强；消费者看重品牌价值，忽略产品质量本身。

四、原告聘请律师的情况

	聘请律师	聘请代理人	未聘请
数量	197	33	4

研究选取的 228 份一审判决书中，原告聘请律师参与诉讼的案件共有 203 件，聘请代理人参与诉讼的案件共有 22 件，占比分别为 89.0% 和 9.6%。

五、涉及驰名商标的情况

	涉及驰名商标	未涉及驰名商标
数量	89	139

研究选取的 228 份一审判决书中，涉及驰名商标的共有 89 件，占比约为 39.0%。

涉及驰名商标的 89 件案件中，其中有 75 件案件法院均判定被告实施了侵权行为，应承担原告的经济损失。

商标是否驰名对被告是否实施侵权行为有一定影响。择取典型判决书中的一段：（2015）丰民（知）初字第 17762 号。

在确定赔偿数额中也会考虑其商标的驰名度，“本院将根据本案涉案证明商标的知名度，奥多程公司、生存之源粮油中心涉案侵权行为的性质、后果、经营规模、主观过错程度等因素，确定奥多程公司、生存之源粮油中心各自应当赔偿五常市大米协会的经济损失的数额。”

六、原告的诉讼请求与法院判决的情况

侵犯商标权案件中，原告的诉讼请求主要有三种——停止侵权、消除影响及赔偿损失。就此三种诉讼请求分析如下：

（一）停止侵权

	法院支持	法院未支持
数量	182	29

侵权诉讼中，原告请求法院停止侵权是最主要的诉讼请求。法院确定被告实施了侵权行为后，一般都会支持停止侵权的诉讼请求。

研究选取的 228 份一审判决书中，原告请求停止侵权的案件共有 212 件，法院判决停止侵权的案件有 178 件，占比约为 84.0%。

法院确认被告有侵权行为的，有时却不会判决停止侵权，主要原因为侵权行为已经停止，或被告并非直接销售商。择取判决书中的典型论述分析：

1.（2015）朝民（知）初字第 65453 号判决书：“但鉴于展销会已经于 2015 年 11 月底撤场，前述侵权行为已经停止，且鄂尔多斯公司未提供证据证明此后仍有持续的侵权行为，因此对其要求停止侵权的诉讼请求不再处理。”

2.（2015）朝民（知）初字第 47621 号判决书认为：“但因百业鑫隆公司不是涉案侵权产品的直接销售者，故对雷柏科技公司要求其停止销售的诉讼请求，本院不予支持。”

（二）消除影响

	法院支持	法院未支持
数量	15	39

研究选取的 228 份一审判决书中，原告请求消除影响的案件有 54 件，法院判决消除影响的案件有 15 件，占比约为 27.8%。

当被告对原告注册商标的商誉带来负面影响时，法院会支持消除影响的诉讼请求。

择取判决书中的典型论述分析：

（2015）朝民（知）初字第27167号判决书："指尖旋律公司侵害了腾讯科技公司、腾讯计算机公司对上述商标享有的专用权，给腾讯科技公司和腾讯计算机公司造成了不良影响，应当为此承担停止侵权、公开消除影响，并赔偿经济损失的法律责任。"

另外，被告如果自愿承担消除影响的民事责任，法院也会准许。

（2013）朝民初字第32821号判决书："且北京网蓝公司亦审查了徐州葵花公司的相关营业执照等信息，已尽到了合理的注意义务，同时在诉讼中其已将网站上有关涉案侵权产品信息进行了删除，故其无需另行承担其他侵权责任。鉴于北京网蓝公司同意在其公司网站上刊载声明消除影响，本院不持异议。"

（三）赔偿损失

法院判赔总额	14899628.5
原告索赔总额	80121676.5
判赔比	18.6%

研究选取的228份一审判决书中，原告索赔总额为80039676.5元，法院判赔总额为14899628.5元，判赔比为18.6%。

按照2014年5月1日起实施的新《商标法》第六十三条规定，侵害商标专用权的赔偿数额的确定方式有四种，即按照权利人因被侵权所受到的实际损失、侵权人因侵权所获得的利益、商标许可使用费的倍数及法定赔偿（300万元以下）。

其中，法定赔偿的范围由原来的50万增加到了300万元，并且新增了参照商标许可使用费的倍数确定的方式，但是还未在判决中体现出来。研究选取的228份一审判决书中，适用新《商标法》判决案件的共有178件，其中，原告索赔超过50万元的案件有38件，但是判决赔偿数额超过50万元的案件有10件。

关于合理费用的判决，根据《最高人民法院关于审理商标民事纠纷案件适用法律若干问题的解释》第十七条的规定，合理费用涉及对侵权行为进行调查、取证的合理费用及律师费等费用。

除上述三类主要的诉讼请求外，也有部分原告会提出赔礼道歉的诉讼请求，但法院基本不会支持这一诉讼请求。

赔礼道歉的民事责任主要适用侵犯人身权的场合，而商标权是一种财产性质的权利，不应适用赔礼道歉的民事责任。

权利人提出此种诉讼请求是为了恢复因侵权行为造成相关公众对其商标的不当影响，应当提出消除影响的诉讼请求而不是赔礼道歉。因此在商标侵权案件中，即使侵权成立也不应判令被控侵权人承担赔礼道歉的民事责任。

择取判决书中的典型论述分析：

（2014）朝民（知）初字第31221号判决书："商标权本质上是财产权，侵犯商标权不会给权利人造成人格上的损害，不宜适用赔礼道歉的救济措施，故本院对清华大学要求尚德慧公司公开赔礼道歉的诉讼请求不予支持。"

（四）法院驳回诉讼请求情况

研究选取的 228 份一审判决书中，共有 19 份判决书驳回了原告的诉讼请求，占比约为 8.3%。

1. 商标不相同或不近似。

（2015）朝民（知）初字第 39929 号判决书：和标识与内蒙古小牛公司的商标相比，虽然都包含了“小牛”字样，但和标识中除“小牛”字样之外，还包含了其他汉字、图形及字母的组合，二者在构图、颜色、各要素组合后的整体结构上并不近似。

2. 在先使用并有一定影响。

《商标法》第五十九条第三款规定：“商标注册人申请商标注册前，他人已经在同一种商品或者类似商品上先于商标注册人使用与注册商标相同或者近似并有一定影响的商标的，注册商标专用权人无权禁止该使用人在原使用范围内继续使用该商标，但可以要求其附加适当区别标识。”

（2015）海民（知）初字第 39590 号判决书：综上，婚趣公司在第 15394725 号商标申请日前已在婚纱摄影领域使用在先。尽管蔡利军在诉讼中表示其亦使用了涉案商标，但仅提交有无法显示时间的名片、网页打印件等。因此，本院认为，现有证据无法证明蔡利军实际使用第 15394725 号商标在先，且婚趣公司在明知蔡利军的这些使用行为的情况下依然实施涉案行为而存在主观故意，故而婚趣公司在第 15394725 号商标申请注册日后持续在婚纱摄影服务中使用“婚趣”的行为，符合商标法第五十九条第三款的规定，并未构成对该商标专用权的侵犯，对蔡利军的诉讼请求，本院依法予以驳回。

3. 已无侵权行为。

（2015）海民（知）初字第 27438 号判决书：但被告与翰林公司之间系租赁场地关系，而原告的商标注册时间晚于翰林公司与被告签约时间，且使用范围有限，被告表示并不知道该使用行为构成侵权，且原告并无证据证实其曾向被告提出上述翰林公司使用的行为侵权并要求被告给予干预。因此，即使翰林公司的行为构成侵权，被告对此并无过错，现翰林公司已经不在该处经营，新的经营者不再使用“翰林”商标，故原告要求被告停止侵权的诉讼请求已经无履行对象，无需再行判令支持。

4. 非商标性使用。

（2015）朝民（知）初字第 27050 号判决书：综上，本院认定花千树公司北京分公司使用涉案“约会吧”的行为不构成商标法意义上的商标的使用。

七、二审判决结果

	维持	改判
数量	105	14
占比	88.2%	11.8%

研究选取的 119 份二审判决书中，二审法院维持一审判决的为 105 件，占 88.2%，改判的为 14 件，占 11.8%。

《民事诉讼法》第一百七十条规定，第二审人民法院改判的情形为：

1. 原判决认定事实错误或适用法律错误；

2. 原判决认定基本事实不清。

研究选取的 119 份二审判决书中，仅 14 件改判，改判理由均为原判决认定事实错误或适用法律错误。如（2016）京 73 民终 817 号判决书：商标正当使用一般需要具备以下三个条件，首先，使用商标基于善意；其次，使用商标标识本身固有含义且使用方式符合行业习惯及语言习惯；第三，使用结果不会对注册商标专用权造成损害。本案中，从现有证据来看，钛马赫是对 Tellmach 的中文翻译，钛马赫及 Tellmach 是博洛尼公司的服务商标，钛马赫及 Tellmach 不是通用词汇，尚无证据证明其具备除商标含义之外的固有含义。钛马赫工艺是对博洛尼公司提供的家装装修服务的指代，已经与博洛尼公司提供的服务形成了一一对应关系，属于对钛马赫商标的使用。鉴于钛马赫工艺能够起到识别服务来源于博洛尼公司的作用，故将钛马赫及 Tellmach 用于钛马赫工艺亦能发挥识别服务来源的作用，属于商标的使用。此外，从公证的丰立公司的简介可以看出，丰立公司在宣传中使用“德国钛马赫工艺传播大使”等字样，在钛马赫并不具备固有含义的基础上，从商标的角度而言，这样的使用难谓善意。从使用后果而言，丰立公司的涉案使用行为不仅使得相关消费者误认为其提供的服务与博洛尼公司提供的钛马赫工艺之间存在某种关联，这种将由博洛尼公司提供的装修服务所具备的工艺及品质用于指代具有同样或类似品质或工艺的装修服务的使用行为，还会使得原本具有较高显著性的服务商标的显著性逐步消弱并面临通用化的风险，这对注册商标专用权具有一定损害。综上，丰立公司的涉案使用行为不属于商标的正当使用行为，一审法院对此认定错误，本院予以纠正。

附判决书案号：

一审：

（2015）京知民初字第 1223 号

（2015）丰民（知）初字第 22036 号

（2015）朝民（知）初字第 26604 号

（2015）海民（知）初字第 26614 号

（2016）京 0106 民初 11573 号

（2016）京 0106 民初 11501 号

（2016）京 0105 民初 16123 号

（2015）朝民（知）初字第 27167 号

（2015）怀民（知）初字第 00719 号

（2014）朝民（知）初字第 41251 号

（2014）海民初字第 14865 号

（2015）东民（知）初字第 03451 号

（2014）昌民（知）初字第 14681 号

（2014）丰民（知）初字第 16536 号
（2015）怀民（知）初字第 00720 号
（2015）西民（知）初字第 00505 号
（2015）朝民（知）初字第 43347 号
（2016）京 0106 民初 9093 号
（2016）京 0102 民初 19018 号
（2015）海民（知）初字第 35944 号
（2016）京 0102 民初 901 号
（2015）朝民（知）初字第 27050 号
（2015）朝民（知）初字第 42610 号
（2015）朝民（知）初字第 36495 号
（2015）海民（知）初字第 39590 号
（2016）京 0101 民初 13403 号
（2015）朝民（知）初字第 65453 号
（2016）京 0101 民初 6909 号
（2015）朝民（知）初字第 39929 号
（2016）京 0105 民初 5835 号
（2016）京 0102 民初 2123 号
（2015）朝民（知）初字第 47620 号
（2016）京 0101 民初 286 号
（2015）丰民（知）初字第 10502 号
（2015）朝民（知）初字第 46812 号
（2015）朝民（知）初字第 52846 号
（2015）朝民（知）初字第 27168 号
（2016）京 0106 民初 17547 号
（2016）京 0106 民初 15409 号
（2016）京 0106 民初 11575 号
（2016）京 0106 民初 11502 号
（2016）京 0106 民初 11578 号
（2016）京 0106 民初 11567 号
（2015）丰民（知）初字第 11567 号
（2015）丰民（知）初字第 26051 号
（2015）丰民（知）初字第 17762 号
（2015）丰民（知）初字第 23218 号
（2015）丰民（知）初字第 15532 号
（2016）京 0105 民初 4609 号
（2016）京 0105 民初 4606 号

（2016）京 0105 民初 4604 号
（2015）朝民（知）初字第 47621 号
（2016）京 0108 民初字第 2336 号
（2016）京 0114 民初 898 号
（2016）京 0102 民初 883 号
（2016）京 0102 民初 18468 号
（2016）京 0102 民初 19024 号
（2015）朝民（知）初字第 64126 号
（2016）京 0102 民初 19017 号
（2016）京 0102 民初 891 号
（2015）丰民（知）初字第 00794 号
（2015）西民（知）初字第 04173 号
（2015）昌民（知）初字第 01447 号
（2014）大民（知）初字第 12720 号
（2014）丰民（知）初字第 18558 号
（2015）房民（知）初字第 02885 号
（2014）二中民（知）初字第 11062 号
（2013）一中民初字第 10744 号
（2014）三中民（知）初字第 12405 号
（2014）二中民初字第 02013 号
（2014）三中民（知）初字第 13153 号
（2013）二中民初字第 13919 号
（2014）三中民（知）初字第 12873 号
（2014）三中民（知）初字第 13152 号
（2014）三中民（知）初字第 13151 号
（2013）一中民初字第 11888 号
（2014）三中民（知）初字第 09069 号
（2014）一中民初字第 907 号
（2014）二中民初字第 01602 号
（2014）二中民（知）初字第 08423 号
（2014）一中民初字第 1079 号
（2014）三中民（知）初字第 13150 号
（2014）二中民初字第 00018 号
（2013）三中民初字第 00001 号
（2014）朝民（知）初字第 42821 号
（2014）朝民初字第 14516 号
（2014）昌民初字第 03387 号

（2014）海民初字第 14527 号
（2013）丰民初字第 18570 号
（2014）怀民初字第 02136 号
（2014）朝民（知）初字第 40325 号
（2014）海民（知）初字第 19992 号
（2014）西民初字第 9484 号
（2013）朝民初字第 29316 号
（2014）丰民初字第 06792 号
（2014）朝民（知）初字第 35047 号
（2014）顺民（知）初字第 14271 号
（2014）丰民初字第 05196 号
（2014）东民初字第 01878 号
（2014）朝民（知）初字第 29699 号
（2014）昌民初字第 05644 号
（2013）朝民（知）初字第 40309 号
（2013）朝民初字第 32821 号
（2014）东民（知）初字第 09683 号
（2015）朝民（知）初字第 54746 号
（2015）海民（知）初字第 27438 号
（2016）京 0101 民初 285 号
（2016）京 0101 民初 283 号
（2015）东民（知）初字第 17996 号
（2015）石民（知）初字第 7083 号
（2015）东民（知）初字第 11694 号
（2016）京 0102 民初 366 号
（2015）海民（知）初字第 8318 号
（2014）大民（知）初字第 14214 号
（2015）房民（知）初字第 02283 号
（2014）丰民（知）初字第 12145 号
（2015）顺民（知）初字第 00876 号
（2014）朝民（知）初字第 45806 号
（2014）大民（知）初字第 10548 号
（2015）西民（知）初字第 26798 号
（2015）东民（知）初字第 11454 号
（2015）东民（知）初字第 11455 号
（2014）海民（知）初字第 22913 号
（2015）西民（知）初字第 14932 号

（2015）丰民（知）初字第 04742 号
（2015）怀民（知）初字第 01510 号
（2014）东民（知）初字第 13980 号
（2014）朝民（知）初字第 43045 号
（2015）海民（知）初字第 6112 号
（2015）房民（知）初字第 02887 号
（2015）顺民（知）初字第 04811 号
（2015）顺民（知）初字第 04796 号
（2014）丰民（知）初字第 18530 号
（2015）东民（知）初字第 09859 号
（2015）丰民（知）初字第 03861 号
（2014）昌民（知）初字第 14676 号
（2015）昌民（知）初字第 05876 号
（2015）海民（知）初字第 8321 号
（2015）海民（知）初字第 8312 号
（2015）顺民（知）初字第 00871 号
（2014）丰民（知）初字第 18346 号
（2014）丰民（知）初字第 18557 号
（2015）海民（知）初字第 9289 号
（2015）朝民（知）初字第 05258 号
（2015）海民（知）初字第 4171 号
（2015）海民（知）初字第 8319 号
（2015）西民（知）初字第 00113 号
（2015）怀民（知）初字第 00717 号
（2014）丰民初字第 5775 号
（2013）大民初字第 8201 号
（2013）丰民初字第 18568 号
（2014）东民初字第 04483 号
（2013）海民初字第 21657 号
（2013）朝民初字第 23416 号
（2014）海民（知）初字第 22304 号
（2014）朝民（知）初字第 40322 号
（2014）朝民初字第 23428 号
（2014）朝民（知）初字第 25170 号
（2014）怀民初字第 02141 号
（2014）海民初字第 5575 号
（2014）朝民（知）初字第 42817 号

(2014) 朝民（知）初字第 42819 号
(2014) 丰民初字第 06791 号
(2013) 丰民初字第 4229 号
(2013) 朝民初字第 29315 号
(2014) 海民（知）初字第 23168 号
(2014) 丰民（知）初字第 11977 号
(2014) 海民（知）初字第 23167 号
(2014) 顺民初字第 8554 号
(2014) 东民（知）初字第 09728 号
(2014) 朝民（知）初字第 42818 号
(2014) 朝民初字第 15824 号
(2014) 丰民初字第 03829 号
(2014) 海民初字第 4666 号
(2014) 西民初字第 09125 号
(2014) 朝民初字第 19425 号
(2014) 朝民（知）初字第 26853 号
(2014) 海民（知）初字第 17661 号
(2014) 昌民初字第 03419 号
(2014) 海民（知）初字第 26528 号
(2013) 海民初字第 17338 号
(2014) 海民（知）初字第 23165 号
(2014) 朝民（知）初字第 31810 号
(2013) 朝民初字第 8699 号
(2014) 顺民初字第 8556 号
(2014) 昌民初字第 03423 号
(2014) 朝民初字第 25176 号
(2013) 朝民（知）初字第 40308 号
(2014) 海民（知）初字第 19993 号
(2014) 昌民（知）初字第 10919 号
(2013) 朝民初字第 37958 号
(2014) 西民初字第 17652 号
(2015) 海民（知）初字第 20262 号
(2014) 石民（知）初字第 10399 号
(2015) 西民（知）初字第 08329 号
(2014) 朝民（知）初字第 36666 号
(2015) 朝民（知）初字第 12618 号
(2014) 朝民（知）初字第 31221 号

（2015）顺民（知）初字第00878号
（2015）顺民（知）初字第00875号
（2015）顺民（知）初字第00873号
（2015）房民（知）初字第02888号
（2015）房民（知）初字第02889号
（2014）丰民（知）初字第18531号
（2015）海民（知）初字第8314号
（2014）丰民（知）初字第12144号
（2015）西民（知）初字第08330号
（2015）朝民（知）初字第04367号
（2014）东民（知）初字第14019号
（2015）丰民（知）初字第04743号
（2014）朝民（知）初字第42822号
（2015）房民（知）初字第03322号
（2014）朝民初字第06364号
（2014）朝民初字第17260号
（2013）昌民初字第11589号
（2014）昌民初字第03432号
（2014）朝民初字第00854号
（2013）海民初字第23610号
（2014）西民（知）初字第23635号
（2014）朝民（知）初字第42820号
（2014）东民初字第07553号
（2014）东民初字第00141号
（2014）怀民初字第02134号
（2014）怀民初字第02143号
（2013）丰民初字第18567号
（2014）朝民初字第04714号
（2014）东民初字第04482号
（2014）丰民（知）初字第17806号

二审：

（2016）京73民终29号
（2016）京73民终307号
（2015）京知民终字第2112号
（2016）京73民终84号
（2015）京知民终字第2444号

（2016）京 73 民终 306 号
（2016）京 73 民终 689 号
（2016）京 73 民终 394 号
（2016）京 73 民终 92 号
（2016）京 73 民终 401 号
（2015）京知民终字第 2113 号
（2016）京 73 民终 690 号
（2016）京 73 民终 69 号
（2015）京知民终字第 1828 号
（2016）京 73 民终 87 号
（2016）京 73 民终 189 号
（2015）京知民终字第 2114 号
（2016）京 73 民终 786 号
（2016）京 73 民终 393 号
（2015）京知民终字第 2480 号
（2015）京知民终字第 2315 号
（2016）京 73 民终 90 号
（2015）京知民终字第 2403 号
（2015）京知民终字第 1180 号
（2015）京知民终字第 370 号
（2015）京知民终字第 232 号
（2014）京知民终字第 108 号
（2015）京知民终字 390 号
（2015）京知民终字第 664 号
（2015）京知民终字第 622 号
（2015）京知民终字第 00224 号
（2015）京知民终字 594 号
（2015）京知民终字第 756 号
（2015）京知民终字第 315 号
（2014）高民终字第 1832 号
（2015）京知民终字第 1591 号
（2015）京知民终字第 991 号
（2014）京知民终字第 114 号
（2015）京知民终字第 1196 号
（2015）京知民终字第 00220 号
（2015）京知民终字第 1189 号

（2015）京知民终字第 00223 号
（2014）高民终字第 1790 号
（2013）高民终字第 3251 号
（2013）高民终字第 3276 号
（2014）高民终字第 825 号
（2016）京 73 民终 3 号
（2016）京 73 民终 51 号
（2016）京 73 民终 908 号
（2016）京 73 民 433 号
（2015）高民（知）终字第 3533 号
（2016）京 73 民终 10 号
（2015）高民（知）终字第 3531 号
（2015）高民（知）终字第 3532 号
（2015）高民（知）终字第 3534 号
（2016）京民终 299 号
（2015）京知民终字第 1878 号
（2015）京知民终字第 2257 号
（2016）京 73 民终 817 号
（2016）京 73 民终 454 号
（2016）京 73 民终 453 号
（2016）京 73 民终 454 号
（2016）京 73 民终 332 号
（2016）京 73 民终 914 号
（2016）京 73 民终 451 号
（2016）京民终 291 号
（2016）京 73 民终 52 号
（2015）京知民终字第 1321 号
（2015）京知民终字第 2479 号
（2015）高民（知）终字第 1931 号
（2014）高民（知）终字第 4345 号
（2014）高民终字第 2245 号
（2015）京知民终字第 491 号
（2014）高民终字第 1833 号
（2015）京知民终字第 114 号
（2015）京知民终字第 823 号
（2015）京知民终字第 1054 号

（2015）京知民终字第602号
（2014）京知民终字第153号
（2015）京知民终字第1003号
（2015）京知民终字第544号
（2014）一中民（知）终字第9880号
（2015）京知民终字第00222号
（2013）高民终字第39号
（2013）高民终字第3999号
（2014）高民终字第724号
（2013）高民终字第4000号
（2014）高民终字第826号
（2014）高民终字第382号
（2014）高民（知）终字第4072号
（2014）三中民终字第03492号
（2014）二中民终字第04389号
（2014）一中民终字第1115号
（2014）一中民终字第3262号
（2014）三中民终字第06503号
（2014）二中民（知）终字第11278号
（2014）三中民终字第06634号
（2014）二中民终字第04984号
（2014）三中民终字第12868号
（2014）京知民终字第00134号
（2014）三中民终字第03802号
（2014）二中民（知）终字第07001号
（2014）二中民（知）终字第11022号
（2014）二中民终字第00291号
（2014）二中民（知）终字第09822号
（2014）三中民终字第12200号
（2014）一中民终字第142号
（2014）二中民终字第04390号
（2014）二中民终字第03179号
（2014）二中民终字第01462号
（2014）二中民终字第00171号
（2014）三中民终字第13592号
（2014）二中民（知）终字第10356号

（2014）三中民终字第 03448 号

（2014）二中民（知）终字第 09823 号

（2014）三中民终字第 03490 号

（2014）三中民终字第 03486 号

（2014）一中民（知）终字第 6053 号

（2011）高民终字第 1577 号

侵害著作权案件判决书分析报告

一、审理法院分布

单位:件

合计	海淀	朝阳	石景山	东城	西城	丰台	一中	二中	三中
300	73	83	40	43	40	17	1	1	2
占比	24.3%	27.7%	13.3%	14.3%	13.3%	5.7%	0.3%	0.3%	0.7%

分析:

1. 根据2016年1月1日起施行的《北京市高级人民法院关于北京市基层人民法院知识产权民事案件管辖调整的规定》,自2016年1月1日可以审理著作权案件的北京市基层法院有:

	管辖法院	管辖区域
北京知识产权法院	海淀区人民法院	海淀区
	石景山区人民法院	石景山区、门头沟区、昌平区、延庆区
	朝阳区人民法院	朝阳区
	东城区人民法院	东城区、通州区、顺义区、怀柔区、平谷区、密云区
	西城区人民法院	西城区、大兴区
	丰台区人民法院	丰台区、房山区

2. 管辖范围:诉讼标的额在500万元以下的第一审一般知识产权民事案件以及诉讼标的额在500万元以上1000万元以下且当事人住所地均在北京市高级人民法院辖区的第一审一般知识产权民事案件。

资料来源:北京法院网,http://bjgy.chinacourt.org/article/detail/2015/12/id/1770294.shtml。

二、受理案件类型（案由）

单位：件

	信息网络传播权	复制权	计算机软件	录音录像制作者权	发行权	放映权	署名权	著作权	其他
合计 338	161	6	1	3	7	28	12	97	23
占比（按基数 300 计算）	53.7%	2.0%	0.3%	1.0%	2.3%	9.3%	4.0%	32.3%	7.7%

分析：

1. 近几年来，北京市在推进知识产权工作与经济发展深度融合，加大知识产权保护力度，提升知识产权保护能力，改善国际影响力等方面均取得一定成果。根据北京市高级人民法院发布的北京市法院 2016 年知识产权审判工作情况，2016 年，北京市共新收一审知识产权民事案件 17375 件，同比增长 24.7%；审结 16798 件，同比增长 41.7%，其中以著作权案件占比最高。研究采集的 300 件案例，涉及信息网络传播权的案例多达 170 件，占比高达 56.7%。事实上随着计算机网络的普及，网络著作权问题已成为全球范围内的热点和难点问题，我国司法实践中也经常反映相关的问题，比如对深层链接采用“服务器标准”或“用户标准”的问题，又比如 P2P 平台提供者的责任问题，这就表明了在网络信息产业繁荣发展的同时，对著作权的创造者、传播者和使用者而言，建议重视信息网络的作用，在利用网络传播著作权时应善意谨慎，诚信经营，避免侵权。

2. 在梳理选取时，朝阳区、海淀区涉及的相关著作权侵权案例较多，石景山区、东城区、西城区因管辖的地区较多涉及的案例不少，丰台区则相对较少。各个法院受理案件的情况也体现出了所在辖区的特点，比如海淀区是国内主要视频网站的聚集区，优酷土豆、风行、六间房、爱奇艺等专业视频网站，以及百度、搜狐视频等门户视频网站均位于辖区内，其数量和市场份额均占到我国视频网站总量的一半。

3. 经过对 2014～2016 年以来的数据进行分析，从主张权利的作品类型看，主要有影视作品、音乐作品、美术作品、摄影作品、文学作品、图形作品等。

4. 研究选取的判决书中，未涉及下列案例：出租权、摄制权等著作财产权以及表演者权、广播组织权等邻接权均没有案件涉及。

三、原告所属地域统计

单位：件

地域	北京	上海	广东	江浙	涉外
数量	165	29	19	9	1
占比	55.0%	9.7%	6.3%	3.0%	0.3%

分析：

注：因裁判文书网发布的部分案例未明确写明原告个人的所属地域，故部分案例的原告所属地域无法统计，研究所得的数据和比例可能与实际情况有微弱差异。

研究选取的判决书中列明所属地域的，所属北京的原告为 165 件案例，表明北京地区的文化创意产业相对发达，著作权人最多；其次所属广东地区 29 件；上海为 19 件；涉外原告（含港澳台）有 1 件。

四、原被告双方聘请律师的情况

单位:件

	原告聘请律师案件数量	被告聘请律师案件数量
数量	217	107
占比	62.3%	35.7%

分析：

研究样本中，原告聘请律师的案件有 217 件，被告聘请律师的案件有 107 件。被告聘请律师比例较低的部分原因，结合实践判断是其基于对侵害著作权案例法院判赔额度的估量，从节省诉讼成本的角度考虑，并没有聘请律师而是指派公司员工出庭应诉。

但加权平均分析，著作权案件聘请律师的比重较大，说明著作权侵权案例具有细分领域和难度分级的特别，需要专业法律服务的支持。

五、诉争标的物种类

单位:件

标的物种类	摄影图片	电影作品和以类似摄制电影的方法创作的作品	文学作品	歌曲	美术作品	录音录像制品	计算机软件	图形作品
数量	95	76	67	46	11	3	1	1
占比	31.7%	25.3%	22.3%	15.3%	3.7%	1.0%	0.3%	0.3%

摄影图片共计 95 件，电影作品和以类似摄制电影的方法创作的作品（包括电影、电视剧、动画片、综艺节目、晚会等）共计 76 件，文学作品（包括图书、文章等）共计 67 件，歌曲（包括歌曲、音乐电视作品）共计 46 件，美术作品（包括卡通动画形象）共计 11 件，录音录像制品共计 9 件，计算机软件共计 1 件，图形作品共计 1 件。

六、原告胜诉比例统计及原告败诉原因分析

单位：件

	原告胜诉	原告败诉
数量	285	15
占案件总数比	95.0%	5.0%

（一）原告胜诉比例统计

300 件案例中，原告胜诉的有 285 件，占比 95.0%。

法院判决驳回原告诉讼请求的有 15 件，占比 5.0%。

（二）原告败诉主要原因分析

1. 在侵害作品信息网络传播权案件中，原告败诉的主要原因是被告符合《信息网络传播权保护条例》规定的免责条件，即被告受到了所谓“避风港”原则的保护。

权利人、网络服务提供者和社会公众要关注新技术的发展，而司法系统应当判断新的信息传播模式和商业模式是“真正的善意”还是“真正的恶意”。对善意的传播模式和商业模式要予以维护和扶持，实现各方共赢；对恶意的要彻底否定并取缔，并严加惩罚。

2. 还有一部分案例是由于原告所提供的证据不足以证明其为涉案作品的权利人，或者其主张也没有相关的事实和法律依据来支撑，比如（2014）东民（知）初字第 08777 号“卫芝贤与李巧玲等著作权权属、侵权纠纷”一案中，由于原告现有证据无法确认其对主张权利的内容享有著作权因此原告被驳回诉讼请求而败诉。

七、原告要求停止侵权的诉讼请求以及法院支持的情况

无图例。这一部分事实比较容易判决，因此不再做详细的数据统计。

著作权案件一般会先取证后诉讼，而庭审时大部分的被告都会停止侵权，法官一般也会请原告确认是否撤回停止侵权的诉讼请求。如原告确认被告确实已经停止侵权，即撤回此项请求；而被告不停止侵权，法院通常会判决被告停止侵权。

八、原告要求赔礼道歉和消除影响的诉讼请求所占比例，及法院判决支持该项请求的比例统计及相关分析

单位：件

	法院判决支持	未支持或未涉及
消除影响	2	298
赔礼道歉	24	276

单位:件

	原告要求	原告未要求
消除影响	24	276
赔礼道歉	81	219

单位:件

要求赔礼道歉和消除影响的	87
支持赔礼道歉和消除影响的	24
占比	27.6%

分析:

1. 原告要求赔礼道歉的案件有 81 件,要求消除影响的案子有 24 件,合计 87 件(其中,既要求赔礼道歉又要求消除影响的案件有 18 件)。法院判决支持赔礼道歉诉讼请求的有 24 件,判决支持消除影响诉讼请求的有 2 件,合计 24 件(其中,既支持赔礼道歉又支持消除影响的案件有 2 件)。综合计算,判决赔礼道歉和消除影响的比例为 27.6%。

2. 法院在审理著作权案件的过程中,如果判断被告侵犯了原告的著作人身权(发表权、署名权、修改权和保护作品完整权),可能会支持原告赔礼道歉或消除影响的诉讼请求;对只侵犯著作财产权的,法院一般不支持原告该项请求。

法院判决书就此的标准论述是:"因被告没有侵害原告的著作人身权且没有损害原告商誉,因此关于原告要求被告赔礼道歉和消除影响的诉讼请求,本院不予支持。"

司法实务中确实有对只侵害著作财产权却判决被告赔礼道歉或消除影响的判例,但关于只侵害著作财产权是否可以判决被告赔礼道歉或消除影响的问题,在法学界仍存争议。

争议的主要原因是民法通则和著作权法对这方面的规定较为模糊,所以在可判可不判的情况下,法院一般不判。不判赔礼道歉或消除影响,一方面是因为法院认为判决赔礼道歉或消除影响会对被告的商誉造成影响,在原告没有证据证明自己的人身、精神或商誉因为被告的侵权造成损害的情况下(一般很难举证),判决被告赔礼道歉或消除影响有失"公平"。

另一方面,从实际执行角度考虑,判决被告赔礼道歉或消除影响,而被告拒不履行,法院执行困难,影响结案效率;如被告下落不明缺席判决,执行难度加倍,赔礼道歉需要支付的媒体刊载费也无人承担。

九、原告索赔金额和法院判决被告赔偿金额统计分析

按2014~2016年300个案件统计

单位：元

原告索赔总额	35724235.57
法院判赔总额	5378525
判赔比	15.1%

按2014年100个案件统计

单位：元

原告索赔总额	10841905.7
法院判赔总额	1798422
判赔比	16.6%

按2015年100个案件统计

单位:元

原告索赔总额	112378547.2
法院判赔总额	1979796
判赔比	16.0%

按2016年100个案件统计

单位:元

原告索赔总额	12503782.67
法院判赔总额	1600307
判赔比	12.8%

分析：

1. 以2014~2016年三年300件案例统计，那么原告要求被告赔偿的总金额为35724235.57元，300件案例法院判赔的总金额为5378525元，平均每件案例索赔119080.79元，平均每件案例判赔17928.42元。判赔比为15.1%。

2. 以2014年、2015年、2016年三年逐年统计分析，则判赔比依次为16.6%、16.0%、12.8%。

3. 著作权侵权案件中，如原告的损失或被告的获益均无法查明，法官会在50万元以下的自由裁量范围内作出判决。上述统计数据表明，原告胜诉率虽然很高，但著作权

单个案件判赔平均仅有 17928.42 元，这说明法院的判赔额仍然较低。

这一统计结论和社会大众的普遍反映一致。根据最高人民法院对地方法院著作权审判的方向指引，如 2011 年 12 月 16 日最高人民法院印发《关于充分发挥知识产权审判职能作用推动社会主义文化大发展大繁荣和促进经济自主协调发展若干问题的意见》的通知指出："要强化利益平衡观念，把利益平衡作为知识产权司法保护的重要基点，统筹兼顾智力创造者、商业利用者和社会公众的利益，协调好激励创造、促进产业发展和保障基本文化权益之间的关系，使利益各方共同受益、均衡发展。"

各级法院在知识产权案件审判中，定性上倾向于保护权利人，而判赔上则适当减轻侵权者的压力，以达到"均衡发展"，同时照顾到了社会公众。但判赔力度较小，造成侵权成本太低，造成著作权侵权案件数量呈现井喷态势。低判赔导致著作权的创作和传播举步维艰。

加大判赔比，充分发挥法律的规制效应，引导著作权创作方和传播方在良性秩序下保护和运用著作权，是各界衷愿。

附判决书案号：

（2015）朝民（知）初字第 67384 号
（2015）朝民（知）初字第 65765 号
（2015）朝民（知）初字第 65736 号
（2015）朝民（知）初字第 65768 号
（2015）朝民（知）初字第 65717 号
（2015）海民（知）初字第 31518 号
（2015）朝民（知）初字第 68694 号
（2015）朝民（知）初字第 43173 号
（2015）京 0105 民初 20686 号
（2015）朝民（知）初字第 47728 号
（2015）朝民（知）初字第 59273 号
（2015）朝民（知）初字第 59272 号
（2015）朝民（知）初字第 59274 号
（2015）朝民（知）初字第 31915 号
（2015）朝民（知）初字第 38980 号
（2015）朝民（知）初字第 38981 号
（2015）海民（知）初字第 8413 号
（2015）东民（知）初字第 15725 号
（2015）朝民（知）初字第 43166 号
（2015）朝民（知）初字第 66261 号
（2015）海民（知）初字第 32074 号

（2015）朝民（知）初字第 46301 号
（2015）朝民（知）初字第 67460 号
（2015）朝民（知）初字第 60657 号
（2015）朝民（知）初字第 41228 号
（2015）朝民（知）初字第 67573 号
（2015）朝民（知）初字第 57130 号
（2015）朝民（知）初字第 57126 号
（2015）朝民（知）初字第 35845 号
（2016）京 0102 民初 1797 号
（2016）京 0107 民初 1067 号
（2016）京 0108 民初 361 号
（2016）京 0108 民初 2912 号
（2016）京 0108 民初 4021 号
（2016）京 0108 民初 5441 号
（2016）京 0108 民初 6038 号
（2016）京 0108 民初 4843 号
（2016）京 0108 民初 6417 号
（2016）京 0102 民初 11534 号
（2016）京 0105 民初 25529 号
（2016）京 0105 民初第 23429 号
（2016）京 0105 民初 34 号
（2016）京 0105 民初 23417 号
（2016）京 0105 民初 19590 号
（2016）京 0105 民初 19595 号
（2016）京 0108 民初 12057 号
（2016）京 0108 民初 12036 号
（2016）京 0108 民初 12033 号
（2016）京 0108 民初 31198 号
（2016）京 0108 民初 10946 号
（2016）京 0105 民初 3282 号
（2016）京 0108 民初 901 号
（2016）京 0107 民初 606 号
（2016）京 0108 民初 916 号
（2016）京 0108 民初 11812 号
（2016）京 0105 民初 2035 号
（2016）京 0102 民初 10489 号
（2016）京 0102 民初 6205 号

(2015) 朝民 (知) 初字第 67460 号
(2015) 海民 (知) 初字第 36525 号
(2015) 朝民 (知) 初字第 65751 号
(2015) 朝民 (知) 初字第 65722 号
(2015) 朝民 (知) 初字第 65730 号
(2015) 朝民 (知) 初字第 65726 号
(2015) 朝民 (知) 初字第 65752 号
(2015) 海民 (知) 初字第 16050 号
(2015) 朝民 (知) 初字第 68702 号
(2015) 海民 (知) 初字第 17953 号
(2016) 京 0108 民初 12051 号
(2016) 京 0102 民初 19610 号
(2016) 京 0102 民初 19265 号
(2016) 京 0101 民初 10643 号
(2016) 京 0102 民初 24210 号
(2016) 京 0102 民初 19008 号
(2016) 京 0108 民初 913 号
(2016) 京 0108 民初 4150 号
(2016) 京 0106 民初字第 1290 号
(2016) 京 0107 民初 591 号
(2016) 京 0107 民初 3144 号
(2015) 海民 (知) 初字第 29845 号
(2015) 海民 (知) 初字第 23534 号
(2015) 海民 (知) 初字第 23304 号
(2015) 海民 (知) 初字第 20796 号
(2015) 海民 (知) 初字第 20265 号
(2015) 海民 (知) 初字第 25684 号
(2015) 海民 (知) 初字第 14084 号
(2015) 海民 (知) 初字第 29231 号
(2015) 海民 (知) 初字第 12796 号
(2015) 海民 (知) 初字第 24792 号
(2015) 东民 (知) 初字第 13639 号
(2015) 东民 (知) 初字第 14915 号
(2015) 东民 (知) 初字第 14052 号
(2015) 东民 (知) 初字第 07394 号
(2015) 东民 (知) 初字第 13113 号
(2015) 东民 (知) 初字第 08330 号

（2015）东民（知）初字第 04877 号
（2015）东民（知）初字第 03338 号
（2015）东民（知）初字第 02575 号
（2015）东民（知）初字第 04883 号
（2015）西民（知）初字第 22338 号
（2015）西民（知）初字第 23562 号
（2015）西民（知）初字第 27742 号
（2016）京 0105 民初 7377 号
（2016）京 0107 民初 1147 号
（2016）京 0107 民初 1141 号
（2016）京 0108 民初 35492 号
（2016）京 0107 民初 14400 号
（2016）京 0105 民初第 23423 号
（2016）京 0101 民初 8712 号
（2016）京 0106 民初 14166 号
（2016）京 0108 民初 4933 号
（2016）京 0108 民初 4787 号
（2016）京 0108 民初 1848 号
（2016）京 0107 民初 3149 号
（2016）京 0108 民初 10886 号
（2016）京 0108 民初 10891 号
（2016）京 0108 民初 19818 号
（2016）京 0102 民初 19008 号
（2016）京 0101 民初 14732 号
（2016）京 0102 民初 16215 号
（2016）京 0101 民初 17735 号
（2016）京 0107 民初 3147 号
（2016）京 0107 民初 589 号
（2015）海民（知）初字第 25407 号
（2015）海民（知）初字第 17152 号
（2015）海民（知）初字第 32771 号
（2015）海民（知）初字第 22220 号
（2015）海民（知）初字第 11688 号
（2015）海民（知）初字第 29094 号
（2015）海民（知）初字第 27696 号
（2015）海民（知）初字第 21383 号
（2015）海民（知）初字第 21504 号

(2015) 海民 (知) 初字第 09447 号
(2015) 东民 (知) 初字第 15096 号
(2015) 东民 (知) 初字第 15503 号
(2015) 东民 (知) 初字第 13913 号
(2015) 东民 (知) 初字第 13440 号
(2015) 东民 (知) 初字第 12728 号
(2015) 东民 (知) 初字第 04876 号
(2015) 东民 (知) 初字第 04878 号
(2015) 东民 (知) 初字第 03017 号
(2015) 东民 (知) 初字第 02102 号
(2014) 东民 (知) 初字第 05639 号
(2015) 西民 (知) 初字第 22626 号
(2015) 西民 (知) 初字第 13277 号
(2015) 西民 (知) 初字第 23581 号
(2015) 西民 (知) 初字第 10552 号
(2015) 西民 (知) 初字第 21332 号
(2015) 西民 (知) 初字第 00139 号
(2015) 西民 (知) 初字第 04587 号
(2015) 西民 (知) 初字第 00041 号
(2015) 石民 (知) 初字第 5300 号
(2015) 石民 (知) 初字第 5292 号
(2015) 石民 (知) 初字第 3259 号
(2015) 石民 (知) 初字第 3261 号
(2015) 石民 (知) 初字第 3261 号
(2015) 石民 (知) 初字第 2711 号
(2015) 石民 (知) 初字第 482 号
(2015) 丰民 (知) 初字第 4589 号
(2014) 丰民 (知) 初字第 18895 号
(2015) 朝民 (知) 初字第 27553 号
(2015) 朝民 (知) 初字第 24313 号
(2014) 朝民 (知) 初字第 41839 号
(2015) 朝民 (知) 初字第 34097 号
(2015) 朝民 (知) 初字第 09513 号
(2015) 朝民 (知) 初字第 27563 号
(2015) 朝民 (知) 初字第 00176 号
(2014) 朝民 (知) 初字第 41239 号
(2015) 朝民 (知) 初字第 03542 号

（2015）朝民（知）初字第 04392 号
（2015）朝民（知）初字第 04239 号
（2015）朝民（知）初字第 04325 号
（2014）朝民（知）初字第 38194 号
（2014）海民（知）初字第 26927 号
（2014）海民（知）初字第 22814 号
（2014）海民（知）初字第 22212 号
（2014）海民（知）初字第 12428 号
（2014）海民（知）初字第 20081 号
（2014）海民（知）初字第 14535 号
（2014）海民（知）初字第 23406 号
（2014）海民（知）初字第 26522 号
（2014）海民（知）初字第 23408 号
（2014）海民（知）初字第 21997 号
（2014）海民（知）初字第 26612 号
（2014）东民（知）初字第 12130 号
（2014）东民（知）初字第 08777 号
（2014）东民（知）初字第 08140 号
（2014）东民（知）初字第 10616 号
（2014）东民（知）初字第 10555 号
（2014）东民初字第 06440 号
（2015）西民（知）初字第 13079 号
（2015）西民（知）初字第 23651 号
（2015）西民（知）初字第 13423 号
（2015）西民（知）初字第 00100 号
（2015）石民（知）初字第 5345 号
（2015）石民（知）初字第 5347 号
（2015）石民（知）初字第 3935 号
（2015）石民（知）初字第 3262 号
（2015）石民（知）初字第 3264 号
（2015）石民（知）初字第 3260 号
（2015）石民（知）初字第 648 号
（2014）石民（知）初字第 9439 号
（2015）丰民（知）初字第 3981 号
（2014）丰民（知）初字第 17106 号
（2015）朝民（知）初字第 36875 号
（2015）朝民（知）初字第 11160 号

(2015) 朝民（知）初字第 34095 号
(2015) 朝民（知）初字第 27560 号
(2015) 朝民（知）初字第 31481 号
(2015) 朝民（知）初字第 32260 号
(2014) 朝民（知）初字第 41238 号
(2015) 朝民（知）初字第 03541 号
(2015) 朝民（知）初字第 04393 号
(2015) 朝民（知）初字第 08699 号
(2015) 朝民（知）初字第 04412 号
(2015) 朝民（知）初字第 00294 号
(2014) 朝民（知）初字第 35254 号
(2014) 海民（知）初字第 27829 号
(2014) 海民（知）初字第 22614 号
(2014) 海民（知）初字第 22206 号
(2014) 海民（知）初字第 26609 号
(2014) 海民（知）初字第 27448 号
(2014) 海民（知）初字第 20998 号
(2014) 海民（知）初字第 28466 号
(2014) 海民（知）初字第 28346 号
(2014) 海民（知）初字第 22925 号
(2014) 海民（知）初字第 26511 号
(2014) 海民（知）初字第 19999 号
(2014) 东民（知）初字第 12128 号
(2014) 东民（知）初字第 10327 号
(2014) 东民（知）初字第 12305 号
(2014) 东民（知）初字第 10590 号
(2014) 东民初字第 05427 号
(2014) 东民初字第 05341 号
(2014) 东民初字第 03487 号
(2014) 东民初字第 04341 号
(2014) 东民初字第 03030 号
(2014) 西民初字第 13440 号
(2014) 西民初字第 16450 号
(2014) 西民初字第 19310 号
(2014) 西民初字第 12266 号
(2014) 西民初字第 11954 号
(2014) 西民初字第 14131 号

（2014）西民初字第 14144 号
（2014）西民初字第 00137 号
（2014）石民（知）初字第 10286 号
（2014）石民（知）初字第 4805 号
（2014）石民（知）初字第 5955 号
（2014）石民（知）初字第 8543 号
（2014）石民（知）初字第 8541 号
（2014）石民（知）初字第 8545 号
（2014）石民初字第 4751 号
（2014）丰民（知）初字第 10534 号
（2014）丰民（知）初字第 13082 号
（2014）丰民初字第 04087 号
（2014）丰民初字第 09289 号
（2014）丰民初字第 09519 号
（2014）丰初字第 09287 号
（2014）二中民（知）初字第 10697 号
（2014）三中民（知）初字第 13077 号
（2014）朝民（知）初字第 40509 号
（2014）朝民（知）初字第 39308 号
（2014）朝民（知）初字第 39465 号
（2014）朝民（知）初字第 41018 号
（2014）朝民（知）初字第 37655 号
（2014）朝民（知）初字第 38326 号
（2014）朝民（知）初字第 22058 号
（2014）东民初字第 02934 号
（2014）东民初字第 00143 号
（2014）东民初字第 03034 号
（2014）西民初字第 26005 号
（2014）西民初字第 20594 号
（2014）西民初字第 10494 号
（2014）西民初字第 11953 号
（2014）西民初字第 14132 号
（2014）西民初字第 14130 号
（2014）西民初字第 04296 号
（2014）石民（知）初字第 8528 号
（2014）石民（知）初字第 10293 号
（2014）石民（知）初字第 4802 号

（2014）石民（知）初字第 4808 号
（2014）石民（知）初字第 8547 号
（2014）石民（知）初字第 4860 号
（2014）石民初字第 6668 号
（2014）石民初字第 4618 号
（2014）丰民（知）初字第 13081 号
（2014）丰民（知）初字第 12588 号
（2014）丰民初字第 04088 号
（2014）丰民初字第 09292 号
（2014）丰民初字第 09521 号
（2014）一中民（知）初字第 04562 号
（2014）三中民（知）初字第 06509 号
（2013）朝民（知）初字第 29189 号
（2014）朝民（知）初字第 40526 号
（2014）朝民（知）初字第 37094 号
（2014）朝民（知）初字第 39071 号
（2014）朝民（知）初字第 42922 号
（2014）朝民（知）初字第 36173 号
（2014）朝民（知）初字第 36665 号
（2014）朝民（知）初字第 32784 号

侵害专利权案件判决书分析报告

一、一审判决书中的基本信息分析

研究共选取159份判决书，其中82份一审判决书，77份二审判决书。

（一）审理法院分布

单位：件

朝阳	海淀	二中	三中	知产
17	10	26	7	22
20.7%	12.2%	31.7%	8.5%	26.8%

分析：

根据《最高人民法院关于审理专利纠纷案件适用法律问题的若干规定》第二条的规定，北京地区中级人民法院可以审理专利纠纷第一审案件。

最高院指定的北京市朝阳区人民法院与北京市海淀区人民法院可以审理部分实用新型及外观设计的专利权纠纷案件。

自北京知识产权法院成立以后，并根据2014年11月3日起实施的《最高人民法院关于北京、上海、广州知识产权法院案件管辖的规定》，北京市各基层法院及各中级人民法院不再审理专利案件，统一由北京知识产权法院审理。资料来源：http：//www.court.gov.cn/zixun－xiangqing　13655.html。

（二）侵害发明、实用新型、外观设计专利权纠纷案件的比例

一审判决书中，侵害发明专利权纠纷的案件有10件，侵害实用新型专利权纠纷的案件有19件，侵害外观设计专利权纠纷的案件有53件。

单位：件

发明	实用新型	外观设计	合计
10	19	53	82
12.2%	23.2%	64.6%	100%

法院受理侵害专利权纠纷的主要案由为侵害外观设计专利权纠纷，占比64.6%。

（三）原告涉外的比例

研究选取的82份一审判决书中，原告涉外的案件共有8件，占比为9.8%。

单位:件

	原告涉外	原告非涉外
数量	7	75
占比	8.5%	91.5%

研究分析原告涉外比例较小，我国的企业、个人提起侵害专利权诉讼比例较大。

(四) 原告聘请律师、专利代理人的比例

研究选取的82份一审判决书中，原告聘请律师参与诉讼的案件共有66件，聘请专利代理人参与诉讼的案件共有9件，占比分别为80.5%和11.0%。(注：研究选取的判决书，可能涉及律师和专利代理人重合的问题，这种情况下数据会被统计两次)。

单位:件

	聘请律师	聘请专利代理人	未聘请
数量	66	9	11
占比	80.5%	11.0%	13.4%

侵害专利权诉讼涉及的法律、技术问题多种多样，聘请律师、专利代理人参与诉讼是大多数当事人的选择。

二、一审判决书中原告的诉讼请求是否获得法院支持的分析

(一) 停止侵权

我国《专利法》第十一条规定："发明和实用新型专利权被授予后，除本法另有规定的以外，任何单位或者个人未经专利权人许可，都不得实施其专利，即不得为生产经营目的制造、使用、许诺销售、销售、进口其专利产品，或者使用其专利方法以及使用、许诺销售、销售、进口依照该专利方法直接获得的产品。外观设计专利权被授予后，任何单位或者个人未经专利权人许可，都不得实施其专利，即不得为生产经营目的制造、许诺销售、销售、进口其外观设计专利产品。"

针对发明和实用新型专利权的侵权行为主要为：制造、使用、许诺销售、销售、进口等行为；

针对外观设计专利权的侵权行为主要为：制造、许诺销售、销售、进口等行为。

研究选取的146份一审判决书中，原告要求停止侵权的案件共54件，法院判决侵权人停止侵权行为的有52件，占比为96.3%。

1. 各专利案件。

	发明	实用新型	外观设计
一审判决侵权人停止侵权的数量	7	11	34
案件总数量	7	11	36
占比	100%	100%	94.4%

在13件侵害发明专利案件中，原告要求停止侵权的案件共11件，一审判决停止侵权的为11件；19件侵害实用新型专利案件中，原告要求停止侵权的案件共11件，一审判决停止侵权的为11件；53件侵害外观设计专利案件中，原告要求停止侵权的案件共36件，一审判决停止侵权的为34件，占比94.4%。

2. 涉外案件。

	涉外	非涉外
一审判决侵权人停止侵权的数量	7	45
要求停止侵权案件数量	7	47
案件总量	7	75
占比	100%	95.7%

在原告涉外的7件一审判决中，原告要求停止侵权的案件为7件，法院判决侵权人停止侵权的为7件。

3. 法院未支持侵权原因。

研究选取的82份一审判决中，法院驳回原告诉讼请求的共16件。

法院驳回原告诉讼请求的原因主要有以下几种：

（1）未落入专利权的保护范围。

（2015）京知民初字第498号判决书：被诉侵权产品均未落入涉案专利权的保护范围。

（2）现有技术。

《专利法》第六十二条规定，在专利侵权纠纷中，被控侵权人有证据证明其实施的技术或者设计属于现有技术或者现有设计的，不构成侵犯专利权。

（2015）京知民初字第749号判决书：本院认定被告实施的技术属于现有技术，不构成专利侵权，被告的现有技术抗辩成立。

（3）专利申请日前已经制造相同产品。

《专利法》第六十九条第（二）项规定，有下列情形之一的，不视为侵犯专利权：（二）在专利申请日前已经制造相同产品、使用相同方法或者已经作好制造、使用的必要准备，并且仅在原有范围内继续制造、使用的。

（2015）京知民初字第761号判决书：在专利申请日之前已经制造了与被诉侵权产品相同的产品。因此被告制造、销售被诉侵权产品的行为不视为侵犯涉案专利权。

（二）赔偿数额（含合理费用）

研究选取的82份判决书中，法院判决侵权人承担赔偿损失的案件共有61件。

《专利法》第六十五条确定侵害专利权的赔偿数额有四种方式，分别是：

1. 按照权利人因被侵权所受到的实际损失确定：

在法院判决侵权人承担赔偿损失的61件一审判决书中，仅有一件是参照此方法确定赔偿数额的判决，即（2014）二中民初字第01132号。

2. 按照侵权人侵犯专利权获得的利益确定：

在法院判决侵权人承担赔偿损失的 61 件一审判决书中，仅有一件参照此方法确定赔偿数额的判决，即（2013）二中民初字第 13945 号。

3. 参照该专利许可使用费的倍数（1 至 3 倍）合理确定；

在法院判决侵权人承担赔偿损失的 61 件一审判决书中，仅有一件参照此方法确定赔偿数额的判决，即（2015）京知民初字第 1898 号。

4. 法定赔偿（1 万元以上 100 万元以下）：

适用法定赔偿来确定赔偿数额是法院采取的主要方式。在法院判决侵权人承担赔偿损失的 61 件一审判决中，有 58 件适用了法定赔偿的方式确定赔偿数额。

法院在确定赔偿数额时，主要参考原、被告提交的证据材料和原告专利的权利价值，如专利技术的创造性、专利技术研发成本及实施情况、专利使用许可的种类、时间、范围、市场上同类产品的平均利润、合理转让价格、合理许可费用以及被告侵权行为方式、侵权产品生产与销售规模、侵权持续时间、侵权损害后果、侵权获得善等因素，酌情确定赔偿数额。

法院也将根据原告提交的律师费、公证费、查档费、购买侵权产品费发票等支付凭证，并在参考司法行政部门规定的律师收费标准、实际判赔额与请求赔偿额、案件的复杂程度等因素后酌情确定合理费用的数额。

（1）侵犯发明专利权案件的赔偿数额统计：

	50 万元以下	50 万元 ~ 100 万元	100 万元以上
案件数量	2	1	2
占比	40.0%	20.0%	40.0%

（2）侵犯实用新型专利案件的赔偿数额统计：

	1 万元以下	1 万元 ~ 5 万元	5 万元 ~ 10 万元	10 万元以上
案件数量	5	6	0	0
占比	45.5%	54.5%	0%	0%

（3）侵犯外观设计专利案件的赔偿数额统计：

	1 万元以下	1 万元 ~ 5 万元	5 万元 ~ 10 万元	10 万元以上
案件数量	15	16	6	8
占比	33.3%	35.6%	13.3%	17.8%

分析数据显示，有 100% 的侵害实用新型专利权纠纷案件和 82.2% 的侵害外观设计专利纠纷案件的赔偿额在 10 万元以下。并且仅 8 起侵害外观设计专利权纠纷案件的赔偿额超过 10 万元。

我国第三次修改《专利法》的主要内容之一就是提高法定赔偿数额，其中最高数额由50万元增加到100万元。虽然修改后的《专利法》已于2009年10月1日起施行，但在上述判决书中似乎未体现出相应的变化，仅有四件赔偿额超过了50万元，其中，有三件赔偿额超过了100万元。

（三）判赔比

法院判决的赔偿数额与原告索赔数额的比值即判赔比。

	发明	实用新型	外观设计
法院判决的赔偿数额总数	7765000.0元	163105.0元	3301747.0元
原告索赔总数	21548653.0元	9018669.0元	14950377.0元
判赔比	36.0%	1.8%	22.1%

法院判决的赔偿数额与原告索赔数额的比值即判赔比。

研究选取的侵害发明专利权案件，原告索赔总数为21548653.0元，法院判决的赔偿数额总数为7765000.0元，判赔比为36.0%；

研究选取的侵害实用新型专利权案件，原告索赔总数为9018669.0元，法院判决的赔偿数额总数为163105.0元，判赔比为1.8%；

研究选取的侵害外观设计专利权案件，原告索赔总数为14950377.0元，法院判决的赔偿数额总数为3301747.0元，判赔比为22.1%。

研究样本中，法院判决赔偿数额与权利人的期望存在较大差距。一方面是由于权利人动辄数十万、上百万元的索赔请求缺少证据支持，另一方面是因为法院酌定的赔偿数额普遍较低。

研究选取的案件分析表明，法院一般不予支持权利人的以下诉讼请求：

（1）销毁专用设备、模具；

（2）销毁库存侵权产品；

（3）销毁已售出的侵权产品；

（4）赔礼道歉；

（5）消除影响。

（四）专利无效抗辩

在侵害专利权诉讼中，请求宣告专利权无效是最常见的抗辩事由之一。

专利授权程序中，对于发明专利，有些不符合专利法相关规定的发明创造获得发明专利权，原因可能是审查人员工作经验的局限或技术文献检索的遗漏。

对于实用新型和外观设计专利，我国专利法规定对实用新型和外观设计专利申请实行初步审查制，因此，有大量不符合专利法相关规定的实用新型和外观设计申请也获得了专利权。

而在侵害专利权诉讼中，经国家专利行政部门授予的专利权，非经法定程序宣告无效的，均被推定为有效。因此，侵害专利权诉讼中的被告如果认为原告所持有的专利不符合专利法的授权条件，只能通过法定程序请求宣告专利权无效，从而达到不承担侵权责任的目的。

研究样本分析，10 件侵害发明专利权案件中，被告进行抗辩的案件数量为 1 件，占比 10.0%；19 件侵害实用新型专利权案件中，被告进行抗辩的案件数量为 4 件，占比 21.1%；53 件侵害外观设计专利权案件中，被告进行抗辩的案件数量为 0 件，占比 0%。总体而言，被告提起专利无效抗辩的案件比例较低。

（五）技术鉴定

根据《民事诉讼法》第七十六条规定，当事人可以就查明事实的专门性问题向人民法院申请鉴定。当事人未申请鉴定，人民法院对专门性问题认为需要鉴定的，应当委托具备资格的鉴定人进行鉴定。

研究选取的 10 件发明纠纷案件及 19 件实用新型纠纷案件中，涉及技术鉴定的案件仅有一件，通过双方当事人进行质证程序，法院采纳了鉴定结论。

（2013）二中民初字第 12574 号判决书：本院根据上述规定对该鉴定意见书进行了审查，并通过组织双方当事人进行质证，未发现该鉴定意见书存在不能作为证据使用的情形，故本院对该鉴定结论予以采纳。

（六）二审判决书的判决结果分析

在 77 份二审判决书中，维持一审判决的高达 72 份，占比约为 93.5%。

	维持一审	二审改判
案件数量	72	5
占比	93.5%	6.5%

研究选取的 77 份二审判决书中，维持一审判决的高达 72 份，占比约为 93.5%。

研究样本显示二审改判率非常低。建议当事人应高度重视一审。

在一审期间，充分举证、积极应对、力争有利的一审结果。

《民事诉讼法》第一百七十条规定，第二审人民法院改判的情形为，

1. 原判决认定事实错误或适用法律错误。

2. 原判决认定基本事实不清。

在 5 件改判的案件中，法院均适用第 1 种情形进行改判。

（2013）高民终字第 3533 号判决书：本案中，涉案专利申请日为 2003 年 4 月 16 日，原审判决作出时间为 2013 年 8 月 20 日，此时涉案专利已经超过 10 年保护期，原审判决奥隆达公司停止侵权没有实际意义，本院予以纠正。

（2014）高民（知）终字第 3585 号判决书：被控侵权行为发生在 2007 年 12 月 5 日至 2007 年 12 月 30 日期间，故本案应适用 2001 年 7 月 1 日起实施的《专利法》进行审理。同时需要指出的是，尽管 2001 年 7 月 1 日起实施的《专利法》第六十三条第二款与 2009 年 10 月 1 日起实施的《专利法》第七十条的规定基本相同，但原审判决一方面认定本案应适用 2001 年 7 月 1 日起实施的《专利法》进行审理，另一方面又引用了 2009 年 10 月 1 日起实施的《专利法》第七十条规定亦属于适用法律错误，本院亦一并予以纠正。

附判决书案号：

一审：

（2015）京知民初字第 1277 号
（2015）京知民初字第 1300 号
（2015）京知民初字第 973 号
（2015）京知民初字第 1764 号
（2015）京知民初字第 972 号
（2015）京知民初字第 1340 号
（2015）京知民初字第 711 号
（2014）京知民初字第 24 号
（2015）京知民初字第 498 号
（2015）京知民初字第 1898 号
（2015）京知民初字第 1220 号
（2016）京 73 民初 219 号
（2016）京 73 民初 220 号
（2015）京知民初字第 907 号
（2015）京知民初字第 1888 号
（2015）京知民初字第 3 号
（2015）京知民初字第 4 号
（2015）京知民初字第 5 号
（2015）京知民初字第 761 号
（2015）京知民初字第 517 号
（2015）京知民初字第 749 号
（2014）朝民（知）初字第 43801 号
（2014）朝民（知）初字第 28014 号
（2014）朝民（知）初字第 33807 号
（2014）京知民初字第 14 号
（2014）朝民（知）初字第 33447 号
（2014）二中民（知）初字第 10904 号
（2013）二中民初字第 12574 号
（2014）海民（知）初字第 27821 号
（2014）海民（知）初字第 26652 号
（2014）海民（知）初字第 27794 号
（2014）朝民（知）初字第 40627 号
（2014）朝民（知）初字第 38044 号

(2014) 海民（知）初字第 26913 号
(2014) 海民（知）初字第 22015 号
(2014) 二中民（知）初字第 10136 号
(2014) 二中民（知）初字第 10139 号
(2014) 二中民（知）初字第 10137 号
(2014) 三中民初字第 04115 号
(2014) 二中民（知）初字第 08337 号
(2014) 海民（知）初字第 20065 号
(2014) 二中民（知）初字第 09225 号
(2014) 二中民（知）初字第 09215 号
(2014) 二中民（知）初字第 09216 号
(2014) 朝民初字第 18118 号
(2014) 二中民（知）初字第 08426 号
(2014) 二中民（知）初字第 08421 号
(2014) 三中民（知）初字第 08957 号
(2014) 二中民初字第 04682 号
(2014) 朝民（知）初字第 32100 号
(2014) 朝民（知）初字第 32099 号
(2014) 朝民初字第 13848 号
(2014) 二中民初字第 04751 号
(2014) 三中民初字第 05468 号
(2014) 朝民初字第 14755 号
(2014) 二中民初字第 01753 号
(2014) 海民初字第 4674 号
(2013) 二中民初字第 14638 号
(2014) 海民初字第 4676 号
(2014) 海民初字第 4675 号
(2014) 朝民初字第 07663 号
(2014) 朝民初字第 02753 号
(2014) 二中民初字第 03580 号
(2014) 二中民初字第 04236 号
(2013) 二中民初字第 13945 号
(2014) 二中民初字第 01132 号
(2014) 朝民（知）初字第 38041 号
(2014) 朝民（知）初字第 38043 号
(2014) 三中民（知）初字第 13608 号
(2014) 二中民（知）初字第 10983 号

（2014）朝民（知）初字第38042号
（2014）三中民（知）初字第13607号
（2014）三中民（知）初字第12874号
（2014）三中民（知）初字第12404号
（2014）朝民初字第02752号
（2014）二中民初字第00425号
（2014）二中民初字第00423号
（2014）二中民初字第00424号
（2014）二中民初字第02120号
（2014）二中民初字第02119号
（2014）二中民初字第02118号
（2014）海民初字第6286号

二审：
（2014）一中知民初字第3155号
（2015）京知民初字第187号
（2015）京知民初字第189号
（2015）京知民初字第462号
（2015）京知民初字第711号
（2015）京知民初字第186号
（2015）京知民初字第194号
（2015）京知民初字第202号
（2014）京知民初字第41号
（2015）京知民初字第188号
（2015）京知民初字第498号
（2015）京知民初字第266号
（2015）京知民初字第190号
（2015）京知民初字第195号
（2015）京知民初字第196号
（2015）京知民初字第760号
（2015）京知民初字第515号
（2015）京知民初字第205号
（2015）京知民初字第204号
（2015）京知民初字第191号
（2015）京知民初字第203号
（2015）京知民初字第1340号
（2015）京知民初字第432号

（2014）三中民初字第 7230 号
（2015）京知民初字第 900 号
（2014）京知民初字第 34 号
（2015）京知民初字第 569 号
（2015）京知民初字第 1043 号
（2015）京知民初字第 715 号
（2015）京知民初字第 1041 号
（2014）朝民（知）初字第 43801 号
（2014）三中民（知）初字第 8951 号
（2014）海民（知）初字第 27821 号
（2014）二中民（知）初字第 09398 号
（2014）海民（知）初字第 22015 号
（2014）一中民初字第 4572 号
（2014）二中民（知）初字第 08421 号
（2011）一中民初字第 6050 号
（2014）年朝民（知）初字第 32100 号
（2014）朝民初字第 13848 号
（2014）年朝民（知）初字第 32099 号
（2014）三中民初字第 05465 号
（2014）三中民初字第 05467 号
（2014）三中民初字第 05466 号
（2014）二中民初字第 04751 号
（2013）二中民初字第 14638 号
（2013）二中民初字第 5903 号
（2013）二中民初字第 10558 号
（2012）一中民初字第 11476 号
（2013）二中民初字第 13945 号
（2013）二中民初字第 15313 号
（2013）二中民初字第 11097 号
（2013）二中民初字第 7720 号
（2013）一中民初字第 9151 号
（2013）一中民初字第 12752 号
（2013）一中民初字第 12753 号
（2013）一中民初字第 9152 号
（2013）一中民初字第 9143 号
（2013）二中民初字第 13938 号
（2012）一中民初字第 12503 号

（2013）一中民初字第 9108 号
（2013）二中民初字第 11089 号
（2013）二中民初字第 11090 号
（2013）海民初字第 17896 号
（2013）一中民初字第 05388 号
（2013）二中民初字第 13942 号
（2013）一中民初字第 11472 号
（2013）二中民初字第 10949 号
（2014）二中民（知）初字第 9225 号
（2014）二中民（知）初字第 7243 号
（2014）二中民初字第 1132 号
（2014）三中民初字第 12874 号
（2014）一中民初字第 3153 号
（2013）二中民初字第 10950 号
（2013）一中民初字第 7996 号
（2013）二中民初字第 12786 号
（2012）二中民初字第 4481 号

上海知识产权诉讼报告 2017

统计说明

1. 为统计的准确和一致，主要采集生效判决。

2. 采集判决总数共计859份，其中侵害著作权案件判决书300份（2014年、2015年和2016年各100件）；侵害商标权案件判决书345份；侵害专利权案件判决书214份。因法院通过网站上传判决书具有随机性，故基于随机选取的上述判决书内容而采集的数据不一定综合或平均反映各类案件的情况。

3. 数据计算仅保留个位；金额均为人民币，单位均为元。

4. 因研究项目采集量较大，据以统计的部分判决数摘录可能存在误差。尽管研究过程中已采取有效手段控制，囿于研究水平限制，谬误难免存在。敬请阅览指正。

判决书来源：最高人民法院、中国知识产权裁判文书网，ipr. court. gov. cn。上海市高级人民法院、上海法院网，www. hshfy. sh. cn。OpenLaw openlaw. cn。

侵害商标权案件判决书分析报告

一、案件类型（案由）

研究采集 2014 年、2015 年、2016 年共计 345 份判决书，其中，一审判决书 268 份，二审判决书 77 份。为便于比较分析，本报告仅分析一审判决中的主要信息，对二审判决仅分析判决结果。

侵害商标权案件的案由主要有两类，即侵害商标权纠纷和侵害商标专用权及不正当竞争纠纷，研究采集的一审判决书中，侵害商标权纠纷案件为 241 件，占比 89.9%，侵害商标专利权及不正当竞争纠纷案件为 27 件，占比 10.1%。

	侵害商标权纠纷	侵害商标专用权及不正当竞争纠纷
数量	241	27
占比	89.9%	10.1%

二、当事人涉外案件的情况

	原告	被告
涉外	47	2
非涉外	221	266

研究选取的 268 份一审判决书中，原告涉外的案件共有 47 件，被告涉外案件有 2 件。

这一统计结论表明，当事人涉外的侵害商标权案件中，中国当事人一般充当被告，说明我国市场主体对知识产权品牌意识尚不重视，避免侵害他人商标专用权和使用权尚未成为市场共识。侵害外国企业商标权是中国目前的市场问题，探究原因，大致有以下几点：高额利润诱惑；现行政策法规尚不完善，执法力度有待加强；消费者看重品牌价值，忽略产品质量本身。

三、原告聘请律师的情况

	聘请律师	未聘请
数量	252	1

研究选取的268份一审判决书中，原告聘请律师参与诉讼的案件共有252件，占比为94.0%。

四、涉及驰名商标的情况

	涉及驰名商标	未涉及驰名商标
数量	71	197

研究选取的268份一审判决书中，涉及驰名商标的共有71件，占比约为26.5%。

涉及驰名商标的71件案件中，其中有67件案件法院均判定被告实施了侵权行为，应承担原告的经济损失。

商标是否驰名对被告是否实施侵权行为有一定影响。择取典型判决书中的两段：（2016）沪0107民初17721号：

“商标近似，是指被控侵权的商标标识与原告的注册商标相比较，其文字的字形、读音、含义或者图形的构图及颜色，或者其各要素组合后的整体结构相似，或者其立体形状、颜色组合近似，易使相关公众对商标的来源产生误认或者认为其来源与原告注册商标的商品有特定的联系。判断商标是否近似，还应当考虑请求保护注册商标的显著性和知名度。”

在确定赔偿数额中也会考虑其商标的驰名度：

“本案中，鉴于原告未能举证证明其因被告的侵权行为所受到的损失以及被告因侵权所获得的利益，并且被告所承担的责任应当与其行为的性质、主观过错程度、经营规模及因侵权行为可获得的利益等相适应，因此本院综合考虑涉案商标的知名度、核准注册时间、被控侵权商品的售价、两被告的主观过错程度、经营规模、经营区域、侵权行为的性质、经营时间等因素，酌情确定两被告应承担的赔偿数额。”

五、原告的诉讼请求与法院判决的情况

侵犯商标权案件中，原告的诉讼请求主要有三种——停止侵权、消除影响及赔偿损失。就此三种诉讼请求分析如下：

停止侵权

	法院支持	法院未支持
数量	187	81

侵权诉讼中，原告请求法院停止侵权是最主要的诉讼请求。法院确定被告实施了侵权行为后，一般都会支持停止侵权的诉讼请求。

研究选取的268份一审判决书中，原告请求停止侵权的案件共有225件，法院判决停止侵权的案件有187件，占比约为83.1%。

法院确认被告有侵权行为的，有时却不会判决停止侵权，或因原告在诉讼中撤回停

止侵权的诉讼请求，或因侵权事实已不存在，或因诉讼主体资格已终止，或因已进行刑事处罚并没收侵权商品。择取判决书中的典型论述分析：

1. （2016）沪0110民初6893号判决书："现因被告已不再销售侵害原告注册商标权的商品，原告申请撤回要求被告停止侵权的诉讼请求，系原告处分自己的诉讼权利，于法不悖，本院予以准许。"

2. （2016）沪0112民初25906号判决书认为："鉴于被告庭审后已拆除被控侵权店招，原告对此予以确认，故对于原告要求被告停止侵权的诉讼请求，本院不再支持。"

3. （2015）浦民三（知）初字第194号判决书："关于原告要求被告停止侵犯其注册商标专用权行为的诉讼请求。因两被告已被追究刑事责任，侵权商品已被没收，两被告也早已不经营原商铺，原告亦未举证证明被告仍在实施侵犯原告注册商标专用权的行为，故本院对该请求不予支持。"

消除影响

	法院支持	法院未支持
数量	30	31

研究选取的268份一审判决书中，原告请求消除影响的案件有61件，法院判决消除影响的案件有30件，占比约为49.1%。

当被告对原告注册商标的商誉带来负面影响时，法院会支持消除影响的诉讼请求。择取判决书中的典型论述分析：

（2016）沪0112民初3189号判决书："因商标是商标权人商业信誉的载体，根据本案查明的事实，被告徽富公司的生产行为确会对原告的商业信誉造成一定的不良影响，原告要求其消除影响的诉讼请求于法有据，本院予以支持，具体的方式，本院根据本案实际予以确定。"

（2015）普民三（知）初字第41号判决书："被告的不正当竞争行为误导了相关公众，对原告的商誉造成了一定的不良影响，故应当消除影响。"

另外，被告如果对承担消除影响的民事责任无异议，法院也会准许。

（2014）杨民三（知）初字第397号判决书："鉴于两被告对于原告要求其赔礼道歉、消除影响之诉讼请求并无异议，本院对此予以支持。"

赔偿损失

法院判赔总额	20633868.6
原告索赔总额	104017078.4
判赔比	19.8%

研究选取的268份一审判决书中，原告索赔总额为20633868.6元，法院判赔总额为104017078.4元，判赔比为19.8%。

按照2014年5月1日起实施的新《商标法》第六十三条规定，侵害商标专用权的赔偿数额的确定方式有四种，即按照权利人因被侵权所受到的实际损失、侵权人因侵权所获得的利益、商标许可使用费的倍数及法定赔偿（300万元以下）。

其中，法定赔偿的范围由原来的50万增加到了300万元，并且新增了参照商标许可使用费的倍数确定的方式，但是似乎还未在判决中体现出来。研究选取的268份一审判决书中，适用新《商标法》判决案件的共有196件，其中，原告索赔超过50万元的案件有30件，但是判决赔偿数额超过50万元的案件仅有8件。新增的确定方式，法院的判决书中也未涉及。

关于合理费用的判决，根据《最高人民法院关于审理商标民事纠纷案件适用法律若干问题的解释》第十七条的规定，合理费用涉及对侵权行为进行调查、取证的合理费用及律师费等费用。

除上述三类主要的诉讼请求外，也有部分原告会提出赔礼道歉的诉讼请求，但法院基本不会支持这一诉讼请求。

赔礼道歉的民事责任主要适用侵犯人身权的场合，而商标权是一种财产性质的权利，不应适用赔礼道歉的民事责任。

权利人提出此种诉讼请求是为了恢复因侵权行为造成相关公众对其商标的不当影响，应当提出消除影响的诉讼请求而不是赔礼道歉。因此在商标侵权案件中，即使侵权成立也不应判令被控侵权人承担赔礼道歉的民事责任。

择取判决书中的典型论述分析：

（2015）普民三（知）初字第298号判决书："本案系商标侵权及不正当竞争纠纷，商标权、公平竞争权益都属于财产性质的权益，一般不会发生损害权利人人身权的后果，虽然商标等在某种程度上是商业信誉的载体，对商标权、公平竞争权益的保护实际上是对附着在商标上的及市场竞争中的商业信誉及的保护；但商业信誉毕竟不同于人格利益，其更多承载的是一种财产利益，如果侵权行为给权利人带来商誉损失的，可以通过消除影响的民事责任予以解决，故对于原告要求被告赔礼道歉的诉请，本院不予支持。"

驳回诉讼请求的情况

研究选取的268份一审判决书中，共有31份判决书驳回了原告的诉讼请求，占比约为11.6%。

统计的案件中涉及驳回请求理由类型主要为以下四种：

1. 商标不相同或近似、不能引起混淆。

（2013）沪一中民五（知）初字第125号判决书：经比对与原告的商标，前者是三角图形与英文字母的组合，后者没有英文字母；前者三角图形中有三个斜形排列的小圆圈，后者三角图形中有一个大的圆圈，两者区别明显不构成近似。经比对与原告的商标，前者是三角图形与英文字母的组合，后者没有三角图形；前者组合中的5个英文字母清晰明了，后者外观上系三个英文字母ELT及对称的两个图形排列在字母前后，因此，两者区别明显亦不构成近似。鉴于被控侵权商标与原告的及分别不构成近似。

2. 证据不足。

（2016）沪 0115 民初 27091 号判决书：综上，上述原告提交的证据不足以证明原告在 2008 年，甚至 2000 年之前已对“GCIOUTDOOR 及图”商标在先使用。

3. 非商标性使用。

（2014）闵民三（知）初字第 57 号判决书：故本院认为，二被告销售的涉案被子在外包装及产品标签中出现的“双丝”字样，是介绍性、描述性的合理使用，并非商标性使用，不构成对原告第 XXXXXXXX 号“双丝”注册商标专用权的侵害。

4. 涉外定牌加工。

（2014）浦民三（知）初字第 373 号判决书：商标权的地域性特点决定了涉案刹车片是否会因贴附“HPC”商标而在伊朗境内造成消费者对其商品来源产生混淆或误认，非我国商标法所能规制。被告的贴牌加工出口行为并非我国商标法意义上的商标使用行为，因此不构成对原告商标的侵权。

5. 被告享有在先权利。

（2015）普民三（知）初字第 403 号判决书：综上，本院认为，根据诚实信用、维护公平竞争和保护在先权利等处理原则，两被告的在先权利抗辩成立，其进口、销售维密公司使用上述美术作品包装的商品不构成对原告主张的“sheerlove 十分爱”注册商标专用权的侵犯。

六、二审判决结果

	维持	改判
数量	69	8
占比	88.5%	11.5%

研究选取的 77 份二审判决书中，二审法院维持一审判决的为 69 件，占 88.5%，改判的为 8 件，占 11.5%。

附判决书案号：

一审：

（2015）普民三（知）初字第 403 号

（2015）普民三（知）初字第 404 号

（2015）普民三（知）初字第 401 号

（2015）普民三（知）初字第 402 号

（2015）普民三（知）初字第 406 号

（2015）普民三（知）初字第 405 号

（2016）沪 0112 民初 29309 号

（2016）沪 0112 民初 29310 号
（2016）沪 0107 民初 24694 号
（2016）沪 0107 民初 23196 号
（2016）沪 0107 民初 23212 号
（2016）沪 0107 民初 17721 号
（2016）沪 0110 民初 13136 号
（2016）沪 0110 民初 13139 号
（2016）沪 0115 民初 56492 号
（2016）沪 0112 民初 25906 号
（2016）沪 0110 民初 10232 号
（2016）沪 0107 民初 12986 号
（2016）沪 0115 民初 58370 号
（2016）沪 0107 民初 19805 号
（2016）沪 0107 民初 1895 号
（2016）沪 0107 民初 1892 号
（2016）沪 0107 民初 9599 号
（2016）沪 0104 民初 13909 号
（2016）沪 0112 民初 6388 号
（2016）沪 0112 民初 6393 号
（2016）沪 0112 民初 3210 号
（2016）沪 0112 民初 3216 号
（2015）黄浦民三（知）初字第 34 号
（2015）黄浦民三（知）初字第 127 号
（2015）普民三（知）初字第 298 号
（2016）沪 0115 民初 20636 号
（2016）沪 0107 民初 12980 号
（2016）沪 0115 民初 36570 号
（2016）沪 0107 民初 12979 号
（2016）沪 0107 民初 12976 号
（2016）沪 0107 民初 12985 号
（2016）沪 0107 民初 12981 号
（2015）闵民三（知）初字第 1182 号
（2016）沪 0110 民初 3421 号
（2016）沪 0115 民初 27091 号
（2016）沪 0107 民初 19799 号
（2015）徐民三（知）初字第 955 号
（2016）沪 0112 民初 3215 号

（2016）沪0110民初6893号
（2015）闵民三（知）初字第1047号
（2016）沪0101民初23206号
（2016）沪0104民初24685号
（2016）沪0104民初24084号
（2016）沪0104民初24086号
（2015）沪知民初字第58号
（2015）沪知民初字第339号
（2016）沪0115民初24008号
（2016）沪0115民初48520号
（2016）沪0115民初48515号
（2016）沪0112民初19368号
（2016）沪0112民初19369号
（2016）沪0107民初2532号
（2015）黄浦民三（知）初字第50号
（2015）黄浦民三（知）初字第49号
（2015）黄浦民三（知）初字第48号
（2016）沪0112民初6559号
（2016）沪0112民初6394号
（2016）沪0107民初12984号
（2016）沪0115民初36568号
（2016）沪0115民初27894号
（2016）沪0107民初12983号
（2016）沪0107民初12988号
（2016）沪0115民初33080号
（2016）沪0107民初12989号
（2013）沪一中民五（知）初字第199号
（2013）沪一中民五（知）初字第116号
（2014）沪二中民五（知）初字第214号
（2015）杨民三（知）初字第188号
（2016）沪0112民初3189号
（2016）沪0112民初11406号
（2016）沪0112民初11404号
（2016）沪0112民初11405号
（2016）沪0115民初27889号
（2016）沪0115民初27892号
（2016）沪0115民初31028号

（2016）沪 0115 民初 29900 号
（2015）徐民三（知）初字第 725 号
（2016）沪 0104 民初 13589 号
（2014）闵民三（知）初字第 1630 号
（2016）沪 0115 民初 2438 号
（2016）沪 0110 民初 6753 号
（2015）杨民三（知）初字第 694 号
（2016）沪 0101 民初 13047 号
（2016）沪 0104 民初 12427 号
（2016）沪 0110 民初 8388 号
（2015）闵民三（知）初字第 988 号
（2015）普民三（知）初字第 766 号
（2016）沪 0115 民初 27928 号
（2015）徐民三（知）初字第 719 号
（2015）徐民三（知）初字第 728 号
（2015）浦民三（知）初字第 1102 号
（2015）徐民三（知）初字第 721 号
（2015）徐民三（知）初字第 720 号
（2015）徐民三（知）初字第 1018 号
（2015）徐民三（知）初字第 726 号
（2015）徐民三（知）初字第 722 号
（2015）徐民三（知）初字第 788 号
（2015）徐民三（知）初字第 723 号
（2015）杨民三（知）初字第 7 号
（2014）闵民三（知）初字第 1545 号
（2014）浦民三（知）初字第 670 号
（2014）普民三（知）初字第 23 号
（2014）浦民三（知）初字第 1066 号
（2014）普民三（知）初字第 21 号
（2014）徐民三（知）初字第 665 号
（2015）浦民三（知）初字第 237 号
（2014）徐民三（知）初字第 15 号
（2014）普民三（知）初字第 40 号
（2014）普民三（知）初字第 202 号
（2015）杨民三（知）初字第 141 号
（2014）杨民三（知）初字第 425 号
（2015）浦民三（知）初字第 159 号

（2014）闵民三（知）初字第871号
（2015）徐民三（知）初字第792号
（2014）浦民三（知）初字第771号
（2014）闵民三（知）初字第1619号
（2014）闵民三（知）初字第701号
（2014）浦民三（知）初字第1033号
（2014）浦民三（知）初字第1126号
（2014）浦民三（知）初字第557号
（2015）浦民三（知）初字第194号
（2015）普民三（知）初字第41号
（2014）浦民三（知）初字第772号
（2015）闵民三（知）初字第126号
（2015）徐民三（知）初字第588号
（2015）浦民三（知）初字第1372号
（2015）闵民三（知）初字第166号
（2015）浦民三（知）初字第686号
（2014）浦民三（知）初字第1034号
（2014）浦民三（知）初字第763号
（2015）杨民三（知）初字第33号
（2014）闵民三（知）初字第1162号
（2014）浦民三（知）初字第671号
（2015）浦民三（知）初字第776号
（2014）浦民三（知）初字第669号
（2014）浦民三（知）初字第737号
（2015）闵民三（知）初字第311号
（2014）浦民三（知）初字第754号
（2013）闵民三（知）初字第585号
（2015）浦民三（知）初字第141号
（2014）闵民三（知）初字第1086号
（2015）浦民三（知）初字第543号
（2015）浦民三（知）初字第170号
（2015）徐民三（知）初字第92号
（2014）杨民三（知）初字第307号
（2015）闵民三（知）初字第164号
（2015）浦民三（知）初字第164号
（2014）浦民三（知）初字第1129号
（2015）杨民三（知）初字第322号

（2014）闵民三（知）初字第 1104 号
（2014）浦民三（知）初字第 1082 号
（2015）浦民三（知）初字第 163 号
（2015）杨民三（知）初字第 189 号
（2015）浦民三（知）初字第 372 号
（2014）闵民三（知）初字第 1276 号
（2014）浦民三（知）初字第 608 号
（2015）普民三（知）初字第 8 号
（2015）徐民三（知）初字第 1138 号
（2015）徐民三（知）初字第 824 号
（2015）徐民三（知）初字第 11 号
（2014）杨民三（知）初字第 393 号
（2014）浦民三（知）初字第 716 号
（2015）浦民三（知）初字第 195 号
（2014）闵民三（知）初字第 969 号
（2014）徐民三（知）初字第 516 号
（2015）杨民三（知）初字第 174 号
（2014）徐民三（知）初字第 1381 号
（2014）浦民三（知）初字第 561 号
（2014）浦民三（知）初字第 1067 号
（2015）闵民三（知）初字第 152 号
（2014）浦民三（知）初字第 164 号
（2015）杨民三（知）初字第 47 号
（2015）徐民三（知）初字第 17 号
（2014）浦民三（知）初字第 797 号
（2015）黄浦民三（知）初字第 57 号
2014）杨民三（知）初字第 381 号
（2014）浦民三（知）初字第 560 号
（2014）闵民三（知）初字第 140 号
（2014）闵民三（知）初字第 106 号
（2014）浦民三（知）初字第 773 号
（2014）杨民三（知）初字第 169 号
（2014）闵民三（知）初字第 901 号
（2014）闵民三（知）初字第 878 号
（2014）闵民三（知）初字第 1094 号
（2014）杨民三（知）初字第 397 号
（2014）普民三（知）初字第 2 号

（2014）普民三（知）初字第 28 号
（2014）普民三（知）初字第 15 号
（2014）杨民三（知）初字第 426 号
（2014）杨民三（知）初字第 83 号
（2014）徐民三（知）初字第 252 号
（2014）杨民三（知）初字第 330 号
（2014）闵民三（知）初字第 923 号
（2014）闵民三（知）初字第 494 号
（2014）闵民三（知）初字第 21 号
（2014）闵民三（知）初字第 17 号
（2014）闵民三（知）初字第 1018 号
（2014）杨民三（知）初字第 372 号
（2013）闵民三（知）初字第 643 号
（2013）闵民三（知）初字第 642 号
（2014）杨民三（知）初字第 422 号
（2014）杨民三（知）初字第 296 号
（2014）杨民三（知）初字第 165 号
（2014）徐民三（知）初字第 549 号
（2013）徐民三（知）初字第 1017 号
（2014）闵民三（知）初字第 879 号
（2014）黄浦民三（知）初字第 325 号
（2015）杨民三（知）初字第 9 号
（2013）浦民三（知）初字第 1055 号
（2014）浦民三（知）初字第 459 号
（2014）浦民三（知）初字第 92 号
（2013）浦民三（知）初字第 545 号
（2014）闵民三（知）初字第 57 号
（2014）闵民三（知）初字第 168 号
（2013）徐民三（知）初字第 1056 号
（2014）闵民三（知）初字第 652 号
（2013）浦民三（知）初字第 647 号
（2013）徐民三（知）初字第 227 号
（2014）普民三（知）初字第 87 号
（2013）普民三（知）初字第 100 号
（2014）杨民三（知）初字第 193 号
（2013）沪二中民五（知）初字第 236 号
（2014）沪一中民五（知）初字第 33 号

（2013）沪一中民五（知）初字第 125 号
（2014）浦民三（知）初字第 711 号
（2013）浦民三（知）初字第 930 号
（2014）杨民三（知）初字第 60 号
（2014）杨民三（知）初字第 177 号
（2013）杨民三（知）初字第 537 号
（2013）杨民三（知）初字第 341 号
（2013）普民三（知）初字第 234 号
（2014）浦民三（知）初字第 196 号
（2013）浦民三（知）初字第 483 号
（2013）徐民三（知）初字第 579 号
（2014）闵民三（知）初字第 543 号
（2014）杨民三（知）初字第 10 号
（2014）闵民三（知）初字第 562 号
（2013）浦民三（知）初字第 748 号
（2014）杨民三（知）初字第 250 号
（2014）浦民三（知）初字第 68 号
（2014）浦民三（知）初字第 795 号
（2013）杨民三（知）初字第 565
（2014）徐民三（知）初字第 385 号
（2014）徐民三（知）初字第 211 号
（2013）徐民三（知）初字第 276 号
（2013）闵民三（知）初字第 218 号
（2013）浦民三（知）初字第 775 号
（2013）浦民三（知）初字第 1019 号
（2013）浦民三（知）初字第 1058 号
（2013）浦民三（知）初字第 394 号
（2014）浦民三（知）初字第 373 号
（2013）普民三（知）初字第 73 号
（2014）浦民三（知）初字第 62 号
（2014）杨民三（知）初字第 103 号
（2013）普民三（知）初字第 329 号
（2014）闵民三（知）初字第 36 号
（2013）徐民三（知）初字第 215 号
（2013）杨民三（知）初字第 561 号
（2013）普民三（知）初字第 511 号
（2013）徐民三（知）初字第 1142 号

（2013）沪二中民五（知）初字第 69 号
（2013）沪一中民五（知）初字第 215 号

二审：

（2016）沪 73 民终 205 号
（2016）沪 73 民终 286 号
（2015）沪知民终字第 637 号
（2015）沪知民终字第 754 号
（2015）沪知民终字第 522 号
（2016）沪 73 民终 78 号
（2016）沪 73 民终 196 号
（2016）沪 73 民终 208 号
（2015）沪知民终字第 93 号
（2016）沪 73 民终 210 号
（2016）沪 73 民终 247 号
（2016）沪 73 民终 197 号
（2016）沪 73 民终 74 号
（2016）沪 73 民终 14 号
（2015）沪知民终字第 211 号
（2016）沪 73 民终 50 号
（2015）沪知民终字第 214 号
（2015）沪知民终字第 91 号
（2015）沪一中民五（知）终字第 28 号
（2015）沪知民终字第 160 号
（2015）沪一中民五（知）终字第 13 号
（2015）沪知民终字第 396 号
（2014）沪一中民五（知）终字第 150 号
（2014）沪一中民五（知）终字第 138 号
（2014）沪一中民五（知）终字第 80 号
（2014）沪一中民五（知）终字第 77 号
（2014）沪一中民五（知）终字第 1 号
（2014）沪一中民五（知）终字第 186 号
（2014）沪一中民五（知）终字第 92 号
（2014）沪一中民五（知）终字第 111 号
（2014）沪一中民五（知）终字第 110 号
（2014）沪一中民五（知）终字第 135 号
（2016）沪 73 民终 137 号
（2016）沪 73 民终 203 号

（2016）沪 73 民终 206 号
（2016）沪 73 民终 226 号
（2016）沪 73 民终 262 号
（2016）沪 73 民终 209 号
（2016）沪 73 民终 246 号
（2016）沪 73 民终 221 号
（2016）沪 73 民终 103 号
（2016）沪 73 民终 204 号
（2016）沪 73 民终 122 号
（2016）沪 73 民终 265 号
（2014）沪高民三（知）终字第 104 号
（2015）沪高民三（知）终字第 1 号
（2015）沪高民三（知）终字第 100 号
（2015）沪高民三（知）终字第 94 号
（2015）沪高民三（知）终字第 97 号
（2015）沪知民终字第 164 号
（2014）沪一中民五（知）终字第 78 号
（2015）沪一中民五（知）终字第 3 号
（2015）沪一中民五（知）终字第 33 号
（2015）沪知民终字第 172 号
（2013）沪二中民五（知）终字第 117 号
（2014）沪一中民五（知）终字第 130 号
（2014）沪一中民五（知）终字第 104 号
（2014）沪二中民五（知）终字第 52 号
（2014）沪二中民五（知）终字第 51 号
（2014）沪一中民五（知）终字第 82 号
（2014）沪一中民五（知）终字第 76 号
（2014）沪一中民五（知）终字第 89 号
（2014）沪二中民五（知）终字第 41 号
（2014）沪一中民五（知）终字第 60 号
（2014）沪二中民五（知）终字第 26 号
（2014）沪高民三（知）终字第 38 号
（2014）沪二中民五（知）终字第 6 号
（2014）沪一中民五（知）终字第 58 号
（2014）沪二中民五（知）终字第 28 号
（2013）沪高民三（知）终字第 111 号
（2014）沪一中民五（知）终字第 31 号

(2013) 沪一中民五（知）终字第247号
(2013) 沪一中民五（知）终字第207号
(2013) 沪高民三（知）终字第46号
(2014) 沪一中民五（知）终字第187号
(2014) 沪一中民五（知）终字第36号
(2014) 沪二中民五（知）终字第59号

侵害著作权案件判决书分析报告

一、审理法院分布

合计	浦东	闵行	徐汇	杨浦	黄浦	普陀	知产	一中	二中
300	101	82	47	23	22	12	11	1	1
占比	33.7%	27.3%	15.7%	7.7%	7.3%	4.0%	3.7	0.3%	0.3%

分析：

1. 根据2011年4月26日起施行的《上海市高级人民法院关于一审知识产权案件管辖的规定》，目前（2016年3月1日前）可以审理著作权案件的上海法院有：

	管辖法院	管辖区域
上海市第一中级人民法院	浦东新区人民法院	浦东新区
	徐汇区人民法院	徐汇区、松江区、金山区
	闵行区人民法院	闵行区、长宁区、奉贤区
上海市第二中级人民法院	黄浦区人民法院	黄浦区
	杨浦区人民法院	杨浦区、虹口区、闸北区、宝山区、崇明县
	普陀区人民法院	普陀区、静安区、嘉定区、青浦区

2. 管辖范围：诉讼标的在500万元以下以及诉讼标的在500万元以上1000万元以下且当事人住所地均在上海的著作权案件在前述基层法院管辖。

资料来源：上海法院网，http：//shfy. chinacourt. org/article/detail/2012/10/id/672123. shtml。

另外，值得注意的是，为了调整知识产权法院成立后的级别管辖以及静安闸北两区“撤二建一”后的地域管辖，经上海市高级人民法院审判委员会讨论通过，上海市高级人民法院制定并发布《上海市高级人民法院关于调整本市法院知识产权民事案件管辖的规定》，根据新规定自2016年3月1日起，可以审理著作权案件的上海法院有：

	管辖法院	管辖区域
知产法院	浦东新区人民法院	浦东新区
	黄浦区人民法院	黄浦区、长宁区
	杨浦区人民法院	杨浦区、虹口区、宝山区、崇明县
	徐汇区人民法院	徐汇区、松江区、金山区
	闵行区人民法院	闵行区、奉贤区
	普陀区人民法院	普陀区、静安区、嘉定区、青浦区

管辖范围：

（1）基层法院管辖：除法律和司法解释规定应由知识产权法院管辖的其他所有第一审知识产权民事案件。

（2）知识产权法院管辖：

A. 诉讼标的额在 1 亿元以下且当事人一方住所地不在本市或者涉外、涉港澳台的，以及诉讼标的额在 2 亿元以下且当事人住所地均在本市的第一审民事案件；

B. 对基层人民法院作出的第一审知识产权民事判决、裁定提起上诉的案件；

C. 对基层人民法院已经发生法律效力的知识产权民事判决、裁定、调解书申请再审的案件。

（3）高级法院管辖：

A. 诉讼标的额在 2 亿元以上的，以及诉讼标的额在 1 亿元以上且当事人一方住所地不在本市或者涉外、涉港澳台的第一审民事案件；

B. 对知识产权法院作出的第一审民事判决、裁定提起上诉的案件；

C. 对知识产权法院已经发生法律效力的民事判决、裁定、调解书申请再审的案件。

资料来源：上海法院网，http：//shfy. chinacourt. org/article/detail/2016/02/id/1809069. shtml。

二、受理案件类型（案由）

	信息网络传播权	复制权	计算机软件	录音录像制作者权	发行权	放映权	署名权	表演权	其他
合计 347	141	30	27	33	44	24	10	5	33
占比（按基数 300 计算）	47.0%	10.0%	9.0%	11.0%	14.7%	8.0%	3.3%	1.7%	11.0%

分析：

1. 根据《2016 年上海法院知识产权司法保护状况》显示，2016 年，全上海市法院受理一审知识产权民事案件 9787 件、审结 9862 件，同比分别增加 20.96%、33.78%；其中受理一审著作权纠纷 7388 件，同比上升 22.06%。而在著作权案件中，侵害作品信息网络传播权纠纷所占比例最多，高达 5168 件，占比 69.95%，同比上升 25.62%。

研究采集的300件案例，涉及信息网络传播权的案例多达180件，占比高达60%。著作权纠纷的大幅上升说明上海文化创意产业尤其是网络信息产业繁荣发展的同时，还存在版权保护与管理的风险和漏洞。在网络信息产业繁荣发展的同时，对著作权的创造者、传播者和使用者而言，建议重视信息网络的作用，在利用网络传播著作权时应善意谨慎，诚信经营，避免侵权。

2. 侵害计算机软件著作权案件所占比重也较大，计算机软件，特别是手机APP软件的知识产权保护，已逐渐受到广泛重视。

研究选取的判决书中，未涉及下列案例：广播权、出租权、摄制权等著作财产权以及表演者权、广播组织权等邻接权均没有案件涉及。

三、原告所属地域统计

地域	北京	上海	广东	江浙	涉外（含港澳台）	其他
数量	111	70	52	30	23	15
占比（按基数300计算%）	37.0%	23.3%	17.3%	10.0%	7.7%	5.0%

分析：

注：因上海法院网发布的部分案例未明确写明原告名称或所属地域，而仅以“原告某某公司，原告某某”标明，故部分案例的原告所属地域无法统计，研究所得的数据和比例可能与实际情况有微弱差异。

研究选取的判决书中列明所属地域的，所属北京的原告为111件案例，表明北京地区的文化创意产业相对发达，著作权人最多；其次所属上海70件；广东地区为52件；江浙地区为30件；涉外原告（含港澳台）有23件；其他地区有15件。

四、原被告双方聘请律师的情况

	原告聘请律师案件数量	被告聘请律师案件数量
数量	276	149
占比	92.0%	49.7%

分析：

研究样本中，原告聘请律师的案件有276件，被告聘请律师的案件有149件，双方聘请律师案件数量均有增长。被告聘请律师比例较低的部分原因，结合实践判断是其基于对侵害著作权案例法院判赔额度的估量，从节省诉讼成本的角度考虑，并没有聘请律师而是指派公司员工出庭应诉。

但加权平均分析，著作权案件聘请律师的比重较大，说明著作权侵权案例具有细分领域和难度分级的特别，需要专业法律服务的支持。

五、诉争标的物种类

标的物种类	电影作品和以类似摄制电影的方法创作的作品	歌曲	摄影图片	美术作品	计算机软件	文学作品	图形作品	录像制品	汇编作品（网页）	其他（有声小说）
数量	76	59	51	46	31	21	6	1	2	7
占比	25.3%	19.7%	17.0%	15.3%	10.3%	7.0%	2.0%	0.3%	0.7%	2.3%

电影作品和以类似摄制电影的方法创作的作品（包括电影、电视剧、动画片、综艺节目、纪录片、动漫等）共计76件，歌曲（包括音像制品、KTV侵权）共计59件，摄影图片共计51件，美术作品（包括雕塑、卡通动画形象）共计46件，计算机软件（包括游戏软件、研发过程管理软件）共计31件，文学作品（包括图书、说明书、文章等）共计21件，图形作品（包括产品设计图、地图、示意图等）共计6件，录像制品共计1件，汇编作品（网页）共计2件，其他（有声小说）共计7件。

六、原告胜诉比例统计及原告败诉原因分析

	原告胜诉	原告败诉
数量	273	27
占案件总数比	91%	9%

（一）原告胜诉比例统计：

300件案例中，原告胜诉的有273件，占比91%。

法院判决驳回原告诉讼请求的有27件，占比9%。

（二）原告败诉主要原因分析：

1. 在侵害作品信息网络传播权案件中，原告败诉的主要原因是被告符合《信息网络传播权保护条例》规定的免责条件，即被告受到了所谓“避风港”原则的保护。

权利人、网络服务提供者和社会公众要关注新技术的发展，而司法系统应当判断新的信息传播模式和商业模式是“真正的善意”还是“真正的恶意”。对善意的传播模式和商业模式要予以维护和扶持，实现各方共赢；对恶意的要彻底否定并取缔，并严加惩罚。

2. 还有一部分案例是由于原告所提供的证据不足以证明其为涉案作品的权利人，或者其主张也没有相关的事实和法律依据来支撑，比如（2014）闵民三（知）初字第643号“苏州汉诺威信息科技有限公司诉上海万科房地产有限公司侵害作品发表权、保护作品完整权、作品复制权、作品信息网络传播权纠纷”一案中，由于原告主张的作品因缺乏独创性而不能定义为著作权法意义上的作品因此原告被驳回诉讼请求而败诉。

七、原告要求停止侵权的诉讼请求以及法院支持的情况

无图例。这一部分事实比较容易判决，因此不再做详细的数据统计。

著作权案件一般会先取证后诉讼，而庭审时大部分的被告都会停止侵权，法官一般也会请原告确认是否撤回停止侵权的诉讼请求。如原告确认被告确实已经停止侵权，即撤回此项请求；而被告不停止侵权，法院通常会判决被告停止侵权。

八、原告要求赔礼道歉和消除影响的诉讼请求所占比例，及，法院判决支持该项请求的比例统计及相关分析

	法院判决支持	未支持或未涉及
消除影响	7	293
赔礼道歉	11	289

	原告要求	原告未要求
消除影响	25	275
赔礼道歉	50	250

要求赔礼道歉和消除影响的	59
支持赔礼道歉和消除影响的	14
占比	23.7%

分析：

1. 原告要求赔礼道歉的案件有 50 件，要求消除影响的案件有 25 件，合计 59 件（其中，既要求赔礼道歉又要求消除影响的案件有 16 件）。法院判决支持赔礼道歉诉讼请求的有 11 件，判决支持消除影响诉讼请求的有 7 件，合计 14 件（其中，既支持赔礼道歉又支持消除影响的案件有 4 件）。综合计算，判决赔礼道歉和消除影响的比例为 23.7%。

2. 法院在审理著作权案件的过程中，如果判断被告侵犯了原告的著作人身权（发表权、署名权、修改权和保护作品完整权），可能会支持原告赔礼道歉或消除影响的诉讼请求；对只侵犯著作财产权的，法院一般不支持原告该项请求。

法院判决书就此的标准论述是："因被告没有侵害原告的著作人身权且没有损害原告商誉，因此关于原告要求被告赔礼道歉和消除影响的诉讼请求，本院不予支持。"

司法实务中确实有对只侵害著作财产权却判决被告赔礼道歉或消除影响的判例，但关于只侵害著作财产权是否可以判决被告赔礼道歉或消除影响的问题，在法学界仍存争议。

争议的主要原因是民法通则和著作权法对这方面的规定较为模糊，所以在可判可不判的情况下，法院一般不判。不判赔礼道歉或消除影响，一方面是因为法院认为判决赔

礼道歉或消除影响会对被告的商誉造成影响，在原告没有证据证明自己的人身、精神或商誉因为被告的侵权造成损害的情况下（一般很难举证），判决被告赔礼道歉或消除影响有失“公平”。

另一方面，从实际执行角度考虑，判决被告赔礼道歉或消除影响，而被告拒不履行，法院执行困难，影响结案效率；如被告下落不明缺席判决，执行难度加倍，赔礼道歉需要支付的媒体刊载费也无人承担。

九、原告索赔金额和法院判决被告赔偿金额统计分析

按2014~2016年300个案件统计

原告索赔总额	72026179.38
法院判赔总额	8605776.3
判赔比	11.9%

按2014年100个案件统计

原告索赔总额	22822548.44
法院判赔总额	4263204.3
判赔比	18.7%

按2015年100个案件统计

原告索赔总额	24942673
法院判赔总额	2401697
判赔比	9.6%

按2016年100个案件统计

原告索赔总额	24260957.94
法院判赔总额	1940875
判赔比	8.0%

分析：

1. 以2014~2016年三年300件案例统计，那么原告要求被告赔偿的总金额为72026179.38元，300件案例法院判赔的总金额为8605776.3元，平均每件案例索赔240087.26元，平均每件案例判赔28685.92元。判赔比为11.9%。

2. 以2014年、2015年、2016年三年逐年统计分析，则判赔比依次为18.7%、9.6%、8.0%。

3. 著作权侵权案件中，如原告的损失或被告的获益均无法查明，法官会在 50 万元以下的自由裁量范围内作出判决。上述统计数据表明，原告胜诉率虽然很高，但著作权单个案件判赔平均仅有 28685.92 元，这说明法院的判赔额仍然较低。

这一统计结论和社会大众的普遍反映一致。根据最高人民法院对地方法院著作权审判的方向指引，如 2011 年 12 月 16 日最高人民法院印发《关于充分发挥知识产权审判职能作用推动社会主义文化大发展大繁荣和促进经济自主协调发展若干问题的意见》的通知指出："要强化利益平衡观念，把利益平衡作为知识产权司法保护的重要基点，统筹兼顾智力创造者、商业利用者和社会公众的利益，协调好激励创造、促进产业发展和保障基本文化权益之间的关系，使利益各方共同受益、均衡发展。"

各级法院在知识产权案件审判中，定性上倾向于保护权利人，而判赔上则适当减轻侵权者的压力，以达到"均衡发展"，同时照顾到了社会公众。但判赔力度较小，造成侵权成本太低，造成著作权侵权案件数量呈现井喷态势。低判赔导致著作权的创作和传播举步维艰。

加大判赔比，充分发挥法律的规制效应，引导著作权创作方和传播方在良性秩序下保护和运用著作权，是各界衷愿。

附判决书案号：

（2016）沪 0115 民初 54472 号
（2016）沪 0104 民初 28870 号
（2016）沪 0104 民初 20064 号
（2016）沪 0104 民初 20065 号
（2015）闵民三（知）初字第 1433 号
（2016）沪 0104 民初 20062 号
（2015）浦民三（知）初字第 778 号
（2016）沪 0112 民初 14612 号
（2016）沪 0107 民初 12346 号
（2015）浦民三（知）初字第 793 号
（2015）浦民三（知）初字第 1679 号
（2016）沪 0101 民初 13714 号
（2016）沪 0115 民初 54059 号
（2016）沪 0115 民初 54060 号
（2016）沪 0112 民初 5974 号
（2016）沪 0112 民初 5973 号
（2015）杨民三（知）初字第 199 号
（2016）沪 0112 民初 5972 号
（2016）沪 0104 民初 13709 号

（2016）沪 0115 民初 48498 号
（2016）沪 0112 民初 1903 号
（2016）沪 0112 民初 1848 号
（2016）沪 0112 民初 1844 号
（2016）沪 0112 民初 1843 号
（2016）沪 0112 民初 1905 号
（2016）沪 0112 民初 1844 号
（2016）沪 0112 民初 1843 号
（2016）沪 0112 民初 1845 号
（2016）沪 0112 民初 1847 号
（2016）沪 0112 民初 1904 号
（2016）沪 0112 民初 1838 号
（2016）沪 0112 民初 1905 号
（2016）沪 0110 民初 3119 号
（2016）沪 0110 民初 3118 号
（2015）浦民三（知）初字第 1945 号
（2015）沪知民初字第 819 号
（2015）沪知民初字第 813 号
（2015）沪知民初字第 821 号
（2015）闵民三（知）初字第 1242 号
（2015）闵民三（知）初字第 175 号
（2015）闵民三（知）初字第 861 号
（2016）沪 0104 民初 24200 号
（2016）沪 0104 民初 24199 号
（2015）沪知民初字第 522 号
（2016）沪 0107 民初 12347 号
（2016）沪 0107 民初 2685 号
（2016）沪 0107 民初 13242 号
（2016）沪 0115 民初 52168 号
（2016）沪 0115 民初 52618 号
（2016）沪 0115 民初 52170 号
（2016）沪 0115 民初 52169 号
（2016）沪 0115 民初 52171 号
（2016）沪 0104 民初 20041 号
（2016）沪 0112 民初 1921 号
（2016）沪 0110 民初 5825 号
（2015）浦民三（知）初字第 2153 号

（2016）沪 0110 民初 7924 号
（2016）沪 0112 民初 1923 号
（2016）沪 0112 民初 1924 号
（2016）沪 0112 民初 1922 号
（2016）沪 0112 民初 1925 号
（2015）沪知民初字第 788 号
（2015）浦民三（知）初字第 2149 号
（2015）闵民三（知）初字第 975 号
（2015）闵民三（知）初字第 936 号
（2015）闵民三（知）初字第 1229 号
（2015）闵民三（知）初字第 1235 号
（2015）闵民三（知）初字第 1238 号
（2015）普民三（知）初字第 617 号
（2016）沪 0107 民初 3133 号
（2014）徐民三（知）初字第 636 号
（2014）徐民三（知）初字第 628 号
（2014）徐民三（知）初字第 715 号
（2014）徐民三（知）初字第 380 号
（2014）徐民三（知）初字第 832 号
（2014）徐民三（知）初字第 754 号
（2013）徐民三（知）初字第 1048 号
（2014）徐民三（知）初字第 858 号
（2014）徐民三（知）初字第 851 号
（2014）徐民三（知）初字第 838 号
（2014）徐民三（知）初字第 681 号
（2014）徐民三（知）初字第 682 号
（2014）徐民三（知）初字第 1334 号
（2015）徐民三（知）初字 1346 号
（2015）黄浦民三（知）初字第 161 号
（2016）沪 0101 民初 13704 号
（2016）沪 0110 民初 4921 号
（2015）沪知民初字第 820 号
（2015）沪知民初字第 811 号
（2015）沪知民初字第 822 号
（2015）普民三（知）初字第 736 号
（2015）沪知民初字第 810 号
（2015）沪知民初字第 816 号

（2015）沪知民初字第 818 号
（2015）浦民三（知）初字第 1912 号
（2015）浦民三（知）初字第 1913 号
（2015）浦民三（知）初字第 1924 号
（2015）浦民三（知）初字第 870 号
（2015）浦民三（知）初字第 1921 号
（2015）黄浦民三（知）初字第 64 号
（2015）浦民三（知）初字第 840 号
（2015）浦民三（知）初字第 640 号
（2015）浦民三（知）初字第 1905 号
（2015）浦民三（知）初字第 1909 号
（2015）浦民三（知）初字第 1907 号
（2015）浦民三（知）初字第 1910 号
（2015）浦民三（知）初字第 1904 号
（2015）浦民三（知）初字第 880 号
（2015）浦民三（知）初字第 1902 号
（2015）浦民三（知）初字第 1899 号
（2015）浦民三（知）初字第 1903 号
（2015）浦民三（知）初字第 1901 号
（2015）浦民三（知）初字第 1898 号
（2015）浦民三（知）初字第 1897 号
（2014）闵民三（知）初字第 1295 号
（2014）闵民三（知）初字第 372 号
（2014）闵民三（知）初字第 1476 号
（2014）闵民三（知）初字第 1482 号
（2014）闵民三（知）初字第 1299 号
（2014）闵民三（知）初字第 1541 号
（2015）闵民三（知）初字第 143 号
（2015）闵民三（知）初字第 76 号
（2015）闵民三（知）初字第 132 号
（2014）闵民三（知）初字第 1466 号
（2015）闵民三（知）初字第 159 号
（2015）闵民三（知）初字第 122 号
（2015）闵民三（知）初字第 268 号
（2015）闵民三（知）初字第 674 号
（2015）徐民三（知）初字 1347 号
（2015）徐民三（知）初字第 485 号

（2015）徐民三（知）初字第 489 号
（2015）徐民三（知）初字第 26 号
（2015）徐民三（知）初字第 985 号
（2015）徐民三（知）初字第 1306 号
（2014）浦民三（知）初字第 1086 号
（2014）浦民三（知）初字第 1065 号
（2014）浦民三（知）初字第 465 号
（2014）浦民三（知）初字第 1108 号
（2014）浦民三（知）初字第 1039 号
（2014）浦民三（知）初字第 635 号
（2014）浦民三（知）初字第 1002 号
（2014）浦民三（知）初字第 108 号
（2015）浦民三（知）初字第 19 号
（2014）浦民三（知）初字第 1156 号
（2015）浦民三（知）初字第 60 号
（2014）浦民三（知）初字第 638 号
（2015）浦民三（知）初字第 526 号
（2015）浦民三（知）初字第 53 号
（2015）浦民三（知）初字第 693 号
（2015）浦民三（知）初字第 151 号
（2015）浦民三（知）初字第 138 号
（2015）浦民三（知）初字第 383 号
（2015）浦民三（知）初字第 773 号
（2015）浦民三（知）初字第 1097 号
（2015）浦民三（知）初字第 1098 号
（2015）浦民三（知）初字第 904 号
（2015）浦民三（知）初字第 537 号
（2015）浦民三（知）初字第 513 号
（2015）浦民三（知）初字第 954 号
（2015）闵民三（知）初字第 1024 号
（2014）闵民三（知）初字第 154 号
（2014）闵民三（知）初字第 256 号
（2014）闵民三（知）初字第 1154 号
（2014）闵民三（知）初字第 1508 号
（2014）浦民三（知）初字第 1023 号
（2014）浦民三（知）初字第 67 号
（2014）徐民三（知）初字第 563 号

（2014）闵民三（知）初字第 880 号
（2014）浦民三（知）初字第 563 号
（2014）浦民三（知）初字第 562 号
（2014）闵民三（知）初字第 677 号
（2014）闵民三（知）初字第 18 号
（2015）闵民三（知）初字第 365 号
（2015）闵民三（知）初字第 868 号
（2015）闵民三（知）初字第 1145 号
（2015）闵民三（知）初字第 1136 号
（2015）闵民三（知）初字第 1150 号
（2015）闵民三（知）初字第 679 号
（2015）闵民三（知）初字第 373 号
（2015）闵民三（知）初字第 843 号
（2015）闵民三（知）初字第 842 号
（2015）闵民三（知）初字第 1464 号
（2015）杨民三（知）初字第 55 号
（2015）杨民三（知）初字第 11 号
（2015）杨民三（知）初字第 485 号
（2014）杨民三（知）初字第 53 号
（2014）杨民三（知）初字第 502 号
（2014）杨民三（知）初字第 487 号
（2015）杨民三（知）初字第 337 号
（2015）杨民三（知）初字第 168 号
（2015）杨民三（知）初字第 369 号
（2014）黄浦民三（知）初字第 213 号
（2014）黄浦民三（知）初字第 79 号
（2014）黄浦民三（知）初字第 117 号
（2014）黄浦民三（知）初字第 122 号
（2014）黄浦民三（知）初字第 123 号
（2014）黄浦民三（知）初字第 222 号
（2014）黄浦民三（知）初字第 242 号
（2014）黄浦民三（知）初字第 218 号
（2015）黄浦民三（知）初字第 4 号
（2014）黄浦民三（知）初字第 317 号
（2015）黄浦民三（知）初字第 6 号
（2014）黄浦民三（知）初字第 187 号
（2015）黄浦民三（知）初字第 81 号

（2015）普民三（知）初字第15号
（2015）普民三（知）初字第20号
（2015）普民三（知）初字第18号
（2015）普民三（知）初字第24号
（2014）黄浦民三（知）初字第86号
（2014）闵民三（知）初字第76号
（2014）闵民三（知）初字第643号
（2014）闵民三（知）初字第414号
（2014）闵民三（知）初字第1006号
（2014）闵民三（知）初字第1005号
（2014）闵民三（知）初字第1004号
（2014）闵民三（知）初字第1003号
（2014）闵民三（知）初字第675号
（2014）闵民三（知）初字第204号
（2014）浦民三（知）初字第668号
（2014）浦民三（知）初字第385号
（2014）闵民三（知）初字第422号
（2014）浦民三（知）初字第878号
（2014）沪二中民五（知）初字第83号
（2014）浦民三（知）初字第813号
（2014）浦民三（知）初字第380号
（2014）浦民三（知）初字第378号
（2014）徐民三（知）初字第592号
（2013）浦民三（知）初字第537号
（2014）徐民三（知）初字第403号
（2013）徐民三（知）初字第1141号
（2014）闵民三（知）初字第757号
（2014）闵民三（知）初字第676号
（2014）闵民三（知）初字第674号
（2014）闵民三（知）初字第19号
（2014）闵民三（知）初字第1313号
（2014）浦民三（知）初字第769号
（2014）黄浦民三（知）初字第161号
（2014）黄浦民三（知）初字第220号
（2014）黄浦民三（知）初字第219号
（2014）徐民三（知）初字第389号
（2014）徐民三（知）初字第359号

(2014）闵民三（知）初字第 693 号
(2014）徐民三（知）初字第 404 号
(2014）徐民三（知）初字第 257 号
(2013）徐民三（知）初字第 1076 号
(2013）徐民三（知）初字第 1067 号
(2014）浦民三（知）初字第 1087 号
(2014）浦民三（知）初字第 616 号
(2014）浦民三（知）初字第 615 号
(2014）浦民三（知）初字第 614 号
(2014）浦民三（知）初字第 613 号
(2014）浦民三（知）初字第 991 号
(2014）浦民三（知）初字第 1009 号
(2014）浦民三（知）初字第 857 号
(2014）浦民三（知）初字第 856 号
(2014）浦民三（知）初字第 855 号
(2014）浦民三（知）初字第 854 号
(2014）浦民三（知）初字第 850 号
(2014）徐民三（知）初字第 391 号
(2014）杨民三（知）初字第 22 号
(2014）杨民三（知）初字第 21 号
(2014）徐民三（知）初字第 379 号
(2014）浦民三（知）初字第 66 号
(2014）浦民三（知）初字第 223 号
(2014）浦民三（知）初字第 997 号
(2014）浦民三（知）初字第 995 号
(2014）浦民三（知）初字第 994 号
(2014）浦民三（知）初字第 993 号
(2014）浦民三（知）初字第 549 号
(2014）沪一中民五（知）初字第 23 号
(2014）浦民三（知）初字第 745 号
(2014）浦民三（知）初字第 361 号
(2014）浦民三（知）初字第 361 号
(2014）闵民三（知）初字第 143 号
(2014）杨民三（知）初字第 118 号
(2014）浦民三（知）初字第 472 号
(2014）闵民三（知）初字第 784 号
(2014）闵民三（知）初字第 391 号

（2014）闵民三（知）初字第 145 号
（2014）浦民三（知）初字第 537 号
（2014）黄浦民三（知）初字第 61 号
（2013）杨民三（知）初字第 554 号
（2014）杨民三（知）初字第 295 号
（2014）杨民三（知）初字第 293 号
（2014）浦民三（知）初字第 665 号
（2014）杨民三（知）初字第 201 号
（2014）浦民三（知）初字第 419 号
（2014）浦民三（知）初字第 374 号
（2014）浦民三（知）初字第 74 号
（2013）杨民三（知）初字第 136 号
（2013）普民三（知）初字第 458 号
（2013）徐民三（知）初字第 876 号
（2013）徐民三（知）初字第 874 号
（2013）徐民三（知）初字第 861 号
（2013）徐民三（知）初字第 831 号
（2013）徐民三（知）初字第 830 号
（2013）徐民三（知）初字第 829 号
（2013）徐民三（知）初字第 1139 号
（2013）浦民三（知）初字第 1017 号
（2014）浦民三（知）初字第 598 号

侵害专利权案件判决书分析报告

一、一审判决书中的基本信息分析

研究共选取214份判决书，其中146份一审判决书，68份二审判决书。

（一）审理法院分布

一中	二中	知产
43	15	88
29.5%	10.3%	60.3%

分析：

1. 根据2011年4月26日起施行的《上海市高级人民法院关于一审知识产权案件管辖的规定》，目前（2016年3月1日前）由第一、第二中级人民法院审理专利纠纷案件。

2. 为了调整知识产权法院成立后的级别管辖以及静安闸北两区“撤二建一”后的地域管辖，经上海市高级人民法院审判委员会讨论通过，上海市高级人民法院制定并发布《上海市高级人民法院关于调整本市法院知识产权民事案件管辖的规定》，根据新规定自2016年3月1日起，由上海知识产权法院审理专利纠纷案件。

（二）侵害发明、实用新型、外观设计专利权纠纷案件的比例

一审判决书中，侵害发明专利权纠纷的案件有39件，侵害实用新型专利权纠纷的案件有36件，侵害外观设计专利权纠纷的案件有71件。

发明	实用新型	外观设计	合计
39	36	71	146
26.7%	24.7%	48.6%	100%

法院受理侵害专利权纠纷的主要案由为侵害外观设计专利权纠纷，占比48.6%。

（三）原告涉外的比例

研究选取的146份一审判决书中，原告涉外的案件共有23件，占比为15.8%。

	原告涉外	原告非涉外
数量	23	123
占比	15.8%	84.2%

研究分析原告涉外比例较小，我国的企业、个人提起侵害专利权诉讼比例较大。

（四）原告聘请律师、专利代理人的比例

研究选取的146份一审判决书中，原告聘请律师参与诉讼的案件共有132件，聘请专利代理人参与诉讼的案件共有5件，占比分别为90.4%和3.4%。（注：研究选取的判决书，可能涉及律师和专利代理人重合的问题，这种情况下数据会被统计两次）。

	聘请律师	聘请专利代理人	未聘请
数量	132	5	14
占比	90.4%	3.4%	9.6%

侵害专利权诉讼涉及的法律、技术问题多种多样，聘请律师、专利代理人参与诉讼是大多数当事人的选择。

二、一审判决书中原告的诉讼请求是否获得法院支持的分析

（一）停止侵权

我国《专利法》第十一条规定："发明和实用新型专利权被授予后，除本法另有规定的以外，任何单位或者个人未经专利权人许可，都不得实施其专利，即不得为生产经营目的制造、使用、许诺销售、销售、进口其专利产品，或者使用其专利方法以及使用、许诺销售、销售、进口依照该专利方法直接获得的产品。外观设计专利权被授予后，任何单位或者个人未经专利权人许可，都不得实施其专利，即不得为生产经营目的制造、许诺销售、销售、进口其外观设计专利产品。"

针对发明和实用新型专利权的侵权行为主要为：制造、使用、许诺销售、销售、进口等行为；

针对外观设计专利权的侵权行为主要为：制造、许诺销售、销售、进口等行为。

研究选取的146份一审判决书中，原告要求停止侵权的案件共142件，法院判决侵权人停止侵权行为的有94件，占比为66.2%。

1. 各专利案件。

	发明	实用新型	外观设计
一审判决侵权人停止侵权的数量	25	21	48
要求停止侵权的数量	37	36	69
占比	67.6%	58.3%	69.6%

在39件侵害发明专利案件中，原告要求停止侵权的案件共37件，一审判决停止侵权的为25件；36件侵害实用新型专利案件中，原告要求停止侵权的案件共36件，一审判决停止侵权的为21件；71件侵害外观设计专利案件中，原告要求停止侵权的案件共69件，一审判决停止侵权的为48件。

2. 涉外案件。

	涉外	非涉外
一审判决侵权人停止侵权的数量	14	80
要求停止侵权案件数量	22	120
案件总量	23	123
占比	63.6%	66.7%

在原告涉外的23件一审判决中，原告要求停止侵权的案件为22件，法院判决侵权人停止侵权的为14件。

3. 法院未支持侵权原因。

研究选取的146份一审判决中，法院驳回原告诉讼请求的共42件。

法院驳回原告诉讼请求的原因主要有以下三种。

（1）未落入专利权的保护范围。

（2015）沪知民初字第19号判决书：本院认为，与原先专利技术方案相比，该被控侵权产品缺少部分构成部件，各构成部件之间的位置关系也有所不同，导致两者的技术手段不同，不属于等同替换，因此，该被控侵权产品的技术特征未落入原先专利的保护范围。

（2）现有技术。

《专利法》第六十二条规定，在专利侵权纠纷中，被控侵权人有证据证明其实施的技术或者设计属于现有技术或者现有设计的，不构成侵犯专利权。

（2016）沪73民初18号判决书：综上，本院认为，鉴于被告的现有设计抗辩成立，其销售被控侵权产品的行为不构成侵害原告享有的外观设计专利权，进而无需承担专利侵权的民事责任。

（3）专利申请日前已经制造相同产品。

《专利法》第六十九条第（二）项规定，有下列情形之一的，不视为侵犯专利权：（二）在专利申请日前已经制造相同产品、使用相同方法或者已经作好制造、使用的必要准备，并且仅在原有范围内继续制造、使用的。

（2015）沪知民初字第504号判决书：综上，被告增豪公司在涉案专利申请日前已经制造相同产品，并且仅在原有范围内继续制造，享有先用权，其主张的先用权抗辩成立。先用权人在原有范围内继续制造相同产品不视为侵权，其制造相同产品的后续销售行为亦不构成侵权。

（4）证据不足。

（2015）沪知民初字第550号判决书：在案证据不足以认定本案被控侵权产品系被告伟殳厂于2014年11月14日深圳市中级人民法院作出民事调解书之后生产、销售的产品，原告指控被告欧尚公司、伟殳厂存在生产、销售、许诺销售侵权行为，缺乏事实和法律依据，本院不予支持，原告全部诉讼请求，应予驳回。

（二）赔偿数额（含合理费用）

研究选取的146份判决书中，法院判决侵权人承担赔偿损失的案件共有100件。

《专利法》第六十五条确定侵害专利权的赔偿数额有四种方式，分别是：

1. 按照权利人因被侵权所受到的实际损失确定：

在法院判决侵权人承担赔偿损失的100件一审判决书中，没有按照此方法确定赔偿数额的判决。

2. 按照侵权人侵犯专利权获得的利益确定：

在法院判决侵权人承担赔偿损失的100件一审判决书中，没有按照此方法确定赔偿数额的判决。

3. 参照该专利许可使用费的倍数（1至3倍）合理确定：

在法院判决侵权人承担赔偿损失的100件一审判决书中，仅有一件是参照此方法确定赔偿数额的判决，即（2014）沪二中民五（知）初字第162号判决书。

4. 法定赔偿（1万元以上100万元以下）：

适用法定赔偿来确定赔偿数额是法院采取的主要方式。在法院判决侵权人承担赔偿损失的100件一审判决中，有99件适用了法定赔偿的方式确定赔偿数额。

法院在确定赔偿数额时，主要参考原、被告提交的证据材料和原告专利的权利价值，如专利技术的创造性、专利技术研发成本及实施情况、专利使用许可的种类、时间、范围、市场上同类产品的平均利润、合理转让价格、合理许可费用以及被告侵权行为方式、侵权产品生产与销售规模、侵权持续时间、侵权损害后果、侵权获得善等因素，酌情确定赔偿数额。

法院也将根据原告提交的律师费、公证费、查档费、购买侵权产品费发票等支付凭证，并在参考司法行政部门规定的律师收费标准、实际判赔额与请求赔偿额、案件的复杂程度等因素后酌情确定合埋费用的数额。

（1）侵犯发明专利权案件的赔偿数额统计：

	1万元以下	1万元~10万元	10万元~20万元	20万元~30万元	30万元以上
案件数量	1	9	9	6	4
占比	3.4%	31.0%	31.0%	20.7%	13.8%

（2）侵犯实用新型专利案件的赔偿数额统计：

	1万元以下	1万元~10万元	10万元~20万元	20万元以上
案件数量	2	16	3	1
占比	9.1%	72.7%	13.6%	4.5%

（3）侵犯外观设计专利案件的赔偿数额统计：

	1 万元以下	1 万元～5 万元	5 万元～10 万元	10 万元以上
案件数量	4	22	15	8
占比	8.2%	44.9%	30.6%	16.3%

分析数据显示，有 34.4% 的侵害发明专利权纠纷案件、81.8% 的侵害实用新型专利权纠纷案件和 83.7% 的侵害外观设计专利纠纷案件的赔偿额在 10 万元以下。在侵害专利权纠纷案件中，分别只有 4 件侵害发明专利权纠纷案件的赔偿额超过 30 万元、1 件侵害实用新型专利权纠纷案件的赔偿额超过 20 万 8 件侵害外观设计专利权纠纷案件的赔偿额超过 10 万元。

我国第三次修改《专利法》的主要内容之一就是提高法定赔偿数额，其中最高数额由 50 万元增加到 100 万元。虽然修改后的《专利法》已于 2009 年 10 月 1 日起施行，但在上海市法院的上述判决书中似乎未体现出相应的变化，原告索赔超过 50 万元的 50 件案件中仅有 4 件赔偿额超过了 50 万元。

（三）判赔比

法院判决的赔偿数额与原告索赔数额的比值即判赔比。

	发明	实用新型	外观设计
法院判决的赔偿数额总数	5391680.0 元	2028103.0 元	2627403.0 元
原告索赔总数	44814305.8 元	12443946.0 元	38626476.0 元
判赔比	12.0%	16.3%	6.8%

法院判决的赔偿数额与原告索赔数额的比值即判赔比。

研究选取的侵害发明专利权案件，原告索赔总数为 44814305.8 元，法院判决的赔偿数额总数为 5391680.0 元，判赔比为 12.0%；

研究选取的侵害实用新型专利权案件，原告索赔总数为 12443946.0 元，法院判决的赔偿数额总数为 2028103.0 元，判赔比为 16.3%；

研究选取的侵害外观设计专利权案件，原告索赔总数为 38626476.0 元，法院判决的赔偿数额总数为 2627403.0 元，判赔比为 6.8%。

研究样本中，法院判决赔偿数额与权利人的期望存在较大差距。一方面是由于权利人动辄数十万、上百万元的索赔请求缺少证据支持，另一方面是因为法院酌定的赔偿数额普遍较低。

研究选取的案件分析表明，法院一般不予支持权利人的以下诉讼请求：

（1）销毁专用设备、模具；

（2）销毁库存侵权产品；

（3）销毁已售出的侵权产品；

（4）赔礼道歉；

（5）消除影响。

（四）专利无效抗辩

在侵害专利权诉讼中，请求宣告专利权无效是最常见的抗辩事由之一。

专利授权程序中，对于发明专利，有些不符合专利法相关规定的发明创造获得发明专利权，原因可能是审查人员工作经验的局限或技术文献检索的遗漏。

对于实用新型和外观设计专利，我国专利法规定对实用新型和外观设计专利申请实行初步审查制，因此，有大量不符合专利法相关规定的实用新型和外观设计申请也获得了专利权。

而在侵害专利权诉讼中，经国家专利行政部门授予的专利权，非经法定程序宣告无效的，均被推定为有效。因此，侵害专利权诉讼中的被告如果认为原告所持有的专利不符合专利法的授权条件，只能通过法定程序请求宣告专利权无效，从而达到不承担侵权责任的目的。

研究样本分析，39 份侵害发明专利权案件中，被告进行抗辩的案件数量为 10 件，占比 25. 6%；36 份侵害实用新型专利权案件中，被告进行抗辩的案件数量为 5 件，占比 13. 9%；71 份侵害外观设计专利权案件中，被告进行抗辩的案件数量为 12 件，占比 16. 9%。总体而言，被告提起专利无效抗辩的案件比例较低。

（五）技术鉴定

根据《民事诉讼法》第七十六条规定，当事人可以就查明事实的专门性问题向人民法院申请鉴定。当事人未申请鉴定，人民法院对专门性问题认为需要鉴定的，应当委托具备资格的鉴定人进行鉴定。

研究选取的 39 件发明纠纷案件及 36 件实用新型纠纷案件中，涉及技术鉴定的案件仅有两件，通过双方当事人进行质证程序，法院采纳了鉴定结论。

（2013）沪二中民五（知）初字第 53 号判决书：本案中，根据《司法鉴定意见书》的鉴定结论，涉案产品的对应技术特征与涉案专利权利要求 1 的技术特征一一对应相同。上述鉴定结论事实和法律依据充分，且各方当事人均无异议，本院予以采纳。故本院认为诉争产品的对应技术特征落入了涉案专利权利要求 1 的保护范围。

（六）二审判决书的判决结果分析

在 68 份二审判决书中，维持一审判决的高达 64 份，占比约为 94. 1%。

	维持一审	二审改判
案件数量	64	4
占比	94. 1%	5. 9%

《民事诉讼法》第一百七十条规定，第二审人民法院改判的情形为，

1. 原判决认定事实错误或适用法律错误。

2. 原判决认定基本事实不清。

研究选取的68份二审判决书中，仅有4件改判，其中适用第一种情形改判的案件为2件。(2015) 沪高民三（知）终字第106号判决书：本院认为，被上诉人耐德厂提交的网页公证书、订单详情单、快递单、被控侵权产品实物等证据不足以证明被控侵权产品系由上诉人禹净公司销售，原审法院认定禹净公司侵害耐德厂享有的ZLXXXXXXXXXXXX6号“清洗方便的过滤器”实用新型专利权属于认定事实和适用法律错误，二审予以纠正。

适用第二种情形改判的案件为2件。(2014) 沪高民三（知）终字第68号判决书：原审法院就被上诉人苍南鑫邦公司现有设计抗辩成立之认定有误，应予纠正。

研究选取的68份二审判决书中，维持一审判决的高达64份，占比约为94.1%。

研究样本显示二审改判率非常低。建议当事人应高度重视一审。

在一审期间，充分举证、积极应对、力争有利的一审结果。

附判决书案号：

一审：

(2015) 沪知民初字第19号
(2015) 沪知民初字第542号
(2015) 沪知民初字第75号
(2015) 沪知民初字第230号
(2015) 沪知民初字第126号
(2015) 沪知民初字第153号
(2015) 沪知民初字第631号
(2015) 沪知民初字第213号
(2015) 沪知民初字第717号
(2016) 沪73民初66号
(2015) 沪知民初字第514号
(2015) 沪知民初字第356号
(2016) 沪73民初134号
(2016) 沪73民初18号
(2016) 沪73民初95号
(2015) 沪知民初字第119号
(2015) 沪知民初字第27号
(2015) 沪知民初字第113号
(2015) 沪知民初字第354号
(2016) 沪73民初130号
(2015) 沪知民初字第272号
(2015) 沪知民初字第114号
(2014) 沪一中民五（知）初字第96号

（2015）沪知民初字第 608 号
（2015）沪知民初字第 713 号
（2015）沪知民初字第 81 号
（2015）沪知民初字第 554 号
（2015）沪知民初字第 505 号
（2015）沪知民初字第 607 号
（2016）沪 73 民初 132 号
（2016）沪 73 民初 133 号
（2015）沪知民初字第 286 号
（2015）沪知民初字第 279 号
（2015）沪知民初字第 669 号
（2016）沪 73 民初 129 号
（2016）沪 73 民初 128 号
（2015）沪知民初字第 273 号
（2015）沪知民初字第 668 号
（2016）沪 73 民初 267 号
（2015）沪知民初字第 26 号
（2015）沪知民初字第 154 号
（2015）沪知民初字第 544 号
（2015）沪知民初字第 716 号
（2015）沪知民初字第 85 号
（2015）沪知民初字第 157 号
（2015）沪知民初字第 116 号
（2016）沪 73 民初 131 号
（2015）沪知民初字第 512 号
（2016）沪 73 民初 310 号
（2015）沪知民初字第 20 号
（2015）沪知民初字第 565 号
（2015）沪知民初字第 551 号
（2015）沪知民初字第 550 号
（2014）沪二中民五（知）初字第 3 号
（2014）沪一中民五（知）初字第 135 号
（2014）沪二中民五（知）初字第 194 号
（2014）沪一中民五（知）初字第 189 号
（2015）沪知民初字第 212 号
（2014）沪一中民五（知）初字第 97 号
（2012）沪一中民五（知）初字第 129 号

（2014）沪一中民五（知）初字第 2 号
（2014）沪一中民五（知）初字第 144 号
（2014）沪二中民五（知）初字第 186 号
（2015）沪知民初字第 93 号
（2015）沪知民初字第 45 号
（2015）沪知民初字第 89 号
（2015）沪知民初字第 144 号
（2014）沪一中民五（知）初字第 177 号
（2015）沪知民初字第 47 号
（2014）沪一中民五（知）初字第 132 号
（2014）沪一中民五（知）初字第 84 号
（2014）沪一中民五（知）初字第 139 号
（2014）沪一中民五（知）初字第 63 号
（2015）沪知民初字第 145 号
（2015）沪知民初字第 121 号
（2014）沪一中民五（知）初字第 178 号
（2014）沪一中民五（知）初字第 35 号
（2015）沪知民初字第 53 号
（2015）沪知民初字第 109 号
（2014）沪一中民五（知）初字第 195 号
（2015）沪知民初字第 23 号
（2014）沪一中民五（知）初字第 201 号
（2014）沪一中民五（知）初字第 117 号
（2014）沪一中民五（知）初字第 86 号
（2012）沪一中民五（知）初字第 252 号
（2014）沪二中民五（知）初字第 180 号
（2014）沪二中民五（知）初字第 162 号
（2013）沪一中民五（知）初字第 93 号
（2014）沪二中民五（知）初字第 85 号
（2014）沪一中民五（知）初字第 73 号
（2014）沪一中民五（知）初字第 36 号
（2013）沪一中民五（知）初字第 202 号
（2014）沪二中民五（知）初字第 91 号
（2014）沪一中民五（知）初字第 1 号
（2015）沪知民初字第 118 号
（2015）沪知民初字第 718 号
（2015）沪知民初字第 626 号

（2015）沪知民初字第 120 号
（2016）沪 73 民初 65 号
（2016）沪 73 民初 135 号
（2016）沪 73 民初 485 号
（2015）沪知民初字第 798 号
（2015）沪知民初字第 604 号
（2015）沪知民初字第 504 号
（2015）沪知民初字第 307 号
（2015）沪知民初字第 305 号
（2015）沪知民初字第 210 号
（2015）沪知民初字第 209 号
（2015）沪知民初字第 185 号
（2016）沪 73 民初 113 号
（2016）沪 73 民初 209 号
（2016）沪 73 民初 166 号
（2015）沪知民初字第 187 号
（2014）沪一中民五（知）初字第 131 号
（2015）沪知民初字第 599 号
（2015）沪知民初字第 556 号
（2015）沪知民初字第 427 号
（2015）沪知民初字第 456 号
（2015）沪知民初字第 107 号
（2015）沪知民初字第 106 号
（2014）沪二中民五（知）初字第 56 号
（2014）沪一中民五（知）初字第 38 号
（2014）沪一中民五（知）初字第 15 号
（2013）沪二中民五（知）初字第 53 号
（2014）沪一中民五（知）初字第 32 号
（2014）沪二中民五（知）初字第 71 号
（2013）沪二中民五（知）初字第 233 号
（2013）沪二中民五（知）初字第 116 号
（2013）沪一中民五（知）初字第 167 号
（2013）沪一中民五（知）初字第 120 号
（2013）沪一中民五（知）初字第 211 号
（2013）沪一中民五（知）初字第 130 号
（2013）沪一中民五（知）初字第 30 号
（2013）沪一中民五（知）初字第 186 号

(2013) 沪一中民五 (知) 初字第 191 号
(2013) 沪一中民五 (知) 初字第 136 号
(2013) 沪二中民五 (知) 初字第 195 号
(2013) 沪一中民五 (知) 初字第 145 号
(2013) 沪二中民五 (知) 初字第 196 号
(2013) 沪一中民五 (知) 初字第 114 号
(2013) 沪一中民五 (知) 初字第 192 号
(2013) 沪一中民五 (知) 初字第 121 号
(2013) 沪一中民五 (知) 初字第 34 号
(2013) 沪二中民五 (知) 初字第 164 号
(2013) 沪一中民五 (知) 初字第 152 号
(2013) 沪一中民五 (知) 初字第 123 号

二审:
(2016) 沪民终 258 号
(2015) 沪高民三 (知) 终字第 104 号
(2016) 沪民终 374 号
(2016) 沪民终 317 号
(2016) 沪民终 282 号
(2016) 沪民终 373 号
(2015) 沪高民三 (知) 终字第 24 号
(2016) 沪民终 127 号
(2016) 沪民终 316 号
(2016) 沪民终 137 号
(2016) 沪民终 319 号
(2016) 沪民终 292 号
(2016) 沪民终 332 号
(2016) 沪民终 114 号
(2016) 沪民终 165 号
(2015) 沪高民三 (知) 终字第 48 号
(2014) 沪高民三 (知) 终字第 62 号
(2015) 沪高民三 (知) 终字第 50 号
(2014) 沪高民三 (知) 终字第 45 号
(2015) 沪高民三 (知) 终字第 17 号
(2015) 沪高民三 (知) 终字第 35 号
(2014) 沪高民三 (知) 终字第 90 号
(2015) 沪高民三 (知) 终字第 9 号

（2014）沪高民三（知）终字第 65 号
（2015）沪高民三（知）终字第 15 号
（2013）沪高民三（知）终字第 71 号
（2014）沪高民三（知）终字第 118 号
（2015）沪高民三（知）终字第 6 号
（2015）沪高民三（知）终字第 20 号
（2015）沪高民三（知）终字第 48 号
（2016）沪民终 371 号
（2016）沪民终 318 号
（2016）沪民终 115 号
（2016）沪民终 242 号
（2015）沪高民三（知）终字第 38 号
（2016）沪民终 126 号
（2016）沪民终 125 号
（2016）沪民终 124 号
（2015）沪高民三（知）终字第 79 号
（2016）沪民终 72 号
（2016）沪民终 113 号
（2016）沪民终 106 号
（2016）沪民终 105 号
（2016）沪民终 104 号
（2015）沪高民三（知）终字第 106 号
（2015）沪高民三（知）终字第 93 号
（2015）沪高民三（知）终字第 88 号
（2015）沪高民三（知）终字第 102 号
（2015）沪高民三（知）终字第 70 号
（2014）沪高民三（知）终字第 99 号
（2014）沪高民三（知）终字第 68 号
（2014）沪高民三（知）终字第 67 号
（2014）沪高民三（知）终字第 13 号
（2014）沪高民三（知）终字第 109 号
（2014）沪高民三（知）终字第 83 号
（2014）沪高民三（知）终字第 73 号
（2014）沪高民三（知）终字第 70 号
（2013）沪高民三（知）终字第 85 号
（2014）沪高民三（知）终字第 52 号
（2014）沪高民三（知）终字第 51 号

（2014）沪高民三（知）终字第 27 号
（2014）沪高民三（知）终字第 34 号
（2014）沪高民三（知）终字第 33 号
（2014）沪高民三（知）终字第 32 号
（2014）沪高民三（知）终字第 31 号
（2014）沪高民三（知）终字第 30 号
（2014）沪高民三（知）终字第 15 号
（2013）沪高民三（知）终字第 96 号

参考文献

一、专著

[1] 陈昌柏. 知识产权经济学 [M]. 北京：北京大学出版社，2003.

[2] 袁建文. 经济计量学实验 [M]. 北京：科学出版社，2002.

[3] 李明德. 美国知识产权法 [M]. 北京：法律出版社，2003.

[4] 祁西元，曲三强. 马来西亚经济贸易法律指南 [M]. 北京：中国法制出版社，2006.

[5] 何家弘. 当代美国法律 [M]. 北京：社会科学文献出版社，2001.

[6] 苏敬勤，冯欲杰. 世界知识产权保护与国际技术贸易 [M]. 大连：大连理工大学出版社，1998.

[7] 张晓都. 专利实质条件 [M]. 北京：法律出版社，2002.

二、期刊中析出文献

[1] 高清. 对我国驰名商标保护问题的思考 [J]. 山西煤炭管理干部学院学报，2000 (1)：8~9.

[2] 蒋殿春，张宇. 行业特征与外商直接投资的技术溢出效应：基于高新技术产业的经验分析 [J]. 世界经济，2006 (10)：142~147.

[3] 董玮，严芷清. 美国知识产权——对科技创新及经济增长的作用研究 [J]. 法制与社会，2009 (1)：127~128.

[4] 梁玺，朱恒源，吴贵生. 中国创新活动和经济增长的关系——一个基于协整理论的初步研究 [J]. 清华大学学报：哲学社会科学版，2006 (6)：32~39.

[5] Daron Acemoglu，Fabrizio Zilibotti. Information Accumulation in Development [J]. Journal of Economic Growth，1999 (4)：5~38.

[6] 周建，李子奈. Granger 因果关系检验的适用性 [J]. 清华大学学报：自然科学版，2004 (3)：358~361.

[7] 周素娥. 中国知识产权保护对经济增长的乘数效应研究 [J]. 管理纵横，2009 (5)：5~7.

[8] 张继红，吴玉鸣，何建坤. 专利创新与区域经济增长关联机制的空间计量经济分析 [J]. 科学学与科学技术管理，创新管理，2007 (1)：83~88.

[9] 刘华. 知识产权保护制度与经济增长 [J]. 科技管理研究，2002 (2)：26~30.

[10] 张熠. 美国农业研究局专利保护及对中国的启示 [J]. 世界农业，2007 (7)：13~15.

[11] 罗妮佳. 从国外案例论我国有关专利政策的构建 [J]. 时代经贸，2009 (6)：49~50.

[12] 刘亚军，曹军婧. 虚拟角色商品化权法律保护刍议——美国实践的启示 [J]. 当代法学，2009 (4)：53~58.

[13] 依丽莎白·钱一黑尔. 美国知识产权的域外保护 [J]. 毕小青译. 外国法译评，1999 (3)：36~49.

[14] 林雅娜，宋静. 美国保护虚拟的法律模式及其借鉴 [J]. 广西政法管理干部学院学报，2005 (9)：53.

[15] 刘立平．本可授权的发明专利授权为什么最终未能授权，上海知识产权杂志［J］，2010
[16] Michael T H. When MickeyMouse Is as Strong as Superman：The Convergence of Intellectual Property Law to Protect Fictional Literary and Pictorial Characters in Stanford［J］. Law Review February, 1992：13.
[17] Stacey H Wang. Great Olympics，New China：Intellectual Property Enforcement Steps Up to the Mark［J］. Loyola of Los Angeles International&Comparative Law Review，2005，27：291～305.
[18] 吕炳斌，胡峰．美国奥林匹克标志司法保护典型案例评析及其借鉴意义［J］．天津体育学院学报，2007（2）：109～111.
[19] 高留志．美国知识产权保险制度对我国的启示［J］．特区经济，2006（2）：297.
[20] ThomasJ. Stueber. Insurance Coverage For Patent Infringement［J］. William Mitchell Law Review，1991（17）：1080～1082.
[21] Prentice Hall Law and Business. Aig OffersNew Patent-Infringement Liability Insurance［J］. Journal of Proprietary Rights，1994（6）：27.
[22] Jason A R. Patents and Insurance：Who Will Pay for Infringement?［J］. Boston University Journal of Science and Technology Law，1995（3）：21.
[23] Steven E T，BriggsBedigian. Intellectual Property and Technological Insurance Coverage［J］. Maryland Bar Journal，2001（34）：38.
[24] 孙宏涛．美国知识产权保险制度管窥［J］．世界知识产权，2006（4）：84～87.
[25] Jason A R. Patents and Insurance：Who Will Pay for Infringement?［J］. Boston University Journal of Science and Technology Law，1995（3）：37～38.
[26] Patti Verbanas. Lawsuits Increase as Intellectual Property Definitions Change［J］. Corp. Cashflow Mag，1995（1）：9.
[27] 包海波．日本企业的知识产权战略管理［J］．科技与经济，2004，17（2）：41～45.
[28] 郭豫榕．从日本专利战实践看我国企业的专利战略［J］．现代情报，2000（1）：46～47.
[29] 陈美章．中国高校知识产权教育和人才培养的思考［J］．知识产权，2006（1）：3～10..
[30] 秦彩萍，苏春辉，王娟，等．美日知识产权教育的经验及对中国的启示［J］．吉林工程技术师范学院学报：社会科学版，2006（10）：31～33.
[31] 曾培芳，叶美霞，刘红祥．中美知识产权人才培养模式比较研究［J］．科技进步与对策，2009（12）：227～228.
[32] 刘友华．论我国实践型知识产权人才的培养［J］．湘潭师范学院学报：社会科学版，2010（1）：66～67.
[33] 储敏．我国高校知识产权人才培养的问题与建议［J］．黑龙江省政法管理干部学院学报，2009（1）：134～136.
[34] 祝晓莲．美日两国知识产权战略：比较与启示［J］．国际技术经济研究，2002（4）：33～41.
[35] 霍京华．英国爱丁堡大学的技术转移及知识产权管理［J］．电子知识产权，2005（9）：23～55.
[36] 刘海洋．新加坡保护知识产权政策措施［J］．全球科技经济瞭望，2006（11）：42～44.
[37] 杨静．东盟国家知识产权立法与管理的新发展［J］．东南亚纵横，2009（2）：64～69.
[38] Y Kurt Chang. Special 301 and Taiwan：A Case Study of Protecting United States Intellectual Property in Foreign Countries［J］. 15 J. Int' l L. Bus，1994，212（206）：38.
[39] 王志华．论俄罗斯知识产权法的民法典化［J］．环球法律评论，2010（6）：43～55.
[40] World Health Organization. Globalization，TRIPs and Access to pharmaceaticals［J］. WHO Policy

Perspective on Medicines, 2001 (3): 96.
[41] 刘笋. 知识产权国际造法新趋势 [J]. 法学研究, 2006 (3): 143 ~ 160.
[42] Laurence R H. Regime Shifting: The TRIPs Agreement and New Dynamics of International Intellectual Property Lawmaking [J]. Yale Journal of International Law , 2004 (29): 4 ~ 60.
[43] Reichman J H. Enforcing the Enforcement Procedures of the TRIPs Agreement virginis [J]. Journal of International Law, 1997 (37): 335 ~ 354.
[44] Graham Dutfield. TRIPs-Related Aspects of Traditional Knowledge [J]. Case Western Reserve Journal of International Law, 2001 (33): 261.

三、报纸中析出文献

[1] 赵建聪. 要让“垃圾专利”消肿减磅, 知识产权如何保质 [N]. 人民日报, 2010 - 04 - 29.
[2] 袁定波. 知识产权专业人才培养面临挑战 [N]. 法制日报, 2007 - 10 - 28.

四、科技报告

[1] 科学技术部发展计划司, 中国技术市场管理促进中心. 全国技术市场统计年度报告: 2010 [R]. 北京: 中国技术市场管理促进中心, 2010.
[2] 国家知识产权局. 专利统计年报: 2009 [R]. 北京: 国家知识产权局, 2009.

五、学位论文

[1] 姜稚鸣. 虚构角色法律保护问题研究 [D]. 重庆: 西南政法大学, 2006.
[2] 胡维华. 美国知识产权法律制度及其对世界经济的影响——以对中国经济的影响及应对措施为角度 [D]. 南京: 南京理工大学, 2007.
[3] 金为民. 中国技术市场现状分析及发展原因探析 [D]. 合肥: 中国科学技术大学, 2010.
[4] 胡丽君. 试论美德两国知识产权保险制度及其对我国的借鉴 [D]. 武汉: 华中科技大学, 2004.

六、电子文献

[1] 关于提高专利质量的工作意见 [EB/OL]. [2010 - 06 - 17]. http: //www. 022net. com/2010/6 - 17/494757272742076. html
[2] 和韵. 论驰名商标的国际保护 [EB/OL]. [2004 - 04 - 08]. http: //www. chinalawedu. com/news/2004_ 5/12/1448256313. htm.
[3] 徐晓兰. 关于加快构建以企业为主体的技术创新体系的提案 [EB/OL]. [2009 - 04 - 25]. http: //cppcc. people. com. cn/GB/34961/121130/121133/7167366. html.
[4] 强化激励自主创新的法制和政策环境 [EB/OL]. [2006 - 07 - 06]. http: //cppcc. people. com. cn/GB/34961/67367/67370/4565184. html.
[5] 为自主创新鼓实劲: 抑制重复引进. 鼓励消化吸收 [EB/OL]. [2005 - 12 - 10]. http: //www. gov. cn/ztzl/2005 - 12/10/content_ 123119. htm.
[6] Commercial generalliability Policy (CGL) [EB/OL]. [2006 - 9 - 12]. http: //www. nils. com/rupps/commercial-general-liability-Policy. htm.
[7] 张宗浩, 朱新文. 对中国知识产权高等教育的战略思考 [EB/OL]. [2009 - 5 - 5]. http: //

www. hie. edu. cn/gjll/news. asp? new =325.

[8] 赵晓力.30 年来美国知识产权法的扩张 [EB/OL]. [2006 -9 -10]. http: //www. yadian. cc/paper/22016/.

[9] 程天宇.ESA 向美提交报告称马、俄、中盗版率最高 [EB/OL]. [2010 -05 -20]. http: //www. chinabyte. com/20050216/.

[10] 中国国家知识产权局. 马来西亚知识产权发展新动向 [EB/OL]. [2007 -7 -31] http: //www. sipo. gov. cn/20070731.

[11] 中国国家知识产权局. 泰国知识产权厅情况介绍 [EB/OL]. [2004 -12 -23]. http: //www. sipo. gov. cn/2004 -12 -23.

[12] 中国国家知识产权局. 越南国家知识产权局开始受理电子申请 [EB/OL]. [2007 -12 -01]. http: //www. sipo. gov. cn/sipo/xwdt/gwzsc-qxx/default_ 3. htm

[13] Carlos M C. Traditional Knowledgy and Intellectual Property, the Quaker United Nations Office (QUNO) [EB/OL]. [2001 -6 - 11]. http: //www. geneva. qumo. info/pdf/tkmonol.

[14] 熊焰. 中国技术市场的主要问题——技术交易思考之二 [EB/OL]. (2010 -08 -31) [2010 -05 -10]. http: //blog. sina. com. cn/s/blog 504183620100f2hl. html.

[15] 国务院发展研究中心. 我国技术市场发展定位与主要任务 [EB/OL]. (2010 -12 -24) [2010 -05 - 10]. http: //www. drcnet. com. cn/DRCnet. common. web/DocViewSummary. aspx? version = Integrated&docid = 2106169&leafid = 3079&chnid = 1034&gourl =/DRCnet. common. web/docview. aspx.

[16] 国家知识产权局.2009 中国有效专利年度报告（二） [R/OL]. (2010 -09 -02) [2010 -05 -10]. http: //www. sipo. gov. cn/sipo2009/mtjj/2010/201008/t20100828_ 473941. html.

[17] 国家知识产权局. 统计信息 [DB/OL]. (2010 -07 -09) [2010 -06 -27]. http: //www. sipo. gov. cn/sipo2009/tjxx.

[18] 教育部科技发展中心. 中国高校知识产权报告 (2009): 100 所高校有效专利量及 2009 年专利授权量 [R/OL]. (2010 -06 -22) [2010 -05 -10]. http: //www. cutech. edu. cn/cn/dxph/cgzl/2010/06/1238460787824720. htm.

[19] 教育部科技发展中心.1985 ~2009 年全国高校专利授权数 [EB/OL]. (2010 -06 -22) [2010 -05 -10]. http: //www. cutech. edu. cn/cn/dxph/cgzl/2010/06/1238460787783318. htm.

[20] 裴宏，陈晓华. 中国创新能力依然旺盛——透视 2010 中国发明专利 [EB/OL]. (2010 -03 -24) [2010 -05 -10]. http: //www. cipf. cn/news/2010/03 -24/10052691697. html.

[21] 熊建. 近年来企业申请专利数量迅速提升，仍有 98% 的工业企业没有申请专利 [N/OL]. (2010 -11 -09) [2010 -05 -10]. http: //scitech. people. com. cn/GB/10338979. html.

[22] 互动百科：经济理论：微笑曲线 [DB/OL]。 [2010 -06 -27]. http: //www. hudong. com/wiki/%E5%BE%AE%E7%AC%91%E6%9B%B2%E7%BA%BF.

[23] WIPO. 新闻与信息资源：2010 年国际专利申请量在全球经济衰退中锐减，附件 2、3 [EB/OL]. (2010 -02 -08) [2010 -05 -10]. http: //www. wipo. int/pressroom/zh/articles/2010/article_ 0003. html.

后　记

近年来，中国经济转型发展成为各界共识。知识产权的重要性也逐渐被越来越多的人所认知。知识产权已经是当前中国创新驱动发展战略实施的重要保障。知识产权工作涉及面广，从内容上看包括专利、商标、著作权等等，从管理上看包括知识产权创造、交易、应用、保护、服务等诸多方面。因此知识产权管理工作难度较大。管理学中常讲的一句话是，如果无法衡量，就没法管理。以数据量化知识产权实力与发展水平，进而揭示知识产权与经济关联度，这也是《中国知识产权指数报告》创建并发布的初衷。

课题组长期以来坚持专业、独立、客观的学术态度，在广泛调研征询意见、收集援引权威数据的基础上，逐步修订完善，使《中国知识产权指数报告》拥有了一套较为完善、科学的指标体系。自2009年6月首次发布以来，课题组坚持每年出版一本《中国知识产权指数报告》，横向和纵向比较中国各省份知识产权发展情况，为实施有效管理提供指南。

与《中国知识产权指数报告2016》相比，《中国知识产权指数报告2017》主要做了以下完善和创新工作：

1. 修订了进步指数个别指标

知识产权进步指数方面，因为数据可得性原因，2个指标进行了调整，一是“单位地区生产总值能耗”替代2016年的“综合能耗产出率增幅”。二是“人均R&D经费内部支出”替代“R&D支出占GDP比重增幅”。

2. 创新研究了中国区域专利质量

针对当前专利发展的实际和存在的主要问题，《中国知识产权指数报告2017》特别研究了中国区域专利质量，并与知识产权总体情况、产出情况进行了对比分析，从中发现规律，助力未来中国专利质量提升。

《中国知识产权指数报告2017》是课题组集体智慧的结晶，是全体成员努力钻研的成果。报告顺利出版得益于各方的支持、帮助和鼓励，衷心感谢国家知识产权局、国家统计局、商务部、国家工商总局、国家版权局和国务院发展研究中心、有关高校等机构及专家的帮助。在此，课题组向他们表示诚挚的谢意！

本课题组将继续跟踪、研究、发布系列知识产权指数研究报告，并将拓展报告的研究领域与适用范围。我们恳请社会各界的专家继续支持我们的研究，并诚邀同志之士加入我们的工作。囿于水平所限，疏漏错误在所难免，诚盼大家批评指正，提出宝贵意见。敬请广大读者登录http：//www.focus-p-index.com获取《中国知识产权指数报告》最新动态。

主编：王涩

2017.9.28